资本之道系列丛书

公司并购重组与整合

马永斌

编著

清华大学出版社

北京

本书封面贴有清华大学出版社防伪标签，无标签者不得销售。
版权所有，侵权必究。举报：010-62782989，beiqinquan@tup.tsinghua.edu.cn。

图书在版编目（CIP）数据

公司并购重组与整合 / 马永斌编著 . — 北京：清华大学出版社，2020.9（2025.4重印）
（资本之道系列丛书）
ISBN 978-7-302-55875-0

Ⅰ.①公⋯ Ⅱ.①马⋯ Ⅲ.①企业兼并—研究 Ⅳ.①F271.4

中国版本图书馆 CIP 数据核字（2020）第 110017 号

责任编辑：宋丹青
封面设计：谢元明
责任校对：王凤芝
责任印制：杨　艳

出版发行：清华大学出版社
网　　址：https://www.tup.com.cn，https://www.wqxuetang.com
地　　址：北京清华大学学研大厦 A 座　邮　编：100084
社 总 机：010-83470000　邮　购：010-62786544
投稿与读者服务：010-62776969，c-service@tup.tsinghua.edu.cn
质 量 反 馈：010-62772015，zhiliang@tup.tsinghua.edu.cn

印 装 者：三河市东方印刷有限公司
经　　销：全国新华书店
开　　本：185mm×235mm　印　张：39.75　字　数：540 千字
版　　次：2020 年 9 月第 1 版　印　次：2025 年 4 月第 5 次印刷
定　　价：158.00 元

产品编号：085870-01

自 序

这是一本写给企业创始人,尤其是那些想要收购或出售企业的创始人的书。

并购重组是从根本上改变一个公司性质或方针、控制权的金融战略交易。从宏观角度看,并购重组是国家推动经济结构调整、产业整合升级的重要手段;并购重组会对资源进行重新配置,引起行业竞争程度发生变化,进而影响消费者的福利水平。

从微观角度看,并购是企业最重要的战略交易。对于上市公司来讲,产融结合、并购重组和市值管理是其资本战略最重要的三个方面。产融结合是上市公司资本战略的核心,并购重组和市值管理是实现产融结合的重要手段。并购重组能够对公司的兴衰周期产生强烈的冲击,可以使处于价值流出阶段的行业向价值稳定和价值流入阶段转变,从而实现转型升级和产业突围。对于众多的非上市的中小企业来讲,将企业卖掉也是实现资本退出的一条有效路径。

从 19 世纪末至 21 世纪初,以美国为主掀起了五次并购浪潮。在第一次并购浪潮中,通过横向并购完成了现代产业结构的布局;在第二次并购浪潮中,通过纵向并购进行了产业链整合,逐渐形成国家垄断资本;在第三次和第四次并购浪潮中,通过混合并购、杠杆收购和恶意收购完成对行业结构的调整;在第五次并购浪潮中,通过跨国并购和战略并购重塑了市场竞争格局。美国

公司并购重组与整合
Company merger & reorganization and integration

所有的大公司都是在这五次并购浪潮中通过并购重组成长起来的，没有一家是通过内部扩张成长起来的！

2013年起，在全球范围内，大型并购交易不断涌现，竞购大战层出不穷，恶意收购时常发生，跨境并购交易比例不断上升。2014年并购重组飙升至4.8万亿美元，达到2008年金融危机暴发以来的最高水平，2015年达到史上最高全球并购交易额6.01万亿美元，2016年全球史上第四高并购交易额为4.73万亿美元，2017年史上第三高并购交易额为4.74万亿美元，2018年重新冲高至5.3万亿美元，跨境并购交易占全球并购交易的40%左右。这些足以说明第六次并购浪潮当下正在发生。

前五次并购浪潮，是以美国市场为主，我们只是看客！在第六次并购浪潮中，虽然美国继续领跑全球，但是来自中国的买家已经成为跨境并购交易的主力军，而且国内资本市场的并购交易自2014年开始也是风起云涌，中国企业已经身处第六次全球并购浪潮中。不管愿不愿意，中国企业必须面对去并购或者被并购的局面。并购别的企业，说明你的企业有实力；被别的企业并购，说明你的企业有价值！

但是，并购并不是一件容易的事！作为公司金融的终极体现形式，并购活动具有明显的多学科特性，涉及金融学、经济学、战略管理、法律、税务以及公司治理等诸多领域的知识；并购实务的流程也非常复杂，并购决策、尽职调查、估值、谈判、交易结构设计、融资安排、支付方式设计、整合，任何一个环节都不能出错，否则精心设计的交易就会无功而返；并购重组同时也是一次对买卖双方的股东、管理层和员工的利益平衡过程，任何一点儿疏忽都会前功尽弃。

公司并购现在是理论界和实务界的热点，市场上关于并购的书也是金融类中最多的。这些书主要分为两种：一种是偏理论的，另一种是偏实务的。偏理论的大多是一些传统的商学院教材和一些研究著作，从理论的角度讲述并购的含义、并购的重要性、并购的估值、各国税法对并购的影响等，普遍缺乏对并购整体的把握，在各个并购环节中造成了逻辑上的割裂。偏实务的更多是针对并购的具体环节，如尽职调查、各国监管部门对并购的监管政策等，这些书的特点是过于沉湎细节，只适合作为从业人员的工具书。针对企业创始人，将并购理论和实务进行融合、在并购决策和并购实施中对创始人能够提供比较大帮助的书是较少见的。

本书试图填补这个空白，拟从企业创始人的角度出发（重点关注买方企业家的诉求，同时兼顾卖方企业创始人的诉求），从公司金融的视角研究如何有效地解决他们在买卖企业中最关心的问题，把并购按照其基本流程分析清楚。基于这种以解决实际问题为导向的写作思路，本书关注的是"如何做"，主要内容包括并购决策、尽职调查、并购估值、交易结构设计、并购接管与整合、恶意并购与反并购等，力图让读者掌握并购重组的基本逻辑和方法。本书共分九章，具体内容如下。

第 1 章并购概述介绍了并购的基本概念和并购的分类，指出了并购重组在企业成长、产业突围、市值管理、产融结合、结构调整中的作用，并指出中国企业已经在第六次并购浪潮中成为主力军。

第 2 章的并购决策按照"为什么买""买谁"以及"怎么买"的思维框架，解决以下问题：为什么要并购、买卖企业的时机选择、如何选择并购标的、采用何种方式并购，并提出了在决策中避免人性弱点的具体方法。

第 3 章的尽职调查按照"现在惊奇"总比"事后惊奇"要好的原则，整理了尽职调查的基本原则，梳理了尽职调查的内容和具体流程，推荐了在实务中效率较高的尽职调查方法。

第 4 章的并购估值介绍了传统的定量和定性估值方法、新经济企业的并购估值方法，指出最终的估值结果是以定量分析为基础，利用定性分析做调整，通过买卖双方动态博弈而达成。

第 5 章的交易结构设计首先介绍了基于"全局观念"搭建交易结构的方法，并且详细分析了对价方式、支付方式、融资安排、业绩承诺与补偿、风险管理和特殊条款等具体内容，强调须以整体视角对交易各个细节进行设计和谈判。

第 6 章的并购接管与整合介绍了四种整合模式，对具体整合内容和流程做了详细的分析，最后总结了有效整合的执行要点，并推荐了"投资 + 收购"分阶段组合的并购整合创新模式。

第 7 章的恶意并购与反并购详细介绍了恶意并购的动因、方法和流程，同时也给出了反并购的完整策略：前期的防御战术、友好交易内置战术和反应性战术。

第 8 章的审批程序及监管政策介绍了企业内外部的审批程序，并且对收购公众公司、重大资产重组、借壳上市、国有资产并购、外资并购、跨境并购的监管政策及其应对策略做了详细的分析。

第 9 章的并购典型案例分析对六个经典的并购案例进行了分析。

马永斌

2019 年 8 月 10 日

目 录

第 1 章　并购概述

    1.1　并购的分类 / 003

    1.2　并购与企业成长 / 011

    1.3　并购与产业突围 / 017

    1.4　并购与市值管理 / 024

    1.5　并购与产融结合 / 030

    1.6　并购与结构调整 / 040

    1.7　前五次并购浪潮 / 049

    1.8　中国与第六次并购浪潮 / 056

第 2 章　并购决策

    2.1　为明确的目的服务 / 067

    2.2　卖方动因和时机选择 / 075

    2.3　选择标的与交易主体的标准 / 082

2.4 并购与业务战略 / 088

2.5 并购重组交易的决策树 / 097

2.6 并购的税收问题 / 102

2.7 决策中的人性弱点 / 114

2.8 并购流程 / 123

第 3 章　尽职调查

3.1 尽职调查查什么 / 133

3.2 尽职调查前的准备工作 / 135

3.3 业务尽职调查 / 141

3.4 法律尽职调查 / 146

3.5 财务尽职调查 / 150

3.6 尽职调查的程序 / 154

3.7 尽职调查报告 / 158

第 4 章　并购估值

4.1 估值的作用 / 163

4.2 市场法 / 164

4.3 收益法 / 181

4.4 资产基础法 / 192

4.5 商业模式分析法 / 200

4.6 协同效应估值法 / 210

4.7 新经济估值法 / 217

4.8 最优估值模式 / 227

第 5 章　交易结构设计

5.1 总体框架 / 236
5.2 交易对价 / 243
5.3 支付方式 / 251
5.4 或有支付 / 256
5.5 融资安排 / 265
5.6 并购基金 / 274
5.7 业绩承诺与补偿 / 285
5.8 风险管理 / 290
5.9 特殊条款 / 306

第 6 章　并购接管与整合

6.1 接管整合的重要性 / 316
6.2 整合的模式与流程 / 318
6.3 战略与结构整合 / 321
6.4 人力资源整合 / 327
6.5 资产整合 / 334
6.6 业务整合 / 337
6.7 财务整合 / 340
6.8 文化整合 / 345
6.9 整合的趋势与创新 / 351

第 7 章 恶意并购与反并购

7.1 恶意并购是"恶意"吗 / 360
7.2 恶意并购的策略 / 362
7.3 恶意并购的融资安排 / 369
7.4 前期的防御战术 / 378
7.5 友好交易内置战术 / 386
7.6 反应性战术 / 388
7.7 没有硝烟的战争 / 396

第 8 章 审批程序及监管政策

8.1 内部审批流程 / 401
8.2 公众公司的并购监管 / 405
8.3 重大资产重组 / 413
8.4 借壳上市 / 427
8.5 国有资产并购 / 440
8.6 外资并购 / 456
8.7 跨境并购 / 470

第 9 章 并购典型案例分析

9.1 吉利"蛇吞象"收购沃尔沃，实现向全球化公司转型 / 487
9.2 金一文化 1 元卖壳，国资重拳出击抄底 / 508
9.3 并购基金助力旋极信息 20 倍杠杆收购 / 529

9.4 蓝帆医疗收购柏盛国际，A股最大医疗器械并购案 / 549

9.5 携程收购去哪儿网，重现OTA行业大一统 / 570

9.6 首旅酒店跨境换股收购如家酒店 / 583

参考文献 / 619

后记 / 621

第 1 章

并购概述

1.1　并购的分类

1.2　并购与企业成长

1.3　并购与产业突围

1.4　并购与市值管理

1.5　并购与产融结合

1.6　并购与结构调整

1.7　前五次并购浪潮

1.8　中国与第六次并购浪潮

并购作为公司金融的终极体现形式,是公司最重要的战略交易。在并购交易中,需同时应用投资、融资、公司治理等诸多公司金融手段,是最复杂的金融交易。

全球一次次掀起并购浪潮,主要原因在于并购是国家进行结构调整和上市公司实现产融结合最有效的手段。应用得当,并购会促进企业成长、产业突围,并实现基于股东价值的市值管理。

1.1 并购的分类

并购、重组、收购、兼并、杠杆收购、股权投资,以及无数其他术语,都是用来描述从根本上改变一个公司的性质或方针、控制权的大型战略交易。我们平常说得最多的就是并购重组。并购和重组是两个相对的概念:并购是指收购和兼并,重组是指对企业资产进行分拆、剥离、出售、整合等;并购侧重买,重组侧重卖。

但是在实务操作中,并购、重组是密不可分的。中国证监会在 2009 年编制并发布的《中国上市公司并购重组发展报告》中指出:"上市公司及其控股公司购买、出售资产,达到 50% 比例的,构成重大资产重组。"换句话说,上市公司的资产负债表变动达到一定程度的时候,就构成了"重大资产重组"。由于形成资产重组的大多数原因是并购,所以将两者放在了一起。不过，需要说明的是，能够成资产重组的经济行为还有很多，如股权转让、资产剥离、所拥有股权出售、资产置换等[①]。根据表1-1所示，该报告将并购分为以下几种类型。

表1-1 并购的分类[②]

分类依据	类型	特点	代表案例
按并购双方所属行业关系	横向并购	行业相同	宝钢股份收购宝锅集团资产
	纵向并购	同类产品不同阶段	潍柴动力收购湘火炬
	混合并购	行业无关	借壳上市案例
按并购后双方法人地位的变化	吸收合并	被收购对象解散	TCL集团吸收合并TCL通讯
	收购控股	并购双方不解散	同方股份收购晶源电子
	新设合并	原来双方解散	目前尚未出现
按收购是否取得目标公司同意	恶意收购	管理层反对收购	宝能收购万科
	善意收购	友好协商达成一致	国内多数案例
按收购形式	间接收购	收购上市公司大股东	辽宁方大集团收购方大特钢
	要约收购	对目标公司所有股东发出收购要约	中石化要约收购齐鲁石化、扬子石化、中原油气和石油大明
	股权拍卖	通过司法拍卖程序	四川宏信收购ST东源控制权
	二级市场购买	二级市场举牌	万科收购申华实业

根据表1-1所示，证监会将并购划分为12种不同的类型。这12种类型并不是独立的，内容有很多交叉，只是按照不同标准进行了划分，而且在实际操作中并购的案例并不是相互独立的，往往一个案例中包含多种不同的类型。

---

① 投资并购风险管理 mp. 股权重组的目的及收购、并购和并购重组区别. 转引自搜狐财经. http://www.sohu.com/a/209212420_467322.

② 中国证监会. 中国上市公司并购重组发展报告 [M]. 北京：中国经济出版社，2009.

1.1.1 按并购双方所属的行业关系划分

按并购双方所处的行业是否相同,并购可以分为如下三种。

(1)横向并购。并购双方处于同一行业,生产、销售或提供相同的商品及服务。这种并购有利于弥补企业在资源配置方面的不足,可以产生规模效应从而降低成本、提高市场占有率。弊端在于容易产生垄断寡头,扰乱自由市场规律。

(2)纵向并购。并购双方处于产业链的上下游,在经营对象上有着密切联系,但分属于不同的产销阶段。这种并购有利于将交易行为内部化,减少市场风险,同时也能对外界设立进入壁垒。弊端在于企业过大可能产生由于管理能力不足而降低效率,失去原有的灵活性,产生连锁反应。

(3)混合并购。并购双方既不属于同一行业,也没有上下游关系。这种并购行为有利于实行多元化战略,把鸡蛋分散在不同的篮子里,降低主业的经营风险。弊端在于多元化的经营资源利用率相对较低,在管理不善的情况下容易产生财务风险。

1.1.2 按并购后双方法人地位的变化划分

国际上通常提到的mergers and acquisitions有兼并与收购的双重含义,在我国统称为并购,但实际上是有所区分的。按并购后双方法人地位的变化,并购可以分为如下三种。

(1)兼并(merger)又称吸收合并,在交易完成后只有并购方存续,而被并购方失去法人地位,不再是独立的商业实体,即A+B=A。

(2)收购(acquisition)又称收购控股,在交易完成后并购双方都保留有独立的法人地位,并购方控股目标公司,即A+B=A+B。

(3)合并(consolidation)又称新设合并,在交易完成后并购双方都解散公司,重新成立一个新的法人实体。这种形式在国内较为少见,即A+B=C。

1.1.3 按并购是否取得目标公司的同意划分

按并购是否取得目标公司的同意,并购可以分为如下两种。

(1)善意并购,是指目标公司管理层同意并配合此次收购行为。并购双方在交易细节上达成一致意愿。

(2)恶意并购,是指在目标公司管理层不知情或不配合的情况下,收购者对目标公司进行收购的情形。

1.1.4 按收购的形式划分

按交易路径的不同,并购可以分为如下四种。

(1)协议并购,是指并购双方商量着来,通过谈判达成并购协议,并根据协议来进行股权转移。并购双方可以是上市公司,也可以是非上市公司。

(2)要约并购,是指并购方向目标公司股东发出收购的公告,以某一价格[1]在规定时间内收购目标公司的股票。待被收购上市公司的股东确认后,便可实施收购行为。要约并购是一种针对上市公司的证券交易行为,充分考虑到了股东层面的意愿,被视为一种公平的交易行为。目标公司只能是上市公司。

(3)集中竞价并购,又称二级市场举牌并购,是指并购方通过在二级市场上购买目标公司流通股股票的方式进行收购的行为。这种方式的优点是通过公开的方式竞价,具有一定的高效便捷性。弊端在于需要雄厚的并购资金进行支撑,如若监管不力十分容易出现杠杆倍率过高引发金融危机。目标公司只能是上市公司。

(4)股权拍卖,通过司法拍卖程序获得目标公司股份[2]。

1.1.5 按出资方式划分

除了证监会常用的以上四个划分标准外,实务中还常常按出资方式进行

---

[1] 往往高于当时的市场价格。
[2] 在美国,拍卖是一种针对上市公司的证券交易行为。

划分。

（1）现金并购，是指并购方支付一定数量的现金或现金等价物来进行收购。这种并购方式高效便捷，但同时对并购公司的付现能力要求较高。

（2）换股并购，是指并购方通过换股或发行新股的方式来收购目标公司。这种并购方式的优点是不会对并购方公司的营运资金产生挤压，同时目标公司的股东也不会丧失所有者权益。这种并购方式的弊端在于耗费的时间较长，可能引来风险套利者趁机稀释并购方公司股价。

（3）混合证券支付，是指并购方采取多种金融工具进行组合支付，包括但不限于现金、股票、认股权证、可转换债券和可交换证券等。这种并购方式的优点是较灵活，可以根据并购双方的情况进行磋商调整，因此在近几年的并购实务中运用得较多。

（4）承债式并购，是指并购方以承担目标公司的债务为条件获得其股份或资产。

1.1.6 案例分析：ST 生化的并购分类[①]

ST 生化是一家优质的血液制品公司，但是却有个不省心的大股东——振兴集团。振兴集团最早是以煤炭发家，2005 年为了谋求借壳上市【混合并购】，收购了正陷入债务危机的三九集团旗下的三九生化，双方经过协商后【善意收购】，振兴集团以每股 2.55 元的价格【现金收购】，收购大股东三九医药【间接收购】所持有的上市公司 29.11% 股份，成为第一大股东【收购控股】，并将旗下的山西振兴集团电业有限公司（以下简称"振兴电业"）资产置入，将上市公司改名为振兴生化。

让人没想到的是，注入上市公司的振兴电业，因为国家整顿煤矿行业，发电成本暴涨而逐渐走下坡路，最终于 2009 年被相关部门关停。而振兴集团

---

① 马永斌. 控制权安排与争夺 [M]. 北京：清华大学出版社，2019.

无心插柳的血制品业务此时成了救命稻草，每年给上市公司创造不菲的利润。振兴集团就靠着这些利润去填补振兴电业的亏损。中小股东对此做法怨声载道，强烈要求大股东振兴集团将不良资产置换出去，停止侵害公司利益的行为。糟糕的公司治理加上稀缺的血液牌照资源，致使其成了众多资本竞逐控制权的对象。

中国信达资产管理股份有限公司（以下简称"信达资管"）就是其中之一。信达资管是我国四大资管平台之一，专门处置金融类不良资产。据不完全统计，2008—2016年深圳信达对振兴集团和ST生化的债权本息合计最高可能有20亿元。目前市场上不良资产处置的抵押品折价率大多在50%甚至更低，而信达资管不惜以原价收购部分自然人手中持有的振兴集团债权，应该是觊觎ST生化的股权①，想让振兴集团以定向增发的方式还债，等变成ST生化的股东后，也能从稀缺的血液资源牌照中分一杯羹。但是由于ST生化官司缠身，受到证监会和深圳证券交易所（以下简称"深交所"）的处分，定增计划迟迟得不到证监会的批准。信达资管只得曲线救国，先帮助振兴集团进行股份增持，再进行股份转让；与此同时，振兴集团也允诺剥离不良资产。2017年6月19日，ST生化终于将一直赔钱的振兴电业和金兴大酒店转让给了振兴集团，光明的未来似乎正在等待着这家冉冉升起的血液制品公司。在ST生化刚刚从不良资产的泥沼中挣扎出来的两天后，新的竞争对手出现了。

2017年6月21日，由浙江几家大民营企业联合创立的杭州浙民投天弘投资合伙企业（以下简称"浙民投天弘"）【混合并购】，以36元/股的价格【现金收购】向ST生化提出要约收购。该价格远高于提出收购前30个交易日内，ST生化的平均值28.1元/股。这次要约收购是面向全体股东的【要约收

---

① 田悠悠. ST生化6162万质押股"烫手"深圳信达债权危急生退意. 第一财经. http://www.yicai.com/news/5322372.html.

购】，收购股份数量占 ST 生化股份总数的 27.49%【收购控股】，加上浙民投天弘之前在二级市场上购买的 2.51% 的立足点股份【二级市场购买】，合计占 ST 生化股份总数的 29.99%，直指控制权而来。此举遭到了大股东振兴集团的强烈反对【恶意收购】，当天立即向深交所申请紧急停牌。

为了阻止此次收购的进程，大股东振兴集团决定抢先一步将股份转让给深圳市航运健康科技有限公司（以下简称"航运健康"）【善意收购】。航运健康作为佳兆业集团旗下的附属子公司，肩负着强化集团大健康产业的重任【纵向并购】。当然，这次的转让协议少不了信达资管在背后的推波助澜。信达资管作为国有独资金融企业，长期持有振兴集团的债权无法套现，无疑承担着巨大的压力。此次佳兆业集团入局，与其说是振兴集团搬来的救兵，不如形容成信达资管请来的同盟。通过三方的股权协议【间接收购】，佳兆业集团以"10 亿元的现金 + 承接 11.87 亿元债权"【混合证券支付】获得了 ST 生化 18.57% 的股份及 22.61% 的投票权【收购控股】，加之一系列附加的支付条件，大大降低了此次投资的风险性；信达资管保留了 ST 生化 4.04% 的股份，套现了 11.87 亿元的债权，可谓一举两得；而振兴集团以手中 ST 生化岌岌可危的控制权换来了 10 亿元现金，信达资管还帮其处理了不少债务，这是将 ST 生化拱手让给浙民投天弘所不会有的好处（图 1-1）。

股权转让协议完成之后，振兴集团与信达资管退居控制权争夺的二线，佳兆业集团旗下的航运健康正式入局，与浙民投天弘继续争夺 ST 生化的控制权，双方拉开了要约收购与反收购第二阶段的序幕。浙民投天弘在中小股东的支持下成功要约收购完成，成为第一大股东，取得阶段性胜利。想要阻止要约却出师不利的佳兆业集团并没有就此放弃，从高层人事方面入手进行反击，将上市公司董、监、高管成员换成曾在佳兆业集团任职的老员工，抢先一步掌握话语权。这场要约收购战役历时近一年，最终以佳兆业集团与浙民投天弘携手进入 ST 生化董事会告终，新的董事会成员共 7 人，其中浙民投天弘方面提名了 2 名非独立董事、2 名独立董事；佳兆业集团方面提名了 2 名非独立董事、1 名独立董事。这种相互制衡的局面对于 ST 生化来说不异于拨开云雾见光明。

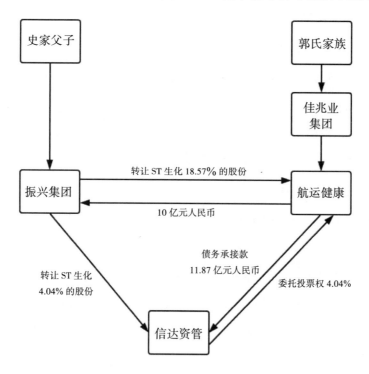

图 1-1　ST 生化股权转让的交易结构 ①

从 ST 生化的案例中可以看出，同一个并购的实例，按照不同标准可以划分成不同的并购类型；而且在实际的操作中并购的分类并不是相互割裂开来的，往往都呈现出交织混杂的状态。

---

① 平头哥. ST 生化控制权之争. 溢千树，转引自百家号. https://baijiahao.baidu.com/s?id=1585438606502473857&wfr=spider&for=pc.

1.2 并购与企业成长

企业的成长有两种方式：一种是靠自身研发积累扩大再生产的内生式增长，一种是通过并购重组实现的外延式增长。内生式增长是一个企业的立足之本，但却是一个缓慢而又耗时的过程，充满着不确定性，而且只靠内部的资金和技术，会限制规模的发展。

在当下的全球第六次并购浪潮中，越来越多的企业青睐通过并购实现外延式增长的方式。因为通过并购，企业可以获得外部企业的品牌、资金、技术、人才、采购、生产和销售等资源，并且通过有形或无形资源的有效整合，实现规模经济和协同效应，带来企业的跨越式成长，增强企业可持续发展的竞争壁垒。

不同的并购类型，促进企业成长的机理不尽相同。通过横向并购竞争对手，有利于形成规模经济，降低企业成本并增加市场规模。通过纵向并购产业链的上下游企业，有利于交易成本的下降和产业链话语权的增强。通过混合并购，有利于企业发展第二跑道，分散经营风险。最终，并购的作用表现在企业绩效、经营管理效率和企业价值上。

并购对企业价值的影响，一方面是影响资本市场对企业的定价，包括上市公司的市值和非上市公司的融资估值。如果采取内生式增长的方式，内在价值反映到市值的过程较为缓慢，在资本市场上获得的溢价相对少而慢；而并购能够很快提升公司的市值。另一方面是影响企业内在价值，包括企业资本运营和产融结合能力的提升。并购交易的实践能帮助企业组建专业的并购团队，同时，企业创始人和并购团队磨炼了并购各环节与资源整合的实务操作，积累了资本运营和产融结合经验，为企业未来谋求更大发展打下坚实的基础。

所以说，从并购开始，企业创始人从产品市场走向资本市场，用资本运营和产融结合的力量帮助企业实现跨越式发展。

如图 1-2 所示，在企业成长的不同阶段，所适用的并购类型不同，并购对企业成长产生的影响也有所差异。

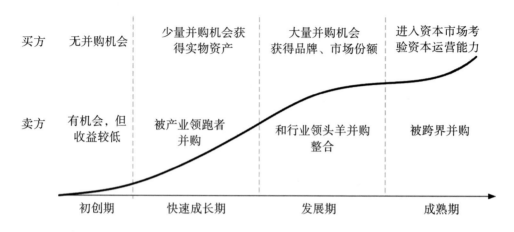

图 1-2　企业的成长阶段

在企业成立初期，作为一个新进入的竞争者，主要任务是抓住市场和机会，让自己的产品打开市场，在此阶段并无并购机会。如果作为卖方，一家具有潜力的初创企业是颇受并购市场欢迎的，但是估值不会高！

当企业迈入快速成长期，市场份额的快速提升对供产销提出了考验。此时企业往往采用横向并购，通过并购同行企业，获取厂房、设备、人员、技术和资金。同产业间联合帮助企业实现规模经济，在行业竞争中占据有利位置。

当企业进入稳定发展期，会面对愈发激烈的市场竞争。要保住自己的市场地位，一方面要采用横向并购，目的是获取交易对手的品牌和市场份额；另一方面要采用纵向并购，目的是减少上下游流通成本和加强话语权，在行业中设置进入壁垒，扩大市场份额，拥有更宽的护城河。

当企业成功上市，行业进入成熟期，资本运营成为企业创始人的必修课。如何从行业固定的竞争格局中突围，如何规避行业的衰退期，如何分散经营风险，是此阶段并购需要考虑的问题。企业往往会采用混合并购，通过并购新项目跨越行业壁垒，实现企业的战略转移，让经营多样化的同时降低经营风险。

纵观企业成长阶段，并购是促进企业外延式增长的主要手段。通过并购整合，企业在技术层面获得时间上的领先，在市场层面获得空间上的优势，在资本层面取得战略的主动权。

接下来我们以分众传媒为例，讲述并购与企业成长的关系：江南春通过并购重组将分众传媒打造为新媒体广告公司的巨头。

创办分众传媒前，江南春已经在广告代理行业摸爬滚打了近十年。2003年，江南春准备寻求更大的发展。在对媒体行业深入剖析、充分观察和了解广告客户的需求之后，江南春敏锐地发现了电梯媒体的创新商业模式，于是创办了分众传媒。

初创期的分众传媒缺钱，但靠谱的江南春和创新的商业模式，吸引了软银的4 000万美元风险投资。这笔钱推动了分众传媒在国内商业楼宇联播网的建设与运营。

与分众传媒并驾齐驱的，是另一家瞄准电梯广告的公司——聚众传媒。同样起跑于2003年，聚众传媒也开始在全国大范围地延伸自己的楼宇网络。双方立刻打起了扩张战。

由于电梯广告的创新商业模式被广告市场迅速接纳，分众传媒步入了快速成长期。面对棋逢敌手的聚众传媒，分众传媒不仅在产品市场加快跑马圈地，还在资本市场抓紧融资。以下是分众传媒和聚众传媒的融资对比[①]。

第一轮融资。

（1）2003年5月，分众传媒向软银融资4 000万美元。

---

① 马永斌. 市值管理与资本实践 [M]. 北京：清华大学出版社，2018：180.

（2）2003年底，聚众传媒向上海信息投资有限公司融资2亿元人民币。

第二轮融资。

（1）2004年4月，分众传媒向鼎晖和德丰杰融资1 250万美元。

（2）2004年9月，聚众传媒向凯雷融资1 500万美元。

第三轮融资。

（1）2004年11月，分众传媒向高盛融资3 000万美元。

（2）2005年5月，聚众传媒向凯雷等融资2 000万美元。

分众传媒成为资本市场上的"快鱼"[①]，不仅领跑融资速度和规模，还抢在聚众传媒之前登陆资本市场。2005年7月，分众传媒赴纳斯达克IPO（首次公开募股），融资1.72亿美元，创造当时中国企业在纳斯达克的融资之最。

IPO成为双方的分水岭。"不差钱"的分众传媒有了足够的底气，开始运用并购狙击聚众传媒。上市不到三个月，分众传媒即宣布以1.83亿美元收购框架传媒。于是，分众传媒占据电梯平面媒体市场90%的份额，在细分市场实现垄断。紧接着在2006年，聚众传媒败在了分众传媒的资本运营之下。分众传媒以3.25亿美元并购了聚众传媒。整合框架和聚众传媒之后，分众传媒垄断了楼宇电梯行业，拥有了梦寐以求的定价权。

此后分众传媒的并购思路开始转变，此前并购框架和聚众传媒是横向并购做大规模获得垄断，而此时分众传媒开始垂涎更多的广告领域。

从2006年下半年起，分众传媒采用混合并购的方式收购了60多家广告公司，其中具有代表性的是经营无线业务的凯威点告、经营互联网广告业务的好耶网络和卖场视频广告老大玺诚传媒（表1-2）。

[①] 产品市场的竞争规则是"大鱼吃小鱼"，资本市场的竞争规则是"快鱼吃慢鱼"。

表 1-2　2006—2007 年分众传媒收购的代表性公司 [①]

时间	并购对象
2006 年 6 月 20 日	3 000 万美元收购互联网广告公司凯威点告
2006 年 8 月 31 日	收购影院广告公司 ACL70% 的股份
2006 年 12 月	收购全国最大的高校平面媒体运营商动力传媒
2007 年 3 月 28 日	以 7 000 万美元现金和价值 1.55 亿美元的分众传媒普通股收购好耶广告网络的全部股份
2007 年 6 月	全资收购在汽车网络广告代理方面有优势的科思世通广告公司
2007 年 8 月	收购国内最大的网络游戏广告代理公司创世奇迹
2007 年 8 月	收购在房地产具有优势的佳华恒讯广告公司
2007 年 9 月	收购国内首屈一指的互联网数据提供商艾瑞咨询机构

分众传媒成为资本市场竞争规则中的"快鱼",通过并购,江南春将其新媒体的版图一步一步扩张到涵盖楼宇、互联网、手机、卖场、网络游戏、娱乐场所等。

但是并购不是万能药,资本推动分众传媒大肆并购,也让其疏于整合,留下庞杂的业务。遇到美国金融危机的冲击,本寄希望于混合并购带来的分散风险的作用,却因为暴力并购和整合不力,成为压垮分众传媒的罪魁祸首。在运营利润出现大幅亏损之后,江南春开始检讨自己的并购策略,他反思道:

"在 2003—2008 年高速发展的 5 年中,我们内心逐渐膨胀,目标超越了现实的能力。同时投资者预期也很高,也驱使我们在主营业务快速推升的同时不断通过收购兼并扩大版图。但在这些收购之中,有些项目方向是正确的,但进入时机早了;有些项目缺乏长期的核心竞争力;有些项目缺乏有效的整

---

① 马永斌. 市值管理与资本实践 [M]. 北京:清华大学出版社,2018:181.

合,所以市场需求一旦出现问题,这些收购的项目就受到重创,也直接导致了公司股价的重挫,我们也得到了深刻的教训。"[1]

2010年,江南春决意回归主业,于是出售好耶等非核心业务。江南春承认,"收购好耶是一个重大的错误"。回归内生式增长的分众传媒,逐步重获资本市场的肯定。但其后因为浑水的做空,分众传媒决意私有化,于2013年从纳斯达克退市。

2015年,分众传媒借壳回归A股市场。经历纳斯达克的8年洗礼,江南春已内外兼修,不再一味追求外延式增长,而是立足主业、产融结合;不再被资本裹挟暴力并购,而是采用"股权投资+并购"的模式。

除非是很成熟、倚靠资源型的公司,分众传媒依然可能采用全资收购的方式。其余的不再谋求全资收购,更多的是先作为战略投资者占股20%,让创业者在所在公司成为重要的股东;当所投企业的规模效应和可持续能力显现后,再增资为控股股东或进行收购[2]。

图1-3所示的是分众传媒自成立之初的业绩。2003—2004年为初创期,以内生式增长为主。2005—2008年为快速成长期,分众传媒借由资本力量暴力并购,营收增长至5亿美元规模。金融危机重挫分众传媒之后,江南春反思并购项目和整合问题,着手剥离非核心业务,从外延式增长重回内生式增长。从2010年起,分众传媒的业绩连年增长,并且从纳斯达克转战A股,完成千亿市值的飞跃。

---

[1] i黑马.创业家.江南春:讲讲我的创业史,分众凭什么击败巨头,杀出一条血路?转引自新芽网. http://news.newseed.cn/p/1331579.

[2] 马永斌.市值管理与资本实践[M].北京:清华大学出版社,2018:183.

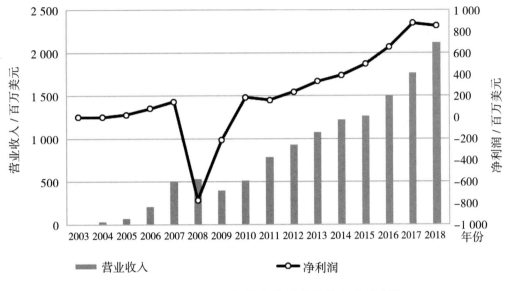

图 1-3　2003—2018 年分众传媒营业收入和净利润

1.3　并购与产业突围

在行业发展初期，行业壁垒尚未形成，进入者蜂拥而至，导致行业竞争异常激烈。中小企业为争夺市场份额，不惜做起亏本买卖，使得整个行业笼罩在"价格战"的阴云中。"价格战"争夺的对象，不仅是下游的客户，还包括上游稀缺的供应商，这在无形中削弱了行业对上游的议价能力，抬高了采购成本。在两面夹击的行业恶性竞争中，最后做大者寥寥无几。

在我国的诸多行业中，过剩的同质化竞争是普遍现象。作为一家初创企业，如何在激烈的市场竞争中，抢占更多的客户，拥有稳定可靠的上游合作伙伴，甚至成为寡头垄断者，掌握议价权，从产业竞争中顺利突围？

正泰集团就是通过并购将竞争对手变成合伙人，整合低压电器开关行业，顺利完成非上市公司的产业突围。上市后更是加快产业整合，实现从低压到中高压、元件到成套设备的产业延伸，逐渐将目光聚集到"电"字产业链的上游环节。把根留住，延伸触觉，反哺主业，这就是正泰集团的并购发展之路[①]。

1.3.1 正泰上市前的产业突围[②]

1991年，南存辉通过开办求精开关厂，赚到了人生第一桶金，也积累了创业和管理的经验。这时在南氏家族中，有不少人都在柳市镇开办"前店后坊"式的低压电器厂，或是专门做电器销售。他们有一定的生产、管理和销售能力与经验，并且积累了一些资本，但是单打独斗的力量毕竟有限。

因此，南存辉做了一个重要的决定：将家族的力量整合起来形成合力。他从妻兄黄李益处融资15万美元成立中美合资温州正泰电器有限公司。黄李益的融资名为投资，实为借款。接着弟弟南存飞、外甥朱信敏、妹夫吴炳池和林黎明等纷纷加入，南存辉完成了家族增资扩股组建了典型的家族企业。

实际上这是南存辉对家族成员企业的股份收购，整合之后，南存辉100%的股份被稀释为60%，其余家族成员占剩余的40%。凭借着合理的家族股权结构和团结的经营管理，正泰的发展跃上了一个新台阶。到1993年，正泰的年销售收入达到5 000多万元，成为当时温州市低压电器开关行业中的佼佼者。

但是在当年的温州，像正泰这样的企业有几十家，大家都没有什么技术含量，主要就是做OEM（代工生产）和产品的模仿。做OEM和产品的模仿，能否拿到订单比的不是谁的技术好、产品好，而是谁的价格低。因此，市场竞争非常无序。如果不整合的话，大家都是死路一条！

---

① 浙江在线．并购样本：正泰集团"后发先至"敲开第一梯队大门．正泰电器官网．http://www.chint.net/zh/index.php/news/detail/id/2293.html．

② 马永斌．公司治理之道：控制权争夺与股权激励[M]．北京：清华大学出版社，2013．

在这种背景下，南存辉走了一条并购整合之路。

当正泰品牌效应出来了，许多当地的企业都想要贴牌生产。1994 年年初，38 家柳市镇的企业给正泰贴牌生产，正泰收取 1% 的品牌费和少许的管理费，这对于处于恶性竞争中的柳市镇企业来说无疑是一个福音，但是，很快贴牌生产的弊端就显现出来，由于大家只是贴牌生产，都有独立的法人资格，很难管理，质量也无法得到保证。

南存辉根据这种情况，直接对加盟的 48 家企业进行股权改造。正泰通过出让股份，控股、参股或者投资其他企业。正泰以品牌为纽带，以股权为手段，完成了对 48 家企业的兼并联合。

1994 年 2 月，正泰集团成立，成为低压电器开关行业的第一家企业集团，正泰的股东一下子增加到 40 多个，而南存辉个人的股份也下降到 40% 左右。南存辉这种颇不为人理解的做法带来的结果是：正泰公司整合了大量的社会资本，净资产从大约 400 万元飙升至 5 000 万元，南存辉个人的财富也在 3 年间增加了近 20 倍。

南存辉以股份收购为主要手段，通过产业间的横向并购，将自己的竞争对手通通变成了合作伙伴。到 1998 年，正泰集团已经初步形成了低压电器、输配电设备、仪器仪表等支柱产业，资产也达到了 8 亿元的规模。此时的南存辉才放出话来，宣称正泰完成了由家族企业向企业集团的转变。

然而对 48 家企业的整合并非易事，正泰遇到了并购后遗症：创业元老和新进股东之间的矛盾。这对于南存辉又是一个新的考验：如何将这些创业元老留住，并且更多、更好地吸纳和利用外来优秀人才。

以南存辉为首的南氏家族在权衡考虑多方利益主体的情况下，毅然决定弱化南氏家族的股权绝对数，吸收新的非家族股东。1996 年，南存辉提出了"股权配送，要素入股"的股权激励方案。

南存辉出让部分家族核心利益，在集团内推行股权配送制度，将最优良的资本配送给企业最为优秀的人才。通过股权激励，南存辉解决了整合中的团队利益分配问题，将正泰从一个家族企业变成了由创业者相对控股的公司，使得正泰的生产力得到巨大的释放。所以南存辉不光并购做得好，整合也做得漂亮。

2010年，"正泰电器"成功上市，成为沪深股市第一家以低压电器为主营业务的公众公司，中国乃至亚洲最大的低压电器产销企业。南存辉以股份收购和横向并购为主，把温州的低压电器竞争对手变为合作伙伴，并且用股权激励解决了并购后遗症，将正泰集团做大做强，实现产业突围，最后登陆资本市场。

通过并购实现产业突围，不仅适用于竞争激烈的传统"蓝海"行业，在互联网新兴行业中更是如此，滴滴就是很好的例子。

2012年起，在潜力巨大的打车软件市场面前，滴滴、快的等创业公司争分夺秒地融资和争夺客户。一方面比融资速度和规模，谁融得快、融得多，谁就更有底气笑到最后；另一方面比补贴数目，谁补贴得多，获得的司机和用户数量就多，市场份额就高。在三年多的烧钱补贴大战后，打车软件市场只剩下滴滴和快的两强相争。一山难容二虎，疯狂的补贴大战愈演愈烈，但在存量博弈中，双方陷入了胶着的拉锯战。这时，双方背后的资本力量开始推动合并谈判，以阿里为主导的快的投资方和以腾讯为主导的滴滴投资方碰撞出火花。在这轮谈判交锋中，在烧钱大战中略胜一筹、市场份额略高的滴滴占据了上风。最终，在合并之后的合资公司中，滴滴方以52%的股权握有新公司的绝对控制权，而快的相当于被合并。

合并之后的滴滴快的不仅垄断了99%的市场份额，进一步整合了打车软件市场，而且终止了大规模烧钱的恶性竞争，节省了时间和机会成本来开展新业务。同时，独享打车软件市场的滴滴快的将拥有更强大的后续融资能力。

检验滴滴快的合并成效的时刻很快到来，Uber 中国异军突起，宣布会在中国投入超过 10 亿美元的现金进行补贴。滴滴选择正面 PK，再次打响烧钱补贴大战，而这次的对手是美国历史上融资能力最强的公司之一。"要支持多业务线打赢，融资战役是生死时速。"滴滴 CEO（首席执行官）程维在当时的一封内部邮件里写道①。2015 年 7 月，滴滴完成 20 亿美元 F 轮融资；2015 年 9 月，滴滴 F 轮融资升级为 30 亿美元；2016 年 6 月，滴滴完成 45 亿美元新一轮融资。终于，2016 年 8 月，Uber 中国倒在滴滴脚下，双方达成协议：滴滴收购 Uber 中国品牌、业务和数据全部资产，交易完成后滴滴和 Uber 全球相互持股。

滴滴笑到了最后，从互联网打车软件市场的创业领跑者，到笑傲整个市场的垄断者，靠的就是并购的力量。在和快的的较量中，滴滴不仅抢跑融资速度，而且在烧钱补贴上主动出招，市场份额和融资优势帮助滴滴在合并谈判中拔得头筹。在和 Uber 中国的对抗中，滴滴更是毫不手软，运用垄断者的市场地位大肆融资，让豪言砸 10 亿美元的 Uber 中国难以招架，不到两年时间就以收购 Uber 中国大获全胜。借助融资能力、和快的并购谈判以及收购 Uber 中国，滴滴从千军万马的打车软件市场成功突围，成长为出行领域的绝对垄断者。

1.3.2　正泰电器上市后的产业整合

2010 年，正泰电器在 A 股上市，其主营业务为低压电器，涉足配电、终端、控制、电源和电子电器五大类，年营收近 47 亿元。

上市初期，正泰电器以内部整合为主，利用 IPO 募集的资金，投入智能电器和诺雅克产品生产基地的建设。

---

① 欧狄. Uber CEO 说在中国一年亏 10 亿美元，我们梳理了他们和滴滴的补贴大战. 爱范儿. https://www.ifanr.com/621527.

2012年，在年度经营计划中，正泰电器表示："公司将进一步推进产业升级，加快内部整合，利用并购等手段加强自动控制相关产业的布局。"[①]当年，正泰电器做了如下大动作并购。

（1）以2.2亿元、2.9亿元和0.7亿元的价格分别收购控股股东正泰集团手中的正泰建筑电器69%的股权、正泰仪器仪表67%的股权、正泰小贷20%的股权。

（2）以3.15亿元收购上海新华控制技术70%的股权。

前者是注入集团公司的优质相关资产，用以加快低压电器产业内部整合，属于内生式增长；后者是收购外部优质资产，完善低压控制系统的布局。内部整合和外部并购结合，为正泰电器增加了仪器仪表、建筑电器和控制系统三大板块业务，当年贡献营收17亿元、增加毛利近6亿元。

2015年，国内经济下行对正泰电器传统低压电器业务造成了不利影响，其配电和控制电器销售均下滑超过10个百分点。但电子电器中光伏业务由于新能源产业的迅猛发展，收入同比增长69%，成为行业的亮点[②]。

2015年，正泰电器制定新的中长期战略规划，其中包括《正泰并购整合战略规划》。在以光伏等新能源产业为第二跑道的战略规划中，内部整合和外部并购成为主要手段。2015—2018年，正泰电器实施的主要并购如下。

（1）2015年至2016年，正泰电器通过发行股份及现金购买方式，以93.7亿元对价收购正泰新能源100%的股权，将集团光伏发电业务及资产注入上市公司。

---

① 正泰电器2012年度报告.巨潮资讯网.http://www.cninfo.com.cn/cninfo-new/disclosure/sse/bulletin_detail/true/62256060?announceTime=2013-03-23.

② 正泰电器2015年度报告.巨潮资讯网.http://www.cninfo.com.cn/cninfo-new/disclosure/sse/bulletin_detail/true/1202186300?announceTime=2016-04-16.

（2）2016年，正泰电器分三次出资1.26亿元、0.93亿元和1.58亿元收购西班牙GRABAT ENERGY共25%的股权，布局石墨烯产业。

（3）2017年，正泰电器出资8 400万元收购新加坡日光电气，获得东南亚区域的领先品牌和渠道、客户资源。

（4）2018年，正泰电器以7亿元的对价从隆基股份手中收购17个光伏项目，进一步增强光伏业务的市场竞争力。

到2018年，正泰电器的光伏业务和低压电器已经齐头并进，成为正泰电器创造回报股东的双重引擎。

正泰电器上市后的资本战略，可以概括为内部整合低压电器业务和外部并购光伏业务。在并购光伏业务时，正泰采用了分步走的策略。先通过正泰新能源并购德国Conergy旗下的光伏组件业务，完成第一梯队产能和技术实力的储备。然后将正泰新能源整体注入上市资本平台，运用上市公司的资本运营能力进一步做大新能源产业链。正泰有着自己清晰的并购路线，始终围绕"电"做文章，在产业链中稳扎稳打，逐步完成低压电器和光伏业务的产业整合。南存辉这么诠释对于并购的理解："兼并收购，要吃得下去，还要消化得了。正泰不为并购而并购，不为走出去而走出去，而是为了更好地发展。"[1]

图1-4所示的是2009—2018年正泰电器营业收入和净利润，从财务数据来看，正泰成功通过并购实现产业突围和产业整合的目的。

---

[1] 南希.并购样本：正泰集团"后发先至"敲开第一梯队大门.浙江在线，转引自正泰集团官网. http://www.chint.net/zh/index.php/news/detail/id/2293.html.

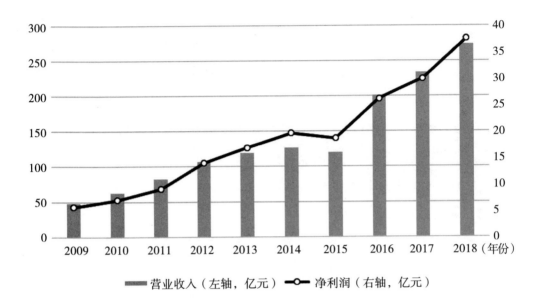

图 1-4　2009—2018 年正泰电器营业收入和净利润[①]

1.4　并购与市值管理[②]

从市值管理的角度看，并购重组是一种金融交易，通过企业产权、控制权的转移和重新组合，来达到改变企业原有状态、整合资源、增加或转移财富的目的。在资本市场上，流动性较高和交易成本较低，并购重组这种外延式增长方式能够使得公司市值迅速增长。

上市公司的估值明显高于非上市公司，通过并购重组将非上市公司资产装入上市公司，就会获得一个相对较高的流动性溢价，结果就是能够快速提高

---

① 2010—2017 年正泰电器年度报告。
② 马永斌. 市值管理与资本实践 [M]. 北京：清华大学出版社，2018:172–190.

上市公司的每股盈余,增加上市公司的市值总量。这样就可以实现并购重组双方的共赢,因此,并购重组一直是资本市场关注的热点[①]。

在并购重组中存在一个普遍的情况,在并购交易的当年,大部分公司的市值会有很大的跃升,但是在随后的几年里,部分公司出现了市值下跌的情况。并购交易当年市值上涨的主要原因有两点:一是投资者对并购给予的预期溢价;二是第一次合并报表,净利润、净利润增长率、净资产收益率、每股盈余等财务数据都比并购交易前要好很多。

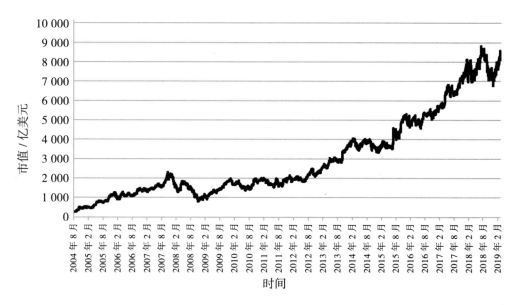

图 1-5　谷歌上市后市值变化 [②]

随后几年市值出现下跌的原因也主要有两种:一是一些公司的并购交易出发点本就是"伪市值管理",进行忽悠式重组的资本套利,市值在资本大鳄套利退出后肯定暴跌。二是没有做好并购后的整合。有效整合后的外延式增长,

---

① 毛勇春. 市值管理方略 [M]. 上海:同济大学出版社,2012:138.

② 同花顺财经。

公司并购重组与整合
Company merger & reorganization and integration

将使市值的增长有可能出现倍增的效应，但是若是整合不利，市值即使有一段时间的突飞猛进，随之也很容易跌回原点甚至更低。

在成熟的美国证券市场，大量上市公司通过并购和整合，促进市值增长，为股东带来更好的回报。其中具有代表性的便是谷歌。

谷歌 2004 年在纳斯达克上市首日市值约为 226 亿美元，10 年后的 2014 年，市值约为 4 000 亿美元。截至 2019 年 3 月 31 日，谷歌市值已达 8 200 亿美元，高居全球第四，万亿美元市值触手可及。

在 14 年间，谷歌依靠什么实现了近 40 倍的市值增长？这里有一组数据，截至 2018 年底，谷歌共收购 241 家企业，其中上市后收购 232 家企业[1]。成功的并购和整合是谷歌跨越式增长的秘诀。对于谷歌市值管理和企业成长重要与精彩的收购包括 Android、Youtube、DoubleClick、AdMob、摩托罗拉移动、Nest、Apigee。

2005 年，谷歌以 5 000 万美元收购手机操作系统厂商 Android。单论这笔交易规模，甚至都不排不上谷歌的前 20 位。但是，这笔收购对于谷歌和移动互联网而言，可能是硅谷历史上最重要的并购交易之一。在谷歌的手里，Android 超越 Windows，成为全球最流行的操作系统平台。并购 5 年后，Android 便在智能手机市场占有 33% 的份额，截至 2017 年底，Android 已占据 86% 的智能手机操作系统[2]。但是在并购之初，Android 只是一家默默无闻的小公司。当时，Android 创业团队遇到了资金问题，所以向三星和谷歌等大公司伸出橄榄枝。与拒绝投资的三星不同，谷歌直接给出了收购的方案，以 5 000 万美元的价格达成了交易。更关键的是，收购结束之后，谷歌便拿出

---

[1] The Google Acquisition Tracker. https://www.cbinsights.com/research-google-acquisitions.
[2] 百家号．去年苹果与安卓手机市场份额高达 99.9%．it 之家．https://baijiahao.baidu.com/s?id=1593149866868739502&wfr=spider&for=pc.

1 000万美元以专利的形式支持Android的努力[①]。如今，占据86%移动互联网设备的Android承载着谷歌移动生态，为谷歌筑起难以逾越的护城河。

谷歌不仅在备战即将到来的移动互联网时代，还瞄准了视频领域。2006年，谷歌以16.5亿美元通过股票支付的方式收购了Youtube。这桩十几亿美元的大宗收购案距离Youtube成立仅仅一年，证明了谷歌选择并购标的的慧眼如炬。收购Youtube的当年，网站已拥有1亿个视频，用户2 000万。经历12年的发展，Youtube月活跃用户达19亿，在视频网站中稳坐全球第一。Youtube在谷歌的战略重要性上甚至超过了搜索业务。除了巨大的互联网流量和随之而来的广告客户，Youtube成为展示谷歌生态的镜子，引导客户使用谷歌服务。这种经营协同效应，成为谷歌对抗Facebook、苹果等竞争对手的重要武器。

在强项搜索和广告业务上，并购成为谷歌巩固竞争优势的手段。2007年和2009年，谷歌分别以31亿美元和7.5亿美元收购在线广告厂商DoubleClick与AdMob。前者是谷歌垂涎已久的资产，在和微软、雅虎、AT&T的并购追逐中，谷歌给出了令DoubleClick难以抗拒的价格。这笔收购帮助谷歌在品牌广告市场建立优势，通过广告联盟建立了更多的合作关系，做大了谷歌的广告市场蛋糕。而2009年，在谷歌自己的Android生态下成长起来的AdMob，也被纳入囊中。在移动互联网爆发之际，谷歌又抢先一步把移动广告商据为己有。随着Android在智能设备市场的攻城略地，谷歌的移动广告服务日进斗金。

谷歌的并购决策随着公司战略不断演进。第一阶段，谷歌要做好一家广告公司，Youtube带来大量广告客户，DoubleClick和AdMob构建谷歌广告联盟。

---

① 蓝莲.猜猜看,谷歌收购安卓花了多少钱？.it之家.https://www.ithome.com/html/android/82873.htm.

第二阶段，谷歌要做一家移动互联网公司。谷歌选择了软硬件两手抓。软件布局先行，收购 Android 成为谷歌布局移动互联网的神来之笔。而在硬件上，谷歌在 2011 年以 125 亿美元收购处在困境中的摩托罗拉移动。这桩巨额收购案震惊业界的是，软件公司谷歌亲自下场着手硬件业务。如果谷歌也能在硬件市场分一杯羹，那毫无疑问，谷歌将是移动互联网浪潮中最大的赢家。遗憾的是，谷歌在移动设备市场并未掀起风浪。在三年整合之后，谷歌决意止损，分拆摩托罗拉移动。谷歌保留 2 万项核心专利，将摩托罗拉手机业务以 29 亿美元的价格出售给联想集团，为之前的 125 亿美元收购画上句号。2017 年，谷歌再次试水硬件业务，以 11 亿美元收购 HTC 的 ODM 团队，为自己 Pixel 系列设备添砖加瓦。

第三阶段，谷歌的战略转向物联网、云计算和人工智能。主要收购如下[①]。

（1）2013 年，谷歌收购波士顿动力机器人公司，研发出数款以动物和人为原型的机器人产品。

（2）2014 年，谷歌以 32 亿美元收购"iPod 之父"创办的智能家居公司 Nest，帮助谷歌初涉智能家居市场。

（3）2014 年，谷歌以 6.25 亿美元收购人工智能公司 DeepMind。2016 年击败韩国围棋冠军李世石，并且在网络围棋对战平台与各国顶尖围棋高手对战中实现 60 连胜的 AlphaGo 就是该公司开发的程序。

（4）2014 年，谷歌以 5.55 亿美元收购家庭监控摄像头厂商 DropCam。谷歌将其整合入 Nest 智能家居业务。

（5）2015 年，谷歌以 3.8 亿美元收购 Bebop。这一平台将帮助谷歌获得更优秀的软件，享受到云计算时代带来的便利。网页和网页搜索的重要性正

---

① 马永斌. 市值管理与资本实践 [M]. 北京：清华大学出版社，2018:177-179.

在渐渐下滑，而谷歌的主营业务正是网页搜索引擎和网络广告。在这一过渡阶段，云计算业务的重要性变得不言而喻。

（6）2016年，谷歌以6.25亿美元收购Apigee。对于谷歌来说，收购Apigee不仅增强了云服务在API（应用程序编程接口）管理上的技术实力，也为谷歌带来诸多的优质客户资源。

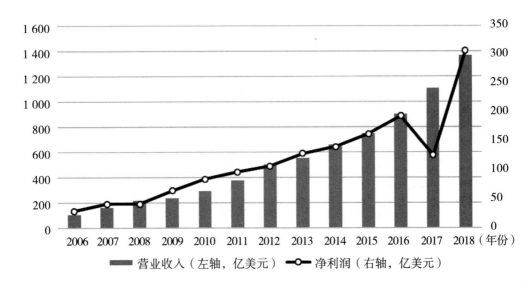

图1-6　2006—2018年谷歌营业收入和净利润[①]

在前瞻性的公司战略下，谷歌通过正确的并购决策与整合，捍卫了互联网广告市场，掌握了移动互联网的全球流量，又在物联网、云计算和人工智能等新兴行业占有一席之地。如图1-6所示，上市以来，谷歌的营业收入从100亿美元增长到1 000亿美元，市值从200多亿美元增长到8 500亿美元。即使2017年谷歌净利润有所下滑，但资本市场依旧给了谷歌更高的市场估值。因为谷歌的并购和整合能力，在200余次的案例中已经得到资本市场的认可，而高达23%的营业收入增长告诉市场：谷歌并未停下并购整合的脚步。

---

① 同花顺财经。

1.5 并购与产融结合

产融结合的第一阶段，是利用金融资本促进产业的发展；产融结合的第二阶段，需要在利用金融资本促进实业发展的基础上，成立综合金融平台，通过产业和金融产生良好的互动，实现企业稳健而快速的增长。

在第一阶段，并购所代表的金融资本和运作手段，帮助企业在纵向或者横向产业链建立竞争优势，通过内生式成长和外延式并购结合的方式做大做强产业。在第二阶段，在综合金融平台的构建中，混合并购帮助企业形成以金融控股为核心的多元化布局。通过对其他公司的并购或参股形成产融结合的股权结构，并通过股权进行合理交易和安排，达到事半功倍的目的。

复星国际和联想控股是中国企业在产融结合方面的成功榜样，下面介绍这两家企业的成功经验。

1.5.1 复星国际的产融结合 [①]

复星的发展基本上可以分为三个阶段：1992—1998 年是实业做大（内生式成长）阶段；1999—2007 年是产融结合第一阶段；2007 年至今是产融结合第二阶段。

在内生式成长阶段，复星从一家无资金、无人才和无技术的"三无"企业发展为拥有房地产和医药两大产业板块的实业集团。

1997—2007 年是复星产融结合的第一阶段。复星医药的上市让复星初尝资本盛宴，此后的复星不再只是在供、研、产、销这条价值链上单纯地卖地、卖房子和卖药了，而是开始"买卖"企业了。

1999—2004 年是复星在国内大举扩张阶段。复星借助复星医药这个上市平台，先后投资或收购了友谊复星、建龙钢铁、宁波钢铁、豫园商城、江苏南钢、国药控股、招金矿业、德邦证券等公司。尤其是德邦证券的成立，标

---

① 马永斌. 市值管理与资本实践 [M]. 北京：清华大学出版社，2018:421-429.

志着"实业+投行"的产融模式雏形形成。

2004年2月,复地在中国香港上市。复星医药和复地作为复星第一阶段的产业布局所选择的两个具有可持续性的产业,不仅在创业初期快速发展带来稳定利润,为复星接下来的高速发展带来了最初的资本积累;而且随着复星医药和复地先后在A股与中国香港上市,为复星进入资本市场,进行资本运作培育了稳定的融资渠道。如今,复星医药和复地依然是复星提供"富足、健康和快乐"生活方式综合解决方案的核心环节。

在这个阶段,复星通过内生式成长和外延式并购成长结合的方式做大做强医药与地产板块,同时顺应经济周期变化,投资钢铁和矿业。而且抓住国有企业改制的机会,利用净资产价格收购上市公司母公司的股份,以低成本方式获得快速扩张。

2004—2007年是复星在国内的并购后整合阶段。在国家对民企多元化的宏观调整中,复星通过内部结构调整和转型,推动复星国际在中国香港整体上市,接受公众、投资者和资本市场的监督,将自己从一家说不明、看不清的公司变成相对透明、"安全"的公司。复星的做法给了产融结合的多元化投资控股企业一个很重要的启示:要想健康地活下去,光抓住并购机会还不够,资金来源、财务情况等必须透明化和阳光化。

2008年至今,复星逐渐从产融结合第一阶段进入第二阶段,实业与金融形成良好互动,在全球范围内寻找价值错配机会,形成自己独特的产融结合模式和商业模式。海外并购成为复星产融结合第二阶段的主要手段。

复星在探寻产融结合第二阶段的过程中,先后向GE、伯克希尔学习。2007—2011年复星越来越像GE。复星主要从GE身上学习了上两点:首先,是产业和金融结合的方式,其次,是选择并购或投资标的的原则。

和GE一样,复星也是做实业起家,慢慢地做到了金融和投资。GE金融服务板块建立的最初目的是为其产业部门提供金融服务,因此GE强大的产业背景成为支持GE金融板块发展的重要推力。复星的投资和并购学习了GE这种结合自身产业优势进行投资和并购的做法，在 2011 年之前的并购中，复星基本上聚焦在医药行业和矿业。医药行业的并购主要依托的是复星医药在医药领域的资源优势；矿业的投资和并购基于的是建龙集团与南钢股份在钢铁领域的经验复制。

如 GE 有 200 多人专门从事收购和投资项目的工作一样，复星依托产业板块的优势开拓集团层面投资业务平台，先后建立起了十几个投资事业部或专业公司，仅在集团层面，投资岗位就达到 100 多个。

在收购对象的选择上，复星学习的是 GE 的 "No.1 or No.2" 原则，以"进入中国行业前三名、具有全球竞争力"为选择目标。

由于复星是民营企业，所以现金流方面会有比较大的压力。2011 年之前，复星是实业资本。如果用实业资本进行无关多元化扩张，经常会面临现金流的问题；一旦出现现金流断裂，不但无法完善收购公司的改造，甚至可能自身难保。因此，如何找到"便宜的钱"就成为复星进行全球化扩张的关键。

于是，复星"被迫"学习巴菲特的伯克希尔的"实业＋保险＋投资"产融模式。复星向巴菲特学习了两点：首先，是通过保险找到"便宜的钱"；其次，是坚持价值投资，将资金投向"便宜的项目"，以产生最优的回报。

保险是伯克希尔产融模式的核心。巴菲特认为，保险有独特的金融特性，可以先收取保费，然后支付赔偿金，让保险公司拥有大量的现金，也就是所谓的存浮金，保险公司可以利用存浮金进行投资并获取收益。

2007 年，复星投资永安财险（主营业务为非寿险），开始涉足保险，复星占股 20%。2011 年，复星对于保险业务的思路才逐步清晰起来，首次提出"构建以保险业务为核心的大型投资集团"，并就此开始了在保险领域的快速布局：2012 年，复星和美国保德信金融集团在中国联合成立复星保德信人寿，主营业务为寿险和意外险，复星占股 50%；2013 年，复星与国际金融公司（IFC）在香港共同成立鼎睿再保险有限公司，鼎睿再保险成为亚太地区少数能同时承保寿险与非寿险的再保险公司之一,复星占股85.1%;2014年1月,复星斥资10亿欧元获得葡萄牙最大保险集团Caixa Seguros 80%的股份;之后又相继收购了美国的保险公司Ironshore[①](特种险)以及MIG(财产险)。2016年8月,复星发起设立复星联合健康保险股份有限公司。

在后续的整合中,复星结合集团的财务情况,选择将Ironshore出售,完成对保险板块的梳理。截至2018年,复星保险板块业务情况如表1-3所示。

表1-3 复星2018年保险板块业务状况[②]

公司名称	复星葡萄牙保险(85%权益)	永安财险(40.68%权益)	复星保德信人寿(50%权益)	鼎睿再保险(86.93%权益)	AmeriTrust(100%权益)(MIG改名)
业务	非寿险为主	非寿险	寿险、意外险等	再保险	财产险
主要地区	葡萄牙	国内	国内	全球	美国
毛保费收入	47.69亿欧元	105.11亿元人民币	12.6亿元人民币	13.82亿美元	6.09亿美元
净利润	2.93亿欧元	2.22亿元人民币	-1.11亿元人民币	0.18亿美元	0.39亿美元
综合成本率	97.2%	103.5%	未披露	98.3%	100.5%
可投资资产	157.13亿欧元	112.43亿元人民币	50.56亿元人民币	16.99亿美元	15.77亿美元
投资收益率	3.3%	5.7%	6.3%	2.7%	4.2%

除保险是复星综合金融平台的核心之外,复星还有投资、银行证券等金融业务,如图1-7所示。

---

① 2014年8月,复星收购美国保险公司Ironshore 20%的股份,并成为其第一大股东。2015年11月,复星斥资18.4亿美元收购该公司剩余80%的股份,至此实现对该公司完全控股。2017年5月,复星以29.35亿美元将Ironshore的股份全部卖出。

② 复星国际2018年年报。

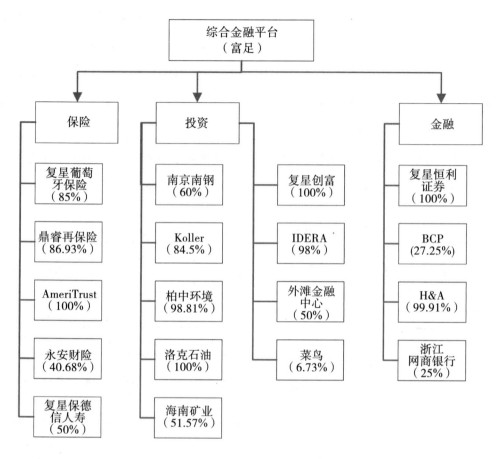

图 1-7　复星综合金融平台[①]

如图 1-7 所示，并购不仅帮助复星建立综合金融平台的核心保险板块，还在投资和传统金融领域建立起竞争优势。复星的投资业务分为战略投资、VC/PE/LP 投资、二级市场投资，传统金融业务分为证券、银行、资产管理等。

综合金融平台的建立进一步成为复星产融结合的引擎。在充足的资本支持下，复星围绕"健康、快乐、富足"的中产阶级生活目标，在医疗产品服务、健康消费品、旅游休闲、时尚、综合金融等领域展开海外并购和战略投资，

---

① 复星国际 2018 年年报。

如图 1-8 所示。产业和金融良性的互动，使得复星成为具有"产业深度"的投资集团。

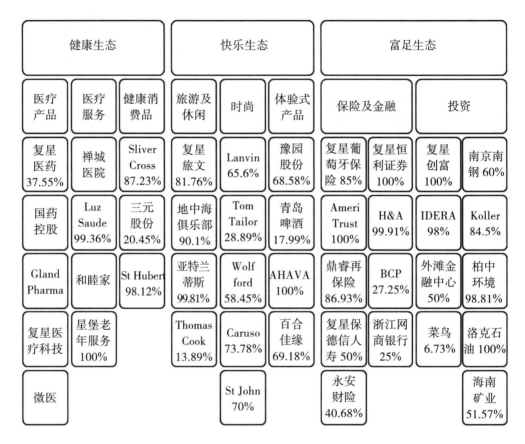

图 1-8　复星股权结构及业务布局①

并购促进产融结合，直接表现在复星的业绩上。如图 1-9 所示，从 2007 年到 2018 年的 11 年间，复星的营业收入从 320 亿元人民币增长到 880 亿元人民币，净利润从 33 亿元人民币增长到 131 亿元人民币，保持稳定高增长的趋势。

---

① 复星国际 2018 年年报。

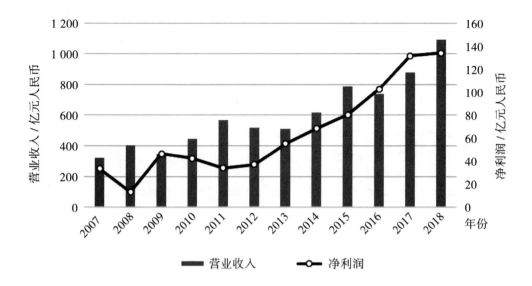

图 1-9　复星国际 2007—2018 年营业收入和净利润变化 ①

1.5.2　联想控股的产融结合 ②

联想控股拥有独特的"战略投资 + 财务投资"双轮驱动的商业模式，核心是产融结合。联想控股利用金融资本促进产业发展，在此基础上，构建综合金融平台，实现企业稳健而快速的增长。

"战略投资 + 财务投资"的双轮驱动是联想控股产融结合的第一阶段。如图 1-10 所示，联想控股利用财务投资联想之星、君联资本和弘毅投资三驾马车，在并购市场上搜寻猎物，主要通过横向并购完成在金融服务、农业与食品、创新消费服务的业务布局。

联想控股的发力点，主要在产融结合的第二阶段——打造"传统金融 + 新兴金融"的平台。

---

① 复星国际 2007—2017 年年报。
② 马永斌. 控制权安排与争夺 [M]. 北京：清华大学出版社，2019：366-427.

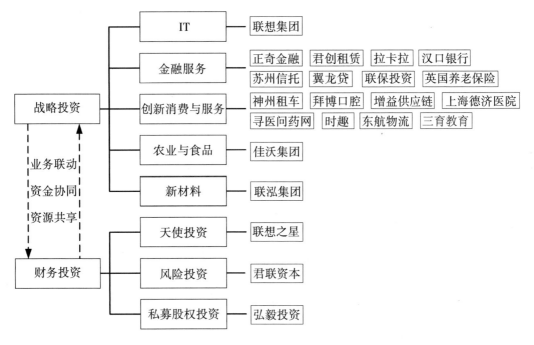

图 1-10 "战略投资+财务投资"的业务布局

表 1-4 所示的是联想控股 2002—2016 年投资或收购金融机构的情况。2008 年以前，联想控股是摸着石头过河。2008 年以后，联想控股运用发起设立、增资扩股和股权收购在"传统+新兴"金融双线出击。

2008 年以后，联想控股打造金融平台的计划日渐清晰，开始在传统金融和新兴金融领域双管齐下。在传统金融领域，联想控股通过入股，持有苏州信托、汉口银行、PIC 英国养老保险部分股权。因为入场较晚和金融监管的因素，联想控股只是参股银行、保险、信托，未能实际控股传统金融机构。于是联想控股选择"曲线救国"，收购联保投资集团，进军保险经纪行业，弥补传统金融版图的缺憾。

表 1-4　2002—2016 年联想控股投资或收购金融机构情况 ①

年份	行业	金融机构	入股方式	投资金额/人民币	股权比例/%
2002	保险	民生人寿	发起设立	340 万元	0.39
2004	证券	高华证券	发起设立	2.68 亿元	25
2005	保险	国民人寿	发起设立	0.75 亿元	15
2007	保险	农银人寿（国民人寿）	增资扩股	0.45 亿元	15
2008	信托	苏州信托	增资扩股	1.19 亿元	10
2009	银行	汉口银行	增资扩股	11.39 亿元	17.99
2010	第三方支付	拉卡拉	股权收购	未披露	56.13
2012	类金融	正奇金融	发起设立	15 亿元	100
2012	保险经纪	联保投资集团	股权收购	6.83 亿元	51
2015	P2P	翼龙贷	增资扩股	1 亿元	33.33
2015	融资租赁	君创租赁	全资设立	15 亿元	100
2016	网络信贷	考拉科技	发起设立	未披露	67
2016	保险	PIC 英国养老保险	股权收购	10.45 亿元	未披露

与传统金融牌照失之交臂的联想控股，显然不愿意错过互联网新兴金融的发展机遇。通过收购拉卡拉，联想控股拿到了第三方支付和征信牌照；通过设立正奇金融，进入担保、小贷和典当等类金融行业；通过全资成立君创租赁，进入融资租赁行业；通过投资翼龙贷和考拉科技，进入 P2P 和消费金融领域。

如图 1-11 所示，在持续布局后，联想控股的金融版图覆盖银行、证券、保险、第三方支付、征信、类金融超市、租赁、P2P、消费金融等，控股正奇金融、君创租赁和考拉科技，拥有拉卡拉支付、汉口银行、联保集团、翼龙贷和苏州信托等联营公司。

---

① 苏龙飞. 联想系大棋局，柳传志的联想＋新财富. http://www.xcf.cn/tt2/201507/t20150709_752320.htm；2015 年和 2016 年联想控股年度报告。

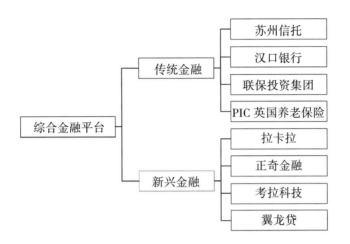

图 1-11 联想控股的综合金融平台

从经营数据来看,综合金融平台的作用正逐步显现。如图 1-12 所示,2012 年到 2018 年 7 年间,金融服务板块的净利润逐步提升,净利润占比也从 5% 跃升至 60%。数据是最好的证明,即使仅是初步完成综合金融平台的布局,联想控股的综合金融服务板块已成为利润贡献的支柱。

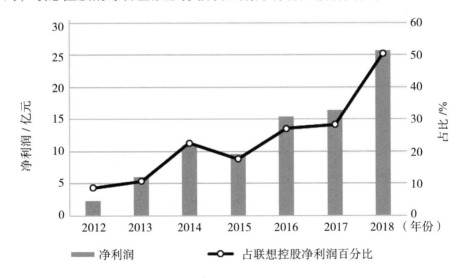

图 1-12 2012—2018 年联想控股金融服务板块净利润和占比[1]

---

[1] 联想控股 2012—2017 年年报。

在这个过程中,并购起到关键的推动作用。收购拉卡拉,帮助联想控股拿到至关重要的第三方支付和征信牌照,成为进军新兴金融行业的立足之本;收购联保投资集团和 PIC 英国养老保险,帮助联想控股布局保险行业,补足联想控股在传统金融行业最后的短板。所以,企业要想通过产融结合进行"实业＋资本"转型,就要深入理解和掌握并购的本质作用。

1.6　并购与结构调整[①]

从国家的角度出发,并购重组的本质是存量资源的重新配置,目的是提高资源利用率。因此在市场经济中,利用并购重组进行经济结构的调整,相比单纯只利用行政手段,无疑是事半功倍的。近年来,国有资本在国内并购和海外并购中发力,将并购重组、转型升级和国企混改结合起来,有效地促进经济稳定持续发展。

1.6.1　国内并购与结构调整

自 2017 年以来,国有资本在 A 股上买壳的行为屡见不鲜。Wind 统计数据显示,按照公告日口径计算,2017 年全年,涉及中国企业的并购(包括境内并购、出境并购、入境并购以及境外并购)合计规模达到了 8 385 起,交易总金额则达到了 3.49 万亿元。上述重大重组事件中,涉及国有上市公司的就有 126 家,总交易规模达到了 8 538 亿元[②]。

这股国企并购潮在 2018 年达到高峰。2018 年上市公司控制权发生变更的

[①] 马永斌. 市值管理与资本实践 [M]. 北京: 清华大学出版社, 2018; 并购汪.《国资为什么集体来 A 股买壳》. 并购汪. 转引自创头条 http://www.ctoutiao.com/849338.html; 日央行在股市里养了一只巨鲸. 华尔街见闻. https://wallstreetcn.com/articles/3005870?ivk=1.

[②] ZhouXun.《2017 年达到 8 538 亿元 2018 国企改革有望迎来大规模并购重组》. 经济参考报. 转引自中研网. http://www.chinairn.com/news/20180104/114650399.shtml.

并购事件中，买方为国有收购主体的事件有 55 件，占比 41.35%，涉及并购规模为 556.06 亿元，占比 48.49%①。

2019 年截至 5 月 20 日，剔除并购交易失败案例，A 股市场共有 385 家上市国企（包括央企国资控股、省属国资控股、地市国资控股）参与到并购交易案中，金额高达 4 481.88 亿元。其中，173 家上市国企的项目进度为"已完成"，212 家上市国企的项目进度为"进行中"。而去年同期，仅有 182 家上市国企参与到并购交易案中②。

历史似乎总在循环往复，中国证券市场早期主要服务于国有企业改制，那个时候由于审批等多方面因素的影响，IPO 上市的大多是国有企业。民营企业想要进入资本市场较为困难，许多民企上市只能走"曲线救国"路线，通过并购手段买壳完成。但现如今，借壳上市的主角却悄然从民企换成了国企。

民企为什么要卖自己好不容易得来的壳资源？过去的 20 年是民营企业野蛮生长的 20 年，蕴含着诸多风险，其中资金端的高杠杆风险就是十分显著的问题。在牛市时高杠杆可以助推行情更加快速地发展，许多上市公司大股东将自己手中持有的股权也质押出去，试图进一步盘活资金的利用率。但是一旦经济拐点来临，这些杠杆工具会受到泡沫缩紧的挤压，不仅个股股价暴跌，甚至会影响到整个资本市场。近三年以来国家采取了一系列措施，收紧货币信贷政策、强化金融监管，目前看来都取得了不错的成效。虽然资金端的杠杆率降下来了，但是 A 股的股权质押问题依旧严重，甚至面临着"无股不压"的局面。中国证券登记结算公司的数据显示，截至 2018 年 6 月，A 股合计有 3 528 家上市公司，其中 3 461 家存在股权质押情况，占总数的 98%；质押市

---

① Wind 数据。
② 385 家上市国企参与并购 年内涉及金额逾 4 400 亿元．证券日报．http://www.nbd.com.cn/articles/2019-05-22/1334315.html.

值高达 5.81 万亿元，占比 A 股总市值接近 10%[①]。许多上市公司面临着平仓的风险，甚至可能引起整个 A 股市场的系统性动荡。

此次国企买壳与之前最大的不同在于，国有资本变聪明了，不仅仅是单纯扮演"救火队"的角色，而是利用反周期投资原则进行的一次抄底，这从其精心设计的交易结构中就可一窥。经过深思熟虑后挑选出合适的上市公司，国有资本不仅仅是在支持关键产业的转型升级，也考虑到了资本回报和风险控制的问题，确保国有资产的保值增值。

1."零首付+提供贷款"式并购

在这种交易结构中，国有企业支付零对价买壳，承诺后续将会提供流动性资金作为支持，解决上市公司的危机；当上市公司业绩好转时，再按照协议与原大股东进行分成。

金一文化于 2018 年 7 月 25 日发布公告称，具有国资委背景的北京海淀科技金融资本控股集团（以下简称"海科金集团"）以 1 元的对价收购公司控股股东上海碧空龙翔 73.32% 的股份，间接控制上市主体金一文化 17.9% 的股份。作为接盘条件，海淀国资承诺将根据上市公司情况，适时提供不低于 30 亿元的流动性支持。金一文化的实际控制人钟葱、上海碧空龙翔投资管理有限公司合计持有公司股份占总股本的 30.78%，已经累计质押的股份占总股本的 28.49%。2018 年 5 月 29 日，金一文化就曾发公告称实控人部分质押股份已经触及平仓线，股票停牌。按照停牌前的收盘价 8.99 元/股计算，上述股份价值 13.21 亿元。海科金集团的国资委背景使其对风控要求非常高，1 元的象征性对价可以有效降低投资风险，30 亿元的流动性保证也可以很好地缓解上市公司面对的"造血危机"，如果危机解除，实际控制人钟小冬所持有的股份可以增值，海科金集团也可以选择收购进一步增加股份比例，是一个安

[①] 中国证券登记结算公司 http://www.chinaclear.cn.

全性及灵活性都比较大的方案。

2."明股实债"式并购

明股实债本质上是一个股权回购条款，买方虽然是以股权投资的方式介入卖房公司，但如若公司业绩不达标或其他约定条件发生，卖方需要回购上述股权。

2018年9月，顾家家居发出公告称，具有浙江国资委背景的杭州奋华投资合伙企业（以下简称"奋华投资"）通过增资的方式受让顾家集团20%股权，并要求在5年后回购本次增资涉及的股份，包括全部增资款项和约定的利息之和减去项目存续期已获得的分红款[1]。奋华投资所提供的资金支持源自浙江省政府"凤凰计划"行动。该计划的目标是2020年前打造出若干以上市公司为龙头、产值超千亿元的现代产业集群，培育80家市值200亿元以上、20家市值500亿元以上、3~5家市值1 000亿元以上的上市公司梯度发展队伍。顾家家居有了国家资本背书，其"实业+投资"双轮驱动的战略将会更顺利地运行；而这份协议名义上是股权转让，实际上是债务融资的并购，可以保证股权结构的稳定。无论是从风险控制、收益率还是结构调整的角度出发，都是相当不错的安排。

3."协议转让+表决权委托"式并购

这种交易结构的特点是，约定首期受让部分股份，原股东就将表决权委托给买方，一定期限后完成剩余股份的交易。

2018年5月，红宇新材发布公告称，上市公司的实际控制人朱红玉与一致行动人朱明楚、朱红专，拟分步转让20%的股权给舆情战略研究中心旗下的华融国信控股有限公司（以下简称"华融国信"）。协议约定，全部股份

---

[1] 顾家家居股份有限公司关于控股股东注册资本及股权结构变动的提示性公告.顾家家居. http://pdf.dfcfw.com/pdf/H2_AN201809181197544215_1.pdf.

转让的转让价格锁定为4.8元/股，首次支付4.24亿元的现金后，转让相对应的5.48%股份，同时将剩下的14.52%股份表决权委托给华融国信，三年内完成剩下股份的转让交易。如此设计的原因是避开高管股份限售问题①。但是该交易引起了深交所的高度关注，最终于2018年9月宣布控制权变更拟终止。

4."分期付款"式并购

并购方先以较低首付款取得控制权，剩下的资金以协议的方式分期支付，同时可以配合股份回购条款保证资金安全。

2017年11月，海虹控股（现改名为"国新健康"）发布公告称，国风投基金对其控股股东中海恒实业发展有限公司（以下简称"中海恒"）投资5亿元。其中3亿元计入中海恒注册资本，其余2亿元计入中海恒资本公积金。此次增资完成之后，国风投基金对中海恒的持股比例为75%，成为中海恒的控股股东，间接控制上市公司主体27.74%的股份。在通过审核复牌交易后的五日内，中海恒可以减持2%的股份，如果按照海虹控股停牌前的股价24.93元/股来计算的话，合计可以套现4.5亿元左右。这样一来相当于中海恒在交易完成后可以获得9.5亿元缓解流动性压力。转让协议中约定，在登记日起5年的期限内，国风投基金还要视情况向中海恒投入36.96亿元②。如果该笔款项没有支付，这部分股份便会被回购。这就是非常典型的分期付款案例，国资在这个案例中处于"进可攻退可守"的地位。2017年12月海虹控股复牌之后，一举扭转之前的颓势，股价持续上涨，市场对其期望非常之高。

---

① 湖南红宇耐磨新材料有限公司关于控股股东、实际控制人拟变更暨公司股票停牌的公告红宇新材. http://pdf.dfcfw.com/pdf/H2_AN201805301150453843_1.pdf.
② 海虹企业（控股）股份有限公司关于实际控制人发生变更的提示性公告. 海虹控股.http://pg.jrj.com.cn/acc/CN_DISC/STOCK_NT/2017/11/11/000503_ls_1204132696.pdf

5. "买壳+买资产"规避"借壳"式并购

假设上市公司的原实际控制人为 A，新实际控制人为 B。A 将自己所持有的上市公司股份转让给 B，完成实际控制人变更。上市公司先将原有的资产置出，再从第三方 C 处收购拟置入的资产。如此一来，便形成了典型的"三元重组"，从形式上看自然不构成"借壳"①。

2016 年 9 月，三爱富首先以 22.6 亿元买下奥威亚 100% 股权及成都东方闻道 51% 股权，此举为重大资产购买。然后三爱富将旗下的大部分化工资产置出给原股东上海华谊，此举为重大资产出售。在此次重组前，原实际控制人上海华谊集团将 20% 的股权转让给新实际控制人中国文华发展集团。如此一来，三爱富的核心业务就悄然从化工资产转变为文化教育，实际控制人从上海华谊集团变为中国文华发展集团。该并购交易被定性为重大资产重组，而不涉及借壳，巧妙地避开了证监会的审批。

综上，如今的国有资本在资本运作上已经十分成熟。在并购标的的选择上，多选取具有成长性的企业进行"抄底"；在交易结构上也完全不逊于经验丰富的投资机构。在具体的案例中，上述总结的交易结构往往不是单一出现的，而是以组合的方式确保国有资产的保值增值。有些舆论认为，此番国企大举在资本市场买卖是新一轮的"国进民退"。其实不然，只要国企和民企都是在市场规则下公平竞争，便不存在与民争利的隐忧。并且在关乎国计民生的关键行业中，的确需要国有资本来保证这些企业不会因为短期内不盈利而倒闭，抑或是外资并购丧失控制权。如此一来，国有资本的回报率得到了保证，自由市场的原则也得到了维护，双方能够发挥更强的协同作用。

---

① 王帅. "三爱富"样本，一次彻底颠覆你对国改股估值理解的重组. 环球老虎财经. http://www.laohucaijing.com/Www_detail/index/121451/.

1.6.2 海外并购与产业布局

海外并购是国家进行经济结构调整和产业布局的重要环节，各国为了支持海外并购的发展，纷纷出台了不同的政策进行扶持，中国也不例外。

前身为清华大学科技开发总公司的紫光集团有限公司（以下简称"紫光集团"）的产融结合之路便是极具有代表性的一例。公开资料显示，自 2013 年以来，紫光集团斥资千亿元投资并购逾 16 家公司，其中有 11 家从事芯片行业。如此大手笔的投资资金从何而来呢？除了自有资金以外，背后不乏国家开发银行、中国进出口银行的授信，以及国家产业基金的支持。芯片对于国家工业的发展具有战略性的意义。中国半导体行业由于起步晚，在国际竞争中一直处于劣势，国有资本支持紫光集团的海外并购无疑存在着经济结构调整层面的意义。

与之完全相反的例子是 2016 年年底，监管层踩下急刹车，严厉整治海外并购中的非理性并购现象，复星集团、万达集团、海航集团等海外并购规模靠前的企业也引起了重点关注。内保外贷是市场与监管层对海外并购共同的担忧，在 2017 年 7 月召开的第五次全国金融工作会议上，国家商务部、发改委等多个部门表示，要重点遏制房地产、酒店、影城、娱乐业、体育俱乐部五大领域的非理性对外投资倾向。这些产业与紫光集团所投资的芯片产业有明显的区别，它们既不能给国家带来稀缺资源和高科技竞争的优势，还存在着严重的内保外贷风险。

监管部门的担心不无道理，海航 2018 年上半年财报显示债务总资产 1.14 万亿元，负债总额 6 574 亿元，一年内到期的流动负债 2 551 亿元[①]，这样的畸高负债面临着极大的流动性风险。万达则是大手笔抛售资产，降低负债规

---

① 海南航空控股股份有限公司 2018 年半年度报告．http://www.hnair.com/guanyuhaihang/tzzgx/cwbg/201808/P020180830399947568817.pdf．

模。在将文旅资产以 700 亿元的低价卖给融创和富力地产后，万达也正式完成了去地产化，截至 2018 年 6 月底，万达的有息债务合计 1 971.97 亿元，同比减少 836.43 亿元，减幅 30%。

同样是受到监管层高度关注的复星集团，却在 2017 年被银监会点名之后，受到了和海航、万达完全不同的待遇——半年后《人民日报》经济周刊发表头条文章《"墙外开花"还需"两头香"》点赞其海外并购。这究竟是为什么呢？

关键点在于资金来源和并购标的上，复星保险全球化布局给其带来了大量的现金作为长期投资的资金来源。截至 2017 年 12 月 31 日，其保险板块可投资资产中欧元 149.70 亿、美元 35.31 亿、人民币 204.27 亿。而且不同国家对保险资金使用的监管是不一样的。例如，中国保险资金参与房地产开发是受限制的；欧美的保险公司是可以投资房地产的，而且欧洲可以做到 4 倍的杠杆率，这样一来监管层关注的"内保外贷"问题便可以迎刃而解。不仅如此，复星的现金流状况也十分健康，年报数据显示，2017 年复星国际归属母公司的利润 131.6 亿元，净债务比率自 2016 年的 60.3% 下降至 49.7%。复星集团的融资来源主要是国内多家银行，截至 2017 年年末，除 816.51 亿元现金及银行结余及定期存款外，复星尚未提用的银行信贷总额为 1 583.32 亿元[①]。

在投资标的上复星准确把握住了中国经济发展的节奏，在自身积累的全球资源基础上，积极响应"一带一路"倡议，帮助更多中国企业走出去。这也许是复星的海外投资巨轮没有在这场席卷资本市场的风暴中折戟或掉头，反而能持续航行的玄机所在。

---

① 复星国际有限公司 2017 年年度报告．https://www.fosun.com/wp-content/themes/fuxing/document/report-2017-yr-zh.pdf；马永斌．市值管理与资本实践 [M]．北京：清华大学出版社，2018：421–429．

公司并购重组与整合
Company merger & reorganization and integration

通过以上 4 个公司的对比，政府用并购进行经济结构调整的思路便十分清晰了。国家明确支持企业"走出去"政策不动摇，只要是符合国内法律法规、国际通行规则、市场原则的对外投资，都是畅通无阻的；符合"一带一路"倡议的、有利于国际产能合作、有利于国内产业结构升级的对外投资，都是大力支持的。

放眼全球，国家利用并购手段进行宏观调控的案例也不在少数。如新加坡的国有控股资本公司淡马锡，就是一家以市场化方式运营的政府投资公司，与我国国有资本的"管资产"向"管资本"转变有着许多相似点。截至 2018 年 3 月 31 日，淡马锡投资组合净值创历史新高，达 3 080 亿新元（约合 2 210 亿美元），总资产超过 420 亿美元，占全国 GDP（国内生产总值）的 8% 左右。投资理念继续遵循以下四大主题：转型中的经济体、增长中的中产阶级、显著的比较优势、新兴的龙头企业[1]。其对于新加坡的作用不亚于国家经济巨船航行的领舵手。

日本央行所持有的 ETF（交易式开放基金）资产规模更是占到了日本整个 ETF 市场的 75% 左右。2018 年 3 月，日本央行耗资 8 330 亿日元（合 78 亿美元）购买 ETF。截至 2018 年 6 月，其持有的 ETF 资产规模已经高达 20 万亿日元，占日本市场总市值 670 万亿日元的 3% 左右。根据日经（Nikkei）的估算，日本央行通过购买 ETF 可能已经成为超过 1 400 个上市公司的前 10 大股东了[2]。有人将其比喻为日本央行在股市里养了头"巨鲸"。细数日本央行

---

[1] 淡马锡年度报告 2018 年版．https://www.temasek.com.sg/content/dam/temasek-corporate/our-financials/investor-library/annual-review/zh-tr-thumbnail-and-pdf/Temasek_Overview_2018_ZH.pdf.

[2] 刘刚，董灵燕．为什么日本央行调整 ETF 购买结构？有何影响？．Kevin 策略研究．https://mp.weixin.qq.com/s?__biz=MzA3NjU1NTQwMA==&mid=2649757729&idx=1&sn=5d8f090de709f7ef291a71f9a3239d50a&chksm=875bcdc6b02c44d0067f7300fa9a7725e38098d490ca7f1a2d0b576b9c3ea209de46f77f62ef&scene=0#rd.

通过 ETF 所间接持有的企业不难发现，有不少是对国家军事至关重要的行业，如芯片半导体、网络安全、新材料和核工业企业等。

在全球化程度不断加深的当下，并购无疑是一座将国家宏观经济结构调整与企业微观经济行为连接起来的桥梁，如何架好这座桥梁是保证国民经济快速稳定发展的关键。

1.7 前五次并购浪潮[①]

在并购的历史上，不难发现并购活动数量呈现出波浪形的特征。Ralph L. Nelson 首先研究并提出并购浪潮的概念。他以实证的方式研究出较高水平并购活动之后总会跟随长期的较低水平的并购活动[②]，该结论得到了学界的普遍认可。全球历史上总共掀起过五次并购浪潮，由于我国的并购环境成熟较晚，前五次均未能参与其中，但并购浪潮中所蕴含的规律却是通用的，对我国并购的发展有着巨大的借鉴意义。

自 1897 年开始至 2008 年金融风暴前，全球总共发生了五次并购浪潮，这些并购浪潮深刻地影响着全球经济的面貌，如表 1-5 所示，并购浪潮的规模与形式逐次累进，不变的是企业并购的目的——追求资本与利润的垄断。

---

① 罗伯特·F. 布鲁纳. 应用兼并与收购 [M]. 北京：中国人民大学出版社，2011；帕特里克·A. 高根. 兼并、收购和公司重组 [M]. 北京：中国人民大学出版社，2013；徐兆铭，乔云霞. 美国五次并购浪潮及其历史背景 [J]. 科技情报开发与经济，2003（5）：145-147.

② Nelson R. L. Merger Movements in American Industry [M]. Princeton:Princeton University Press, 1959:3-6.

表1-5 五次并购浪潮的主要特征

	时间	主要推动因素	主要特征
第一次	1897—1904	产能过剩	横向并购
第二次	1915—1929	产业整合	纵向并购
第三次	1954—1969	经济全球化与资本国际化	混合并购
第四次	1981—1989	金融手段创新	杠杆并购
第五次	1992—2008	消费需求和供给的变化	战略并购

1.7.1 第一次并购浪潮：横向并购（1897—1904年）

第一次并购浪潮发生于美国南北战争之后。当时北方联邦以工业革命后新兴资产阶级为代表，而南方联盟则以奴隶制的种植园主为代表，两者对社会制度的需求产生了分歧，双方都想获得新拓展的西部地区控制权，从而爆发了此次美国内战。这场战争表面上看是为了废除奴隶制度而战，实际上是资本天生的扩张性使然。1865年以林肯为领袖的北方联邦获得胜利，奴隶制的土崩瓦解为资本主义的发展扫清了障碍。

美国的西部与东部之间是崇山峻岭与沙漠，为了改善长达六个月的海上通行旅程，林肯于1869年建成了横贯北美大陆的太平洋铁路。在这个背景下，第一次并购浪潮轰轰烈烈地展开了。

美国的证券市场最初是复制英国和荷兰的模式，主要以公债与公司债为主。直至太平洋铁路修成后掀起了购买铁路股票的热潮，证券交易才真正发展成为股票交易，为资本市场注入了大量的资金。

此时的美国虽然早已在1890年就颁布了反垄断的《谢尔曼法》，监管部门却把矛头对准了工会，而并不是像预想那样用来保护弱势劳工的权益。这一时期的《谢尔曼法》并没有对抑制横向并购起到任何作用。

电力、煤炭技术的广泛运用使得石油、烟草行业开始追求规模效应，产能过剩的现状让效率低下的小企业生存空间越来越小，最终被行业领先企业兼并吞噬。横向并购是此次并购浪潮最大的特点。在此期间形成的垄断巨头如杜邦公司、美国钢铁公司、美国烟草公司等至今仍对全球经济有着巨大的影响力。

1.7.2 第二次并购浪潮：纵向并购（1915—1929年）

1982年的诺贝尔经济学奖得主，芝加哥经济学派领袖人物George Joseph Stigler将第一次并购浪潮和第二次并购浪潮分别比作"为了垄断的并购"和"为了寡头的并购"。这一比喻形象地揭示了两者之前的不同。如果说，第一次并购是收购自己的同行，那么第二次并购就是收购产业链的上下游。

20世纪初第一次世界大战结束以后，当战胜方英、法等国坐下来盘点自己的利益时，沮丧地发现，这场战争并没有给其带来胜利的成果，反而劳民伤财严重地削弱了国家的实力。更别谈战败方德国等，更是签署了严苛的《凡尔赛条约》割地赔款。那么这场战争真的没有赢家吗？其实不然，远在欧亚大陆之外的美国完美地避开了这场战争，并且顺利接管了欧洲强国因战事吃紧而无暇顾及的海外贸易，财富迅速累积一跃成为资本新贵。

除了经济方面的因素，交通技术上也有了大的发展。1893年第一辆汽车面世，20世纪初美国就开始大规模铺设公路了，汽车运输网络的建立给轻工业的发展提供了机会，并且解决了铁路运输覆盖不到的"最后一公里"的难题。

收音机正是这个时期发明的。这个似乎已经被现代人抛之脑后的家用电器，在当时可是极大地加快了信息交流的速度，广播广告的宣传使得企业之间的竞争愈加激烈。

美国政府此时已经意识到《谢尔曼法》无法有效制止垄断的形成，遂在1914年通过了《克莱顿法案》，对同行业的合并以及联营垄断进行严厉的打击，因此并购转向上下游产业链的兼并。纵向并购是此次并购的最主要特征,在此期间形成的综合性巨头如通用汽车、IBM等至今仍活跃在全球市场。

第二次并购浪潮中债务融资起到了重要的作用,但同时也埋下了潜在的金融风险。学界普遍认为,1929年的纽约证券交易所股市大崩盘,是此次并购浪潮戛然而止的标志,而后美国进入了长达四年的经济萧条期。

1.7.3 第三次并购浪潮:混合并购(1954—1969年)

1945年9月2日,第二次世界大战以日本宣告投降而告终,作为战胜国的美国战后经济增长出现了西方经济学界所称的"黄金时代"。与其他主要参战国不同,美国是唯一一个本土没有遭受战争破坏的国家,世界各国需要在战争废墟上进行基础设施重建,为美国提供了广阔的海外市场。

继蒸汽革命与电力革命之后,以原子能、电子计算机、生物工程为主要代表的第三次技术革命也悄然兴起了。这次科技革命推动了社会生产力的发展,办公用的电脑开始普及,航空技术也得到了广泛的运用,产业结构的优化升级率先在以美国为首的资本主义国家中产生了。第一产业与第二产业在国民经济中所占的比重下降,取而代之的是第三产业比重的上升。在这样的时代背景下,许多企业累积了足够的财务资本,开始寻求业务上的扩张。

然而在经历过前两次并购浪潮后,1950年美国政府颁布了《赛勒—凯佛维法》,弥补了《克林顿法》只抑制横向并购,而并不阻止公司实施相关产业收购的漏洞。换句话说,此时想要用并购扩大企业规模,只有组建综合性企业这一种方法。在这段沸腾的岁月里,企业手中都掌握着充足的现金流;商业银行不再像前两次并购浪潮中那样发挥重要作用;资金价格和利率的上升,使得企业管理层更愿意以股权融资,而不是债务融资的方式来参与此次并购游戏。

当时用于并购估值的普遍方法是市盈率法。市盈率高的大公司只需要采取换股的方式,就能轻松获得市盈率相对较低的小公司的股权。在不考虑外界因素的影响下，合并后的新公司每股收益理应变高。假设新公司的市盈率不变的话，那么股价就会相对应地上涨。接下来我们重复这个过程，可以发现，市场上的股价会被进一步推高，产生虚假的繁荣。

为了给飙升的股价提供合理的原因，企业的管理者们开始进行一些会计操纵。按照当时的会计准则，如果被收购的公司资产的账面价值低于市场价值，那么收购方就可以获得账面收益，该准则致使一些资产被严重低估的企业成为并购的标的。

所有的泡沫都会以破灭告终，1969年美国的股市发生崩盘，年末引发严重的经济危机，第三次并购浪潮赖以生存的市盈率基础不再有效，混合并购的时代告一段落。

1.7.4　第四次并购浪潮：杠杆收购（1981—1989年）

20世纪兴起的第四次并购浪潮不再只是少数几个国家的游戏。随着全球化程度的进一步加深，跨国并购交易的数量虽然不能与第五次并购浪潮相提并论，但已具备相当规模。

第三次并购浪潮中进行的混合并购，收购方为了推高股价通常付出了高额的溢价，然而由于偏离主业，整合后的业绩表现并不理想。这些大型联合企业逐渐意识到"主业回归"的理念，出售当初并购的无关分支机构。政府也起到了推波助澜的作用，交通运输、能源、娱乐业等以前禁止实施相关产业收购的行业，此时放松了管制。这些被主动瘦身下来的副业就成为第四次并购浪潮中的最佳标的。

不仅如此，在第三次并购浪潮后，因为大的经济环境低迷，许多实力还不错的公司业绩也随之下滑，导致其发行的债券信用评级被下调，成为垃圾债券而无人问津。独具慧眼的Michael Milken发现了这一潜在的商机，在经济逐渐回暖的20世纪80年代初，他开始大量收购价值被低估的垃圾债券，并通过多元化的组合配置，将其兜售给机构投资者。最早购买垃圾债券的投资机构收益率甚至高达50%，一时间引起了市场的追捧。

将垃圾债券的风潮推向顶点的是其与杠杆收购的结合。美国最初的杠杆收购，靠的是银行贷款，后来才有一些产权基金与保险公司介入，但是由于这些资金来源受风控、利率等种种因素影响，筹措资金仍然比较困难。然而垃圾债券的出现给杠杆收购注入了新的活力，由投资银行给并购方安排短期贷款作为过桥资金，给予其一定的时间来发行垃圾债券，用被收购公司的资产和未来现金流量及收益做担保并用来还本付息。一旦成功，将会获得巨大的收益。

在这种操作模式下，不仅中小企业获得了"蛇吞象"的实力，许多专业从事并购的投资银行也加入了混战，其中最为著名的就是被称为"门口的野蛮人"的KKR。

如表1-6所示，KKR在大多数案例中动用的自有资金不过数亿美元，而撬动的却是数十亿市值的巨头。其中最为著名的是1988年11月KKR收购雷诺烟草（RJR-Nabisco）的案例，200多亿美元收购资金在20世纪80年代已是天文数字。虽然这笔交易最后给KKR带来的收益平平，但是并不妨碍我们感受到当时杠杆收购的能量之大。

值得注意的是，在第四次并购浪潮中敌意并购成为常态，杠杆收购给了敌意并购充足的弹药。在这样的大环境下，企业的收购与反收购措施都有了创造性的发展，涌现出了毒丸计划、金色降落伞计划、焦土计划、绿色讹诈等手段，时至今日仍然活跃在并购市场，在后文中我们将进行详细介绍。

第四次并购浪潮终止于垃圾债券市场的崩溃。在经济全面下滑的大环境下，收益率不再撑得起超高的杠杆倍数。这也印证了前面所提出的观点，并购浪潮与宏观经济周期基本相吻合。

表 1-6　KKR 收购兼并案例举要[①]　　　　10 亿美元

日　　期	收购标的	出价金额	借贷金额
1984 年 3 月	Wometco	1.0	0.9
1984 年 6 月	Pace Industries	1.6	1.4
1985 年 4 月	Union Texas Petroleum	2.2	2.0
1985 年 4 月	Storer Communication	2.4	2.2
1985 年 1 月	Beatrice	6.2	5.8
1986 年 7 月	Safeway Stores	4.1	3.7
1986 年 11 月	Owens—Illinois	3.7	3.5
1987 年 7 月	Jim Walter	2.4	2.3
1988 年 3 月	Stop&Shop	1.2	1.1
1988 年 6 月	Duracell	1.8	1.5
1988 年 11 月	RJR-Nabisco	20.6	18.6

1.7.5　第五次并购浪潮：战略并购（1992—2008 年）

第五次并购浪潮可以真正称为全球性的并购浪潮，互联网技术的革新促进了全球一体化的进程，市场上的竞争者不断增加，对于企业来说配置全球范围内的新资源，是有效提高资本利用率的选择，跨国并购逐渐成为潮流。

在政策方面，随着世界各国的经济结构快速升级，为了增强国际影响力，各国政府对跨国并购活动的政策进一步放宽。曾经对于并购有着严格审查制度的美、英、法、德等传统经济强国，都采取了一系列的海外并购鼓励措施，如由国家支持的海外投资保证制度，对失败的海外投资进行一定比例的补偿等。发展中国家尤其是亚洲各国，在经历了 1997 年金融风暴之后，也意识到了海外资产配置的重要性，纷纷放松了对跨国并购的管制，增强市场的开放程度。

第五次并购浪潮以战略并购为主要特征。此时的恶意并购因为严重的道德

---

① W. 亚当斯，J.W. 布鲁克. 危险的追求. 转引自 http://www.doc88.com/p-196266375775.html.

风险外溢而受到社会各界的广泛谴责,所以并购的标的主要着眼于长期的战略性交易,市场逐渐回归理性。

值得一提的是,我国也有限地参与了第五次并购浪潮。其中最为知名的案例为 2004 年联想以 12.5 亿美元的高价收购 IBM 的个人电脑业务,代表着中国在国际并购市场上也有了一席之地。

1.8 中国与第六次并购浪潮[①]

纵观前五次并购浪潮不难发现,并购浪潮往往与经济周期密切相关,多发生于经济持续增长期,企业对于未来发展的乐观判断会促使其更多地进行并购重组行为。除此之外,如表 1-7 所示,政策、技术、地理方面的因素对于并购浪潮也起了促进或抑制的辅助作用。

表 1-7 并购浪潮的影响因素

	经济	政策	技术	地理
第一次	南北战争结束、股票交易的兴起	《谢尔曼法》的松懈	电力、煤炭的广泛使用	横跨北美的太平洋铁路修建
第二次	第一次世界大战后西方国家经济重建	《克林顿法》抑制横向并购	汽车、电器等新兴行业诞生	公路运输系统的建立
第三次	第二次世界大战被压抑的民生需求释放	《赛勒—凯佛维法》抑制纵向并购	办公电脑的普及	航空技术运用
第四次	混合并购业绩不理想的公司主动出售副业	政府放松对银行的管制	金融创新:垃圾债券	跨国交易成为常态
第五次	各国经济结构升级	一些国家支持海外并购	互联网、IT、生物技术的创新	全球化程度进一步加深

---

① Bureau van Dijk. 2017 年度 M&A 中国并购报告 . https://www.bvdinfo.com/zh-cn/about-us/company-history；徐兆铭,乔云霞 . 美国五次并购浪潮及其历史背景 [J]. 科技情报开发与经济,2003（5）：145-147；帕特里克·A. 高根 . 兼并、收购和公司重组 [M]. 北京：中国人民大学出版社,2013.

目光回到国内，我国的资本市场由于起步较晚，前五次并购浪潮几乎没有参与。但是由于人口红利以及正确的改革开放方针，在近几十年里，经济保持着持续稳定的高速增长。所以我国现在正在经历产能过剩、产业升级、经济全球化与资本国际化、金融手段创新、消费需求和供给的变化这些前五次并购浪潮中所出现的主要推动因素。

A股市场上市公司的并购历史可以划分为四个阶段，分别为制度完善阶段、并购市场萌芽阶段、二级市场举牌高峰阶段、要约收购上升阶段。自第三阶段开始，中国就已经身处在以互联网和高科技行业并购为主要特征的第六次并购浪潮中，甚至可以称得上引领与推动了此次并购浪潮的发展，这次并购浪潮亦是中国资本市场发展新的机遇。

1.8.1　第一阶段：制度完善（1993—2006年）

1993年深圳宝延集团通过二级市场举牌收购延中实业，拉开了我国并购史的序幕。由于我国股票市场刚刚起步，上市公司股权结构中国家股、法人股广泛存在，这些无法在市场上流通的股份造成了严重的股权分置问题，此阶段的并购交易因为制度环境等多方面原因并不活跃。2005年9月，证监会发布《上市公司股权分置改革管理办法》，消除流通股与非流通股之间的制度差异，改善同股不同权、同股不同利的状况，成功解决了股票的估值合理性和市场流通性问题，昭示我国正式迈入"全流通"时代。2006年1月，新修订的证券法对上市公司收购制度作出新规定，将收购人持股比例超过30%须履行强制性全面要约义务，调整为收购人可自主选择全面要约或部分要约，使要约收购的可操作性大大增加。2006年5月，证监会发布了《上市公司收购管理办法》（2014年修订），为多样化的收购方式提供了制度环境与行动指南，有力地促进了上市公司并购市场的繁荣。

1.8.2 第二阶段：并购市场萌芽（2007—2014年）

股权分置改革完成之后，改革开放30年累积的巨额居民储蓄有了新的投资渠道，加之社保、QFII、保险资金入市，A股股市行情一路飙涨。上证指数从2007年年初的2728点，最高涨至10月16日的6124点；深证指数也从6730点，最高涨至10月10日的19600点。国家多次调控未能将热度降温，最终在美国次贷危机、国内通货膨胀、大小非减持受限等多重因素的影响下，造成了A股股市的高位跳水。2008年二级市场举牌事件数量达到小高峰，主要原因是经过2007年10月开始的暴跌后，A股市场上出现了一批股价估值偏低的上市企业，给资本"逆周期投资"提供了机会。之后的2009—2012年，二级市场举牌一直维持在平稳的水平。2014年3月，国务院发布《国务院关于进一步优化企业兼并重组市场环境的意见》，指出除借壳上市严格审核外，上市公司其他重大资产购买、出售、置换行为均取消行政审批。A股市场逐渐重新回暖，在宽松的政策刺激下，二级市场举牌收购的数量也大大增加。

1.8.3 第三阶段：二级市场举牌高峰（2015—2016年）

这一阶段的主要特征与美国的第四次并购浪潮相似。自2014年以来，场外配资、伞形信托等融资工具迅速在A股市场蔓延。杠杆交易金额上涨会导致投资者对市场的预期愈发乐观[1]。信息技术的发展给金融工具创新带来了更多可能，第六次并购浪潮席卷全球，互联网公司巨头成了此次并购浪潮的中坚力量。

2015年6月12日，上证指数创出5178点的新高。次日证监会下发《关于加强证券公司信息系统外部接入管理的通知》，禁止证券公司为场外配资活动提供便利。此次高位"去杠杆"行动是引发断崖式下跌的主要原因，2015

---

[1] 滕译阳. 2015年中国股灾的成因及影响对策分析 [J]. 中国集体经济，2017（36）：76-77.

年8月26日，上证指数跌至2850点，跌幅超过45%。为了避免此次股灾引发全面性的金融危机，政府果断决定进行干预，参与救市，主要措施包括降准降息、调低交易费用、减少IPO数量等。其中有一项措施值得引起注意：2015年7月8日，中国保险监督管理委员会发布《中国保监会关于提高保险资金投资蓝筹股票监管比例有关事项的通知》。该通知放宽了保险资金投资蓝筹股票监管比例，对符合条件的保险公司，将投资单一蓝筹股票的比例上限由占上季度末总资产的5%调整为10%；与此同时，投资权益类资产达到30%比例上限的，可进一步增持蓝筹股票，增持后权益类资产余额不高于上季度末总资产的40%。此举拓宽了保险资金配置的范围，有利于增强保险资金运用的灵活性，也直接导致了本阶段多家保险机构频繁举牌上市公司，加大投资比例的现象。

1.8.4 第四阶段：要约收购上升（2017年至今）

2015年7月10日，宝能以"恶意收购+杠杆收购"的手段，举牌国内房地产龙头万科A股，拉开了宝万之争的序幕。在这场被视作中国版的"门口的野蛮人"战役中，恶意收购作为一种有效的外部监督机制，将"创造性的破坏力"发挥得淋漓尽致。

与此同时，保险资金举牌的风险性也引起了监管层的注意。证监会首先肯定了恶意收购在监督方面起到的积极作用，同时也揭示了如果不控制收购的道德风险，将会带来损害实体经济的严重后果。保险资金作为长期资金的提供者，仅出于短期投机的目的在二级市场上频频举牌，通过操纵股价的方式获利，必然产生期限错配的风险。为了遏制这一现象，2017年1月24日，保监会颁布《中国保监会关于进一步加强保险资金股票投资监管有关事项的通知》，将2015年股灾期间放宽的保险资金投资蓝筹股票监管比例回调至5%，增持后权益类资产余额不高于上季度末总资产的比例回调至30%，从资产端遏制了过于激进的保险资金举牌行为。除此之外，在2017年5月证监会发布的减持新规中,大股东的减持通道受到了严格限制,但股东通过交易所集中竞价交易买入的筹码不受限制。

这样一来,通过二级市场举牌获得的筹码减持难度加大,而要约收购属于集中竞价,反而顺势成为市场新选择。相较于二级市场举牌"爬行式"增持的不确定性,公开要约收购的方式更为稳定便捷,加之要约收购前期只需要拿出价款总额的20%作为履约金,余下部分可做各种融资安排,在新的政策环境下也显得更为合算。

注册制的来临也是并购浪潮的主要助推因素之一。证券发行申请人只需按规定提交相关的注册文件,审查机构对其进行形式审查无误后即可上市。届时A股市场将会空前活跃,并购交易也会呈现爆发式的增长。

自2014年起,全球的并购交易金额重回2008年金融风暴后的最高水平,如表1-8所示,第六次并购浪潮已经席卷而来。

表1-8 全球2012—2018年并购交易数量及金额表[①]

年份	交易数量/笔	交易金额/亿美元
2012	85 238	33 272.68
2013	92 391	36 919.26
2014	102 176	48 020.23
2015	107 182	60 115.81
2016	96 665	47 341.65
2017	96 082	47 409.69
2018	97 709	53 037.13

图1-13所示的是2013—2018年全球TOP5国家并购交易数量,图1-14所示的是2013—2018年全球TOP5国家并购交易金额。

---

① Bureau van Dijk. 2018年度M&A全球并购报告. https://www.bvdinfo.com/BvD/media/reports/Global-2018pdf.

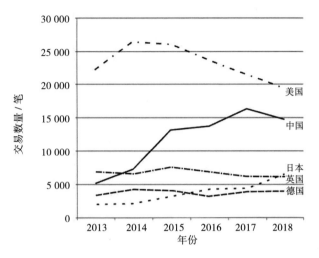

图 1-13 2013—2018 年全球 TOP5 国家并购交易数量[①]

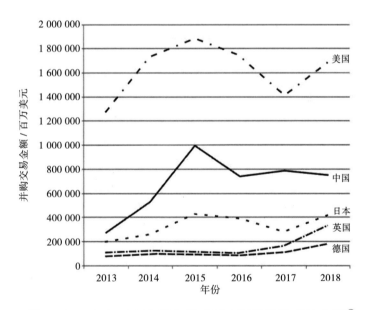

图 1-14 2013—2018 年全球 TOP5 国家并购交易金额[②]

[①] Bureau van Dijk. 2017 年度 M&A 全球并购报告. https://www.bvdinfo.com/BvD/media/reports/Global-2017.pdf.

[②] Bureau van Dijk. 2018 年度 M&A 全球并购报告. https://www.bvdinfo.com/BvD/media/reports/Global-2018.pdf.

根据图 1-13 和图 1-14 可以看出，美国无论是在交易数量还是交易总额上都领跑全球。自 2013 年起中国展示出了强劲的增长力，与其他国家拉开距离，成为仅次于美国的第二大并购经济体。而之前举国为之侧目的联想天价收购 IBM 案，已经比比皆是，阿里并购 UC、万达抄底传奇影业等都超过了 50 亿美元的并购额。由此足以显现出在此次并购浪潮中，中国不再是旁观者，已经成为跨境并购交易的主力军。

分析表 1-9 所示的数据可以发现，不管是在交易数量还是交易金额上，中国近几年的并购交易走势均与全球市场基本保持一致：2015 年交易宗数和交易总额达到峰值，且在其后几年中一直保持稳定繁荣状态。

表 1-9　中国 2012—2018 年并购交易数量及金额表 [①]

年　份	交易数量 / 笔	交易金额 / 亿美元
2012	7 271	3 024.74
2013	7 799	3 436.28
2014	10 056	6 227.00
2015	15 987	12 373.60
2016	15 605	8 386.90
2017	15 085	7 866.36
2018	16 545	8 432.87

再来看外界影响因素。在国家政策方面，证监会明确表示支持上市公司实施并购操作，并发布了一系列文件给予相应的政策支持；银监会方面批准商业银行可以发放并购贷款，标志着银行等金融机构参与资本市场的通路进一步放开；随着注册制的脚步临近，A 股市场将会面临空前活跃的重大转折点，对并购重组更是绝对的利好。在产业结构方面，中国的上市公司已经逐渐迈

---

① Bureau van Dijk. 2018 年度 M&A 全球并购报告．https://www.bvdinfo.com/BvD/media/reports/Global-2018.pdf.

入成熟阶段，并购重组是进行市值管理十分重要的手段；私募股权基金在上一轮繁荣期后，此时也进入了逐步退出阶段。许多行业的集中化程度已经十分之高，下一步即将出现行业洗牌，并购整合是必然现象。

在海外并购方面，2016年底政府出台了一系列规范海外并购活动的措施。其中房地产、酒店、影城、娱乐业、体育俱乐部五大领域的非理性海外投资被全面叫停。该政策是出于"内保外贷"的风险考虑，导致2017年中企海外并购出现了明显滑落；但该政策是对于非理性海外并购的矫正，在未来将会促进海外并购在正确的轨道上更快发展。与此同时，2018年初的中美贸易战导致中国企业赴美投资并购的进程受到了阻力。即便如此，中国的跨国并购交易在"一带一路"倡议的推动下，有望与邻国打造命运共同体和利益共同体，海外并购活动重回升势。

可以说，此时的中国，前五次并购浪潮的推动因素均具备，致使前五次并购浪潮的特征交替出现，这是前所未有的挑战，也是中国巨大的机遇。在证券市场建立至今的短短二三十年里，中国并购市场已经有了飞跃性的发展，并购交易的相关法律制度也从一开始的定位模糊到现在逐步完善起来。在未来几年中，以横向并购与纵向并购为主的产业整合仍将是并购主流；海外并购的力量也不容小觑，战略布局将会朝着互联网、高科技、传媒等新经济领域转向；在并购重组新规出台的背景下，杠杆收购的热度将会回归理性，而混合支付收购会成为未来的主流，并购基金的广泛设立也会成为交易完成的坚实后盾。

第 2 章
并购决策

2.1　为明确的目的服务

2.2　卖方动因和时机选择

2.3　选择标的与交易主体的标准

2.4　并购与业务战略

2.5　并购重组交易的决策树

2.6　并购的税收问题

2.7　决策中的人性弱点

2.8　并购流程

"谋定而后动，知止而有得"，意思是谋划准确周到而后行动，知道目的才能够有所收获。这句话完全适用于企业的并购活动。因为开弓没有回头箭，一旦启动并购项目，就会调动企业各方面的精力和资源，具备很大的不可逆性。如果并购决策失误，那么会带来巨大的沉没成本。所以并购的战略决策尤为重要，它直接关系到并购效应的实现、竞争优势的强弱和战略发展方向。

本章将聚焦并购所"谋"，按照"为什么买""买谁"以及"怎么买"的思维框架，解决以下问题。

（1）为什么要并购？

（2）选择什么时机买卖？

（3）如何选择并购的标的？

（4）采用何种方式并购？如何判断？

（5）并购中还要注意哪些问题？

2.1　为明确的目的服务

做并购决策，首先，要有明确的目的，也就是要搞清楚公司并购的原始诉求。其次，并购策略要为目的服务，"怎么做"要围绕自己想达到的目标去做。并购的目的分为战略目的、财务目的和其他目的。

2.1.1 战略目的

并购的战略目的如图 2-1 所示。

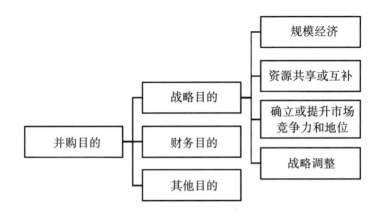

图 2-1 并购的战略目的

战略目的是指买方为了获取战略机会而进行并购的动因。如图 2-1 所示，战略目的可以分为四类：对规模经济的追求、资源共享或互补、确立或提升市场竞争力和地位、战略调整。

对规模经济的追求是横向并购的一个重要目的，表现在产品批量化生产、销售费用降低、管理人员减少，最后由于长期平均成本降低带来更多效益。

2016 年宝钢股份吸收合并武钢股份，这起横向并购的主要目的就是对规模经济的追求。宝钢股份和武钢股份同属钢铁行业，设备、生产线、工艺过程具有相似性，两者合并，未来的设备投资和更新成本协同进行，采购成本会更低；在销售上，原来需要武汉和上海两个面向全国的销售团队，并购后重叠的部分可以精简，这样就省下了部分销售费用；原来的两套管理班子、研发队伍也是同样可以精简，降低管理费用；结果表现为规模经济：单位钢铁产量的长期平均成本下降。

像宝钢和武钢这样的强强联合毕竟是少数，更多的并购是大吃小，目的是资源的共享或互补。这些资源包括资金、技术、销售、品牌、土地等。从这个角度来看,宝钢吸收合并武钢,是地理区位资源上的互补,是长江下游和长江中游核心的钢铁产业资源整合。

融创中国是通过并购实现资源互补的典型企业。融创中国是一家年轻的房地产企业,要跑到销售榜单前列,至关重要的是要拥有大量可供开发的土地储备。从2012年起,融创中国便开始在全国大规模收购项目和土地,先参与绿城中国、佳兆业集团、雨润的并购,后收购金科地产股份,成为二股东,大手笔收购联想旗下的融科智地、万达文旅项目。通过土地资源的补充,融创中国的土地储备从2015年底的0.27亿平方米上升到2018年中的2.31亿平方米,且超过92%的土地储备位于一、二线城市[①]。此时融创中国不仅有着比肩万科、恒大和碧桂园的销售规模,更有着大量优质的土地储备,足以保障未来数年的发展。

提升市场竞争力和市场地位也是融创并购的重要目的。融创中国通过大规模并购获得土地储备资源,开发的楼盘多了,卖的房子多了,销售规模就进入一线房企的阵营,由此带来了市场地位的上升。这个过程中,融创中国从地方房企成长为全国性房企,知名度提高了,在买房的消费者心中的品牌价值上升了,市场竞争力提高了。

在互联网行业中,马太效应尤为显著,常常是"老大吃肉、老二喝汤、老三饿死",这时候市场地位和竞争力就很关键。比方说电商行业,老大阿里巴巴赚得盆满钵满,但老二京东挣扎在盈亏平衡线上。京东为了提高市场竞争力,选择并购腾讯拍拍、一号店。而拍拍虽然做到了行业第三,但仍大幅亏损,最后被腾讯战略放弃。

战略调整是并购的一个重要战略目的。所谓战略调整,是对原有战略方向

---

① 证券时报.融创中国:目前土地储备总货值约3.29万亿元.转引自东方财富网. http://finance.eastmoney.com/news/1354,20180831937757060.html.

的改变,往往表现为进入新行业和新领域。并购是战略调整的绝佳手段,因为并购新行业的现有企业能够绕开行业门槛,节省市场开拓的时间成本,并且减少一个竞争者,直接获得其行业地位。

通过并购进行战略调整的成功案例有 2008 年美的对小天鹅的并购、2016 年美的对库卡的并购。前者使得美的进入洗衣机新行业时,直接成为国内洗衣机市场的龙头企业,后者使得美的以全球前四的身份进入机器人制造新领域。在产融结合的战略调整中,并购是主要方式。例如复星国际先后在海外并购葡萄牙保险、美国 MIG 保险公司,推动"实业+保险+投资"的战略转型。同样,联想控股为了布局金融业务,先后并购第三方支付拉卡拉、保险经纪联保投资集团和 PIC 英国养老保险。

2.1.2 财务目的

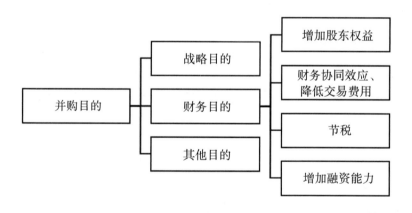

图 2-2 并购的财务目的

图 2-2 所示的是并购的财务目的。首先,买方可以通过并购价值被低估的目标企业,增加股东权益的价值。2015 年,宝能看准了万科的股价被低估,才发起了对万科的恶意并购。万科的每股收益远高于宝能,而且宝能使用了杠杆资金,如果恶意并购成功,那么作为宝能大股东的姚振华,其股权价值将会大幅提高。

通常来说，上市公司的估值要高于非上市公司。例如，A 公司每年净利润 5 亿元，市值为 100 亿元，即市盈率倍数为 20 倍。A 公司共 5 亿股，每股价格为 20 元，每股收益为 1 元。B 公司还未上市，每年盈利为 1 亿元，卖方报价为 10 亿元，即估值为市盈率的 10 倍。如果此时 A 公司要并购 B 公司 100% 的股权，那么以股份支付的方式，需要增发 0.5 亿股。合并后的公司每年盈利为 6 亿元，拥有 5.5 亿股，每股收益约为 1.1 元。而合并前上市公司 A 的每股收益为 1 元，所以并购估值更低的 B 公司，给 A 公司股东带来了股东权益价值的提升。

其次，买方还有可能为了降低交易费用、提高整体效率而推动并购。交易费用理论认为，企业和市场是两种可以相互替代的资源配置机制，并购可以将企业间的外部交易转变为企业内部行为从而节约交易费用[1]。效率理论认为，并购可提高企业的整体效率，表现在财务上即财务协同效应[2]。

再次，节税也会是并购的财务动因。较为常见的是并购亏损企业带来的节税效应。比方说宝钢吸收合并武钢时，武钢正处于亏损，那么合并报表利润就会减少，应缴所得税会相应降低。如果卖方被并购之前的会计年度亏损严重，可以从亏损年度以后的 5 个年度的税前利润弥补[3]。也就是说，如果卖方第 0 年利润亏损为 60 万元，此后 5 年的利润皆为 10 万元，那么此后 5 年的利润均可用来弥补第 1 年的亏损，都不用缴纳企业所得税。但从第 6 年起，就不能在税前弥补亏损，只能用税后利润弥补。

---

[1] 交易费用理论. 智库百科. https://wiki.mbalib.com/wiki/%E4%BA%A4%E6%98%93%E8%B4%B9%E7%94%A8%E7%90%86%E8%AE%BA.

[2] 并购的效率理论. 智库百科. https://wiki.mbalib.com/wiki/%E6%95%88%E7%8E%87%E7%90%86%E8%AE%BA.

[3] https://zhidao.baidu.com/question/1900170776241796980.html.

最后，并购的财务动因还包括增强买方的融资能力。在经济景气周期，并购带来的融资能力能让企业实现爆发式增长，而在经济衰退周期，"并购—再融资—并购"的模式会暴露出高杠杆的脆弱性。海航集团就感受到了先甜后苦的滋味，在顺周期，海航从"连一个飞机翅膀都买不起"的1 000万元起家的航空公司，发展成为世界500强（2016年排名第353位）、管理资产过万亿的国际化金融控股集团。很重要的原因在于，8家A股海航系上市公司通过并购定向增发、公开增发、股权质押、发行债券和银行借款等途径，具备强有力的融资能力。但在逆周期，公司主营和并购来的业务营收增长放缓，叠加股价下行导致融资能力下降，使得紧绷的现金流在庞大的债务利息面前难以招架，所以我们看到海航集团自2017年以来抛售曾经并购的海外及国内资产，偿还到期的债务本金及利息。

2.1.3 其他目的

图2-3所示的是并购的其他目的，如借壳上市、财富再分配等。

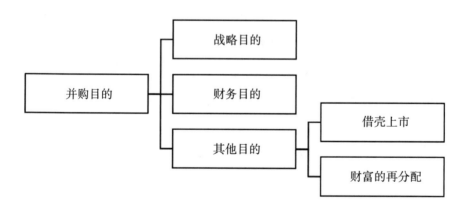

图 2-3 并购的其他目的

借壳上市是具有国内特色的并购目的，它是指非上市公司通过控股上市公司获得上市公司地位的并购[①]。在国内实施核准制和保荐制的背景下，不想在国内通过 IPO 排队上市，或者还不具备上市条件的企业，通过借壳可以实现在 A 股的快速上市。比方说从美股私有化回归 A 股的例子，包括 2015 年分众传媒借壳七喜控股回归 A 股、2017 年 360 借壳江南嘉捷回归 A 股。参与私有化的资本有收益率和回收期的要求，所以分众传媒和 360 经不起现有 IPO 发审制度的长时间等待，寻求快速的借壳上市是合理的选择。

通常我们会认为并购是为了创造价值与财富，但是也不乏奔着财富再分配目的进行并购的企业。这种现象背后的理论支撑是财富重新分配理论，该理论认为并购会影响股价的变动，会产生债权人和股东、员工和股东、公司和消费者之间的利益再分配，因此可能会出现以股东利益最大化为目的的并购。股东的利益哪里来？可能是在新老股东之间转移，可能因为杠杆收购从债权人转移到股东，也可能因为整合中的员工精简、产品涨价从消费者转移到股东[②]。

2.1.4 并购策略为并购目的服务

公司并购并不是只有单一的目的，上述的战略、财务和其他目的可以相容。买方搞清楚为什么要并购之后，就要围绕目的制定并购策略。常见的并购策略有三种，分别是横向并购、纵向并购和混合并购，如图 2-4 所示。

通过横向并购获得市场定价权的案例比较常见。例如 2005 年以前，分众传媒的战略目的是完成楼宇广告行业的整合，获得广告定价权。当时分众传媒在楼宇广告行业有着旗鼓相当的对手——聚众传媒，那么合理的策略是横向并购聚众传媒。为了完成并购，分众传媒抢先在纳斯达克上市，拿到融资后随即收购聚众传媒，完成了楼宇广告行业的整合，达到了战略目的。再如近

---

① 朱宝宪. 公司并购与重组 [M]. 北京：清华大学出版社，2006：66.
② 财富重新分配论. 百读百科. https://baike.baidu.com/item/%E8%B4%A2%E5%AF%8C%E9%87%8D%E6%96%B0%E5%88%86%E9%85%8D%E8%AE%BA/12741790?fr=aladdin.

年来互联网行业的整合，美团并购大众点评、滴滴并购快的、优酷并购土豆、58同城并购赶集网。这些案例都是奔着产业整合、获得市场定价权的战略目的，通过横向并购来实现。

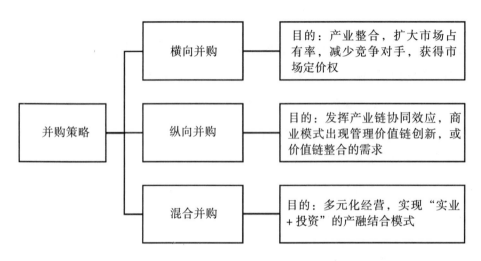

图 2-4　常见的并购策略

纵向并购也很常见，如美的对威灵控股的要约收购。威灵控股生产的是电机，全世界每三台空调，就有一台使用该公司制造的电机；全世界每三台洗衣机，就有一台使用该公司制造的电机①。作为全球第一的白电核心部件制造商，对于美的来讲，其重要性不言而喻。但威灵控股不仅供应给美的，主要客户还有惠而浦、夏普、西门子等数十家家电企业。美的的战略目的是能够发挥产业链协同效应，整合价值链，所以纵向并购威灵控股成为上佳的策略。2017年底，美的发起对威灵控股溢价30%的要约收购。2018年初，威灵控股从港股私有化退市，成为美的产业链中更为牢固的一员。

还有一类并购策略，叫作混合并购。混合并购为多元化经营的战略目的服

---

① 三钱二两．市值竟不如美的一个零头，威灵控股：怪我咯？．虎嗅．https://www.huxiu.com/article/188989.html．

务。例如复星国际、联想控股这类投资控股集团，在多元化扩张的阶段，主要依靠混合并购的手段，实现"实业+投资"的产融结合。

2.2 卖方动因和时机选择

在并购市场中，我们往往从买方的角度去思考问题，却忽略了那些准备出售自己的企业的卖方。对于买方来说，明确并购目的和基本策略是必要的。但对于卖方来讲，它需要的是了解买方类型、寻找潜在买方和制订出售计划。

2.2.1 卖方出售企业的原因

图 2-5 所示的是一些非上市中小型企业出售企业的原因，图中所示的驱动因素是比较容易理解的。以美国标准普尔 500 指数为例，在 50 年前的平均寿命为 25~35 年，而今天的平均寿命只有 12~14 年[1]。美国成熟市场上市公司况且如此，更不用说非上市的中小企业。在信息技术更迭迅速的今天，企业从创立到停止运营，可能就在 5 年以内。所以外部环境使得企业生命周期缩短，让股东有寻求出售企业的迫切需求。

对于企业来说，所处行业总有饱和的时候，企业内部的领导才能、销售渠道、财务等资源也会碰到天花板；企业发展会受到资本、资源、经理人、所有者的限制。要突破这样的天花板，可以靠并购其他企业实现外延式发展，也可以寻求将企业出售给更大的公司。对于选择出售企业的创始人来说，放弃大部分或者全部股权，但仍有可能担任公司的经理人。

---

[1] 丹尼斯·J.罗伯茨.并购之王[M].北京：机械工业出版社，2014：12.

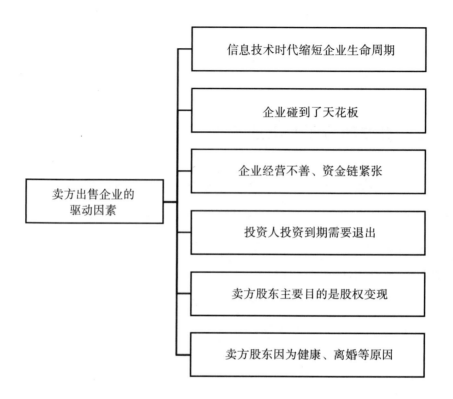

图 2-5　卖方出售企业的驱动因素

例如在巴菲特的收购模式中，收购优质企业的大部分股权，但仍希望原来的主要股东或创始人出任经理人。最著名的是 B 夫人和她的内布拉斯家具城，1983 年，经过巴菲特的反复游说，当时 89 岁的 B 夫人终于同意以 5 500 万美元出售 90% 的股份给巴菲特。此后 B 夫人继续经营着内布拉斯家具城。当时，B 夫人依然每周 7 天无休，每天工作都在十二三个小时。直到 1989 年，B 夫人才正式从内布拉斯加家具城退休[1]。

中国的一些产业整合者也像巴菲特一样，收购企业大部分股份之后，依然

---

[1] 长江商业评论. 令巴菲特也着迷的百岁 B 夫人. 转引自雪球. https://xueqiu.com/1175857472/80531545?page=1.

让创始人担任公司的董事长和 CEO。这对于那些发展遇到瓶颈，不得不出售自己股份，但是又希望继续陪伴自己企业成长的创始人来讲也是一种不错的选择。例如，2016 年锦江股份以 17.5 亿元人民币收购维也纳酒店 80% 的股权后，让只持有 20% 股份的创始人黄德满继续出任董事长。

企业可能因为经营不善、资金链紧张寻求出售的情况很常见，如乐视网出售给融创中国、夏普出售给富士康。

企业因为投资方的资本退出压力寻求出售，是风险资本的并购退出模式。当 IPO、借壳上市的回报率较高的退出方式难以达成，风险资本会要求被投资企业寻求出售或股权转让，让自己顺利退出。

最后两种出售因素与大股东有关。企业可能从创立开始，大股东就一心想着股权变现。那么企业发展到既定的规模，大股东就会寻求出售企业，获得预期的经济利益。例如著名的 Paypal 团队，创始人彼得蒂尔在 1998 年合伙成立 Paypal，2002 年纳斯达克上市后不久将其以 15 亿美元的价格卖给雅虎，将持有的股权套现 5 500 万美元。Paypal 创业团队纷纷离开二度创业，创始人彼得蒂尔创办 Clarium 对冲基金并投资了 Facebook，同年还创立了 Palantir 大数据公司。原副总裁霍夫曼创办了全球最大职业社交网站 LinkedIn，并以 262 亿美元现金被微软收购。合伙人马斯克通过股权套现 1.8 亿美元，随即创立了 Space X 和特斯拉。工程师查德与陈士骏因为 Paypal 股权成为百万富翁，离职后创办 YouTube，最后被谷歌以 16 亿美元收购[①]。

除了大股东主动想卖，还有被动卖的原因。比方说因为身体健康原因、离婚财产分割、接班人问题等。

---

① Taro. PayPal 黄埔军校到底出了多少牛逼的创业者和新商业模式. 格隆汇. 转引自搜狐. http://www.sohu.com/a/145095129_313170.

2.2.2 潜在买方类型[1]

既然卖方打算出售企业，那么就要在并购市场上寻找合适的潜在买方。制订好自己的出售计划，循序渐进争取更高的报价。图 2-6 所示的是并购交易的买方类型，不同类型的买方所选择的并购策略、整合策略各不相同。

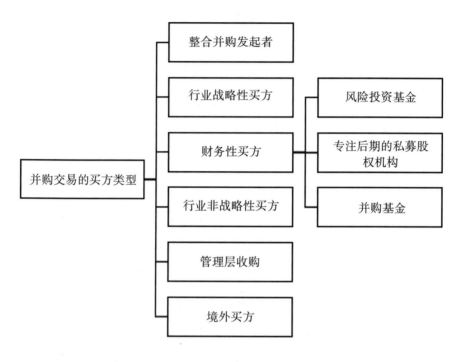

图 2-6　并购交易的买方类型[2]

整合并购的模式是，发起者在一个高度分散的行业中，收购几十家公司后，整合成一家大型公司，IPO 整体上市，在二级市场上实现大幅溢价（套利）。大多数情况下，整合并购由缺乏实际运营经验的资本家发起。他们意识到，不用等到承诺的规模经济或者协同效应出现，通过整合运作上市就可以

---

[1] 丹尼斯·J．罗伯茨．并购之王 [M]．北京：机械工业出版社，2014：18-35．
[2] 丹尼斯·J．罗伯茨．并购之王 [M]．北京：机械工业出版社，2014：18．

赚得巨额收益。对于卖方来说，非常欢迎整合并购者。因为相比其他买方，整合并购者更为慷慨，往往愿意支付更高的溢价。当年金融家杜兰特就是将几十家小汽车厂整合并购成通用汽车公司的。

行业战略性买方往往本身就是上市公司[①]，追求的是对上市公司有互补效应的产业整合，而不是捆绑后打包上市。所以，战略性买方往往是干劲十足、脚踏实地的优质买家。有情怀的卖家可以期待自己的企业在战略性买方手中蒸蒸日上。南存辉是典型的行业战略性买方代表。他领导正泰电器从整合温州48家小企业开始，完成了低压电器开关行业的产业整合，将正泰电器做成了国内低压电器产品的龙头企业。

财务性买方被我们所熟知，通常有VC（风险投资）、PE（私募股权投资）和并购基金。准确地说，前两者一般是收购卖方的部分股权，而且即使处于少数股东的位置，投资机构也会通过并购条款清单等协议，保障自己的权益。比方说对赌协议，如果对赌失败，对卖方来讲是赔了夫人又折兵，所以卖方要谨慎看待财务性买方。反向尽职调查往往是个好办法，这个投资机构规模有多大？何时可能面临清算？并购交易后，将由谁来负责投后管理？历史上的投资有没有和卖方不愉快？

行业非战略性买方是指目的并不明确的同行买家。他们可能有并购的意愿，但没有清晰的计划，可能是趁卖方找不到称心如意的买家，想压低价格捡便宜。由于缺乏并购积极性，行业非战略性买家算不上好买家。但是当卖家遇到困境不得不卖的时候，他们可能助卖家一臂之力。

管理层也可能成为买方。但是企业股东和经理人之间本身存在代理成本，经理人可能为了更低的报价在经营上作出不利于股东利益的行为。同时，管理层熟知企业经营情况和价值，管理层收购时又缺乏潜在竞争性买方，所以

[①] 也有可能是非上市公司，但是捆绑上市的目的不是套利退出，发起者往往是有情怀的企业家。

卖方很难得到较高的溢价。如果经理人团队的历史表现值得信赖，同时给出令卖方满意的交易价格，又拿到有保障的融资，那么管理层收购也是卖方不错的选择。

最后的境外买方，在经济全球化的今天，已是并购市场分量十足的买家。在国内并购市场早期，国内企业充当卖方，面对的是跨国公司的并购诉求；而在今天，中国企业已转换成买方的角色，在全球市场寻找并购标的、参与并购谈判、本地化经营，向跨国公司转变。

2.2.3 卖方出售计划[①]

在买卖企业的时候，时间和节奏很重要。按照时间长度，可以把卖方出售计划分为三种类型。

（1）长期计划：准备在3年后出售企业。

（2）中期计划：准备在12至18个月内出售企业。

（3）短期计划：准备立刻出售企业。

如果准备按照长期计划来出售企业，那么当前最重要的是找到自己企业的价值驱动因素，并且推动企业改造来实现价值最大化。这些因素包括经验丰富的管理团队、稳定增长的业务、优质产品和服务、广泛的客户群体等。3年时间，很有可能将自己的企业带入更加优秀的公司行列，获得更高的交易价格。

如果准备按照中期计划来出售企业，那么当务之急是在会计、税务、团队等方面做好售前准备。

（1）按照会计准则整顿公司会计和税务记录，确保所有执照、许可和税务注册合乎程序。

---

① 丹尼斯·J. 罗伯茨. 并购之王 [M]. 北京：机械工业出版社，2014：38-47.

（2）用"金手铐"稳定高管团队。

（3）在相关领域注册并保护商标、专利和版权。

（4）整理与客户、供应商、房东以及其他人员的重大合同关系。

（5）整理公司会议记录，确保实时更新。

（6）对工厂、办公室进行清洁。

（7）与相关媒体和公关公司保持友好互动的关系。

如果准备在短期内卖掉企业，那么除了寻找潜在买方的必要环节之外，卖方应该按照常态继续运营业务，同时要避免任何可能的长期承诺、业务的重大变更以及诉讼等。诉讼应该是竭力去避免的事情，如果卖方卷入诉讼，买方很可能会借此压价。如果诉讼造成了难以估量的赔偿，那么很有可能让潜在买方溜之大吉，甚至让进行中的并购交易戛然而止。

2.2.4 风口和商业价值

在了解了潜在买方类型、制订了相应的出售计划以后，卖方还希望挑个好时候出售企业，最好是正处在行业的风口上。经济有自己的周期，景气周期和衰退周期像海浪般起伏；一级市场有追逐的行业风口切换，比方说O2O（线上线下）、新零售、共享出行、人工智能等；二级市场有牛市和熊市，2008年、2015年的大牛市和随之而来的熊市让很多投资者记忆犹新。

经济景气周期、行业风口和股市的牛市，往往会带来估值上的泡沫。这是卖方希望抓住的出售时机，因为泡沫意味着可以卖个好价格。但泡沫的持续时间是有限的，怎么去抓住这样宝贵的时机呢？

图2-7可以看作企业的生命周期，包括初创期、快速发展期、稳定成长期和成熟期，也可以用来分析企业的最佳出售时机。

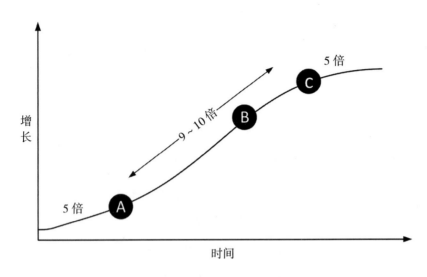

图 2-7　增长率曲线和并购最佳时间 [①]

在一个中型并购市场中，A 点之前的曲线意味着泡沫开始期，估值水平是 5 倍的 EBITDA；A 至 C 点之间的曲线对应着快速发展期和稳定成长期，估值水平一般在 9 至 10 倍。而 B 点，处于快速发展期和稳定成长期的交界点，泡沫周期进行到 3/4 的时点，是估值倍数最高的时点。B 点是卖方出售企业的好时机。雄心勃勃的年轻企业家也可以选择继续经营企业，不过要考虑清楚随着估值倍数下降、经济周期下滑和行业的变革，能否保证企业价值高于目前，能否保证行业还会有下一个泡沫[②]。

2.3　选择标的与交易主体的标准

前两节我们分析了买方并购目的、卖方关键点和出售时机，这节我们探讨

[①②] 丹尼斯·J．罗伯茨．并购之王 [M]．北京：机械工业出版社，2014：38–47．

对于买方来讲，怎么挑选合适的标的公司，如果确定了标的，那么是收购股权还是收购资产呢？

2.3.1 买还是卖

表 2-1 展示的行业吸引力和业务实力组合对于投资决策的影响，并购决策也受同样的影响。对于业务实力强、行业吸引力大的标的，买方应该优先并购；对于业务实力弱、行业吸引力小的标的，买方应该放弃并购。如果买方有这样的业务，甚至可以考虑出售相关资产或项目股权。从这个角度讲，买方和卖方并不对立。如果以行业吸引力和业务实力为标准，那么企业就要并购两者皆强的标的，出售两者较弱的业务。

表 2-1 行业吸引力—业务实力矩阵对投资决策的影响 [1]

行业吸引力 / 业务实力	业务实力强	业务实力中	业务实力弱
行业吸引力大	Ⅰ：优先投资。即大力投资发展，寻求行业支配地位	Ⅱ：择优投资。增强竞争能力，力争行业领先地位	Ⅲ：投资发展以增强竞争力，或退出
行业吸引力中	Ⅱ：择优投资。保持行业领先地位	Ⅲ：识别有前途的业务进行投资	Ⅳ：减少投资，逐步退出
行业吸引力小	Ⅲ：尽量回收现金，适度投资以维持竞争地位	Ⅳ：减少投资，逐步退出	Ⅴ：回收投资，及时退出

如果是收购股权，还要考虑股份比例的问题。

表 2-2 从经营难度和投资风险两个角度，分析适用哪种投资方式和比例。对于并购决策来说，也是相同的道理。对于并购风险小、整合与经营难度小的标的公司，买方要 100% 收购，使其成为全资子公司来合并报表，为买方提供稳定的业绩支撑。而随着并购风险的加大、整合与经营难度的上升，买方并购入股的比例可相应地减小。此时买方可以用超过 50% 的比例绝对控股标

---

[1] 周春生. 融资、并购与公司控制 [M]. 北京：北京大学出版社，2005：123.

的公司,将部分并购、整合与经营风险由其他股东来分担;也可以直接成为战略投资者或财务投资者,仅获取投资收益。

表 2-2 经营难度—投资风险矩阵对投资比例的影响

经营难度/投资风险	投资风险小	投资风险大
经营难度小	全资子公司	参股
经营难度大	控股,引入战略投资者	财务投资

2.3.2 交易主体选择标准

上面只是并购买方寻找标的公司的大方向,在实务操作中,并购还需要遵循具体的行业选择标准和公司选择标准。

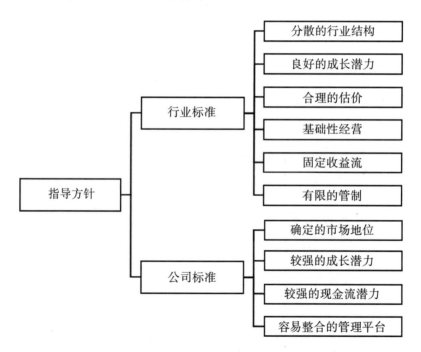

图 2-8 行业和公司选择标准的框架

图 2-8 是行业和公司选择标准的框架,每条的具体内容可以在表 2-3 和表 2-4 中找到,并购买方在寻找标的时,可以对照以下的清单,考虑潜在标的

符合哪些行业和公司标准。

表 2-3　并购指导方针：行业标准

行业标准	具体内容
分散的行业结构	在分散行业内，有利于收购方搜寻标的公司；有利于收购后公司的发展；行业内的联合趋势会增加并购退出的机会
良好的成长潜力	将目标锁定为正在发展、具有多个增长点、可以提升公司成长基础的行业
合理的估价	将精力集中于处在休眠期、刚刚出现的，或是还没有被大家认识到的行业机会，避免接触"大众化"的行业和已经处于风口的行业
基础性经营	简单的产品或生产过程，便于并购后的整合与改进；较长的产品生命周期和较低的产品过时性，能够提供经营的稳定性
固定收益流	定期的、周期性的收益，有利于融资的财务稳定性，有利于将销售资源集中于新项目
有限的管制	管制约束会限制投资者的潜在回报，将目标公司锁定在拥有最少政府管制的行业和国家

表 2-4　并购指导方针：公司标准

公司标准	具体内容
确定的市场地位	将目标锁定为有独特潜力的公司，目标公司确定的市场地位可以降低并购的风险
较强的成长潜力	通过人力资源的重新分配、强化的资金运用计划和内部激励计划可以激发目标公司的成长潜力
较强的现金流潜力	目标公司的现金流潜力如何？毛利润是否充足？净利润是否充足？营收是否稳定？控制支出的能力如何？目标公司的现金流潜力好就可以支持收购杠杆的设计
容易整合的管理平台	现有管理模式是否容易整合？现有管理者能否留用

除了行业标准和公司标准，交易主体选择策略还有四个原则，分别是合规、节税、整合和可行性。这四个原则的字面意思很容易理解，具体思想和内容将贯穿于本章第 6 节，以及后面的尽职调查和整合章节中。

2.3.3　收购股权 VS 收购资产的利弊分析

当买方通过选择策略筛选出潜在卖方以后，紧接着面临一个重要的问题：收购股权还是收购资产？

首先，我们介绍一下资产收购和股权收购的概念。资产收购是指买方以现金、证券、实物等方式有选择性地收购对方公司的全部或一部分资产；股权收购是指以目标公司股东的全部或部分股权为收购标的的收购[1]。表 2-5 所示的是资产收购和股权收购的区别。

表 2-5　资产收购和股权收购的区别[2]

区　　别	资 产 收 购	股 权 收 购
主体和客体不同	主体是买方和卖方公司，客体是卖方的资产	主体是买方和卖方的股东，客体是卖方的股权
负债风险不同	卖方的原有债务仍由其承担，基本不存在或有负债的问题	卖方的原有债务对今后股东的收益有巨大的影响
税收方面不同	纳税义务人是买方公司和卖方公司本身，缴纳税种包括增值税、所得税、契税和印花税等	纳税义务人是买方和卖方股东，除印花税外，卖方股东可能因股东转让而缴纳企业或个人所得税
收购客体及变更手续不同	客体是卖方资产，不需要办理工商变更手续，其中有不动产的，须到房地产等部门办理不动产过户手续	客体是卖方股权，因股东变动须办理工商变更手续
受第三方的影响不同	影响最大的是对该资产享有某种权利的人，如担保人、抵押权人、商标权人、专利权人、租赁权人。需要得到相关权利人同意或履行义务	影响最大的是卖方的其他股东，需要经过半数的股东同意并且其他股东可能有优先受让权，因此股权收购可能受制于卖方其他股东

---

[1]　资产收购. 百度百科. https://baike.baidu.com/item/%E8%B5%84%E4%BA%A7%E6%94%B6%E8%B4%AD/7238026?fr=aladdin；股权收购. 百度百科. https://baike.baidu.com/item/%E8%82%A1%E6%9D%83%E6%94%B6%E8%B4%AD.

[2]　股权收购与资产收购区别对比. 百读文库. https://wenku.baidu.com/view/b934040ebc64783e0912a21614791711cc7979ec.html.

从表 2-5 中可知收购资产和收购股权，在主客体、负债风险、税收、变更手续、第三方影响方面有所区别。接下来我们将从两方面详细分解，一方面从买方角度出发，分析收购资产或股权对买方有何利弊；另一方面从卖方角度衡量，看出售资产或股权对卖方有何利弊，总结归纳如表 2-6 和表 2-7 所示。

表 2-6　收购股权 VS 收购资产对于买方的利弊 [1]

	利	弊
收购资产	（1）对买方的法律地位和组织形式没有限制 （2）可避免承担卖方的"或有负债"，降低并购风险 （3）避免少数股东的阻挠 （4）缩短生产周期、快速提高生产能力和规模 （5）资产收购所需调查的信息相对较少，承担的风险也相对较小	（1）买方不能享受卖方因亏损带来的所得税减免 （2）买方不能享受特定行业的税收优惠政策 （3）由于卖方税收的增加，导致买方收购成本的增加 （4）易形成经营范围单一化
收购股权	（1）投资规模灵活，有可能实现资本控制的以小博大 （2）可以分阶段并购，防范经营风险 （3）实现合理避税 （4）有可能可以不受卖方管理层的阻挠 （5）实现投资组合多元化，提高企业价值 （6）较大限度降低行业壁垒	（1）对卖方的所有制形式有限制，必须为公司制企业 （2）承担卖方的"或有负债"带来的并购风险 （3）为取得卖方控制权，有可能付出高额的收购成本 （4）股权收购行动实施过程复杂 （5）如果卖方管理层阻挠，会增加并购风险

---

[1] 沙静.资产收购与股权收购的比较研究 [D]. 北京：北京交通大学, 2004. DOI:10.7666/d.y586504：11-22.

表 2-7 出售股权 VS 出售资产对于卖方的利弊 [①]

	利	弊
出售资产	（1）资产收购方式是非公司制企业卖方出售的唯一方式 （2）盘活资产，实现资产快速变现 （3）优化资产结构 （4）卖方的股权结构不会改变，如果买方是发行股份收购资产，那么卖方有可能拥有买方的表决权	（1）税负增加 （2）资产价值往往被低估 （3）对于特定资产的收购，需经有关部门批准
出售股权	（1）改善经营状况，提高股票价格 （2）卖方股权结构发生改变，但仍有可能保持控制地位 （3）分散"或有负债"的风险 （4）在换股方式下，可实现免税	卖方在分散的股权结构下，有可能引起控制权争夺，甚至失去控制权

综上，如果卖方债务负担重、股东关系复杂且股权分散，那么使用资产收购是买方规避"或有负债"的上佳选择；如果卖方是股份制企业，经营风险大，那么分阶段的股权收购是买方规避经营风险、节省资金、合理税务筹划的好途径。对于卖方来讲，出售资产还是股权，除了税收不同，还有卖方股东是否希望保持控制地位的考虑。

2.4 并购与业务战略

在 2.1 节中讲到，并购目的包括战略目的、财务目的和其他目的，并购策略必须服务于明确的并购目的。因此，并购交易需要顺应企业的业务发展和战略布局。广义上的并购，包括兼并、收购与重组，是公司战略实施中至关重要的一部分。我们把并购放在公司的决策框架中，理解并购与业务战略的

[①] 沙静. 资产收购与股权收购的比较研究 [D]. 北京：北京交通大学，2004. DOI:10.7666/d.y586504.

关系。如图 2-9 所示，企业的业务战略分为上下两个部分，上部分是业务扩张战略，下部分是业务重组和收缩战略，都可以通过并购重组来实现。

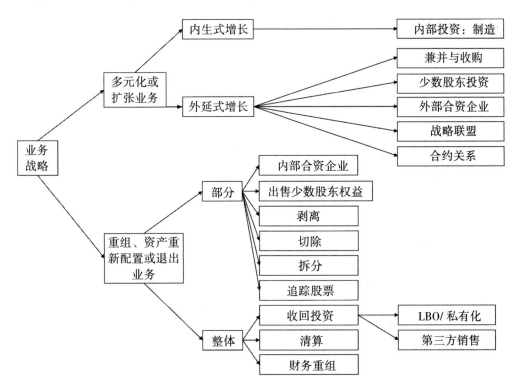

图 2-9　公司业务战略和战术 ①

2.4.1　业务扩张战略

业务扩张战略分为内生式增长和外延式增长，业务重组和收缩战略分为部分和整体资产、股权的处置。

内生式增长指的是采取内部投资成长的方式，典型例子是国内家喻户晓的格力电器。格力电器始终如一坚持内生式增长，搞自主研发。格力电器自 IPO 上市以来，从未收购过外部企业，仅有的收购珠海银隆的提案，也因为

---

① 罗伯特·F. 布鲁纳. 应用兼并与收购 [M]. 北京：中国人民大学出版社，2011：148.

中小股东的反对而告吹。格力电器每年的盈利，除了大手笔的分红之外，主要用作内部产品和技术研发的投资。内生式增长往往适用于专业化战略，聚焦于主业的稳扎稳打。20余年在空调这条赛道上的内生式增长，让格力电器在空调品类上的护城河极为牢固。

像格力电器始终坚持内生式增长的企业是少数，大部分企业在经过内生式增长的阶段后，通常希望通过外延式增长突破企业资源限制、行业天花板限制，通过横向和纵向整合、多元化等路径创造价值。全球市值居前的上市公司都是走的外延式扩张和内生式增长相结合的发展之路。例如谷歌，把自己的主业搜索和广告业务做好，这是内生式增长，但这不足以让谷歌市值超过8 000亿美元。谷歌的壮大更多依靠外延式扩张，成立以来，谷歌收购超过200家企业。其中的Andriod在收购后帮助谷歌奠定移动操作系统的半壁江山；Youtube帮助谷歌掌握全球视频分享的主要流量；DoubleClick和AdMob帮助谷歌建立起桌面和移动时代最大的广告联盟。

并购只是外延式增长的一种类型。在并购之前，还可以考虑少数股东投资、外部合资企业、战略联盟和合约关系，其要点总结如表2-8所示。

表2-8 外延式增长的方式[1]

方　　式	关　键　点
少数股东投资	直接投资合作方公司，持有少数股权
外部合资企业	与合资方共同投资建立独立实体，在合资协议中详细说明合资伙伴的投资权利、经营责任、选举权利、退出选择、风险与回报的大致分配方式
战略联盟	拥有对等经营实力的企业为共同拥有市场、共同使用资源的战略目标组成的合作模式
合约关系	最简单的方式，包括许可合约、共同营销合约、共同开发合约、联合采购合约、特许权合约、长期供货或通行合约

---

[1] 罗伯特·F. 布鲁纳. 应用兼并与收购[M]. 北京：中国人民大学出版社，2011：152.

这四种合作途径，按照承诺和参与程度从弱到强来排序，依次为合约关系、战略联盟、外部合资企业和少数股权投资。当然，兼并与收购是最为直接和强力的外延式扩张手段。

那么，在寻找新资源、实现业务扩张时，该选择何种途径呢？

图 2-10 所示的是业务扩张途径的决策因素。需要注意的是，检验并购后能否顺利整合的条件与核心竞争力密切相关：一是协同效应，能否加强公司目前的核心竞争力；二是战略转型，公司核心竞争力是否发生变化，能否通过并购形成新的核心竞争力。

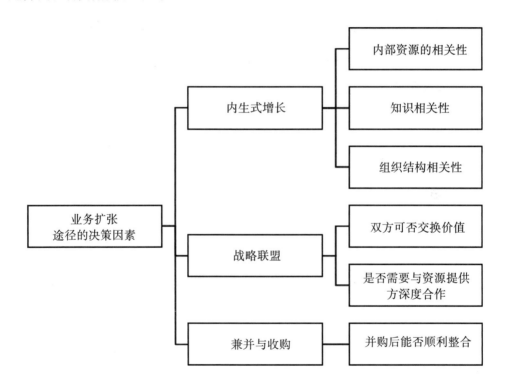

图 2-10 业务扩张途径的决策因素

2.4.2 业务重组和收缩战略

分析业务重组和收缩战略,首先要弄明白公司为什么需要重组?图 2-11 所示的是公司业务重组的动因。

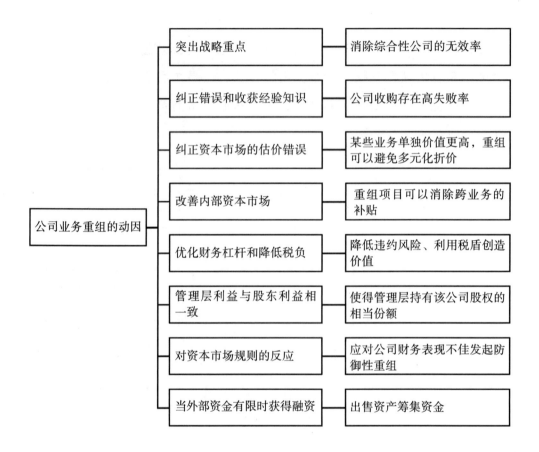

图 2-11 公司业务重组的动因 [1]

由图 2-11 可知,公司业务重组的动因有很多。我们举几个例子,例如在美国上市的京东剥离了京东物流和京东金融的资产,一方面固然有突出电子商务战略重点的考虑,但另一方面更是为了这两块业务未来单独上市获得更

---

[1] 罗伯特·F. 布鲁纳. 应用兼并与收购 [M]. 北京:中国人民大学出版社,2011:158.

多溢价和融资。再比如宝钢武钢合并，对于武钢来说，是在业绩亏损时应对行业寒冬的防御性重组。

公司业务重组的手段还有很多，如出售少数股东权益、出售合资企业权益、分拆上市等。重组、重置或出售的方式如表 2-9 所示。

表 2-9 重组、重置或出售的方式 [1]

方　式	关　键　点
出售少数股东权益	需要考虑引入的其他资源能否补偿交易带来的任何折扣；少数股权将如何影响公司的投票权；其他股东将如何反应
出售合资企业权益	可以吸引有特殊技术或其他资源的合作伙伴加入；与少数股权相比，不影响卖方股东；可提高各方贡献的透明度
剥离或出售资产	剥离在并购交易中占比较大，清算是最极端的剥离战略，即公司出售所有资产、支付所有外部债务，将收益付给股东然后解散
分拆上市	将业务单元当作单独实体经营且通过 IPO 上市融资
分立	在分立的情况下，股票以股利的形式赠予母公司股东，不涉及货币交换
分拆或换股	可以看成极端的分立方式。①子公司 A 的股票被母公司的股东换成了子公司 B 的股票。结果形成了一个自主的公司，不再是母公司的一个下属部门。②将整个公司拆成多个独立的公司，分拆后母公司不再存在，只有相互独立的各个公司[2]
追踪股票[3]	追踪股票具有分红权、投票权，并可上市交易。与普通股票不同的是，它的收益及股价只与公司某一部门的效益挂钩，而不是与公司挂钩[3]
财务资本结构重组	重点关注公司资本结构的优化，意图通常是优化债务或股权的组合，或是调整业务的股权投资组合

表 2-9 所示的几种方式中，剥离、分拆上市、分立、分拆或换股和追踪股票理解起来有难度，我们用一个例子来说明。卖方拥有子公司 A 和子公司 B，正考虑重置子公司 B，摆在面前的选择有剥离、分立、分拆上市、分拆或换股、追踪股票，卖方分别该如何操作？母公司重置子公司时的方式如图 2-12 所示。

---

[1] 罗伯特·F. 布鲁纳. 应用兼并与收购 [M]. 北京：中国人民大学出版社，2011：159.

[2] 罗伯特·F. 布鲁纳. 应用兼并与收购 [M]. 北京：中国人民大学出版社，2011：160.

[3] 追踪股票目前不适用于国内证券市场。

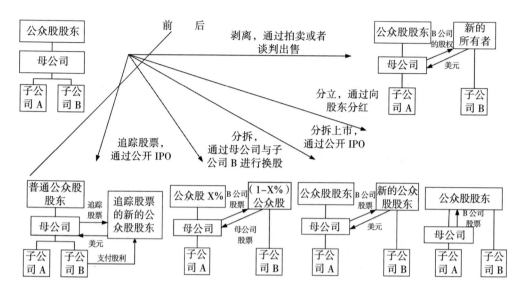

图 2-12 母公司重置子公司时的方式[1]

图 2-12 左上角是卖方重置子公司 B 前的股权架构,公众股股东持有卖方股权,母公司控制子公司 A 和子公司 B。

如图 2-13 所示,如果是剥离的方式,那么母公司将子公司 B 的股权出售给买方,买方通过现金、证券等支付对价。如果是全部出售,那么卖方将不再持有子公司 B 的股权。

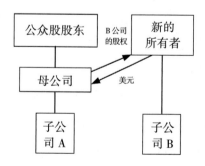

图 2-13 卖方剥离子公司 B[2]

---

[1][2] 罗伯特·F. 布鲁纳. 应用兼并与收购 [M]. 北京:中国人民大学出版社,2011:160.

如图 2-14 所示，如果是分立的方式，那么卖方母公司将子公司 B 分立后，股东之前通过母公司间接持股子公司 B，现在股东直接持股子公司 B。

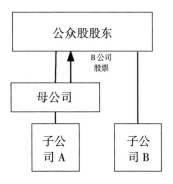

图 2-14　卖方分立子公司 B[①]

与分立不同的是，分拆上市要为子公司 B 引入新的公众股股东。上市后，卖方股东通过母公司间接持有子公司 B 的部分股权。典型的案例如腾讯控股在 2017 年、2018 年先后将子公司阅文集团、腾讯音乐分拆上市。上市后，股东仍通过腾讯控股拥有两家上市子公司的股权收益（图 2-15）。

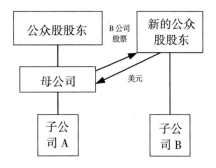

图 2-15　卖方分拆上市子公司 B[②]

换股分拆也是分拆的一种方式，其逆向的操作就是换股吸收合并。美的集团换股吸收合并小天鹅，每 1 股小天鹅 A 股股票可以换得 1.211 股美的集团

---

①②　罗伯特·F. 布鲁纳 . 应用兼并与收购 [M]. 北京：中国人民大学出版社，2011：160.

股票，换股完成后，小天鹅原股东就持有了美的集团的股票，而小天鹅成为美的集团全资子公司。如果此时美的要让小天鹅再换股分拆出去，那么部分股东可以用美的集团的股份按对价换成小天鹅的股份。与换股分拆不同的是，分立是把母公司的股份一分为二，股东既持有母公司的股权，又持有子公司的股权（图2-16）。

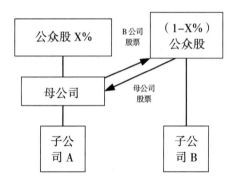

图2-16　卖方分拆换股子公司B[①]

在资本市场，发生过先换股吸收合并后分立的案例。2015年，上海城投旗下两大上市平台——城投控股、阳晨B股，为解决B股问题，顺便进行业务整合，上海城投用了前所未有的方式：先吸收合并，再分立上市。

首先，城投控股向阳晨B股全体股东发行A股股份，以换股方式吸收合并阳晨B股，阳晨B股与城投控股的换股比例为1∶1。然后，根据分立方案，城投控股1 000股变成783股，分了217股给上海环境。一个公司就此分为两家，原来的老股东同时持有两家公司股票[②]。

[①] 罗伯特·F. 布鲁纳. 应用兼并与收购[M]. 北京：中国人民大学出版社，2011：160.
[②] 莲花财经. 上海环境上市半日成交1.7亿元 难道遇上了假新股?. 转引自金融界. http://stock.jrj.com.cn/2017/03/31140422251240.shtml?_da0.24866854259744287.

最后还有一种特别的方式，叫作追踪股票①。追踪股票只追踪公司内部某一特定的业务分支部门或某一特定附属子公司的营运业绩表现。如图 2-17 所示，子公司 B 发行了追踪股票，由母公司和新股东持有。追踪股票的收益取决于子公司 B 的业绩。新公众股股东通过追踪股票将只需关注子公司 B 的收益，而非整个母公司。

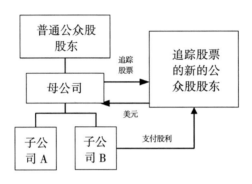

图 2-17　追踪股票②

2.5　并购重组交易的决策树

在上节中，不管是外延式增长的战略，还是业务重组战略，都给出了数种可供选择的途径，这往往会给决策者带来困惑：该依据哪些重要的因素选择恰当的方法？本节将解决这个问题，在分析重要决策因素的基础上，给出具体的决策框架。

---

① 当公司整体一般，而某一部门（或子公司）业绩优良，如果该部门不是独立的子公司，无法采用股权出售的方法，公司又不愿采用分立的方式将该部门（或子公司）分离出去，就可以发行与该部门挂钩的追踪股票，这样做有利于公司整体股价的上扬。

② 罗伯特·F. 布鲁纳. 应用兼并与收购 [M]. 北京：中国人民大学出版社，2011：160.

2.5.1　并购交易的决策树[①]

并购交易是外延式增长战略的一种战术工具。借助外部资源成长有很多选择方案,如合约协议、战略联盟、合资企业、少数股权投资、收购、合并等。在这些方案中做决策要考虑以下三个关键因素。

(1) 卖方业务与买方核心业务相关性及收益。

(2) 控制权需要。

(3) 风险管理需要。

首先,要考虑买方与卖方业务的相关性及收益。如果卖方业务与买方主业高度相关,如是同行或者产业链的上下游,那么要选择紧密的合作形式。例如,美的集团和核心电机供应商威灵控股,在业务上威灵控股是美的家电产品核心部件的上游供应商,在收益上两者有协同收益,所以美的不仅要拥有威灵控股的控制权,还要对其完全私有化,强化业务合作和利润整合。同样的思路也体现在美的集团吸收合并小天鹅的案例上。如果卖方与买方核心业务相关的收益低,那么可以选择少数股东投资、合作协议等形式。例如,李泽楷的电讯盈科当时是香港的传统通信公司,和上市前的腾讯还没有业务合作的方向,电讯盈科选择了对腾讯的少数股权投资,在两年后以 5 倍收益套现退出腾讯。

其次,要考虑所有权和控制权的需要。当卖方的业务或资产对买方来说具备战略价值时,就需要牢牢掌握控制权,美的对威灵控股的私有化就是这种情况。如果威灵控股落到竞争对手惠而浦、西门子的手中,那么就会卡住美的核心部件的脖子。如果存在卖方或者说合作伙伴在经营、决策上屡犯错误的情况,将会让买方的权益受到严重损失,这时买方要优先考虑控制权。在少数股权投资或合资的情况下,买方通过部分所有权,就可以在董事会拥有席位,获得经营决策的知情权,并将买方的意见传达给卖方。如果是合约协

[①] 罗伯特·F. 布鲁纳. 应用兼并与收购 [M]. 北京:中国人民大学出版社,2011:172-174.

议等形式,双方的合作仅限于业务上,在股权层面没有交集,对控制权也就没有需求了。

最后,要考虑对风险的管理。这里指的风险主要是卖方的负债风险。前面讲过收购资产和收购股权对于买方的利弊影响,收购资产可以避免卖方的"或有负债";而收购股权可以采用分阶段收购,先进行少数股权投资,获得董事会席位,在降低并购可能产生的运营和负债风险后,再决定是否进行第二阶段的并购。

基于以上三个因素的考虑,我们给出了外延式增长机会选择的决策树,如图 2-18 所示。

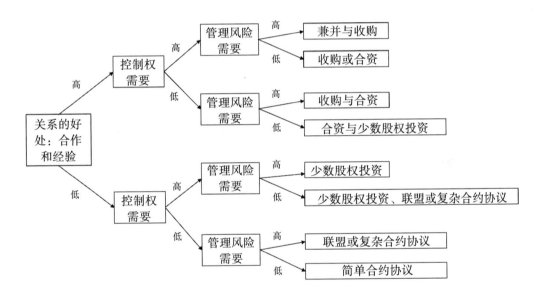

图 2-18 外延式增长机会选择的决策树[1]

图 2-18 所示决策树包含的外延式增长机会的决策逻辑是:首先,要面对战略愿景,判断卖方业务与买方核心业务是否相关,能否带来长期收益。其次,

---

[1] 罗伯特·F. 布鲁纳. 应用兼并与收购 [M]. 北京:中国人民大学出版社,2011:173.

要考虑控制权需要的高低。最后，应考虑管理风险的需要。依据这三点决策，可以得出不同的决策分支，从最顶端的兼并与收购，到最底端的简单合约协议。

2.5.2 重置和重组的决策树

重组交易是 M&A 交易的一个重要来源，每年 1/3 的交易是其他公司剥离的交易。除剥离之外，重组工具还包括清算、少数股权投资、分立、分拆上市和构建追踪股票[①]。在这些工具中做选择时要考虑以下因素。

（1）该业务是否能够作为独立实体存活。

（2）该业务与母公司核心业务的关系。

（3）控制权需要。

（4）市值管理需要。

首先，要看该业务能否作为独立实体存活。如果是经营具体业务的子公司被出售，比如作为卖方的 IBM 将其个人 PC 部门卖给联想，这就是因为 IBM 的 PC 部门具备研发、销售的持续经营能力，可以作为独立实体存活。但如果是土地、厂房或设备等资产出售，那么维持独立经营的可能太小，所以这些资产会被彻底出售。

其次，要看与母公司核心业务的关系和收益。如果卖方出售的业务不是核心业务且收益有限，那么可能采取资产完全出售或清算，比如谷歌对摩托罗拉手机业务的出售。谷歌为了在移动硬件业务具备一定的竞争力，收购了摩托罗拉手机业务，但整合和后续经营不善，使得该业务收益有限，因此谷歌将这块业务出售给了联想。如果卖方的业务与核心业务密切相关且收益可观，那么就需要采取追踪股票、出售少数股权、部分分立、分拆的做法。

再次，要看控制权的需要。具有战略价值的资产或业务，卖方不愿失去对

---

① 追踪股票在 A 股市场还不能用。但是随着监管的完善，这种在重组中比较灵活的方式必然会被监管部门所允许。

其的控制权，避免落入竞争对手的手中。在重组业务中，考虑到控制权的最佳工具是追踪股票。一方面，追踪股票不具有决策参与权，保证了卖方对被追踪业务的控制权；另一方面，被追踪业务又能保留在公司集团作为一个完整实体经营，保障了经营的稳定性。当然，追踪股票还具备关键的融资能力，帮助企业完成重组。

最后，还需要考虑市值管理。不具备战略价值、收益较低的非核心资产或业务，公司进行重组时出售，有利于股东净资产收益率的提高，会释放公司聚焦于主业的信号，增强投资者信心，有利于市值管理。当公司整体一般，而某一部门业绩优良，如果该部门不是独立的子公司，无法采用股权出售的方法，公司又不愿采用分立的方式将该部门分离出去，就可以发行与该部门挂钩的追踪股票，使该部门的业绩在市场上可以做出独立的表达，这样有利于公司整体股价的上扬。

基于上述四方面的考虑，我们给出了重组或重置的决策树，如图2-19所示。

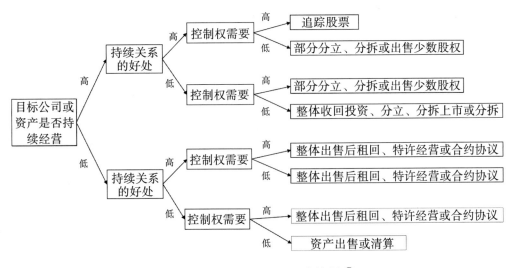

图 2-19 重置和重组的决策树①

---

① 罗伯特·F.布鲁纳.应用兼并与收购[M].北京：中国人民大学出版社，2011：174.

图 2-19 表达的重组决策逻辑是：卖方要重置或重组，首先，要考虑出售的股权或资产能否持续经营，如设备类资产可以采取售后租回的融资租赁方式，专利技术可以整体出售后获取特许经营或合约协议；其次，要衡量与母公司核心业务持续关系的好处。如果要出售的业务和卖方核心业务关系紧密，出售以后单独经营大幅影响其利润，那以追踪股票、分立、分拆或出售少数股权的形式重组较为合理；再次，还要考虑控制权因素；最后，决策时要评估每个方案对股东价值的影响，从市值管理的角度做出最后的判断。

2.6 并购的税收问题

税收是并购中需要认真考虑的因素，税务筹划一般不是并购的动机，却往往起到帮助或巩固决策的作用。在本节中，我们将首先聚焦美国成熟资本市场的重组形式，思考如何合理进行税务筹划。同时，了解并熟悉中国现行的与并购税收紧密相关的政策法规，为具体并购实务提供指导。

2.6.1 美国税法中的几种重组形式

图 2-20 所示的是如何通过纳税、债务风险和投票权来选择交易形式，上半部分是卖方需要立即纳税的交易形式，下半部分是卖方免税[①]的形式。

[①] 只要有利得，总是要交税的，这里的"免税"指的是税款递延。

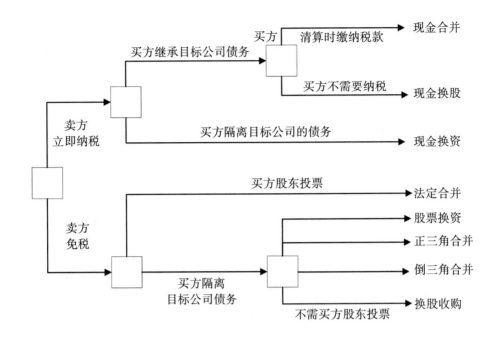

图 2-20　交易形式的决策树 ①

第一种卖方需要立即纳税的交易为现金换资，也就是主要用现金或债券购买资产，如图 2-21 所示。

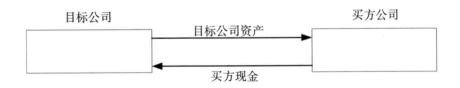

图 2-21　现金购买资产交易 ②

买方用现金购买目标公司资产，对于卖方来讲，资产的卖价与账面价值的

---

① 罗伯特·F. 布鲁纳. 应用兼并与收购 [M]. 北京：中国人民大学出版社，2011：174.
② 罗伯特·F. 布鲁纳. 应用兼并与收购 [M]. 北京：中国人民大学出版社，2011：567.

差额作为盈利或亏损,在公司层面为利得纳税时征收第一次税,在以股利等形式支付给股东时再征一次。对于买方来讲,购买资产不会立即产生税务影响,产生的有形或无形资产、商誉等可以进行折旧、摊销或减值。

第二种卖方需要立即纳税的交易为现金换股,也就是主要用现金或债券购买股票,如图 2-22 所示。

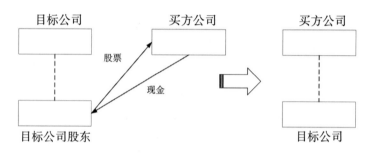

图 2-22 现金购买股票交易[①]

买方用现金购买目标公司股票,对于卖方来讲,不需"双重征税",买方可以将其作为直接购买股票处理,或者选择向美国国税局申报作为资产处理。[②]

第三种卖方需要立即纳税的交易为倒三角现金合并,如图 2-23 所示。

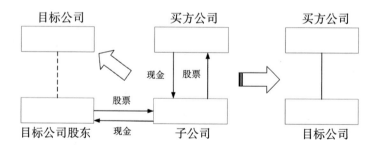

图 2-23 倒三角现金合并(买方用现金购买目标公司股票)[③]

在倒三角现金合并中,买方组建一个子公司,向其注入足以购买目标公司的现金,然后子公司并入目标公司。美国国税局将倒三角现金合并视为股票

---

①②③ 罗伯特·F. 布鲁纳. 应用兼并与收购 [M]. 北京:中国人民大学出版社,2011:568.

买卖，对于买卖方的影响类似于现金换股。

第四种卖方需要立即纳税的交易为正三角现金合并，如图 2-24 所示。

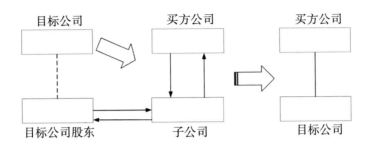

图 2-24　正三角现金合并 ①

正三角现金合并，与倒三角不同的是，目标公司最终并入子公司。目标公司及其税项不再存续，美国国税局将其视为资产买卖，对于买卖方的影响类似于现金换资。

接下来是卖方股东递延纳税的交易，也就是图 2-20 的下半部分。

第一种卖方股东递延纳税的交易为法定兼并，属于 A 型重组，如图 2-25 所示。所谓 A 型重组，指的是一家公司吸收合并另一家。

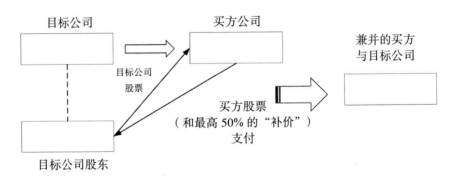

图 2-25　法定兼并 ②

---

① 罗伯特·F. 布鲁纳. 应用兼并与收购 [M]. 北京：中国人民大学出版社，2011：569.
② 罗伯特·F. 布鲁纳. 应用兼并与收购 [M]. 北京：中国人民大学出版社，2011：570.

在法定兼并中，股票支付对目标公司股东来说可以递延税款，但是补价部分的任何应税利得都要立即纳税。

第二种卖方股东递延纳税的交易为法定合并，也属于 A 型重组，如图 2-26 所示。

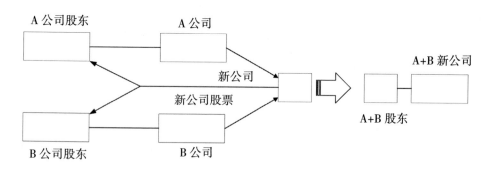

图 2-26　法定合并[①]

第三种卖方股东递延纳税的交易为正三角兼并，也属于 A 型重组，如图 2-27 所示。

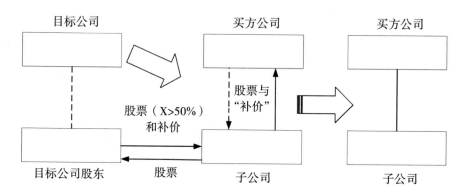

图 2-27　正三角兼并（A 类重组）[②]

在正三角兼并中，为了满足免税交易结构，子公司必须购买"实质上全

[①] 罗伯特·F. 布鲁纳. 应用兼并与收购 [M]. 北京：中国人民大学出版社，2011：570.
[②] 罗伯特·F. 布鲁纳. 应用兼并与收购 [M]. 北京：中国人民大学出版社，2011：571.

部"的目标公司资产。在这条法规下，较以前的资产出售可能会威胁该交易的税收优惠处理。①

第四种卖方股东递延纳税的交易为倒三角兼并，也属于 A 型重组，如图 2-28 所示。

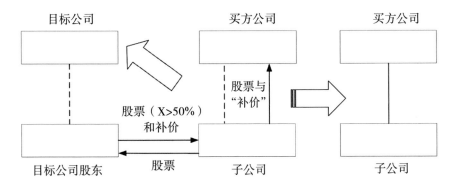

图 2-28　倒三角兼并（A 类重组）②

倒三角兼并的免税形式要求买方子公司并入目标公司，目标公司以买方的子公司存在而且消除了目标公司的少数股东。为了免税，至少交易款项的 80% 必须以买方母公司的普通股支付。同时，买方必须控制"实质上全部"的目标公司资产。③

第五种卖方股东递延纳税的交易为有投票权的换股收购，属于 B 型重组，如图 2-29 所示。所谓 B 型重组，是以股票交换股票的重组。

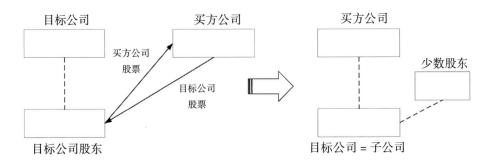

图 2-29　有投票权的换股收购（B 类重组）④

---

① 罗伯特·F. 布鲁纳. 应用兼并与收购 [M]. 北京：中国人民大学出版社，2011：571.
②③④ 罗伯特·F. 布鲁纳. 应用兼并与收购 [M]. 北京：中国人民大学出版社，2011：572.

在有投票权的换股收购中,为了满足免税交易要求,买方必须以有投票权股票、普通股或优先股支付,且交易后至少控制80%的投票权。[1]

第六种卖方股东递延纳税的交易为有投票权的股票换资产收购,属于C型重组,如图2-30所示。

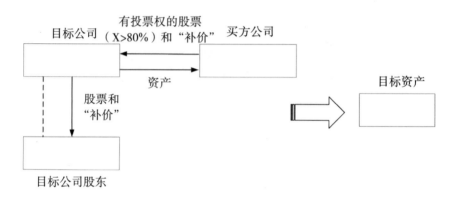

图 2-30　有投票权的股票换资产收购（C类重组）[2]

最后一种免税交易形式中,买方获得了目标公司实质上全部的资产。免税交易要求将目标公司至少70%的总资产公允市场价值和90%的净资产公允市场价值转移到买方。最后,目标公司股东收到的补价支付形式产生的利得,需要立即纳税。

表2-10所示的是美国几种并购重组形式的监管要求以及应用目的,其中考虑到了税收的影响。

表 2-10　美国几种并购重组形式的特点[3]

重组类型	最大现金支付比率/%	收购资产要求	股票类型	运用的目的
A型重组	50	无	无限制	较多支付现金
B型重组	0	无	有投票权	较少支付现金

---

① 罗伯特·F. 布鲁纳. 应用兼并与收购 [M]. 北京：中国人民大学出版社，2011：572.
② 罗伯特·F. 布鲁纳. 应用兼并与收购 [M]. 北京：中国人民大学出版社，2011：573.
③ 朱宝宪. 公司并购与重组 [M]. 北京：清华大学出版社，2006：137；根据唐纳德·德帕姆菲利斯著《兼并、收购和重组》（机械工业出版社，2004年）第479页的内容整理.

续表

重组类型	最大现金支付比率/%	收购资产要求	股票类型	运用的目的
C 型重组	20	有	有投票权	避开债务
正向三角兼并	50	有	无限制	免税资产收购
反向三角合并	20	有	有投票权	免税股票收购

2.6.2 中国并购的税收法律法规及实务[①]

在实务中，并购重组主要涉及企业所得税、个人所得税、增值税、印花税、契税等税种。接下来将介绍我国与并购税收相关的法律法规，并简单描述股权收购和资产收购的税务处理。

首先是并购重组中的企业所得税，1997—2018 年国家税务总局、财政部等颁布的相关政策法规如表 2-11 所示。

表 2-11　并购重组中企业所得税相关政策法规

时　间	文　号	文件全称
1997 年 4 月	国税函〔1997〕207 号	《国家税务总局关于外商投资企业和外国企业转让股权所得税处理问题的通知》
1998 年 6 月	国税发〔1998〕97 号	《企业改组改制中若干所得税业务问题的暂行法规》
2000 年 6 月	国税发〔2000〕118 号	《国家税务总局关于企业股权投资业务若干所得税问题的通知》
2000 年 6 月	国税发〔2000〕119 号	《国家税务总局关于企业合并分立业务有关所得税问题的通知》
2003 年 5 月	国税发〔2003〕60 号	《国家税务总局关于外国投资者并购境内企业股权有关税收问题的通知》
2004 年 3 月	国税函〔2004〕390 号	《国家税务总局关于企业股权转让有关所得税问题的补充通知》

[①] 百读文库. 股权收购和资产收购的法务和税务处理及例解. https://wenku.baidu.com/view/2bf9653a03020740be1e650e52ea551811a6c947.html?from=search.

续表

时间	文号	文件全称
2009年5月	财税〔2009〕59号	《财政部、国家税务总局关于企业重组业务企业所得税处理若干问题的通知》
2010年7月	国税〔2010〕4号	《企业重组业务企业所得税管理办法》
2015年1月	财税〔2014〕109号	《国家税务总局关于促进企业重组有关企业所得税处理问题的通知》

在个人所得税方面，2015年，财政部和国家税务总局发布《财政部国家税务总局关于个人非货币性资产投资有关个人所得税政策的通知》（财税〔2015〕41号），通知明确个人以非货币性资产投资，应于非货币性资产转让、取得被投资企业股权时确认收入实现。发生上述应税行为于次月15日内向主管税务机关申报纳税。

一次性缴纳个人所得税有困难的，可合理确定分期缴纳计划并报主管税务机关备案后，自发生上述应税行为之日起不超过5个公历年度内（含）分期缴纳个人所得税[1]。

在实务中，股权收购和资产收购的税务处理分为一般性税务处理和特殊性税务处理。我们以最主要的企业所得税为例，表2-12所示的是股权收购中企业所得税的税务处理。

表2-12 股权收购中企业所得税的税务处理[2]

税务处理		股权收购的一般性税务处理	股权收购的特殊性税务处理
收购企业的税务处理	支付对价涉及的所得税处理	收购企业以固定资产、无形资产等非货币资产进行支付的，应按税法规定确认资产的转让所得或损失	收购企业支付非股权对价涉及的所得税问题，同前面所述一般性处理规定

---

[1] 投行小兵. 并购重组，你多纳税了吗？. 搜狐. https://www.sohu.com/a/161859732_482481.
[2] 百读文库. 股权收购和资产收购的法务和税务处理及例解. https://wenku.baidu.com/view/2bf9653a030 20740be1e650e52ea551811a6c947.html?from=search.

续表

税务处理		股权收购的一般性税务处理	股权收购的特殊性税务处理
收购企业的税务处理	取得被收购企业股权计税基础的确定	依据财税〔2009〕59号文件的规定,收购企业应按公允价值确定被收购企业股权的计税基础	收购企业取得被收购企业股权的计税基础,以被收购股权的原有计税基础确定
被收购企业股东的税务处理	放弃被收购企业股权涉及的所得税处理	分解为两项业务,即先转让被收购企业股权,然后再以转让收入购买股权或非股权支付,因此依据财税〔2009〕59号文件的规定,被收购企业股东应确认股权转让所得或损失	支持企业进行重组,缓解纳税人在资金上的纳税困难,依据财税〔2009〕59号文件的规定,符合特殊处理条件的股权收购业务,被收购企业股东可暂不确认股权转让所得或损失
	取得股权支付和非股权支付计税基础的处理	由于被收购企业股东确认了放弃被收购企业股权的转让所得或损失,因此,对其取得的股权支付和非股权支付均应按公允价值确定计税基础	取得收购企业股权的计税基础应为被收购企业股权的原计税基础加上非股权支付额对应的股权转让所得减去非股权支付的公允价值

表2-13所示的是资产收购中企业所得税的税务处理,同样分为一般性税务处理和特殊性税务处理。

表2-13 资产收购中企业所得税的税务处理[①]

税务处理	资产收购的一般性税务处理	资产收购的特殊性税务处理
要点	被收购方应确认资产转让所得或损失	转让企业取得受让企业股权的计税基础,以被转让资产的原有计税基础确定
	收购方取得资产的计税基础应以公允价值为基础确定	受让企业取得转让企业资产的计税基础,以被转让资产的原有计税基础确定
	被收购企业的相关所得税事项原则上保持不变	

---

① 百读文库.股权收购和资产收购的法务和税务处理及例解. https://wenku.baidu.com/view/2bf9653a03020740be1e650e52ea551811a6c947.html?from=search.

表 2-14 股权收购和资产收购的特殊性税务处理[①]

特殊性税务处理	股权收购的特殊性税务处理	资产收购的特殊性税务处理
需同时满足的条件	具有合理的商业目的，且不以减少、免除或者推迟缴纳税款为主要目的	资产收购要有合理商业目的
	收购企业购买的股权不低于被收购企业全部股权的 75%	资产收购不能以减少、免除或者推迟缴纳税款为主要目的
	收购企业在该股权收购发生时的股权支付金额不低于其交易支付总额的 85%	企业在收购另一家企业的实质经营性资产后，必须在收购后的连续 12 个月内仍运营该资产，从事该项资产以前的营业活动
	企业重组后的连续 12 个月内不改变重组资产原来的实质性经营活动	资产收购中受让企业收购的资产不低于转让企业全部资产的 50%，且受让企业在该资产收购发生时的股权支付金额不低于其交易支付总额的 85%
	企业重组中取得股权支付的原主要股东，在重组后连续 12 个月内，不得转让所取得的股权	在计算以上 50% 和 85% 的比例时要注意两点：一是在计算受让企业收购的资产不低于转让企业全部资产的 50% 时，应以转让企业原来资产的计税基础进行确定；二是计算股权支付金额不低于其交易支付总额的 85% 时，应以公允价值进行确定

此外，不管是股权收购，还是资产收购，适用于企业所得税的特殊性税务处理，都需要同时满足一些条件，如表 2-14 所示。

除了所得税之外，还有增值税、印花税、契税等涉及并购重组的政策法规，具体如表 2-15 所示。

[①] 百读文库. 股权收购和资产收购的法务和税务处理及例解. https://wenku.baidu.com/view/2bf9653a03020740be1e650e52ea551811a6c947.html?from=search.

表 2-15　并购重组中增值税、印花税和契税相关政策法规 ①

税　种	时间/年	文　号	文件全称
增值税	2011	国税〔2011〕13 号	《关于纳税人资产重组有关增值税问题的公告》
	2012	国税〔2012〕55 号	《国家税务总局关于纳税人资产重组增值税留抵税额处理有关问题的公告》
	2013	国税〔2013〕66 号	《国家税务局关于纳税人资产重组有关增值税问题的公告》
	2015	财税〔2015〕5 号	《财政部、国家税务总局关于企业改制重组有关土地增值税政策的通知》
印花税	2003	财税〔2003〕183 号	《财政部、国家税务总局关于企业改制过程中有关印花税政策的通知》
契税	2012	财税〔2012〕4 号	《财政部、国家税务总局关于企业事业单位改制重组契税政策的通知》
	2015	财税〔2015〕37 号	《财政部、国家税务总局关于进一步支持企业事业单位改制重组有关契税政策的通知》

在并购重组实务中，从决策阶段就要考虑税收因素，并在交易结构设计中落实到细节上。税务筹划很少是并购的动机，但由于税务筹划会影响并购收益，往往起到帮助或巩固决策的作用，所以税务筹划是并购中的不容忽视的环节。在并购交易实务中，不同的国家和地区、不同的交易结构，税收都可能会有很大的区别，所以需要专业的税务筹划师参与到并购决策中。此外，熟悉成熟资本市场重组形式和国内政策法规的买卖企业的参与者更能在并购决策中游刃有余。

---

① 百度文库. 企业并购重组的税收优惠政策法律文本汇总表. https://wenku.baidu.com/view/1d0f2751c4da50e2524de518964bcf84b9d52df9.html?from=search；百度文库. 并购重组税收法律法规汇编. https://wenku.baidu.com/view/dd6fb4ab6037ee06eff9aef8941ea76e58fa4a9c.html.

2.7 决策中的人性弱点

传统金融理论总是基于理性人的假设，而行为金融理论在此基础上引入了人的行为因素。在资本实践中，当投资者[①]的非理性因素使得上市公司的股价高估、融资成本下降时，理性的上市公司实际控制人[②]会利用市场的有利时机再融资；当投资者非理性悲观、证券市场低估时，实际控制人理性的做法是回购公司被低估的股票、寻找被低估的并购标的。

这些情况表明了投资者的理性与否会影响资本市场的融资成本，进而影响实际控制人在并购重组中的融资决策；而实际控制人的理性与否既会影响融资决策，又会影响并购重组的投资决策，即标的选择和交易价格。所以，投资者和实际控制人的理性程度都会影响到并购决策。接下来，我们将先思考如何避免人性弱点，再分析如何避免典型的决策行为偏差——羊群行为。

羊群行为往往表为"忽悠式"重组和"跟风式"重组，在 A 股这样的上市公司还不少，如综艺股份和华丽家族。短时间内这些并购重组都暂时推高了上市公司股价、躲避市场下跌风险，甚至还进行了利益输送，但是长远看，对公司、投资人的利益基本上都造成了比较大的损害。

近年来，监管层面已经对此类重组开始严格监管，如证监会对九好集团借壳鞍重股份"忽悠式"重组进行了惩处，上交所、深交所也曾多次发文，严厉打击虚假重组、"忽悠式"重组。2015 年，沪深两市新修订的停复牌新规通过分阶段细化披露等手段，严控以推高股价实现套利等为目的的"忽悠式"重组。

对于上市公司创始人来讲，无论是为了实现企业成长和成业突围，还是基

[①] 这里指的是公众股东。
[②] 对于股权分散的公司而言，往往指管理者。

于产融结合和市值管理的目的,都需要主动避免并购重组中的羊群行为,拒绝"忽悠式"重组和"跟风式"重组。

2.7.1 如何避免人性弱点

表 2-16 是投资者和实际控制人理性因素对并购决策影响的框架,存在三种情况,包括在有效市场下的理性投资者和非理性实际控制人、在非有效市场下的非理性投资者和理性实际控制人、在非有效市场下的非理性投资者和非理性实际控制人。

表 2-16　投资者和实际控制人的理性因素对并购决策的影响[①]

并购决策	融资决策	投资决策
理性投资者 理性实际控制人	理想状态	理想状态
理性投资者 非理性实际控制人	过度自信的实际控制人会认为市场低估了他们的股票,因此不愿意发行股票进行融资,更倾向于内部融资和债权融资	①过度自信的实际控制人会开出远远高于并购标的基本面的对价。 ②非理性实际控制人会模仿他人决策进行公司的投资决策。 ③在面对失败的投资时,实际控制人不愿退出甚至追加投资进行最后一搏
非理性投资者 理性实际控制人	①股票高估时发行股份融资,是公司实际控制人对股东权益价值最大化的决策行为。 ②股价被低估,实际控制人倾向于债权融资	①公司股价高估,实际控制人收购相对低估的并购目标。 ②投资者过分悲观公司股价,会使得实际控制人因股权融资成本高放弃并购机会
非理性投资者 非理性实际控制人	当投资者的非理性行为导致公司的估值过低时,实际控制人可能会发行大量股份融资,损害股东权益。相反在高估时,实际控制人放弃低成本股权融资的机会	当投资者的非理性行为导致公司的估值过高时,实际控制人会当作市场对公司基本面乐观的客观认识,可能做出不符合公司战略的短期行为

基于以上的框架,可以很好地解释 A 股市场在 2013 年到 2016 年间的并

---

① 陈宝胜,毛世辉,周欣.并购重组精要与案例[M].北京:中国法制出版社,2017:69.

购重组热潮。

我国证券市场由大量非理性投资个人投资者组成,属于非有效市场。当大量非理性投资者入场,使得二级市场股价提升时,二级市场价格大幅高于公司实际价值,为公司实际控制人并购提供了极好的时机。这时候一级市场和二级市场之间存在估值套利的机会,且股权融资成本较低,所以理性的公司实际控制人以高估值股权融资(或换股),在并购市场上以较低的估值买入资产。在并购整合中,如果理性的实际控制人注意稳健整合和风险控制,那么会使得营收利润增长,增厚公司每股收益和净资产。当公司基本面越来越好时,利润、市盈率的提升进一步吸引非理性投资者的追捧,使得理性公司实际控制人又获得并购的好时机。如果投资者保持非理性、市场维持高估状态、管理层整合有力,那么这会是一个漂亮的正向循环[①]。

但事实上,并购重组热潮在2016年后消退,曾经被掩盖的风险纷纷暴露。不管是上市公司、实际控制人,还是投资者,都在泡沫退潮中损失惨重。

在实际控制人非理性行为推动下的并购重组,会存在如图2-31所示的三方面风险。

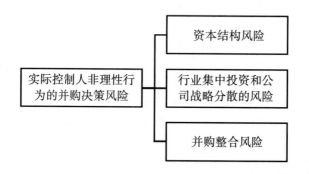

图2-31 实际控制人非理性行为的并购风险[②]

[①] 陈宝胜,毛世辉,周欣.并购重组精要与案例[M].北京:中国法制出版社,2017:71.
[②] 陈宝胜,毛世辉,周欣.并购重组精要与案例[M].北京:中国法制出版社,2017:74.

首先,是资本结构风险,如果发行大量股份融资,会使得现有控制人的股份占比大幅降低,这存在控制权被削弱的风险;如果大量债权融资、后期无法产生足够的现金流,那么对于买方来说存在财务风险。

其次,是行业集中投资和公司战略分散的风险。非理性实际控制人对于并购热点的追踪,使得蓝海行业快速涌入大量竞争者,行业利润直线下滑。同时,由于并购占据了公司可动用的部分资源,使得公司在战略上分散,甚至出现新业务拖累主业的情况。

最后,是并购整合风险。非理性实际控制人会高估自己的管理能力,低估整合难度,从而使得整合失败的风险大大上升。

那么如何在并购决策中去规避这些人性弱点和非理性行为?在执行并购交易时,遵循图 2-32 所示的做法,基本上就可以避免上述风险。

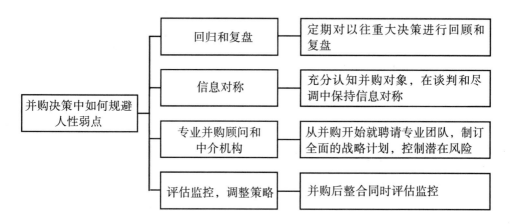

图 2-32 并购决策中避免人性弱点的方法[1]

2.7.2 避免羊群行为

羊群行为,顾名思义,羊群是一种很散乱的组织,平时在一起也是盲目地左冲右撞,但一旦有一只头羊动起来,其他的羊也会不假思索地一哄而上,

---

[1] 陈宝胜,毛世辉,周欣.并购重组精要与案例[M].北京:中国法制出版社,2017:76.

全然不顾前面可能有狼或者不远处有更好的草[1]。在管理学上,羊群行为指的是在竞争激烈的行业中,中小企业跟随行业领头羊的战略战术。在金融市场上,羊群行为指一种非理性行为。投资者趋向于忽略自己的有价值的私有信息,而跟从市场中大多数人的决策方式。金融市场上的羊群行为在二级市场中最为常见。

并购决策中也存在羊群行为,在某个时期,非理性的实际控制人和管理层采取相同的并购策略,争抢同一行业类型的并购标的。

并购决策中的羊群行为会造成什么影响?在证券市场,如果大量非理性投资者抢购特定股票,那么会让这只股票价格脱离基本面快速上涨,此时买入该股的非理性投资者的预期收益率低,甚至会高高站岗。相类比,在并购市场上,非理性的实际控制人和管理层在争抢同一行业类型的并购标的时,会使得该类标的报价攀升,脱离合理估值,导致只能以高溢价去收购。过高的溢价会使得并购项目回报率大幅下降,而且高商誉还会成为埋藏在上市公司未来业绩中的地雷。

这里我们以综艺股份和华丽家族这两个 A 股"故事大王"的案例来说明"羊群行为"的危害性。

【"A 股第一故事大王"综艺股份】

综艺股份上市于 1996 年,最早从事集装箱底板的业务。随着主营业务利润增长受阻,从 1998 年起,综艺股份开始了 A 股的多元化投资和并购之路。在二十多年的发展中,综艺股份始终追逐产业热点,多番跨界转型,但收效寥寥,被投资者评为"A 股第一故事大王"。

图 2-33 是综艺股份自上市以来的股价变化及其追逐的相关热点。

---

[1] 百度百科.羊群行为. https://baike.baidu.com/item/%E7%BE%8A%E7%BE%A4%E8%A1%8C%E4%B8%BA/694934?fr=aladdin.

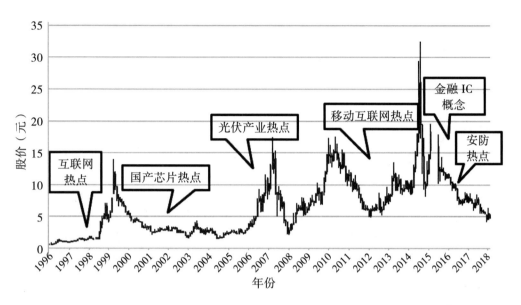

图 2-33　1996—2018 年综艺股份股价变化及其追逐的相关热点 [1]

  1998 年，综艺股份嗅到互联网热潮的气息，入股连邦软件，其旗下 8848 是当时十分火爆的电子商务平台；2002 年，综艺股份又追赶国产芯片的高科技产业，和中科院合作开办公司神州龙芯；2008 年，中国光伏产业异军突起，综艺股份成立多家合资公司火速进军光伏市场；2014 年，移动互联网的号角吹响，综艺股份先收购掌上飞讯，进入手游领域，后收购上海量彩等四家公司进入互联网彩票领域；2015 年，A 股牛市来势汹汹，综艺股份接连发起两起收购，先是收购大唐智能卡 60% 的股权，进入金融 IC 领域，后打算收购安防行业的中星技术，后被终止。

  20 多年来，综艺股份先后涉足互联网、芯片、光伏、移动互联网、金融科技、安防等热点产业，产业嗅觉相当灵敏，几乎是什么热就收什么。那么这样多番地跨界并购转型，带来的结果是什么？

---

[1] 陈宝胜，毛世辉，周欣. 并购重组精要与案例 [M]. 北京：中国法制出版社，2017：82.

我们选取净利润为指标,因为净利润是上市公司的经营情况和股东收益的直接体现。1995—2017 年综艺股份净利润及其追逐的相关热点如图 2-34 所示。

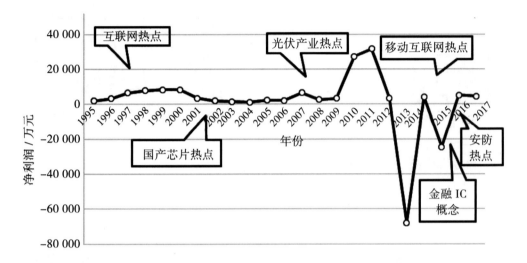

图 2-34　1995—2017 年综艺股份净利润及其追逐的相关热点[①]

如图 2-34 所示,追逐热点的资本运作没有给综艺股份带来利润上的稳定增长,其上市的 1996 年净利润为 3 300 万元,而到了 2017 年净利润为 4 400 万元,如果计入通胀因素,那么几乎没有增长;2018 年的净利润虽然增长至 8 512.89 万元,但尚不足巅峰期利润的 1/3;2010 年和 2011 年综艺股份曾实现 2.7 亿元和 3.2 亿元的利润规模,但在 2013 年就被 6.8 亿元的巨额亏损覆盖了。所以从利润上看,综艺股份多点开花的跨界转型没有成效。

综艺股份的反面案例告诉我们,并购决策要有专注度,要避免一味追求产业热点,不能什么热就收购什么,要和自己的能力匹配。

[①] 陈宝胜,毛世辉,周欣. 并购重组精要与案例 [M]. 北京:中国法制出版社,2017:82.

【"忽悠式"重组华丽家族】

华丽家族是一家主营业务为房地产开发的公司。2008 年,华丽家族借壳 SST 新智在 A 股上市。

华丽家族在地产主业上未能突破区域化的限制,所以一直想拓展第二主业,它做了如下尝试。

(1)2013 年,华丽家族在年报中披露,拟投资 9 900 万美元收购海外黄金矿项目[①]。

(2)2014 年,华丽家族投资了海泰药业,涉足乙肝疫苗项目。

2015 年,在 A 股开启轰轰烈烈的牛市时,华丽家族决定彻底转型,从原有的房地产开发转型为投资公司。2015 年 2 月,华丽家族同时宣布在四个领域"跨界"投资[②]:

(1)以 6.23 亿元收购华泰长城期货 40% 的股权;

(2)收购杭州南机器人并对其增资;

(3)募资收购北京墨烯控股 100% 股权并对其增资;

(4)投资临近空间飞行器项目。

华丽家族转型后,将自己的业务分为四大板块,分别是以前的房地产业务、创新产业投资业务、金融期货产业投资和生物医药产业投资,其中,创新产业投资业务又包括石墨烯新材料产业、临近空间飞行器产业、智能机器人产业。从表面上看,这堪称华丽家族的一次"华丽"转型,其展望的"石墨烯""飞行器""智能机器人""生物医药"愿景都让投资者充满期待。

如图 2-35 所示,在宣布跨界转型后,华丽家族的股价从 7 元附近上涨至最高点 30 多元,市值翻了 4 倍。利用 A 股牛市进行低成本股权融资,说明华

---

① 华丽家族.2012 年年度报告摘要.巨潮资讯网.http://www.cninfo.com.cn/new/disclosure/detail?plate=sse&stockCode=600503&announcementId=62406219&announcementTime=2013-04-23.
② 陈宝胜,毛世辉,周欣.并购重组精要与案例[M].北京:中国法制出版社,2017:85.

丽家族在并购融资决策上是理性的。但是在并购标的决策上,华丽家族出现了"羊群行为"的非理性决策。

图 2-35 2012—2018 年华丽家族股价变化及其追逐的相关热点 ①

石墨烯、飞行器、智能机器人、生物医药、参股金融这些产业热点,在二级市场泡沫的背景下,本身估值也不便宜。此外,二级市场的低成本股权融资,增加了并购买方,使得买方争抢相似的热点标的,这时华丽家族成为并购市场上羊群中的一员。紧接着,二级市场的投资者们也犯了羊群行为的错误,追捧华丽家族,使其股价连连攀升。但是潮水退去之时,华丽家族的股票开始了漫长的内在价值回归之路。

从净利润看,如图 2-36 所示,华丽家族在跨界转型的 2015 年,利润并

---

① 陈宝胜,毛世辉,周欣. 并购重组精要与案例 [M]. 北京:中国法制出版社,2017:87.

未得到改观，此后两年利润开始增长，但远低于曾经聚焦房地产主业的2011年。这说明了华丽家族所谓的跨界转型不过是"忽悠式"重组、"伪市值管理"。在并购标的决策上出现"羊群行为"，如果没有进行并购战略的规划，最终将成为数个投资项目堆砌的控股公司，其产业竞争力将无从说起，最终将一地鸡毛。

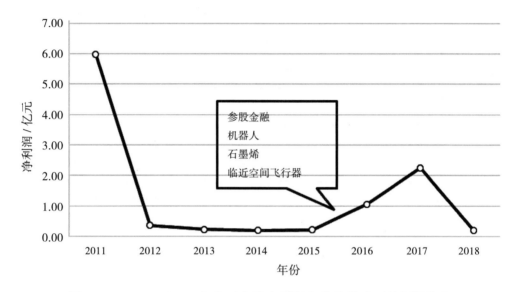

图 2-36　2011—2018 年华丽家族净利润变化及其追逐的相关热点

2.8　并购流程

本节作为并购决策最后的内容，将先从第三方中立的角度，介绍并购业务的流程；此外，我们还将分别从买方和卖方的角度，补充并购流程中的关键点。

2.8.1 通用的并购流程

并购流程如图 2-37 所示。

图 2-37 并购流程

图 2-37 所示的是并购流程的主要步骤,其中九个步骤都有细分的考虑因素:

第一步,制定规划和步骤。需要考虑并购目的、标的公司选择标准、收购方式、融资来源、承受限度和时间表。

第二步，选择标的对象。需要考虑清楚并购谁，通过第一步的标准来筛选潜在并购标的。

第三步，制订并购方案。这属于前期尽职调查和交易结构设计的内容。

第四步，提交并购报告。买方按照政策法规报主管部门审批，通过后发布并购信息并告知相关方。上市公司在并购时需要更加注意信息披露的规范性。

第五步，资产评估。这是公司估值的内容，通过市场法、收益法和资产基础法等方法进行估值，尤其要注意分析差异、资产变动、债权债务、合同关系和债务处理办法，形成交易底价。

第六步，谈判签约。买卖双方要确定合并交易结果，包括支付对价方式、工具和时间。此过程中要注意的细节的风险包括：定价、会计方式选择、支付方式、融资结构、流动性风险等。

第七步，办理股权或产权转让。具体步骤为先签订协议，然后审批并报备案，再进行法律公证，最后办理股权转让，如果是国有资产，要报请国有资产监督管理部门审批。

第八步，支付对价。

第九步，并购后整合重组。整合中的内容包括发展战略、经营业务、管理制度、组织架构、人力资源、企业文化，其中的风险包括营运、企业文化、法律等风险。

2.8.2 买方流程

对于买方来说，并购流程还有一些需要特别注意的内容，如图2-38所示。

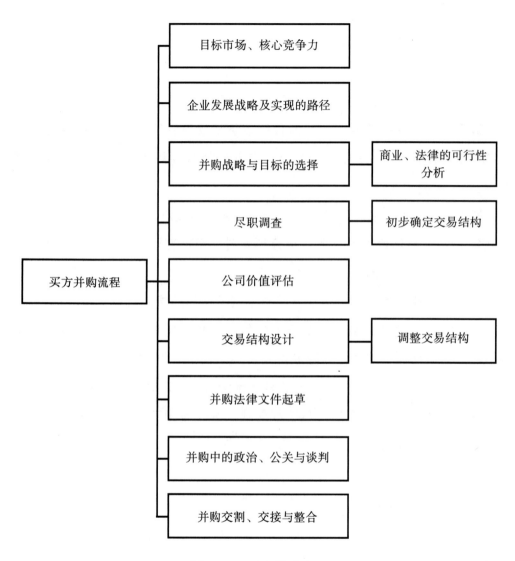

图 2-38 买方并购流程

与中立的第三方相比,买方并购流程有以下不同之处。

首先,买方更关注目标市场、核心竞争力与企业发展战略的实现。

其次,在并购战略决策中,除分析商业上的可行性之外,还要特别注意政策法规上是否合规。例如,2018 年 11 月证监会发布 A 股上市公司股票停复牌制度指导意见，明确了上市公司股票停复牌原则，对各个流程都作出了详细规范。那么上市公司在并购的重大事项时，就要遵守新规，要及时告知投资者，分阶段连续通知相关进展，不得以相关事项不确定为由，随意申请停牌。

再次，在买方尽职调查中，不仅要关注基本事项，还要初步确定交易结构。在后续的交易结构设计、并购谈判环节需要灵活调整交易结构。

最后，买方的并购流程还需要注意并购的政治、公关与谈判。主动掌握谈判的进程是一门具有艺术性的学问。因为估价和尽职调查过程是理性的，而谈判过程是容易受"行为"影响的。首先，要筹备好并购谈判，包括调查卖方信誉、预判卖方策略和期望、设定交易目标价、制订达成协议的替代方案、预测可交换的议价筹码、确定谈判成本。其次，谈判过程中要熟练使用说服的技巧，要进行多问题并行的商议，而不是逐一解决问题。因为将多个问题作为一个整体同时解决的谈判模式，可以使得双方通过利益互换实现双赢，遭遇僵局的可能性较低。

需要注意的是，在并购谈判产生分歧的时候，或有支付条款是个好方法，它能缩小双方的分歧。一般来讲，卖方越乐观，额外对价条款就显得越诱人[1]。

2.8.3 卖方并购流程

对于卖方并购流程来说，需要补充的关键点在于两种竞拍方式：非正式、有效的协商式竞拍和正式、控制式竞拍[2]。

非正式、有效的协商式竞拍的流程如图 2-39 所示。

---

[1] 罗伯特·F. 布鲁纳. 应用兼并与收购 [M]. 北京：中国人民大学出版社，2011：807.
[2] 竞拍在 A 股市场上很少用，随着监管政策的完善，竞拍在 A 股并购市场的应用前景会非常广泛。

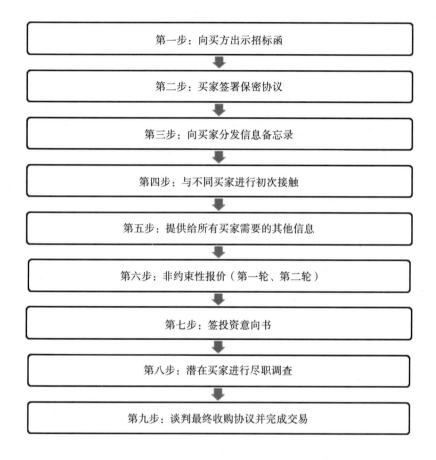

图 2-39 非正式、有效的协商式竞拍[1]

在非正式、有效的协商式竞拍中,卖方将和多位潜在买方进行多轮讨价还价。理论上讲,如果越多的潜在买方能够加入到竞拍,那么买方之间的竞争越激烈,卖方就越能获得报价上的主动权,从而获得越大的出售收益。所以,非正式竞拍可以给卖方和并购团队较大的自由度,在实际操作中使用最为广泛。

正式、控制式竞拍是另一种卖方竞拍方式,其流程如图 2-40 所示。

---

[1] 丹尼斯·J. 罗伯茨. 并购之王 [M]. 北京:机械工业出版社,2014:133.

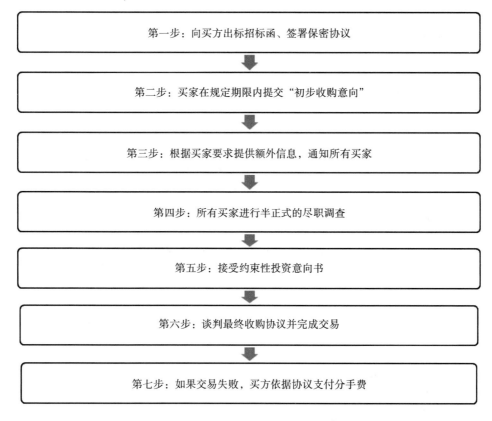

图 2-40　正式、控制式竞拍[1]

正式、控制式竞拍常用于上市公司分拆子公司的情况。它的特点是相对于非正式竞拍更快捷、成本更低，可以帮助卖方不受到业务剥离过多的影响，将精力集中于主业。

支付分手费是正式竞拍的特点。它是正式竞拍中避免买方放弃交易的措施，这其中包含不可恢复交易，各种支持性费用（包括两边的外部顾问费用、内部人员工资等）以及寻找其他买家的时间成本。

---

[1] 丹尼斯·J．罗伯茨．并购之王 [M]．北京：机械工业出版社，2014：133.

非正式、有效的、协商式竞拍和正式、控制式竞拍的特点和区别如表 2-17 所示。

表 2-17　两种竞拍方式的特点和区别 [1]

竞拍方式	非正式、有效的、协商式竞拍	正式的、控制式竞拍
卖方类型	中型企业的最佳选择	上市公司分拆下属子公司或面对非常少的潜在买方
程序	初步意向中采用投资意向书，签署后再开展详细尽职调查	双方充分沟通竞拍兴趣、详细尽职调查完成之后签署投资意向书
投资意向书	投资意向书不具备约束力，一般不包含分手费	投资意向书具备约束力，包含分手费
效果	有利于卖方，可以最大化卖方利益	追求出售速度和低成本

---

[1] 丹尼斯·J．罗伯茨．并购之王 [M]．北京：机械工业出版社，2014：139．

第 3 章

尽职调查

3.1 尽职调查查什么

3.2 尽职调查前的准备工作

3.3 业务尽职调查

3.4 法律尽职调查

3.5 财务尽职调查

3.6 尽职调查的程序

3.7 尽职调查报告

决策、尽职调查和整合是决定并购交易最终成败的三大关键因素。在并购方做出决策确定了并购标的企业后,就需要通过尽职调查来确认标的公司的投资价值、评估并购交易中可能存在的风险。可以说,尽职调查是决策和整合的桥梁,面对风险与不确定性,充分的尽职调查可以提高资源的利用效率和整合效率,取得最大的并购收益。

尽职调查的目的是发现风险、挖掘价值。为实现这个目的,需要解决以下关键问题。

(1)如何组建高效的尽职调查团队?

(2)尽职调查调查什么?

(3)如何做到审慎地调查?

(4)如何尽可能避免"事后惊奇"?

3.1 尽职调查查什么

尽职调查,简称"尽调",指在并购过程中收购者对标的公司的资产和负债情况、经营和财务情况、法律关系以及标的公司所面临的机会与潜在的风险进行的一系列调查。尽职调查英文为 due diligence,直译为"应有的注意",在商业上被引申为"审慎调查",这是一种非常有趣且严谨的叫法。在实际操作中"尽职"是一种程序概念,而非结果概念。从本质上来说,尽职调查是为了控制风险，而没有办法做到完全规避风险，这种称呼与审计的"合理保证"有着异曲同工之妙。

虽然说是"尽职调查"，而不是"完美调查"或"全面调查"，但是需要提醒投资人和收购者的是，一定要在能力范围内尽可能做到"360度的调查"，"现在惊奇"总比"事后惊奇"好。尽职调查不仅直接影响了估值的准确性，而且还会影响未来并购整合成功的概率。

尽职调查的分类如图3-1所示。

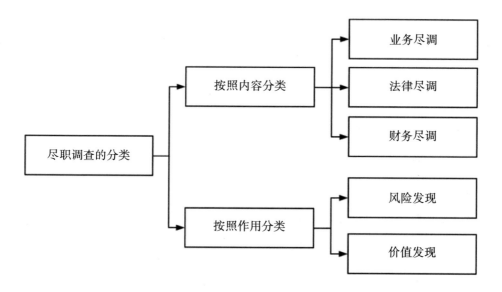

图3-1 尽职调查的分类

按调查的内容分类，尽职调查可以被分为业务尽调、法律尽调和财务尽调。其中，业务尽调是收购者需要重点关注的部分，法律尽调和财务尽调可以向会计师事务所与律师事务所寻求专业的帮助。

按照调查的作用分类，尽职调查可以被分为风险发现和价值发现。风险发现对收购方来说，是了解标的公司的风险，是买方风险管理工具集合的组成部分；对标的公司来说，是了解收购方的情况以判断放弃公司的控制权可能会对公司的股东、管理层或员工产生什么样的风险。价值发现主要关注以资产价值和盈利能力为衡量标准的现实价值，以及发展前景和资本市场喜好的未来可能价值。对于尽职调查来说，风险发现比价值发现更为重要，如果有新的价值发现，对于投资方来说可能是"意外之喜"，而如果风险发现没有做好，那可能就是"灭顶之灾"了。

尽职调查无论是在方法还是作用方面与审计都有相似之处，不过两者也有区别。尽职调查是动态的调查过程，看中的是标的公司未来的发展前景与协同效应；而审计是静态的合理保证，看中的是标的公司过去的数据是否可信。如果说，审计是为公众投资者提供的普通服务的话，尽调则是为收购者提供的特殊服务，所以二者在内容上的要求也有所不同：审计侧重于财务数据，而尽职调查则包含着业务、法律等方方面面的内容。

尽职调查作为并购的关键环节，对标的公司的估值以及未来的整合都起着至关重要的作用。前期的准备工作越充分，后续的交易就会更加有效率，同时也会面临更少的风险和问题。

3.2 尽职调查前的准备工作

尽职调查并不是一开始就直接与标的公司进行接触，在正式开始尽调之前，收购方还有一系列的准备工作需要完成。很多投资主体在一开始做尽调的时候喜欢列长长的清单给标的公司，这种做法其实是十分缺乏效率的，标的公司一来可能会因刚接触就交底而心有不安；二来可能会因为整理起来太麻烦而不了了之。只有组建好专业的团队，预先列出需要关注的重点，才不至于在面对海量信息时迷失了方向。

3.2.1 组建并购团队

尽职调查是整个并购过程中前期的环节,在正式进行调查之前,组建起一个专业的并购团队是十分有必要的。这个团队不仅能在尽职调查中发挥重要的作用,而且贯穿于整个并购过程之中。在并购团队中,除了公司投资部门的内部人员以外,还需要一些中介机构的加入。聘请这些中介机构对完成并购交易的帮助是极其明显的,不仅可以大大地提升交易的效率,而且能降低一些专业上的问题导致的风险。如图3-2所示的是一个并购团队的组成。

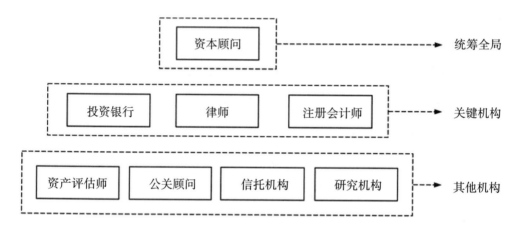

图 3-2 并购团队

1. 资本顾问

资本顾问是指具备着丰富理论功底,且在资本市场实操上有一定影响力的并购操盘者。即使公司拥有正常的收购程序和杰出的公司发展团队,并购交易也是意义重大但充满风险的事。面对不确定的数亿元交易,谁都愿意再花数百万元买个安稳,来确定所有的齿轮都在正确的位置,可以将并购的轮盘转动起来。

雇用外部资本顾问,实际上是利用理论上中立的第三方来支持并购方在交易上所做出的判断,为高管和董事会成员提供另外一层合理保证。资本顾问的主要职责是帮助并购方设计并购方案，规划业务流程，设置组织结构，确定人力资源、资产、管理文化整合方案，建立核心竞争力[①]。

2. 投资银行

投资银行是资本市场上的主要金融中介，其作为并购活动的重要参与者，早在美国第一次并购浪潮时就已经十分活跃。投资银行自带的知识、信息、人才和技术等方面的优势能帮助并购方更好地降低交易中的信息成本；如果并购方无法在短时间内筹措资金，投资银行还可以为其提供融资渠道。

3. 律师

专业的律师团队几乎是每场尽职调查中都必须要配备的人员。如果并购方没有专门的法务部门，那么聘请专业律师提供法律支持是十分必要的。随着第六次并购浪潮的来临，我国专门从事并购交易服务的法律从业人员数量也逐步增长。现在有大量涉及跨国并购交易的业务，对相关人员比较与运用不同国家法律制度的能力提出了较高的要求。

律师团队主要包含公司审查律师、税务专家、法规条例专家、风险管理专家、环境专家、知识产权专家、养老金和保险费专家等[②]。尽职调查中律师所提供的服务主要包括调查并购标的的主体资格、股权归属、关键资产、核心人事、重大债权债务几个方面，在进行完调查之后负责出具法律意见书并起草并购相关的交易文件。必要时还需要出席并购的谈判，提供相关的法律意见。

4. 注册会计师

并购中注册会计师的作用与职责，与审计中的注册会计师不尽相同。财务尽调中，不仅要求注册会计师能呈现财务数据，更需要其找出产生这些财务

---

① Frankel M.E.S. 并购原理：收购、剥离和投资[M]. 大连：东北财经大学出版社，2009：26–27.
② 罗伯特·F. 布鲁纳. 应用兼并与收购[M]. 北京：中国人民大学出版社，2011:220.

数据背后的原因。并且在尽职调查中,不仅要求注册会计师能够分析标的公司的情况,还要与整个行业的情况进行横向对比,与并购方公司整合后的协同效应进行预测评估。

注册会计师团队主要包含一般审计师、税务专家、管理信息系统及内部报告专家[①]。尽职调查中注册会计师所提供的服务主要包括:对标的公司的财务报表进行审计、参与标的公司的估值并确认交易价格,协助投资银行与律师计算并购的成本,进行税务筹划等。

5. 其他人员

除了掌控全局的资本顾问,投资银行、律师、注册会计师这三方关键的中介机构外,并购交易中还可能会需要聘请以下专业人员。

(1)资产评估师。资产评估师可以对市场主体的各类资产价值及相关事项提供测算、鉴证、评价、调查和管理咨询等服务,协助并购方对标的公司进行估值。

(2)公关顾问。公关顾问主要负责交易中的协商与洽谈,消除并购中的沟通障碍,说服股东和潜在投资者相信整合后的协同效应,进行舆论引导。

(3)信托机构。在并购交易中,信托机构主要是按照委托人意愿,以信托公司自己的名义作为收购主体收购标的公司,为并购企业提供投资银行服务。

(4)研究机构。研究机构为并购活动提供国内外宏观环境、经济金融运行数据、行业发展趋势及政策走向等研究成果,为企业并购战略、并购决策以及并购操作、并购后整合提供理论依据、实践及微观操作参考。

需要注意的是,进行并购后整合的团队及管理人员,在一开始的尽调环节就应该参与进来。这样做的原因:一是可以对未来的并购整合做到提前心中有数;二是不会因为两个团队不同,而出现前面与标的公司谈好的条件,在

---

① 罗伯特·F. 布鲁纳. 应用兼并与收购 [M]. 北京:中国人民大学出版社,2011:220.

整合时却无法实现的现象。

3.2.2 收集基础材料

在尽职调查正式开始之前，应该做好基础材料的收集，这些材料都是可以从第三方处收集而来，以保持尽职调查的客观性。表 3-1 所示的是需要进行收集的基础材料清单。

表 3-1 尽调前需要收集的基础材料清单[①]

企业基础资料	实际控制人的基础资料	企业征信资料
工商信息（各类许可证、公司章程、股东结构）	身份证	企业银行征信
资产目录与凭证	结婚证	实控人及其家属个人征信
经营场地的使用权证明（房产证、租赁合同等）	户口本	财务主管个人征信
公司简介（包括主营业务描述、企业起源及历史介绍）	住宅产权证	
简单财报（上市企业有公告）	家庭成员及所从事的工作说明	
重大法律文件	关联方资金往来流水	
主营业务合同（无须全部获取，但要有多份合同作为参考）		
财务账户流水		
部门结构介绍		
管理层（必须含财务主管）人员名单及简历		

除了以上材料以外，还应该准备发给标的公司的，需要对方配合提交的材料清单，这部分清单的具体内容会在接下来的几节中详细介绍，在此就不赘述。

---

① 该清单引自王璟. 尽职调查与风控. https://zhuanlan.zhihu.com/c_1005515395461197824.

3.2.3 行业调研

行业调查研究是十分关键的环节，具体分为整个行业背景分析以及标的公司在行业中的横向比较。

一个企业能够发展的好坏与否以及是否能够长期持续稳定地发展，与这个企业所处的行业环境有着极大的关系。如果这个行业是朝阳行业，有着明确且美好的发展预期，那所处这个行业的企业也就有更大的可能分享行业发展的成果。如果这个行业已经属于夕阳行业，尽管不能排除差的行业里也会有好企业，但是普遍情况下企业的发展前景会打一个大的折扣。

在了解了行业的基本情况后，对标的公司在整个行业中所处的地位也会有大致的了解。主要关注的是标的公司是否建立了足够高的资本、技术、品牌和业绩等壁垒和门槛，这些因素组成了其核心的竞争力，不仅是并购的逻辑所在，同时也是未来进行估值的衡量指标。

3.2.4 签署保密协议

由于尽职调查涉及许多标的公司的内部文件，所以需要签署保密协议。保密协议会对需要保密的内容和范围进行界定，同时对违反保密协议的违约责任予以明确。

（1）保密的范围一般包括但不限于以下内容：费用预算、利润情况、不公开的财务数据等财务资料；专有技术、研究成果、工程设计、产品设计图样等技术信息；资质证明、报告、说明、预测及记录等。

（2）保密信息的保密期一般为自保密协议签订之日起5年，通常情况下，对于保密信息的保密义务在各方之合作完成或终止后仍继续存在。

在双方签署完保密协议后，就可以进行正式尽职调查了。尽职调查往往会从会见企业的管理者开始，全程需要3~6个月的时间，下面就从业务、法律、财务这三个方面来详细介绍尽调的内容。

3.3 业务尽职调查

业务尽职调查的过程是自上而下、由表及里的。如图 3-3 所示，业务尽调内容包括行业背景、公司情况和股东及管理团队三部分。针对企业发展阶段与所处行业的不同，业务尽调应该有所侧重。例如，并购的公司如果是初创型企业，那么管理团队的调查就应该格外重要；如果并购的公司身处科技密集型产业，则需要着重关注专利资质方面的问题。

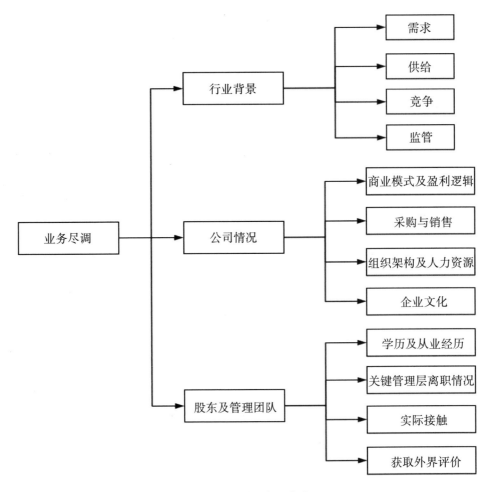

图 3-3　业务尽调内容

3.3.1 行业背景尽调

在前期准备工作中,我们提到了要先进行行业调研,那时的调研是初步且概括的,在正式进行业务尽调的时候,应将行业调研进一步细化为需求、供给、竞争、监管这四个层面。

1. 需求

这里需求主要指的是整个市场对标的公司所提供的产品或服务的需求量,是供应链的下游部分,包括市场规模与增长率。

2. 供给

这里的供给主要指的是标的公司所提供的产品或服务所需要的原材料情况,是供应链的上游部分[①]。供给调查包括以下内容。

(1)包括该产品在业务中所需的原材料种类及其他辅料,包括用途及在原材料需求中的比重。

(2)上述原材料主要供应商的情况,标的公司有无与有关供应商签订长期供货合同,若有,请列出合同的主要条款。

(3)列出各供应商所提供的原材料在公司总采购中所占的比例。

(4)公司主要外协厂商名单及基本情况,外协部件明细,外协模具明细及分布情况,各外协件价格及供货周期,外协厂商资质认证情况。

(5)公司有无进口原材料,若有,该进口原材料的比重,国家对进口该原材料有无政策上的限制。

(6)公司与原材料供应商交易的结算方式、有无信用交易;公司对主要能源的消耗情况等。

3. 竞争

竞争主要是指行业内部其他公司与本公司的竞争情况,这里可以采用

---

① 下文引自 https://baike.baidu.com/item/ 尽职调查 /3331115?fr=aladdin。

SWOT分析法或者波特五力模型来进行分析。竞争调查包括以下内容。

（1）公司的品牌、特许经营权或在客户中的商誉实力。

（2）与竞争对手相比较，对产品或服务质量的感知，以及市场定位的多样性。

（3）销售和市场推广公司的有效性，如覆盖面、成本、盈利能力等方面。

（4）技术壁垒与客户黏度分析。

4. 监管

监管层面的政策法规会影响到整个行业的状况，其变化趋势无疑是需要重点考察的问题。监管层面的调查包括以下内容。

（1）弄清楚标的公司所处的行业主管部门有哪些。

（2）仔细阅览这些主管部门制定的相关法律法规。

（3）对比标的公司主营业务或产品目前与法律及规章制度的一致性，未来政策会不会收紧，抑或是政策利好。

（4）值得一提的是，环境保护的问题在很多尽调中被忽略了。环保责任的风险敞口以及补救的估计成本、与收购方环境政策的兼容性、循环利用和/或废料和垃圾销售方面的无效行为，以上细节也是应该进行详细调查的。

3.3.2 公司情况尽调

进一步的尽调应该从公司入手。这个阶段就可以开始对标的公司进行实地考察，以及拜访标的公司的员工进行面谈。

1. 商业模式与盈利逻辑

商业模式与盈利逻辑可以说是整个尽职调查的核心及原动力，商业模式是整个估值体系中的定性分析，其实是非常不好进行判断的一个点，现在很多企业融资都被称为PPT融资，也就是通过讲故事来画一个大饼，其中的典型就是乐视网。所以在这里我们不仅强调要看标的企业的商业模式，也需要注意其商业模式与盈利逻辑是否能相互印证。共享单车热潮来势汹汹，将其商业模式称为共享经济,但是考量一下其盈利逻辑就会发现问题,其本质是伪共享真租赁,而仅靠押金的周转是无法支撑起这个商业模式的长期健康存续的,这也就是为什么两三年之后倒闭潮也来得如此猛烈。

2. 采购与销售

采购与销售网络是尽职调查中的一个重要内容,这个环节需要尽调人员去标的公司进行实地考察。

如果标的公司提供的是产品的话,就要了解库存、原材料的消耗,观察产品销售记录、物流运输的情况。

如果标的公司提供的是服务的话,就需要隐瞒身份亲身进行体验。得到一手资料后与财务尽调进行佐证。

除此之外,最好还要能拜访主要材料供应商,以及对客户进行匿名的访谈。

3. 组织架构及人力资源[①]

标的公司的组织架构与人力资源不仅要着眼于现状,还应该考虑到未来整合的可行性。组织架构及人力资源现状主要考察以下几个点。

(1)标的公司的治理结构现状主要关注组织机构的状况,包括公司的组织架构、员工级别的划分、各部门人数及变动情况。

(2)员工信息的概况,包括签订劳动合同的员工人数,是否存在第三方机构代为雇佣的情况,是否有特殊员工雇佣可以享受税收优惠政策。

(3)人力资源的管理机制,包括公司人力资源管理的流程及智能文件、相关劳动文件样本(劳务合同、实习协议、临时用工协议等)、公司目前执行的假期制度。

(4)薪酬和福利管理制度,包括工资核算发放的方式、目前人工成本的统

---

① https://wenku.baidu.com/view/3a5d00ff3169a4517723a3d3.html.

计口径、公司奖金的发放标准、法定福利与补充福利的实施情况。

（5）绩效管理，包括业绩管理流程、业绩评估方式等。

未来整合可行性主要考虑标的公司高管及核心人员是否会因控制权变更而出现流失风险，该如何保留和激励他们？并购是否会导致岗位上的重合，应该如何处理？如果是海外并购的话还应该考虑工会的问题。在 TCL 并购阿尔卡特和汤姆逊的交易中，就是在尽调环节忽视了法国工会的影响力，而导致后来的整合失败。这样的案例不止一起，上汽集团收购韩国双龙汽车后，双龙工会的抵触情绪浓重，组织罢工游行乃至最后申请破产，导致 40 亿元的并购案以失败而告终。

4. 企业文化

企业文化与氛围的考察是没有具体衡量指标的，需要尽调团队通过实地考察并与关键人员访谈去感受然后做出判断。同样地，这一步将会对整合起到至关重要的作用，企业文化是一个公司的灵魂所在，也是日后并购整合的起点。联想并购 IBM 个人业务时，柳传志就做出判断，未来整合中最大的难题将会是两家公司文化融合方面的难题，联想在尽调的时候充分考察了 IBM 的决策风格、执行规则等细节，在后续整合中联想极大程度上尊重了 IBM 的工作习惯和思维方式。吉利收购沃尔沃时，在企业文化的尽调上也有着异曲同工之妙，在充分尽调了双方的文化差异后，吉利决定在并购后保持沃尔沃各自的研发、生产和销售团队不变，既保证了吉利的控制权，同时也最大限度地激发了沃尔沃的竞争力。

3.3.3 股东及管理团队[①]

股东及管理团队的尽调是并购前十分重要的环节，除非并购是奔着收购

---

① 股权实务. 股权投资之财务尽调与业务尽调核心内容与方法. 转引自搜狐财经. http://www.sohu.com/a/214656743_460425.

标的公司资产去的，其他情况下都要考虑未来整合和发展中股东及管理团队不容小觑的影响力。主要管理团队成员包括董事会成员、监事会成员、总裁、副总裁以及财务总监等高级管理人员。

（1）这些主要成员的学历和从业经历都应关注，尤其是在本行业的执业经验和记录。

（2）要调查过去3年中公司关键管理人员离职的情况，寻找其辞职的真实原因。

（3）除了书面的资料以外，实际的接触也是必不可少的，这可以给尽调团队最直观的感受。会谈的主题可以包括企业发展、公司文化、竞争对手、个人发展与公司发展的关系等，从这些话题中可以判断出主要管理层是否具有与发展公司需要相匹配的开拓精神和经营管理能力。

（4）获得外界对主要成员的评价也是十分重要的。评价的来源可能是标的公司的普通员工、客户、供应商，甚至竞争对手也可以被列入会见人员名单之中，当然要注意尽调的身份与界限，恪守保密原则。

以上为业务尽调的总体原则与指导思想，在对不同行业的不同企业进行尽调时可能会各有侧重，在实际操作时可以比对细节清单进行筛选。

3.4 法律尽职调查 [①]

法律尽调一般建议聘请专业的律师团队来调查，并购方从旁进行配合与协助，其中税务的合法合规性调查可以寻求专业税务师进行调查筹划。如图3-4

---

① 法融汇俱乐部．PE投资法律尽职调查注意事项及法律风险．转引自搜狐财经．http://www.sohu.com/a/197962182_481798；浙江雅新律师事务所．法律尽职调查调什么．百家号．https://baijiahao.baidu.com/s?id=1577272919291278354&wfr=spider&for=pc．

所示的是法律尽调的重点内容。

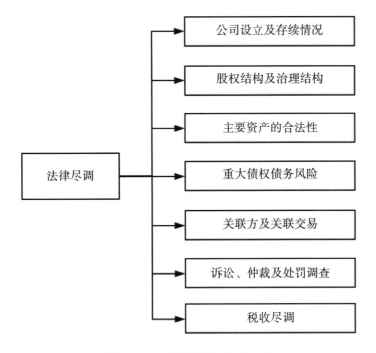

图 3-4　法律尽调的主要内容

3.4.1　公司设立及存续情况

对公司设立及存续情况以时间为脉络进行尽职调查，主要包括：调查公司设立文件、历次变更工商资料，核实公司成立及存续的合法性。这些工作在尽调前就已经完成了一部分，这里应该着重关注股权本身及原始出资行为是否存在瑕疵性。

（1）一般股权瑕疵主要是指股权被质押、抵押，被采取扣押、查封、司法冻结等强制措施，或者存在权属争议或潜在的纠纷等权利实现受到限制的情形。

（2）原始出资瑕疵包括两种情形：一种是现金出资瑕疵，即原始股东未履行出资义务、出资不实或者抽逃出资等情形；另一种是非货币财产出资瑕疵，即出资程序或评估作价存在重大瑕疵，包括无形资产的价格评估不合理、未办理财产权转移手续、无形资产占比不合理或者违反法律关于占比的规定。

147

3.4.2 股权结构及治理结构

股权结构和治理结构是影响公司控制权的重要内容，需要在尽职调查中做好以下工作。

（1）核实股东股权的合法性和真实性。

（2）顺着历史沿革梳理公司股东变更的行为和程序是否合法、规范。

（3）调查公司与控股股东和实际控制人及其控制的企业是否存在关联交易及同业竞争，是否为控股股东或实际控制人提供担保，是否存在占用公司资金等行为。

（4）调查公司的章程是否合法合规。很多公司章程是设立时从网上抄来的，在实际运作中可能被束之高阁，但是在并购上却容易埋下隐患。

（5）调查公司股东会、董事会、监事会建立健全及运行情况，包括是否按时召开"三会"[①]、会议文件和记录是否完整合规、是否及时换届选举、"三会"决议是否实际执行等。以上制度如果不健全要帮助标的公司将其完善规范起来。

（6）在人员上要调查董事、监事、高级管理人员任职及变动是否合法合规，包括核查董事、监事、高管简要情况，是否存在利益冲突等情况。

3.4.3 主要资产的合法性

根据企业所处的行业、提供的产品及服务来确定其主要资产并对其进行尽职调查。

（1）如果是有形资产如土地、不动产、机械设备、经营店铺等，要调查其归属权，是否存在租赁的情况，租赁何时到期。

（2）如果是无形资产如知识产权、专利权等，除了调查归属权外还要注意是否存在产权纠纷或潜在纠纷、使用权的行使有无限制等。

3.4.4 重大债权债务风险

（1）比对标的公司是否将全部的债权债务进行如实披露。

---

① "三会"指的是股东会、董事会和监事会。

（2）债权方面应该着重关注重大应收、应付款和其他应收、应付款是否合法有效，这些债权是否存在无法实现的风险。

（3）除了关注标的公司承担的债务，还应该关注其对外担保情况及侵权之债。担保是否有代为清偿的风险，以及代为清偿后的追偿风险。侵权之债是指因环境保护、知识产权、产品质量、劳动安全、人身权等原因产生的债务。

3.4.5 关联方及关联交易

在我国关联交易的存在十分广泛，所以在尽调的时候应该格外引起重视。

（1）核查公司是否存在关联方及关联交易。

（2）如果存在关联交易，调查这些关联交易是否必要，关联交易是否公允，有无经过法定程序。

（3）重点关注关联交易的内容、数量、金额，以及关联交易占同类业务的比重如何。

（4）调查该关联交易是否能够对公司产生积极影响；是否损害公司及其他股东的利益。

很多公司控股股东或实际控制人将闲置资金以借款或者预付款的方式挪作他用，一般是挪给股东使用或者股东、实际控制人实际控制的其他关联方，但是却没有按照公司法以及公司章程的规定履行内部审批手续，实际的运作并不规范，这样就会有违法的风险，甚至是刑事风险。所以一般对关联方资金占用进行核查时，要重点审查往来账款、资金往来是否签订合同、是否经过内部审批手续、公司是否有相关的关联交易的制度。

3.4.6 诉讼、仲裁及处罚调查

通过查阅"中国裁判文书网""失信被执行人信息查询系统""全国企业信用信息公示系统"等网站可以查询到公司所涉及的诉讼、仲裁情况，对此应该要求标的公司出具书面说明。

标的公司如果存在尚未了结的或可预见的重大诉讼、仲裁及行政处罚案件，

则可能会对其正常的生产经营产生负面影响，进而直接导致股权价值的降低。

劳动用工风险也是这里需要着重关注的，尽调需要调查是否严格按照法律规定履行用人单位签订合同、缴纳社保，是否存在潜在劳动纠纷。

3.4.7 税收尽调[①]

（1）税收尽调首先要确认执行的税种和税率。

（2）在核实其依法纳税的基础上，还需要调查执行的税收及财政补贴优惠政策是否合法、真实、有效。避免并购后需要为标的公司承担未付税款的风险，或者受到标的公司欺诈的风险。

（3）除了以上的风险发现以外，税务律师还会为企业的长远发展提供一定的税务规划方案，如申请高新技术企业认定、"双软"企业认定、技术先进型服务企业认定等。

（4）税务律师帮助标的企业进行研发费用加计扣除、"四技"收入免税等税务优惠的申请与办理。

（5）税务律师在企业进行资本运作如股权变更、并购重组中提供最优化的税务方案。

3.5 财务尽职调查[②]

财务尽职调查的基础与审计是一样的，那就是财务数据。审计确保这些数据真实可信即可，而尽职调查却不能止步于此，还应从这些数据中分析出有

---

① 百度百科. https://baike.baidu.com/item/税务尽职调查/6482202?fr=aladdin.
② 财务尽职调查的逻辑及重点. 会计网. 转引自百家号 https://baijiahao.baidu.com/s?id=1575774539785621&wfr=spider&for=pc；郑泳梁. 企业如何应对资本市场的财务尽调. 梧桐树下 v. 转引自 https://zhuanlan.zhihu.com/p/24185470.

用的财务信息,最后再利用财务信息对标的公司未来的发展前景与协同效应做出评价和预测。

财务尽职调查一般由专业的会计师团队及本公司的财务人员配合完成。因为在这个环节不仅要对标的公司的财务状况做出审计和评估,也需要考虑到在未来整合环节中,标的公司的财务系统如何同本公司进行融合。图 3-5 所示的是财务尽职调查的主要内容。

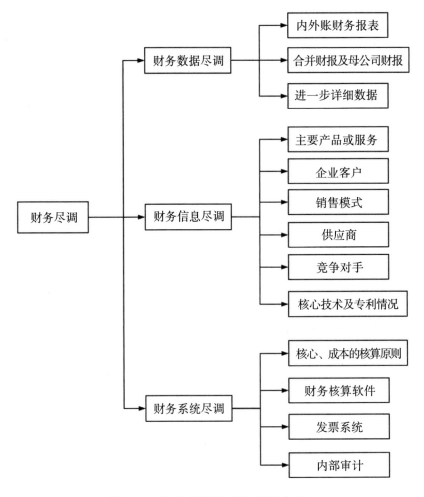

图 3-5　财务尽职调查的主要内容

3.5.1 财务数据尽职调查

财务数据是指从资产负债表、损益表和现金流量表中就可以获取到的财务信息，和审计需要合理保证的内容高度重合。我们不赘述这三张表中的科目，而希望从以下不同的角度提示在尽职调查中需要引起注意的细节。

（1）内外账财务报表。为了减轻税负，许多中小企业或多或少地隐瞒了部分收入，用以支付部分不合规的成本费用。因此这些企业可能存在着内外两套账目，所以在此处建议尽调团队将近三年的内外账目都收集起来。如果企业出于保密等考虑不愿提供，可以先行通过签订保密协议的方式处理。除此之外，税务局盖章的所得税纳税申报表也要收集起来作为辅助材料相互印证。

（2）合并财务报表和母公司财务报表。如果标的公司拥有子公司，需要收集近三年的合并财务报表和母公司财务报表；如果标的公司拥有母公司，且自身没有编

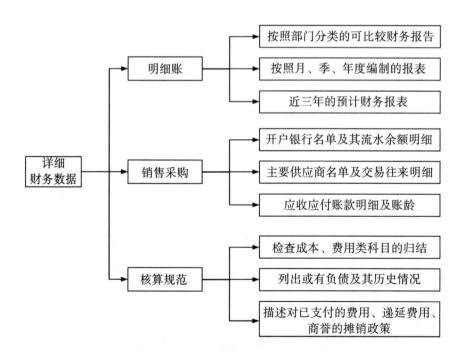

图 3-6 需要尽职调查的财务数据

制财务报表或财务未完全独立,则需要收集母公司及重要子公司的财务报表。由于税收政策及会计规范的不同,税务优惠地及海外的子公司情况尤其需要关注。

(3)进一步的详细数据。除了获取报表外还需要收集更进一步的详细财务数据,用来对各类财务指标进行分析,具体需要尽调的项目如图3-6所示。

3.5.2 财务信息尽职调查

财务尽职调查不能仅仅局限于财务报表数据的分析,非报表信息的收集分析也很重要,尤其是对市场、业务数据的分析。报表分析更关注历史财务数据的分析,而非财务信息可以验证财务数据的合理性以及帮助了解公司所处的竞争格局和行业地位,使相关人员更容易对未来的财务预测和公司发展进行决策[①]。财务信息尽职调查包括以下内容。

(1)主要产品或服务。为反映企业主要产品及服务情况,了解企业主营业务,建议统计企业最近三年的不同类别产品或服务的收入、成本及毛利率情况,将其与工资费用进行趋势对比并做出评估。

(2)企业客户。了解企业主要市场与客户情况,统计最近三年的前五位客户的销售占比情况,了解是否存在主要客户依赖以及客户集中度。

(3)销售模式。了解企业的销售模式,包括分销、直销等情况,统计不同销售模式下的收入占比。分析在这些模式下佣金、销售费用、一般费用和管理费用的典型趋势,特别是可控制成本,如广告费、管理费和临时劳动力工资。

(4)供应商。了解公司主要材料与供应商情况;统计最近两年的前五位供应商的采购占比情况,了解是否存在主要供应商依赖以及供应商集中度。

(5)竞争对手。了解公司产品的市场竞争情况与主要竞争对手,特别关注同类型的上市公司以及挂牌公司。对标的公司进行详细的比率分析,着重衡

---

① 财务尽职调查的逻辑及重点.会计网.转引自百家号https://baijiahao.baidu.com/s?id=1575774539785621&wfr=spider&for=pc.

量盈利能力、资产活动杠杆比率和流动性,并与竞争对手进行比较。

(6)核心技术及专利情况。了解企业的核心技术及专利情况,重点了解标的公司的研发费用占主营收入的比率。

3.5.3 财务系统尽职调查

在收集完财务数据和非报表信息的基础上,尽调团队还要对整个财务系统进行评估,并对未来做出预测,如未来是否有足够的业绩支撑?未来的发展方向是什么?在整合上是否能与本公司起到协同作用?财务系统尽职调查包括以下内容。

(1)收入、成本核算原则。了解标的公司收入成本核算方式,会计基础是否与国际通用准则一致,部分企业以开票或者收付实现制确认收入结转成本,通常需要根据权责发生制予以调整。

(2)财务核算软件。了解标的公司的财务核算软件,包括其管理信息系统的有效性、IT系统的恰当性。这些是否与本公司兼容,将是整合中的重点和难点。

(3)发票情况。了解企业发票开具情况,包括采购、销售发票情况。同时了解企业是否存在虚开票以及买票等情况。

(4)检查内部审计程序的有效性,识别是否存在财务欺诈的情况。

3.6 尽职调查的程序

一般来说,并购的尽职调查需要 3~6 个月的时间,由于尽职调查的内容范围很广,尽职调查的对象又千差万别,所以每一个尽调方案都不尽相同,以下给出基本程序供参考。

3.6.1 尽职调查前

中小项目调查前的准备期一般 1~2 周,大型项目可能长达 1 个月。尽职调查前的准备工作在 3.2 节中已经进行了详细的介绍,在此就不再赘述,在该阶段注意提前通知标的公司尽职调查的行政和计划部门，将调查资料需求清单发送给其对接人员。

3.6.2 会见标的公司的管理者

接下来的程序不分时间先后，基本上会同时进行。但是会见标的公司的管理者往往会放在首位进行，并购方总是希望标的公司尽可能地配合尽职调查的完成；而标的公司处于谨慎考虑，可能会对部分真实情况有所保留。所以会见标的公司的管理者，进行有效的沟通，阐明此次尽职调查活动的目标和范围，有利于获取调查对象的信任，确保尽职调查的顺利进行。

除此之外，在前文中也提到过，与标的公司的管理者进行实际接触，有利于尽职调查团队产生最直观的感受，判断出企业管理者是否具有与公司发展相匹配的开拓精神和经营管理能力。

3.6.3 采集分析相关材料

对资料的整理和分析主要围绕资料和信息的真实性、完整性、有效性和合法性展开。在此阶段，应注意尽职调查团队间的合作，以确保资料、信息整理和分析的质量。

（1）团队间的分工与合作。尽职调查取得的材料往往较为庞杂，且涉及不同专业的问题，因此应做好尽职调查团队成员之间的分工，以提高工作效率。一般来说，可以对尽职调查的事项、调查对象等材料和信息进行分类，并根据业务专长进行分工。如果是大项目，可以划分为具体的小组，有的针对标的公司，有的针对其全资子公司；也可以根据不同专业领域区分，如资产、劳动人事、诉讼仲裁等。聘用不同专业的人员做其相关专业的尽职调查，这样可以大大减少尽职调查工作的时间，提高尽职调查工作的效率。

（2）对材料和信息进行甄别。在整理、分析材料和信息时应最大限度甄别、排除虚假信息，尽可能发现被隐瞒或者被忽视的事实，最终全面展现相应的客观事实。

（3）对发现问题的处理。在整理分析过程中，如果发现遗漏、不清楚事项，应及时要求调查对象补充资料或者做出解释。如果对相关事项无法做出确定性的评价,应进行谨慎的研究或者咨询相关专业人士。

3.6.4 实地调查标的公司

实地调查是十分必要的,在上文中的多个调查项目中都提到尽职调查小组要亲身跟进项目。实地调查包括参观工艺流程、生产设备,了解库存、能源消耗,观察产品销售、物流运输等情况,向标的公司的普通员工甚至周边居民了解企业的生产经营状况等,眼见虽然不一定为实,不过如果考察细致且时间充足,还是能够了解标的公司的经营状况[1]。

3.6.5 拜访相关机构

除了与标的公司内部进行交流以外,来自标的公司外部的评价也至关重要,因为这些信息相对来说更为客观,具有相当的辅助参考性。业务尽调、法律尽调、财务尽调中也有不少环节是需要走访外部相关机构的,总结归纳如图3-7所示。

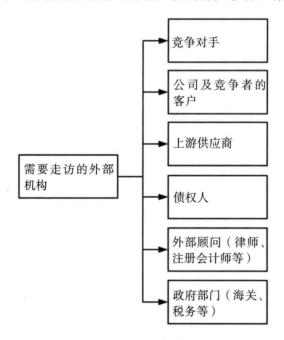

图 3-7 需要走访的外部机构

---

[1] 投融界.尽职调查——实地调查. https://news.trjcn.com/detail_30094.html.

在尽职调查中，业内专业人士总结出一套数字口诀。口诀中的数字并不是确数，但是其中体现的原则值得尽调成员参考[①]。

（1）见过90%以上的股东和管理层。投资人在与项目企业股东洽谈时容易犯的一个错误就是只和企业的实际控制人接触，而忽略了与小股东沟通。事实上，有时候与实际控制人以外的其他股东，特别是小股东进行访谈，往往会起到意想不到的作用。

（2）坚持8点钟到公司。到企业实地考察时，有一个小的技巧非常有用，那就是选择比标的公司上班时间早一点儿的时间到达。一般企业的上班时间是8点半或9点，那尽调团队一定要在8点到公司。通过观察标的公司到岗的时间来判断企业文化、士气等。

（3）到过至少7个部门。有些标的公司是技术型的企业，尽调团队在对企业现场进行走访时，当然要关注研发、市场、生产部门，但还应该详细走访企业的行政、仓库、物流、财务、人力资源等部门，以对企业有全面、客观的了解和公正的判断。

（4）连续待6天。尽职调查绝对不能蜻蜓点水，一带而过，连续在标的公司工作6个工作日十分必要。由此，投资人不仅可以看到公司日常的运作状态，还可以通过观察员工的加班情况来体会其文化、业务和生产情况。

（5）对团队、管理、技术、市场、财务5要素进行调查。这5个要素就像是企业发展的5根支柱，缺一不可。尽调要学会突出重点、找准关键的问题。从投资和收购的角度而言，在这5个要素上花时间和精力是完全值得的。

（6）至少与标的公司的4个客户面谈。对标的公司的尽调还要包括其上下

---

① 陈玮. 尽职调查9字法则. 投资界. https://pe.pedaily.cn/201612/20161214406709.shtml.

游客户,这种考察往往具有验证的性质。一般情况下,至少应该选择 4 个访谈企业,即至少有两个上游供应商和两个下游客户。

(7)至少调查 3 个以上的竞争对手或同类企业。对竞争对手的考察有时比对标的公司的调查还要有用,因此,要选择与标的公司相关度最高的 3 个以上的竞争对手作为样本,比较竞争对手与标的公司的优劣,发现标的公司的竞争优势和不足,考量其市场地位和产品占有率。

(8)不少于 20 个关键问题。做尽调的过程中,有一个技巧不能忽略,那就是去标的公司现场前一定要设计好访谈不同人员时的问题,要每次都保持 20 个以上的不同问题。如何提问,如何设计,怎样找问题,这都需要在去标的公司之前先准备好。

(9)至少与普通员工吃过 1 次饭。从普通员工的谈话中得到的朴实信息,有时比企业管理者按照商业计划书准备的问题所带来的信息更能反映企业的真实情况。

3.7 尽职调查报告

尽职调查在投资收购项目立项后实施,是并购实施阶段中的第一步。如图 3-8 所示,尽职调查是设计交易结构、整合方案的基础,是连接估值与整合的纽带。百丈高楼千丈基,尽职调查是否详细全面,直接决定了并购方能否正确地认识该交易的风险和收益,也影响整个并购交易的成败。

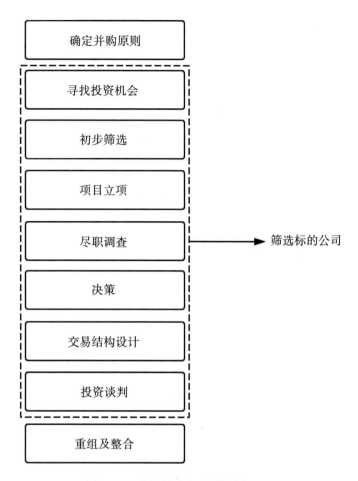

图 3-8　进行尽职调查的时机

尽职调查的主要作用是为决策提供支持，并产生一份在收购后可以进行调整或是在诉讼情况下可以保护收购方的档案。所以不仅仅是单一的尽职调查报告，初级工作文件和其他原始资料也应该一并留存。

调查工作的原始资料包括调查记录的清单、调查过程产生的工作文件和记录，访问的记录和录音文件，实地考察的录像带、照片、采集样本以及其他相关资料。这些资料必须使用可检索的方式进行储存[①]。最终的尽职调查报告

---

① 罗伯特·F. 布鲁纳. 应用兼并与收购 [M]. 北京：中国人民大学出版社，2011：221.

成品不可避免地会带上编写者的主观色彩，保留下完整的原始资料是为了在进行决策的时候有据可依；在未来如果出现与标的公司的并购纠纷，也可以作为保护并购方的证据。

尽职调查报告由于是供内部进行投资并购决策的参考资料，所以与供公众参阅的审计报告不同，尽职调查报告并没有固定的格式。通常来说一份完整的尽职调查报告包括以下三个部分。

（1）报告摘要。主要包括调查工作概要、出具报告的前提、报告使用方法、投资建议这四个方面。在该部分除了要对整个尽职调查工作做出简单的陈述外，还要开宗明义，对该并购项目提出明确的决策建议。

（2）尽职调查的主要内容。根据调查得来的资料，编制出业务、法律、财务三个不同的子报告，在子报告中需要就前文中提到的具体问题逐项进行评论与分析，并给出相关的专业意见。同时要注意，总结应该提及相关证据的原始出处。

（3）结论。对前文的尽职调查要点做一个综合的论述，着重对并购后的整合进行预测与评估。首先，对标的公司的价值与风险进行总结论述，判断是否为合适的并购对象；其次，如果确定要进行并购交易，要就标的公司存在的风险提出日后整合的处理意见；最后，对尽职报告的使用做出责任声明。

随着第六次并购浪潮的席卷而来，并购逐渐成为中国资本市场上的常态，太多的前车之鉴告诉我们，想要买下一家企业容易，但是想要完成一场成功的并购是不容易的。只有能帮助本企业实现战略目的的并购才是成功的并购，而一份详尽、全面、准确的尽职调查是使企业做出正确的并购决策的关键。

第 4 章

并购估值

4.1 估值的作用

4.2 市场法

4.3 收益法

4.4 资产基础法

4.5 商业模式分析法

4.6 协同效应估值法

4.7 新经济估值法

4.8 最优估值模式

4.1 估值的作用

在并购交易中，对标的公司进行价值评估是重要环节。因为估值直接影响到最后的交易价格，间接影响并购交易的成败，所以不管是买方还是卖方，对此都十分重视。买方希望用合理的价格收购标的公司，如果价格过高，明显超过企业价值，那么对于买方来讲是笔赔本买卖。而卖方则相反，卖方希望对方能出高价，最大限度地满足股东利益。于是因为双方价格谈不拢，很多并购交易就失败了。

估值为买方和卖方间交易价格博弈提供了有效的价值衡量尺度。对于买方来讲，在估值指引下的交易价格保障了并购交易的回报率，并且帮助买方确认了标的公司的资产质量，全面把握和控制并购风险。对于卖方来讲，有了合理的价值衡量尺度，自己的公司价值更容易被对方认可，交易将会更为顺利。

但是在并购交易中，买方、卖方甚至包括财务顾问，都会为标的公司的价值评估而纠结[1]。所以，估值一直以来都是并购交易的难点，它需要通盘考虑以下问题。

（1）有哪些估值方法？

（2）标的公司适合哪种估值方法？

（3）财务模型之外，如何考虑标的公司的商业模式价值？

---

[1] 克里斯·M. 梅林，弗兰克·C. 埃文斯. 并购估值 [M]. 北京：机械工业出版社，2014：177-190.

（4）估值是否包含了并购后的协同价值？

（5）这家公司的实际价值和估值之间有多大差距？

只有弄清楚以上问题，买方和卖方才有讨价还价的基础，双方通过并购谈判完成最后的决策。因此，在并购交易中，"估值不是万能的，但没有估值是万万不能的"①。

4.2 市场法

如图 4-1 所示，估值有三种基本方法，分别是市场法、收益法和成本法。目前这三种评估方法在中国资产评估协会印发的《资产评估执业准则——企业价值》（以下简称"准则"）中都有详细说明，并且普遍运用于我国上市公司的并购交易。

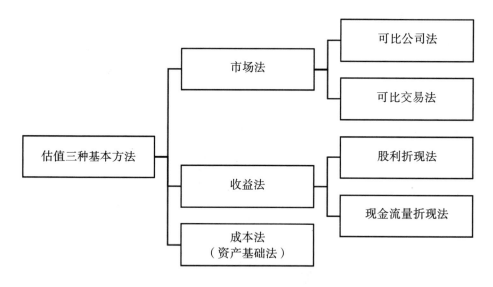

图 4-1 估值的三种基本方法

---

① 朱宝宪. 公司并购与重组 [M]. 北京：清华大学出版社，2006：188.

三种方法各有其适用性，并不互相排斥。通常来讲，上市公司的并购交易会采用两种以上的评估方法进行估值，然后结合实际情况，综合考虑各方面影响因素，选择合理方法，进行适当调整，得出最终的估值结论。

首先，介绍市场法。准则对市场法做出了如下的定义："市场法，是指将评估对象与可比上市公司或者可比交易案例进行比较，确定评估对象价值的评估方法。"

市场法的理论基础是，假如A公司和B公司经营和提供相同或相似的产品服务、具备相同或相似的业绩和规模、具有相同或相似的未来成长性，那么在交易活跃的公开资本市场上，A和B的资产价值是相近的。但在实际中，并不存在完全相同的两家企业，所以要寻找合理的"可比对象"[1]。市场法常用的两种具体方法是可比公司法和可比交易法，两者都要通过比较来选出合理的对象。

市场法的主要估值步骤分以下三步。

（1）挑选与标的公司同行业可参照的上市公司或者可参照的交易案例。

（2）以同行公司或者相近交易案例的市场价值和财务数据为依据。

（3）用财务比率或者评估增值率来推算标的公司的价值。

当然，估值后得出的是初步结论，还要经过控制权、流动性等因素的调整，得出合理的估值结果。

4.2.1　可比公司法和可比交易法

可比公司法的概念很简单。选取与标的公司A相类似的上市公司B，然后计算B的市场价值和财务数据之间的比率，通过比较分析选出合适比率，最后估算出标的公司A的价值。

---

[1] 赵强．最新企业价值市场法评估实务及案例分析．百度百科．https://wenku.baidu.com/view/2dd6b8c2866fb84ae55c8d7d.html．

可比公司法一般选取的是同行业、规模和成长性相近的上市公司。

2016年，乐视网对乐视影业的收购估值就不合理。当时乐视网对乐视影业估值选择的对标公司是华谊兄弟、光线传媒、长城影视和唐德影视，这几家虽然也是影业公司，但是规模都比较大、成长性也比较稳健。而乐视影业是成立刚刚四年的"小兄弟"，前两年（2014年和2015年）的营业利润还是负数，能和营收近40亿元、净利润近10亿元的"老大哥"华谊兄弟相比吗？显然不可比。所以除了主营业务的相似之外，在财务经营业绩、市场规模、成长性等方面也要有可比性。

2016年，海尔进行大型海外并购，标的公司是占据美国家电业务半壁江山的GE家电。它属于家电制造行业，那么在寻找同行业公司的时候，不仅要在A股家电龙头企业中找"可比对象"，如格力、美的，还要找国外的龙头上市家电企业，如惠而浦、AO史密斯、大金等。

确定了"可比公司"之后，要选定和计算它们的估值倍数，常用的有P/E、P/B、P/S、EV/EBITDA等。然后，就必须确定用于标的公司的倍数，通常会取平均值和中位值。一般来说，标的公司的估值倍数要低于"可比公司"的平均值和中位值。

上述的可比公司法的原理是，相似标的应该有相似的公开市场价值。需要注意的是，"可比公司"的价值评估是基于公开市场，标的公司的估值是基于并购交易市场，这两个市场的估值逻辑是有差异的。因此，为弥补可比公司法的缺点，就出现了可比交易法。可比交易法要寻找并购交易市场的可比交易数据，用已有交易的估值倍数，来确定目标公司的价值。

与可比公司法相同，运用可比交易法估值，在寻找可比交易案例的时候也要注意"可比性"。

例如，杀毒软件行业被大家熟知的360科技，在2017年借壳江南嘉捷回归A股。这项并购交易包含重大资产出售、重大资产置换和发行股份购买资产。交易完成后,360科技将100%的股权置入上市公司,而江南嘉捷原有资产100%置出。在交易方案中,360科技将可比交易法用作检验估值增值率合理性的工具。它列举了2016年、2017年1—9月涉及互联网科技及相关服务行业通过重组委审核的并购案例,共14个。这其中存在着两个问题:第一,交易案例多为上市公司正向收购,而360科技为复杂的借壳上市行为,最终取得上市公司的控制权;第二,交易案例多为小型互联网公司,与安全软件龙头公司360科技的营收和净利润可比性不强。360科技通过计算发现14家公司评估增值率为2 624%,而自己为278.5%。这恰恰说明了可比案例选取得不恰当。

再举一个钢铁行业并购的例子。2016年,宝钢换股吸收合并武钢。在交易方案中,宝钢运用可比交易法,选取了A股市场近年公告且成功的钢铁行业内的换股吸收合并交易作为可比案例,如表4-1和表4-2所示。

表4-1 济南钢铁换股吸收合并莱钢股份[①] 亿元

吸并方/被吸并方	公司	股权价值	支付方式	基准日前一会计年度财务指标		
				营业收入	净利润	净资产
吸并方	济南钢铁	107.34	换股合并	307.41	0.84	71.73
被吸并方	莱钢股份	66.22	换股合并	402.91	1.24	59.76

表4-1所示的交易案例是2011年济南钢铁(600022.SH)换股吸并莱钢股份(600102.SH)。

---

① 宝钢股份. 换股吸收合并武汉钢铁股份有限公司暨关联交易报告书(修订稿). 巨潮资讯网. http://www.cninfo.com.cn/new/disclosure/detail?plate=sse&stockCode=600019&announcementId=1202975070&announcementTime=2016-12-30.

表 4-2 唐钢股份换股吸收合并邯郸钢铁和承德钒钛[①]　　　　　　亿元

吸并方/被吸并方	公司	股权价值	支付方式	基准日前一会计年度财务指标		
				营业收入	净利润	净资产
吸并方	唐钢股份	191.82	换股合并	576.97	17.24	118.06
被吸并方	邯郸钢铁	115.47	换股合并	372.59	5.99	122.14
被吸并方	承德钒钛	56.49	换股合并	183.05	0.28	34.63

表 4-2 所示的交易案例是 2008 年唐钢股份（000709.SZ）换股吸并邯郸钢铁（600001.SH）和承德钒钛（600357.SH）。

交易双方宝钢和武钢都是上市公司，所选交易案例也都为上市公司，属于公开市场定价；同时并购类型为吸收合并，所选交易案例都是吸收合并案例。但是满足了上述两个条件，最后只剩下 2011 年和 2008 年的两个案例，在交易时间和数量上有所欠缺。再看宝钢和武钢当时的经营情况，如表 4-3 所示。

表 4-3 宝钢股份换股吸收合并武钢股份[②]　　　　　　亿元

吸并方/被吸并方	公司	支付方式	基准日前一会计年度财务指标		
			营业收入	净利润	净资产
吸并方	宝钢股份	换股合并	1 637	7.1	1 128
被吸并方	武钢股份	换股合并	583	−74.6	272

宝钢吸收合并武钢的一个重要原因是武钢经营形势不佳，在 2015 年发生了巨额亏损。而两个交易案例中的被吸收合并方并没有亏损，这给可比性打了折扣。因此，在下一步的估值倍数比较中，对武钢的估值没有理由高于平均值或者中位数。

总结起来，在宝钢换股吸并武钢案例中运用可比交易法是不合适的，因为

[①②] 宝钢股份.换股吸收合并武汉钢铁股份有限公司暨关联交易报告书（修订稿）.巨潮资讯网.http://www.cninfo.com.cn/new/disclosure/detail?plate=sse&stockCode=600019&announcementId=1202975070&announcementTime=2016-12-30.

限制颇多。在满足公开市场和并购类型之后,仅剩下两个案例,并且交易时间已过去多年。除此之外,武钢正经历巨额亏损,能否用经营健康的公司相比估值,也要打上问号。这些说明了可比交易法相比可比公司法,选取案例的难度更大,更难达到理想中的"可比性",其适用范围也更小。

采用可比交易法还要考虑控制权和流动性的因素。

一般来讲,收购相同的股份,买方取得标的公司控制权,要比未取得控制权支付更多的溢价。这部分溢价产生的原因是收购方在取得控制权后,可能通过实现协同价值来提高收益,还可能通过盈余管理、关联交易和再融资等方式谋取私有收益。

在流动性方面,同等条件下,收购上市公司股权的成本要高于非上市公司,这是因为上市公司股权在公开市场自由流通交易,简单来讲就是容易变现。那么在收购非上市公司时,运用可比交易法得到的非上市公司估值就要打个折扣。

中远海控收购东方海外国际时采用可比交易法是出色的案例。相比360科技借壳回归和宝钢换股吸并武钢,中远海控在采用可比交易法时,通过基本面要素和交易结构要素,选出了更具有价值的可比公司。它是按照如下步骤来挑选对标公司的[①]。

第一步,根据东方海外国际的经营范围及所处行业,选择最近5年(2012—2017年)内公告完成的交易,且有公开披露信息。

第二步,由于此次中远海控将采用现金全面要约收购东方海外国际,所以选择可比交易时主要参考全现金支付的交易。

第三步,考虑到此次交易完成后,东方海外国际将成为中远海控的控股子

---

① 中远海控. 重大资产购买报告书(草案)(修订稿). 巨潮资讯网. http://www.cninfo.com.cn/new/disclosure/detail?plate=sse&stockCode=601919&announcementId=1203733400&announcementTime=2017-07-26.

公司，因此在选取可比交易时要求收购方在交易完成后取得公司的控股权。

第四步，本次交易为行业内排名前列的公司之间的整合，具有很强的战略价值，因此在选取可比交易时要求被收购方在规模上与东方海外国际相近。

按照以上四个步骤，筛选出近5年、公开披露、全现金支付、取得控股权、行业排名和规模相符的公司，如表4-4所示。

表4-4　近5年航运业主要并购交易[①]

宣布日期	目标公司	收购方	可比性
2016年12月1日	汉堡南美	马士基	不可比，汉堡南美非上市公司，无法获得确切的市净率数据
2016年7月18日	阿拉伯联合国家轮船	赫伯罗特	不可比，以换股形式进行，并非现金支付对价
2015年12月7日	东方海皇	达飞海运	可比
2014年4月16日	Compania Sud Americana de Vapores SA	赫伯罗特	不可比，目标公司规模较小

综合以上的各因素，给出不可比理由，最后筛选剩下一个可比交易。相比360科技借壳回归和宝钢换股吸并武钢，中远海控在采用可比公司法时，通过基本面要素和交易结构要素的筛选，选出了更为相似的并购交易，得出了更具价值的结论。

4.2.2　常用的估值指标

采用可比公司法和可比交易法时，有了可比公司或者交易案例，接下来就要计算它们的估值指标，也可以叫作价值比率。

常用的市场估值倍数有市盈率、市净率、市销率和EV/EBITDA（图4-2）。关注股市的投资者会经常见到P/E、P/B和P/S指标，就是前面所说的市盈率、市净率和市销率。而EV/EBITDA在国内运用较少，却广泛运用于海外

[①] 中远海控. 重大资产购买报告书（草案）（修订稿）. 巨潮资讯网. http://www.cninfo.com.cn/new/disclosure/detail?plate=sse&stockCode=601919&announcementId=120373.

证券市场。企业如果要进行跨国并购，就会用得上这个指标。下面结合案例介绍各指标的优缺点和适用性。

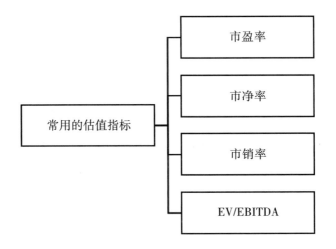

图 4-2 常用的估值指标

1. 市盈率法

市盈率是中国资本市场最流行的估值指标。计算市盈率的方法，可以是股票价格和每股盈利的比值，也可以用公司市值除以归属于母公司股东净利润得出相同的结果。怎么理解市盈率？举个例子，一家公司当期市盈率为5，不考虑货币的时间价值，如果整体收购了这家公司，并且该公司保持当期的利润水平，那么需要5年时间收回这笔投资。

如图4-3所示，市盈率常分为静态市盈率、动态市盈率和滚动市盈率，区别在于比值的分母不同。使用静态市盈率的缺点在于一些公司年度净利润变化大。比方说周期行业，在景气的时候赚得盆满钵满，市盈率常常为4~5倍，这时的静态市盈率就不具备参考价值。因为随着周期反转，企业将会面对微利甚至亏损的处境。

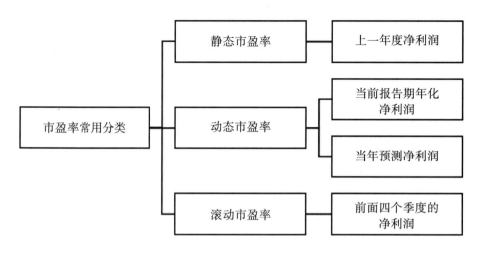

图 4-3　市盈率常用分类

与静态市盈率相对的是动态市盈率。有两种动态市盈率的计算方法：一种是以更短的报告期年化以后的数据来计算，比方说 A 公司最新披露一季报净利润为 1 亿元，那么就以年化以后的 4 亿元作为分母，计算出动态市盈率。这个思路的缺点很明显，对于业绩季节性明显的企业就不合适，如旅游餐饮、空调制造及销售企业等。不同于上述思路，另一种方法是预测当年的净利润，这需要结合券商分析的平均预测值。

相比前两种，滚动市盈率更为灵活。如果 B 公司刚发布 2018 年半年度报告数据，那么就以 2017 年三季度、2017 年四季度、2018 年一季度和 2018 年半年度报告公布的利润数据来计算市盈率。当时间"滚动"到 2018 年三季度，那么计算市盈率采用的利润数据也往前"滚动"到 2018 年三季度。这样的话，既保证了市盈率的滚动更新，又避免了季节性的影响因素，还减少了预测带来的不确定性。

市盈率在并购估值中，很容易将"讲故事"变成"编故事"，最终产生高额商誉。2016 年，乐视网在并购乐视影业的时候就不恰当地用了市盈率法。

2016 年年中，是乐视网即将崩盘的"暴风雨前夜"。乐视网把乐视影业当作"救命稻草",希望通过将其收购,再次推高乐视的市值。在对乐视影业的资产评估中,乐视网聘请的评估机构运用了可比公司法,试图论证定价的合理性,如表4-5所示。

表4-5 乐视影业可比上市公司情况[1]

序号	证券代码	证券简称	市盈率(P/E)	市净率(P/B)
1	002071.SZ	长城影视	34.58	7.29
2	002343.SZ	慈文传媒	72.37	12.66
3	002624.SZ	完美环球	158.01	37.94
4	300027.SZ	华谊兄弟	78.49	3.73
5	300133.SZ	华策影视	72.06	4.5
6	300251.SZ	光线传媒	103.08	5.44
7	300291.SZ	华录百纳	66.12	4.07
8	300336.SZ	新文化	54.19	4.82
9	300426.SZ	唐德影视	99.69	11.98
	平均值		82.07	10.27
	中值		72.37	5.44
	乐视影业		72.06	4.65

表4-5所示的是乐视影业的可比上市公司的情况,评估机构选取了市盈率和市净率作为估值指标,将9家上市公司进行数据统计,得出了平均值和中值两个指标。由于影视行业属于轻资产行业,在账面价值外还具备创意、IP、运营经验、渠道资源等要素,以账面价值为基础的市净率指标难以体现真实价值。所以在上述比较中,更应关注市盈率指标。

但是用这张可比上市公司估值表真的可以说服中小股东吗?

首先,这里的市盈率指标不是滚动的,也不是用过去三年平均净利润来计

---

[1] Wind 资讯。注1:市盈率(P/E)=该公司的2016年5月17日市值/该公司2015年度扣非后归属于母公司股东的净利润;注2:市净率(P/B)=该公司的2016年5月17日市值/该公司2015年末归属于母公司股东的净资产。

算的,而是之前一年的净利润。碰巧的是,乐视影业在上一年(2015年)刚扭亏为盈,所以这不能代表它过往的真实盈利能力。

其次,高达 70~80 倍的市盈率真的是一笔好买卖吗?用 98 亿元的价格去收购一家上年净利为 1.36 亿元的影视公司,如果没有高速增长,那么投资回报率将会极低,回收期会很长。

评估机构看着这么高的静态市盈率,也很心虚。所以,为了再次验证定价合理性,说服中小股东,他们又摆出了动态市盈率(表 4-6)。

表 4-6 乐视影业交易市盈率水平[①]

项 目	2015 年	2016 年	2017 年	2018 年
乐视影业 100%股权预估值	984 460.58 万元			
乐视影业 100%股权作价	980 000 万元			
乐视影业承诺净利润/亿元	1.36	5.2	7.3	10.4
交易市盈率	72.06	18.85	13.42	9.42
平均承诺净利润/亿元	7.63			
平均承诺净利润对应市盈率	12.84			

表 4-6 演示了市盈率如何完成从 72 倍到 13 倍的魔术。首先,要给出远高于报告期水平的业绩承诺金额,1 年完成从 1 亿元到 5 亿元的净利飞跃;其次,还要增长、增长再增长,最后,用三年实现净利润增长 10 倍的结果。这既不是基于历史数据,也不是基于行业发展的预测数据,而是基于乐视影业股东

[①] 乐视网. 发行股份及支付现金购买资产并募集配套资金暨关联交易预案(修订稿). 乐视网. http://www.cninfo.com.cn/new/disclosure/detail?plate=szse&stockCode=300104&announcementId=1202353354&announcementTime=2016-06-03.

的承诺净利润。如果承诺净利润用来计算市盈率，那么就彻底脱离了目标公司的基本面情况，这样的估值指标没有太多价值。

最后，乐视网对乐视影业的收购在2018年初被终止。原因不仅是融创接盘、乐视控股持有的乐视影业股权被冻结，而且更重要的是乐视影业本身的问题。对乐视控股17.1亿元应收账款难以收回，很有可能成为一笔坏账。如果用承诺利润计算出来的市盈率作为决策依据，就难以发现这样的基本面问题。

2. 市净率法

在乐视影业的案例中，我们提到轻资产公司不适合用市净率指标估值，因为轻资产公司的价值除了账面价值外，更多是人力、技术、品牌、渠道等资源。通常来讲，市净率指标常用于金融行业和重资产行业的估值。市净率指标把账面价值作为比值分母，如果一家公司的市净率（P/B）为1，那么意味着股票价格等于每股净资产，公司市值等于净资产。但市净率指标越小，并不意味着公司的投资价值越高。比方说，一家钢铁公司的P/B为0.5倍，它还在继续亏损中，那么它的P/B可能会下降到0.1倍，甚至资不抵债宣告破产。市净率越大，也不意味着公司的投资价值很低，比方说在轻资产和消费类公司中市净率指标的估值意义不大，典型的有阿里巴巴、腾讯、茅台等公司。

下面以中远海控收购东方海外国际为例来介绍如何利用市净率进行估值。

中远海控收购东方海外国际时采用的可比公司的市净率估值法，选取对标公司及估值指标时总共有以下5个步骤。

第一步，主营业务要与东方海外国际相同或相似。

第二步，在规模上可与东方海外国际可比，需要为大型海运公司，从运力、船数和市场占有率入手。

第三步，需为上市公司。

第四步，选取估值指标。由于处于行业低谷，部分上市公司严重亏损，所以不宜使用市盈率和企业价值倍数指标。由于各公司成本结构、净利润率不同，所以不宜使用市销率指标。由于航运业主要资产为实物资产，所以账面价值可以准确反映真实资产情况，所以适合使用市净率指标。

第五步，统计均值和中值数据，如表 4-7 所示。

表 4-7　东方海外国际可比公司情况[①]

公司名称	P/B	公司名称	P/B
马士基	1.30	万海航运	1.12
中远海控	2.68	阳明海运	1.24
赫伯罗特	0.83	均值	1.37
长荣海运	1.06	中值	1.18

可比公司法分析的结果是：可比公司 P/B 均值为 1.37，中值为 1.18，标的公司东方海外国际根据要约价格计算的估值为 1.40，略高于均值和中值。

从表 4-7 可以看出，A 股的中远海控估值远高于其他公司。如果把中远海控从可比公司中去掉，那么整体的均值为 1.1，中值为 1.12。考虑到 A 股的市场估值水平和并购协同效应，1.4 倍市净率的估值在合理范围内。

3. 市销率法

除了市盈率和市净率外，市销率也是以市值为分子的常用估值指标。计算市销率时，主营业务收入是分母，这说明适用 P/S 估值法的企业，最重要的价值衡量因子是主营业务收入。收入越多，那么企业的价值就越大，这个结论的前提是企业的毛利趋同和稳定，如公用事业行业和零售行业。

宝钢换股吸收合并武钢，在采用可比公司法时，就使用了市销率作为估值指标，具体步骤如下。

第一步，选取可比公司。需要考虑的因素包括主营业务类型、资产、市

---

① 中远海控. 重大资产购买报告书（草案）（修订稿）. 巨潮资讯网. http://www.cninfo.com.cn/new/disclosure/detail?plate=sse&stockCode=601919&announcementId=120373.

值,最后选取了 5 家市值大于 200 亿元的 A 股普碳钢类上市公司。

第二步,考虑用什么样的估值指标,分析过程如表 4-8 所示。

表 4-8 宝钢换股吸收合并武钢估值指标

估值指标	是否适用于宝钢股份和武钢股份
市盈率	不适用。受行业整体波动影响,部分钢铁行业上市公司 2015 年及 2016 年上半年出现亏损,不适宜采用市盈率指标进行比较
市净率	适用。由于合并双方属于钢铁行业,其资产大部分为实物资产,净资产的账面价值能够较为准确地反映企业真实拥有的资产情况。此外,每股净资产比每股收益更加稳定,因此当每股收益剧烈波动时市净率指标往往更加有用
市销率	适用。市销率对于经营亏损的公司依旧适用,且不像市盈率那样波动剧烈
企业价值比率（EV/EBITDA）	适用。企业价值比率指标对于评估重资产高折旧的公司具有帮助,且能够消除不同可比公司的杠杆差异

经过分析,淘汰了市盈率指标,选取了 P/B、P/S、EV/EBITDA 作为估值指标。

第三步,计算可比公司的三个估值指标,如表 4-9 所示。

表 4-9 宝钢换股吸收合并武钢估值指标计算[①]

证券代码	证券简称	交易均价/元	2016 年 6 月 30 日市净率	2015 年底市净率	2016 年上半年年化市销率/倍	2015 年市销率/倍	2016 年上半年年化 EV/EBTDA
000709.SZ	河钢股份	2.73	0.66	0.66	0.38	0.40	6.84
000898.SZ	鞍钢股份	3.78	0.63	0.63	0.54	0.52	9.44
600022.SH	山东钢铁	2.40	1.21	1.21	0.46	0.52	14.07
000959.SZ	首钢股份	3.75	0.91	0.85	0.54	1.11	11.15
600808.SH	马钢股份	2.41	0.98	1.00	0.44	0.41	8.01

---

① 宝钢股份. 换股吸收合并武汉钢铁股份有限公司暨关联交易报告书（修订稿）. 巨潮资讯网. http://www.cninfo.com.cn/new/disclosure/detail?plate=sse&stockCode=600019&announcementId=1202975070&announcementTime=2016-12-30.

第四步，对计算出的估值指标进行统计分析，如表 4-10 所示。

表 4-10　宝钢换股吸收合并武钢估值指标数据统计[①]

指标	2016年6月30日市净率	2015年底市净率	2016年上半年年化市销率/倍	2015年市销率/倍	2016年上半年年化EV/EBTDA
平均值	0.88	0.87	0.47	0.59	9.90
中值	0.91	0.85	0.46	0.52	9.44
最大值	1.21	1.21	0.54	1.11	14.07
最小值	0.63	0.63	0.38	0.40	6.84

第五步，在用平均值、中值、最大值和最小值统计后，可以初步得出估值范围。也可以用换股定价计算出对应的估值，然后与可比公司的统计数据进行对比，检验估值是否合理（表 4-11）。

表 4-11　宝钢武钢换股价格对应指标[②]

上市公司	换股价格/元/股	2016年6月30日市净率/倍	2015年底市净率/倍	2016年上半年年化市销率/倍	2015年度市销率/倍	2016年上半年年化EV/EBITDA
宝钢股份	4.60	0.66	0.67	0.48	0.46	6.94
武钢股份	2.58	0.96	0.96	0.45	0.45	9.04

最后，将 4-11 的数据和可比公司的平均值、中值、最大值和最小值进行对比，可以判断换股价格对应的估值处于合理的区间内。

4. EV/EBITDA 法

在宝钢的案例中，出现了新的估值指标——企业价值倍数，也就是 EV/EBITDA。EV 是公司价值，公式为：公司价值 EV= 市值 +（总负债 – 总现

---

①② 宝钢股份. 换股吸收合并武汉钢铁股份有限公司暨关联交易报告书（修订稿）. 巨潮资讯网. http://www.cninfo.com.cn/new/disclosure/detail?plate=sse&stockCode=600019&announcementId=1202975070&announcementTime=2016-12-30.

金）= 市值 + 净负债。这背后的含义是，如果要收购一家公司，那么收购费用这笔钱除了包括市场价值，还要包括需要承担的公司负债。EBITDA 是扣除利息、所得税、折旧和摊销前的利润。EBITDA 扣除利息、所得税、折旧和摊销，使得拥有不同资本结构、税率和折旧摊销政策的公司可以在统一的口径下对比盈利能力。

请看美的集团跨境收购库卡（KUKA）的估值方法。

美的集团收购 KUKA，是 2016 年国内重要的跨境并购案例。在对 KUKA 的估值中，主要使用可比公司法和可比交易法论证估值合理性。

这里主要从境外和境内上市公司两个角度讨论，介绍可比公司法。

机器人行业的技术门槛较高，具有核心技术且规模较大的公司较为稀缺。库卡集团为世界范围内四大机器人公司之一，其余三家大型机器人公司为 ABB、发那科、安川电机，如表 4-12 所示。

表 4-12 境外可比上市公司情况 [1]

序号	同行业上市公司	EV/EBITDA（过去 12 个月）	EV/销售额（过去 12 个月）
1	ABB	10.8x	1.4x
2	发那科	10.3x	3.9x
3	安川电机	7.6x	0.9x
平均值		9.6x	2.1x

境内上市公司主营机器人或智能制造相关业务的上市公司有机器人、博实股份等八家公司，如表 4-13 所示。

---

[1] Capital IQ；美的集团. 要约收购 KUKA Aktiengesellschaft 报告书（草案）（修订稿）. 巨潮资讯网. http://www.cninfo.com.cn/cninfo-new/disclosure/szse_main/bulletin_detail/true/1202347976?announceTime=2016-06-01.

表 4-13　境内可比上市公司情况 [1]

序 号	同行业上市公司	企业价值/EBITDA	企业价值/销售额
1	机器人	71.2x	21.4x
2	博实股份	54.1x	16.7x
3	三丰智能	201.7x	18.7x
4	亚威股份	43.0x	5.3x
5	佳士科技	40.8x	5.1x
6	瑞凌股份	44.9x	5.2x
7	软控股份	61.8x	7.0x
8	埃斯顿	93.4x	14.0x
平均值		70.1x	10.8x

本次要约价格对应的 EV（企业价值）/EBITDA 倍数为 18.2 倍，EV（企业价值）/销售额为 1.6 倍。

从境外可比公司来看，KUKA 的要约估值高于 ABB、发那科、安川电机 EV/EBITDA 的平均值，低于 EV/销售额的平均值。

从境内可比公司来看，KUKA 的要约估值均低于可比公司。

所以从估值指标看，美的集团要约价格对应的估值水平合理。

在这个案例中，可比公司处于不同国家和不同市场，那么所得税税率、折旧摊销政策、市场利率都存在差异。这导致了如果使用市盈率指标，就难以统一估值的口径。而在 EBITDA 的标准下，不同国家和市场的上市公司就更具可比性。

---

[1] Wind 金融终端；美的集团. 要约收购 KUKA Aktiengesellschaft 报告书（草案）（修订稿）. 巨潮资讯网. http://www.cninfo.com.cn/cninfo-new/disclosure/szse_main/bulletin_detail/true/1202347976?announceTime=2016-06-01.

4.3 收益法

收益法是 A 股上市公司在并购时常用的估值方法，同时也是最复杂的方法。收益法的定义是，将预期收益资本化或者折现，确定评估对象价值的评估方法。所以，收益法的核心是要预测未来收益。

这里有适用的基本条件。首先，未来的收益能够被合理预测和量化；其次，承担的风险能够被合理预测和量化；最后，未来收益持续的时间要可预测。

收益法常用的两种具体方法是现金流量折现法和股利折现法，其中现金流量折现法又可以分为企业自由现金流折现模型和股权自由现金流折现模型（图 4-4）。从字面意思理解，两者的不同之处在于折现的对象。股利就是分红，有现金股利、股票股利等形式。而现金流量是现金的流入和流出，决定着企业的兴衰存亡。一家企业利润可以为零或者亏损，但不能没有现金流。自由现金流指的是企业在满足再投资需要后剩余的现金流量，这部分现金流量是不危及公司生存与发展的前提下可供分配给股东（和债权人）的最大现金额[①]。

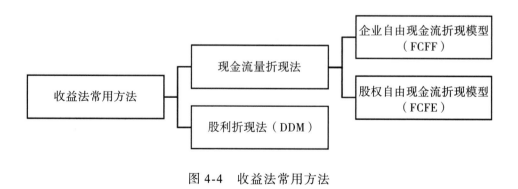

图 4-4 收益法常用方法

---

① 自由现金流. 百度百科词条. 百度百科. https://baike.baidu.com/item/%E8%87%AA%E7%94%B1%E7%8E%B0%E9%87%91%E6%B5%81/4581229?fr=aladdin.

不同的收益法适用于不同的情况。如果收购不是为了获取控制权，只是作为财务投资，那么收购者的未来收益来自分红，这时候用股利折现法比较合适；如果收购是奔着控制权去，而且收购方盯着标的公司的整体价值，那么用企业自由现金流折现模型比较合适；如果收购方意图取得控制权，并且关注自己作为股东拿到手的钱有多少，那么适合用股权自由现金流折现模型。后两者的区别在于，企业自由现金流由债权人和股东共同分享，而股权自由现金流只属于股东。在A股的并购实践中，通常先采用前者确定企业自由现金流价值，然后再计算企业整体价值，最后扣除有息负债价值，得到股东全部权益价值。

运用收益法进行估值较为复杂和专业，需要专业的资产评估机构人员的参与。以企业自由现金流折现模型为例，各年度自由现金流的确定包含着营业收入预测、营业成本预测、税金及附加预测、"三费"预测等多个环节，同时折现率的确定涉及加权平均资本成本的计算。对于企业创始人和并购决策的人来讲，并不需要达到资产评估机构的专业水准，熟悉收益法的核心和简要流程即可。所以下面用两个案例加深对收益法估值基本逻辑和方法的理解，分别是顺丰控股借壳上市和格力电器收购珠海银隆受挫。

【顺丰控股借壳鼎泰新材上市的估值方法】

2017年，顺丰控股借壳鼎泰新材在A股上市。根据交易方案披露，在对顺丰控股的估值中，运用了资产基础法和收益法，最后选取了收益法的评估结果作为最后的估值。众所周知，顺丰是国内优秀的快递公司，其业务较为稳定，在延续现有的经营方式和范围的情况下，未来的收益和风险能够合理预测。所以，顺丰控股适合用收益法进行估值。

整个估值的主要步骤如图4-5所示。

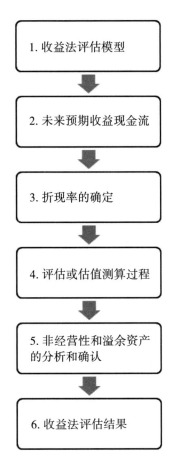

图 4-5 顺丰控股收益法估值主要步骤

第一步,确定用哪种收益法模型来评估。评估的最终答案不是企业的整体价值,而是站在股东的角度上思考归属于股东的那部分值多少钱。从股东全部权益价值往前倒推,可以得到企业整体价值,继而得到企业自由现金流价值(图 4-6)。

通过图 4-6 的倒推可知,要确定股东全部权益价值,重点是确定企业的整体价值;要确定企业的整体价值,首先要确定企业自由现金流的价值。

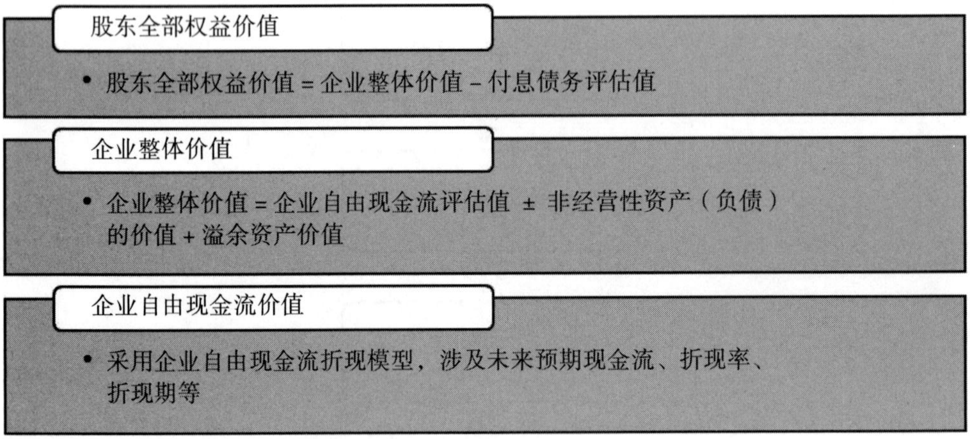

```
┌─────────────────────────────────────────────────────────┐
│  股东全部权益价值                                        │
│                                                          │
│   • 股东全部权益价值=企业整体价值−付息债务评估值         │
├─────────────────────────────────────────────────────────┤
│  企业整体价值                                            │
│                                                          │
│   • 企业整体价值=企业自由现金流评估值 ± 非经营性资产（负债）│
│     的价值+溢余资产价值                                   │
├─────────────────────────────────────────────────────────┤
│  企业自由现金流价值                                       │
│                                                          │
│   • 采用企业自由现金流折现模型，涉及未来预期现金流、折现率、│
│     折现期等                                              │
└─────────────────────────────────────────────────────────┘
```

图 4-6　顺丰控股收益法计算公式

在确定企业自由现金流的时候，顺丰控股采用了分段法的模型：将未来收益分为两部分：一部分是明确预测的收益期（5年），另一部分是5年之后永续期的收益。将这两个部分分别折现，然后加总，就得到了顺丰控股自由现金流的总价值。图4-5中的第2~4步展示的就是这个评估过程。

第二步，确定未来预期自由现金流。因步骤比较多，所以用图4-7来直观展示。

图4-7是预测顺丰控股未来自由现金流的过程。先算利润，再加上折旧及摊销，最后扣除经营和发展需要的现金流，得出自由现金流。

图4-8是预测利润法基本逻辑。要预测利润，就要预测营业收入和营业成本。

预测营业收入，要结合历史数据、外部环境因素和内在因素定性判断。顺丰控股在上市前3年的业务量快速增长，单价保持稳定，所以整体收入快速增长。整个快递行业业务需求强劲，又得到国家政策支持，所以外部环境向好。顺丰控股目前已经是龙头企业，在产品、服务、管理等方面具有领先的竞争优势，未来预计将继续扩大"护城河"。综上，可以定性判断顺丰控股营

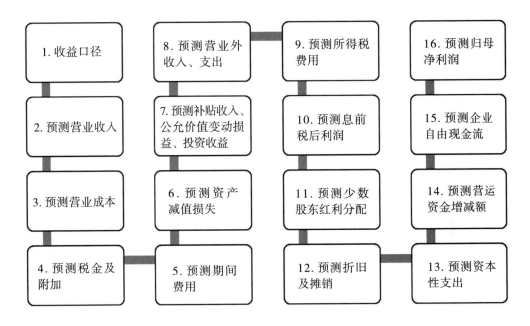

图 4-7 顺丰控股未来预期自由现金流的预测

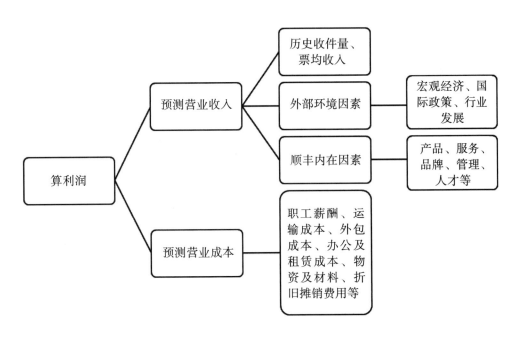

图 4-8 顺丰控股未来预期利润的预测逻辑

业收入在未来将保持增长趋势。定性之后，就要定量预测各项速运业务的业务量和单价。顺丰控股有成熟的顺丰标快、特惠、电商件，也有在培育的生鲜速运、大闸蟹专递，将这些业务的收件量和单价预测数据进行统计，最后得出未来每年度的预测营业收入。

预测营业成本，要结合顺丰控股的业务模式来分析。人们对于快递行业，最直观的感受便是奔走在大街小巷的快递员。除了快递员这类一线员工，顺丰还雇用二线的仓管员、司机和运作员，三线的管理人员等。相比于一线员工，二、三线员工相对稳定，所以预测三类不同员工成本得区别考虑。除了人工成本，快递行业还非常耗油，包括航空燃油和陆运汽油、柴油，这块儿也是主要成本。

有了营业收入和营业成本两个大项，再综合营业外收入、支出、资产减值损失等小项，可以得出税前利润。但这并不是自由现金流，顺丰要经营和发展，需要交税，需要新增投资，如建物流转运中心、买飞机等，需要更新设备；如更新运输车辆，还需要因为经营规模扩大增加营运资金；如应收应付、预收预付款项，还需要给少数股东分红。这些现金流都是保证顺丰控股正常经营和发展的必要现金流，不属于自由现金流。最后加上折旧和摊销费用，因为它不涉及现金的占用，属于企业自由现金流的一部分。

通过以上步骤，便可以得到顺丰控股在未来5年预测期的自由现金流和永续期的自由现金流。

第三步，确定折现率。折现率是将未来预期收益折算成现值的比率，确定过程如图4-9所示。需要搞清的是，对顺丰控股的价值评估，对应的是企业所有者的权益价值和债权人的权益价值。所以，这里的折现率是企业的加权平均资本成本，用字母表示为WACC。

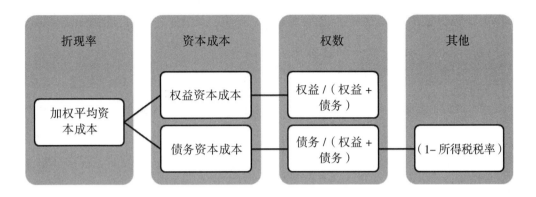

图 4-9　确定折现率

如图 4-9 所示，计算加权平均资本成本有两个关键点。第一个关键点在于计算平均资本成本，权益资本成本通过 CAPM 模型计算，债务资本成本采用企业自身加权平均利率；第二个关键点在于加权，权数是权益或者债务的占比，参照同行业上市公司平均资本结构并根据企业实际状况综合确定。

第四步，评估或估值测算过程。表 4-14 所示的是顺丰控股自由现金流评估值的测算过程。

表 4-14　顺丰控股自由现金流评估值[①]

项目/年度	2016年	2017年	2018年	2019年	2020年	永续期
企业自由现金流量/亿元	1.07	2.57	3.43	5.00	4.74	50.00
折现率/%	11.05	11.05	11.05	11.05	11.05	11.05
折现期/年	0.5	1.5	2.5	3.5	4.5	
折现系数	0.948 9	0.854 5	0.769 5	0.692 9	0.624	5.647 1
折现额/亿元	1.02	2.20	2.64	3.46	2.96	2.82
企业自由现金流评估值/亿元	395.9					

---

① 顺丰控股.重大资产置换及发行股份购买资产并募集配套资金暨关联交易报告书（修订稿）.巨潮资讯网. http://www.cninfo.com.cn/new/disclosure/detail?plate=szse&stockCode=002352&announcementId=1202871641&announcementTime=2016-12-13.

如表 4-14 所示，从时间跨度来看，为 2016—2020 年共 5 年时间的明确预测期。从内容来看，分别计算企业自由现金流评估值的各参数。最后得出结论，顺丰控股在合并口径下的企业自由现金流评估值约为 396 亿元。

第五步，是非经营性资产（负债）和溢余资产价值的确认。所谓非经营性资产（负债），是指对主营业务没有直接"贡献"或暂时不能为主营带来"贡献"的资产（负债）。顺丰控股最主要的非经营性资产是投资类资产，如长期股权投资、可供出售金融资产等。溢余资产指的是顺丰控股持有的货币资金及现金等价物超过日常所需的部分。

第六步，将上述两部分资产价值与企业自由现金流评估值相加，就得到了顺丰控股的整体价值，如图 4-10 所示。然后，从整体价值中去掉付息债务的评估值，就得到了最后需要的结果——股东全部权益价值。

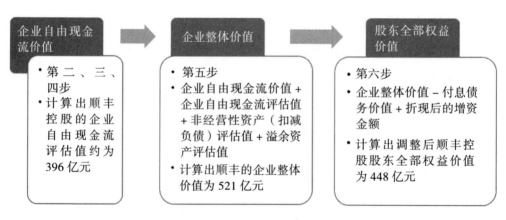

图 4-10　顺丰控股股权全部权益价值

顺丰控股借壳上市的案例，完整地介绍了运用收益法中的自由现金流折现法估值的过程。虽然步骤中涉及繁多的预测和计算内容，看起来让人头疼，但只要抓住两个关键点，就能够很好地领会收益法的精髓。第一，收益法要预测未来每年的现金流、估计折现期、确定折现率；第二，最后要的结果是全体股东手里的股权对应的企业价值，而非企业的整体价值。后者包含着债权人的付息债务价值。

【格力电器收购珠海银隆受挫】

2016年年末，格力电器对珠海银隆发起收购，这是格力电器资本运作的处女秀。然而，格力电器的收购方案却引起了各方质疑，甚至在股东大会上被中小股东联手否决。为何董明珠的"造车梦"在股东大会上受挫？关键原因就在于对珠海银隆的估值出现分歧。如果说珠海银隆估值合理、前景可期，那么中小股东自然乐于接受这样的项目。但如果中小股东认为，珠海银隆根本不值这么多钱，格力电器买贵了，自己作为股东的利益受损了，那么自然要投反对票。

格力电器是如何对珠海银隆进行估值的？

格力电器采用了收益法和市场法两种方案，最后采用收益法结果为评估结论。收益法得出股东全部权益为129.66亿元，经过双方协商，把交易价格定在了130亿元，说明交易价格几乎参照了股东全部权益的估值结果。问题就出在了收益法的估值上。

我们先看评估前提。应用收益法的评估前提有两个：一是未来预期收益和风险可以预测并且可用货币衡量；二是预期获利年限可预测。格力电器披露的评估方案中是这样讲的："珠海银隆经过几年的发展，已具有一定规模，拥有一定的获利能力，其管理层能够对未来年度的盈利状况进行预测，具备采用收益法评估的条件。"[①] 这里出现了两个问题：一是报表披露了最近三个会计季度的数据，并且两年前（2014年）珠海银隆仍处于利润亏损的状况，通过这些无法得出珠海银隆能够稳定盈利的结论；二是管理层能够对未来年度盈利状况进行预测，不属于收益法评估的前提条件。

接下来看评估思路。珠海银隆主营业务是纯电动客车的生产销售，且自己

---

① 格力电器. 发行股份购买资产并募集配套资金暨关联交易报告书（草案）修订稿. 巨潮资讯网. http://www.cninfo.com.cn/new/disclosure/detail?plate=szse&stockCode=000651&announcementId=1202720581&announcementTime=2016-09-23.

制造车身、电机电控和电池。那么预测时要划分为电池材料、电池生产、电机电控、整车制造销售这些板块。首先预测以上各个公司的经营利润,然后合并汇总抵消内部交易后得出合并利润,在此基础上计算出合并口径自由现金流,选择恰当的折现率计算得出全投资口径下的企业价值。加减基准日存在的非经营性资产和付息负债价值,再扣减少数股东权益,最终计算得出珠海银隆股东全部权益价值。上述步骤和顺丰控股借壳上市的案例如出一辙。

然后看具体的评估步骤。卖车的收入,是销量和单价的乘积。在单价方面,珠海银隆说因补贴政策退坡、市场竞争加剧和电池成本下降,对未来单价做出了保守的逐年下降的预测,这是合理的。在销量上,珠海银隆直接给出了一张产销目标,如表 4-15 所示。

表 4-15　珠海银隆产销目标表

项　目	产销计划							
	2016 年	2017 年	2018 年	2019 年	2020 年	2021 年	2022 年	2023 年
纯电动客车 /辆)	4 300	6 160	7 990	10 000	12 250	14 390	16 390	17 580
充电桩 /个	50	75	80	100	120	150	170	180
储能系统 /MW	2	2	4	5	6	7	10	10

按照珠海银隆的说法,这个产销目标的依据是未来的城市公交的市场容量和珠海银隆的实际情况结合在手订单及意向订单情况。于是,这份产销目标表的数据就成为销量的预测数据,进而得到了整车制造销售板块的营业收入预测数据。

问题就出在这里。第一,预测销量要基于过去产销量,而不是合作意向书里面的签单;第二,没有陈述为何珠海银隆的纯电动车在 8 年时间内能保持连续的高速增长;第三,用珠海银隆管理层的产销目标作为预测营业收入的来源,缺乏中立性。综上可知,预测出的营业收入不合理,导致最后的估值偏高。

如果你是格力电器的中小股东，看到一家新成立的新能源客车公司，没有历史产量、销量数据，仅凭着刚签的 2 500 辆客车订单，就给出了未来 8 年 4 倍高速增长的目标，并且还要用这个数据进行估值卖给你，你会同意吗？

用收益法评估价值，非常重要的一个环节是合理预测未来收益。要基于历史经营和财务数据、外部环境因素、公司内在因素等综合判断。预测的事实依据越充分，预测的数据越保守，越有利于收购方。反过来，对于卖方来说，预测的数量越大、增速越快，就能得到越高的估值，如卖方珠海银隆，管理层自己制定出产销目标，用这份未来收益数据给自己企业估值，最后买方格力电器还同意了。

2018 年 10 月 30 日，新修订的《资产评估准则——企业价值》由中国资产评估协会发布，新标准自 2019 年 1 月 1 日正式实施。新标准对评估方法的第二十三条内容做出重大修改，该内容就是关于资产机构评估人员对收益法预测未来收益的要求。

新修改的内容可以概括为：如果企业提供了未来收益资料，那么资产评估专业人员要对其进行必要的分析、判断和调整，合理确定评估假设，形成未来收益预测；如果企业没有提供收益预测，那么资产评估人员要按照程序编制收益预测表；预测和现实出现重大差异，那么资产评估专业人员要披露差异的原因和合理性。[①]

在过去的标准中，是企业自己提供未来收益资料，资产评估人员仅仅做分析。只要一定程度上适用，买卖双方认可就行，这是珠海银隆估值过高的原因。新标准实施后，如果珠海银隆仍提供自己的未来收益资料，那么资产评估人员除了分析之外，还要进行判断和调整，并且说明预测和现实之间差异

---

① 中国资产评估协会. 中评协关于印发修订《资产评估执业准则——企业价值》的通知. 中国资产评估协会官网. http://www.cas.org.cn/pgbz/pgzc/59254.htm.

的原因和合理性。当第三方资产评估机构在估值中扮演更重要的角色时,估值过程和结果将更加合理。对于买卖双方来讲,信息的不透明性会降低,最后的交易更容易达成。

4.4 资产基础法

资产基础法是以被评估企业评估基准日的资产负债表为基础,合理评估企业表内及可识别的表外各项资产、负债价值,确定评估对象价值的评估方法。收益法是从资产未来经营的获利能力方面反映企业价值,而资产基础法定位于当下,反映了资产的现时价值。

使用资产基础法,首先要根据不同类资产的具体情况选用合适的方法,分别评定估算价值,累计求和后得到总资产价值。然后扣减负债评估值,就得出了股东全部权益的评估价值。所以从评估思路来讲,资产基础法更为直接,把企业每一项的资产和负债理清楚,然后就可以得到最终结果。这里需要注意的是,为什么不直接用资产负债表呈现出的账面价值,而要在账面价值基础上再次评估?

因为单项资产作为企业资产的组成部分,除了账面价值之外,还需要考虑对企业价值的贡献。比方说专利这种无形资产,一家企业的主营业务就靠着专利带来的竞争壁垒获取市场,那么账面价值往往无法体现专利为企业价值带来的巨大贡献,所以要用不同的方法进行评估。而有的资产就无须进行再次评估,比方说可供出售金融资产,本身就是用市场公允价值定价的。

运用资产基础法时,还需要留意长期股权投资项目。除了上面所说的对企业价值的贡献,还要根据对长期股权投资项目的实际控制情况,确定是否单独评估。比方说要评估一家专门从长期股权投资获取收益的控股型企业,那么就要考虑控股型企业总部的成本和效益对于企业价值的影响。假如各长期股权投资项目效益不错,但是总部服务成本很高,那么就要对这家控股型企业的评估值打个折扣。

在实际操作中,资产基础法的难点在于各类资产的单独评估,这里面可能会用到不同的方法。接下来我们以资产基础法来分析上海电力、顺丰控股和长安汽车并购案例的估值。

【上海电力收购江苏电力】

本次收购的背景是上海电力发行股份及支付现金,向国家电力投资集团收购其持有的江苏电力100%的股权,属于电力行业之间的横向并购整合。

对江苏电力的评估,没有选择市场法,因为电力行业上市公司的资产规模远超江苏电力,不具备可比性;同时,行业内交易案例少。

收益法和资产基础法适用于对江苏电力的估值,资产基础法适用的原因在于:第一,江苏电力资产主要是长期股权投资和固定资产,账面值占总资产比重高达80%以上;第二,江苏电力是一家管理型公司,自身母公司没有主营业务收入,企业利润主要来源于各家子公司,通过对各家子公司进行整体评估,然后汇总到母公司,更能反映市场公允价值。

先直接给出资产基础法主要项目汇总的表格(表4-16)。

表 4-16 江苏电力资产基础法主要项目评估[①]

项目	账面价值/万元	评估价值/万元	增值额/万元	增值率/%
流动资产	52 803	52 803		
非流动资产	239 980	326 508	86 528	36.06
资产总计	292 783	379 311	86 527	29.55

---

① 上海电力. 发行股份及支付现金购买资产并募集配套资金暨关联交易报告书(草案)(修订稿). 巨潮资讯网. http://www.cninfo.com.cn/new/disclosure/detail?plate=sse&stockCode=600021&announcementId=1204114308&announcementTime=2017-11-07.

续表

项　目	账面价值/万元	评估价值/万元	增值额/万元	增值率/%
流动负债	58 227	58 227		
非流动负债	20 000	20 000		
负债总计	78 228	78 228		
净资产	214 556	301 084	86 528	40.33

流动资产是一年以内可以变现或者运用的资产，如流动性最强的货币资金。非流动资产变现或者运用的期限就要在一年以上。同理，流动负债是一年以内可以偿还的债务，最常见的是短期借款、应付票据等。非流动负债就是长期负债，如长期借款、应付债券等。

如表4-16所示，流动资产、流动负债和非流动负债都使用了账面价值作为评估值。非流动资产是评估值增值的主要原因，那么就需要详细分析非流动资产的评估。

在江苏电力非流动资产评估项目中，在建工程和长期待摊费用采用账面值，无形资产数额较小，长期股权投资和固定资产成为增值主要因素。

先看长期股权投资对估值的贡献（表4-17）。

表4-17　江苏电力资产基础法长期股权投资[1]

序号	被投资单位名称	实际出资比例/%	评估方法	账面价值（按实际出资比例）/万元	评估价值（按实际出资比例）/万元
1	国家电投集团滨海新能源有限公司	100	收益法	50 459	88 300
2	国家电投集团东海新能源有限公司	100	资产基础法	6 600	7 692

---

[1] 上海电力. 发行股份及支付现金购买资产并募集配套资金暨关联交易报告书（草案）（修订稿）. 巨潮资讯网. http://www.cninfo.com.cn/new/disclosure/detail?plate=sse&stockCode=600021&announcementId=1204114308&announcementTime=2017-11-07.

续表

序号	被投资单位名称	实际出资比例/%	评估方法	账面价值（按实际出资比例）/万元	评估价值（按实际出资比例）/万元
3	国家电投集团徐州贾汪新能源有限公司	100	资产基础法	12 770	15 467
4	国家电投集团江苏海上风力发电有限公司	100	资产基础法	500	495
5	中电投协鑫滨海发电有限公司	51	收益法	60 800	76 005
6	国家电投集团滨海海上风力发电有限公司	100	收益法	13 700	17 100
7	国家电投集团滨海风力发电有限公司	100	收益法	500	660
8	中电投滨海综合能源供应有限公司	100	资产基础法	290	239
9	国家电投集团江苏综合能源供应有限公司	100	资产基础法	—	—
10	中电投大丰光伏发电有限公司	100	收益法	7 394	5 900
11	中电投建湖光伏发电有限公司	100	收益法	15 366	24 500
12	中电投洪泽光伏发电有限公司	100	收益法	11 599	13 300
13	中电投常熟光伏发电有限公司	100	收益法	5 353	8 200
14	中电投高邮新能源有限公司	100	资产基础法	1 600	1 481
15	中电投涟水新能源有限公司	100	收益法	1 300	1 700
16	国家电投集团江苏新能源有限公司	100	资产基础法	3 500	3 844
17	中电投江苏滨海港航有限公司	82	资产基础法	27 890	37 540
合计				219 619.82	302 422.59

从表4-17中可知，长期股权投资账面值约为22亿元，评估值约为30亿元，增值近38%。增值原因主要有两方面：一方面，江苏电力对4家子公司

实际出资比例大于认缴出资比例，导致按实际出资比例确定评估值时增值；另一方面，17家控股子公司中，8家子公司是尚未开展实际业务的项目公司，采用了账面值，另外9家子公司是按照收益法结论进行估值，使得评估增值。

因此，对集团公司和控股型企业来讲，不仅要确定认缴出资比例和实际出资比例的差异，还要根据不同子公司的情况具体估值。

除了长期股权投资，固定资产也是江苏电力的主要增值资产。江苏电力的固定资产分为房屋建筑和设备。房屋建筑是江苏电力的办公楼，对它的评估既可以使用市场比较法，也就是用周边类似的房地产市场交易案例来测算市场价值；也可以使用收益法，用同区域和类型的租金来评估未来收益。设备类的固定资产，主要采用重置成本法，用重置成本和综合成新率的乘积来计算。当然，不同设备也要区别对待，如电子设备更新快，价格下滑幅度大，那么就要减值。再如运输汽车使用率高，那么折旧年限就要短于国家规定的汽车耐用年限。

【顺丰控股借壳上市】

在收益法中，我们以顺丰控股为例，介绍了运用收益法的具体步骤。在资产基础法中，我们仍以顺丰控股为例，分析资产基础法中针对无形资产的估值。

顺丰控股的其他无形资产账面价值约为175万元，但评估价值约为43.9亿元，增值率约为250 000%。为什么评估价值与账面价值会相差如此多呢？

我们来看下评估机构对顺丰控股无形资产估值的逻辑。

第一步，厘清没有反映在表内的重要可辨认无形资产包括553项商标、86项专利、13个域名以及80项著作权。第二步，采用收益法对这些无形资产进行估值。前面讲过，收益法是未来收益的折现，那么如何确定无形资产的未来收益就成为估值的关键。

如图4-11所示，无形资产组合评估分为四步。第一、三和四步在收益法中详细介绍过，就不再赘述，这里主要讲如何确定无形资产组合收益。

图 4-11 无形资产组合的评估步骤

要确定无形资产组合收益，就要确定未来营业收入以及无形资产的分成率。前者在收益法案例中已经介绍。后者要采用综合评价法，将无形资产对利润的贡献分割出来，主要是评测对分成率的取得有影响的各个因素，即行业特征、商标认可程度、技术水平、技术成熟度、行业利润水平、市场前景、社会效益、政策吻合度、投入产出比和法律保护状况等，确定各因素对分成率取值的影响度，最终确定无形资产组合对营业收入的贡献有多大。

表 4-18 所示的是无形资产综合评价法。在表 4-18 中，各因素加权之后就得到了综合评分 78.5。然后以行业惯例最高的无形资产分成率 30% 为因子，就可以得到利润分成率约为 24%。有了利润分成率，与净利率相乘，就可以得到收入分成率，自然也就得到了无形资产组合的收益。

表 4-18 综合评价法 [①]

经济指标	指标权重 /%	指标评价	评分	单项得分
行业特征	20	所处行业系面向大众的服务业，公司的品牌及用户体验在业内具有较高的声誉	90	18
商标认可程度	20	在快递行业内已经成为"快""准时""安全"的代名词，用户的认可程度较高	90	18

[①] 顺丰控股. 重大资产置换及发行股份购买资产并募集配套资金暨关联交易报告书（修订稿）. 巨潮资讯网. http://www.cninfo.com.cn/new/disclosure/detail?plate=szse&stockCode=002352&announcementId=1202871641&announcementTime=2016-12-13.

续表

经济指标	指标权重/%	指标评价	评分	单项得分
技术水平	10	公司的技术水平较高，拥有完善的业务信息系统及管理系统等	90	9
技术成熟度	10	公司各项技术均已成熟运用多年，已较为完善	80	8
行业利润水平	10	行业利润水平一般	60	6
市场前景	10	市场前景良好，行业内快递公司较多，但多数集中在电商快递细分领域，在公司占据主要市场份额的高端商业件领域竞争对手较少	60	6
社会效益	5	社会效益较好	70	3.5
政策吻合度	5	国家鼓励行业发展，政策支持	80	4
投入产出比	5	设备、人力资源的投入较大，投入产出比一般	60	3
法律保护状况	5	各项无形资产均已取得证书或已经在申请证书，法律保护状况较好	60	3
合计				78.5

还需要注意的是，随着时间的推移，部分专利、著作权及域名的经济价值会下降，无形资产组合的分成率会逐步降低。所以评估机构对顺丰控股的无形资产采用了分段法，前五年（2016—2020年）为分成率递减的明确预测期，之后便是永续期。

【长安汽车1元收购长安铃木】

长安铃木是成立于1993年的老牌中日合资汽车企业，其产品奥拓、雨燕等曾颇受中国消费者喜爱，被誉为"小车之王"。但因近年来产品创新不足，长安铃木的销量不断下滑，品牌也逐渐被边缘化。此时，日本铃木做出了彻底退出中国市场的决定。于是长安铃木的合资方长安汽车以1元的价格收购了剩余的50%的股权，实现了对长安铃木的全盘控股。

在1元钱几乎买不到什么的年代，长安汽车为何只花1元钱就可以买下50%的长安铃木股权？

我们看看评估机构如何给长安铃木估值。因为长安铃木正处于经营困境中，销量连年下滑，很难预期未来收益，所以收益法不适合。另外长安铃木亏损，难以用可比上市公司进行估值，所以市场法也不适用。在日本铃木决意推出中国市场的背景下，采用资产基础法，基于现时的账面价值进行估值，是合适的方式。

表 4-19 所示的是使用资产基础法对长安铃木评估结果的汇总。

表 4-19　长安铃木资产基础法汇总表 [①]

项　目	账面价值 / 万元	评估价值 / 万元	增值额 / 万元	增值率 /%
资产总计	453 052	471 304	18 252	4.03
负债总计	480 444	480 444	0	0
净资产	−27 392	−9 140	18 252	66.63

从表 4-19 中可以看出，长安铃木的评估值为 −9 140 万元。评估值为负，说明长安铃木正处于资不抵债的状态。长安汽车要收购负资产，怎么出价？于是长安汽车出了象征性的 1 元钱。

因此，在并购交易中，价格低并不意味买方就占到了便宜。相反，在本案例中，通过资产基础法的评估，长安铃木出现了负数的估值。1 元钱买到资不抵债的企业，要承担相应的债务和破产风险，这很难称得上是一笔好买卖。

买方长安汽车认为，首先，长安铃木厂房、生产线等设备设施完善；其次，剩余产能可以补充长安汽车，还有利于长安铃木员工及相关方稳定。站在协同效应和长安汽车长期发展战略的角度，董事会认为，1 元收购并没有损害股东利益。

[①] 长安汽车. 关于收购重庆长安铃木汽车有限公司 50% 股权的关联交易公告. 巨潮资讯网. http://www.cninfo.com.cn/new/disclosure/detail?plate=szse&stockCode=000625&announcementId=1205371682&announcementTime=2018-09-05.

4.5　商业模式分析法 ①

前面三节分别讲了用市场法、收益法和资产基础法来给被并购公司估值，属于定量分析的范畴。然而，公司估值不是仅仅通过数学计算就能确定的。例如，苹果公司和中国工商银行在 2017 年都赚了 400 亿美元以上的净利润，但为何苹果公司市值能突破 1 万亿美元，是中国工商银行的 6 倍有余？

排除美股和 A 股的差异，资本市场给出的不同估值，背后更关键的因素是商业模式的不同。所以，公司估值还具有艺术性，在定量分析之外，还需要定性地考虑公司商业模式的贡献。

在本节中，我们首先介绍六种经典的商业模式，然后介绍商业模式分析的两种实用方法，最后讨论不同的竞争战略对于公司估值的影响。

4.5.1　六种经典商业模式

六种经典的商业模式，是对拥有"护城河"的公司的归纳。这些公司具有各自的竞争优势，企业能够持续经营，那么在并购实践中，买方就要着力去寻找具有"护城河"的公司。在并购估值中，具有"护城河"优势的卖方，更容易受到收购方的青睐，溢价能力更强。

这六种经典的商业模式具体如下。

（1）具备成本优势的公司。

（2）具备网络效应的公司。

（3）因为专利和技术使得产品溢价销售的公司。

（4）知名品牌的短周期产品公司。

（5）具备转换成本优势的公司。

---

① 斯密德林. 估值的艺术 [M]. 北京：机械工业出版社，2015：100-118.

（6）由法律或者管制带来需求的公司。

第一种是具备成本优势的公司，也就是能在市场上提供最便宜的产品。通常来讲，成本优势受益于规模，随着整体规模的上升，那么公司对上游的定价优势提高，采购成本降低，同时单项产品的运输、人力等成本降低，既能为下游客户提供更低价的产品，又能保证自己的利润率。在这样的竞争中，规模小的对手即使给出同样的低价，也会因为亏损难以为继。典型的例子就是沃尔玛，其手握着全球4 000亿美元销售额的采购量，并且通过全球采购和本地化经营，既为客户提供了价廉物美的商品，也为自己打造了成本优势的"护城河"。

第二种是具备网络效应的公司。网络效应可以理解为两层含义：一是具备高度扩展性，产品的边际成本接近于零。如卖软件的公司，多卖一套软件，并未增加多少成本，但利润却增加不少。二是用的人越多，产品越能为新老用户同时带来价值。如淘宝平台，新买家的加入，能够给老卖家带来更多的客户，给老买家带来更多的社区互动。目前全球市值前列的上市公司中，很多是具有网络效应的公司，如腾讯、阿里巴巴、苹果、亚马逊、脸书等。腾讯的主打社交产品QQ和微信，可以从应用商店免费下载，毫无疑问具有高度扩展性，截至2018年年中，两个应用月活跃用户分别为8亿和10亿。这两款社交产品使用的人越多，用户即时沟通的便捷性越强，对用户的价值越大。当身边的朋友、客户、同事等都可以通过QQ和微信联络的时候，你会因为沟通的便利性使用它们。而你的加入，也方便了朋友、客户和同事联系你，对于社交产品们来讲，也是增加价值的体现。

第三种是专利和技术使得产品溢价销售的公司。这类公司普遍出现在高科技、医药等行业。例如，《我不是药神》里面提到的慢粒白血病用药格列卫，就是由诺华制药在2001年由美国FDA（美国食品药品管理局）批准上市销售，并且拥有十余年的专利保护期。电影中的背景是，在国内格列卫专利保护期下，诺华制药不断地提高药价，导致患者难以负担。在现实中，格列卫上市后销售额逐年攀升，三年突破10亿美元，到2011年达到顶峰46亿美元，此后维持4年46亿美元。随着2015年专利保护全面到期，仿制药大量出现，使得格列卫的销售额急剧下滑。这说明了专利和技术可以给一家公司带来"护城河"，但同时要面对"专利悬崖"的问题。所以在并购中碰到靠专利和技术垄断吃饭的公司，还得留心"专利悬崖"的问题。

第四种是知名品牌的短周期产品公司。短周期产品区别于家电、汽车等耐用品，常见于消费品公司，如可口可乐、箭牌口香糖、吉列剃须刀刀片、雀巢咖啡胶囊等。比较有意思的是吉列、雀巢这样的模式，吉列销售剃须刀，然后卖匹配刀片；雀巢销售咖啡机，然后卖咖啡胶囊。它们创造了配套的短周期产品，从中获取新增且持续的收入。这个模式需要知名品牌和短周期产品的支撑。例如，索尼是游戏主机界的霸主，拥有众多游戏开发商支持，它可以大量销售自己的低价主机，然后从游戏开发商的收入中分成。而与之相反的是，乐视网没有知名品牌，即使想便宜卖自己的智能电视，也没有很多用户愿意接受，那么基于电视的会员服务收费就很难实现。

第五种是具备转换成本优势的公司。简单讲，是用户转换到其他公司的产品或服务，成本太高了，所以用户不愿意，这就成为这家公司的转换成本优势。例如，宝马电动车采用宁德时代的电池，宝马当然可以换比亚迪、松下等其他电池厂商的电池，但是这中间既包含着电池质量、标准、产能等技术成本，还包含着沟通、协调、谈判等合作成本，所以宝马直接和宁德时代签下大额合同，将其当作长期合伙伙伴。同样地，苹果手机的用户在换新手机的时候，大部分还会选择苹果手机。因为他们习惯了苹果Ios系统、服务的操作和体验，换到安卓系统，对他们来讲要重新适应和学习，是比较麻烦的事情，所以苹果具备转换成本优势。

第六种是由法律或者管制带来需求的公司。这类公司常见于军工、石油、电力、金融等企业中。金融牌照是一种管制的方式，不论是传统的银证保，还是新兴金融行业，都需要金融牌照的准入。金融控股公司会追逐全金融牌照，以此获得各细分行业的"多点开花"。例如，中国平安，既有主体的平安保险、平安银行，还有平安证券、基金、信托等。在并购市场中，拥有金融牌照等特许经营权的公司是"香饽饽"。对于这些公司的估值，有时候金融牌照本身的价值要远超公司实际经营带来的价值，这时定量的估值方法就不奏效了。

总结六种经典的商业模式，具有成本优势、网络效应、专利优势、品牌优势、转换成本优势以及特许经营优势，这些优势成为公司持续经营的"护城河"。在并购估值时，除去定量估值部分，商业模式的优势绝对是加分项，它带来增值率的百分比加成。同时，在并购交易市场中，具有商业模式优势的卖方更容易受到买方的追逐。当卖方掌握买卖主动权，估值有可能得到进一步抬高。所以，商业模式的"好坏"对并购估值的结果有重要的影响。

商业模式除了自身的经营特性外，还包括内外部环境因素，这也是并购估值的重要考量因素。那么，该用什么方法去分析复杂的内外部环境？

4.5.2 两种实用的分析方法

我们将主要介绍两种实用的商业模式分析方法，分别是SWOT分析法和波特五力模型。

SWOT分析法分为优势（S）、劣势（W）、机会（O）、威胁（T）四大要素，通过图4-12可以直观展示。

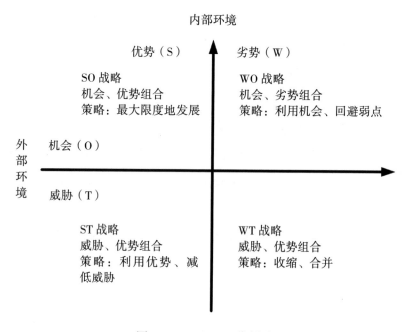

图 4-12　SWOT 分析法

四个要素两两组合，从内部环境和外部环境两个角度入手，判断这家公司的市场竞争位置。在并购中，SWOT 分析法帮助买方认清卖方目前的内外部环境，判断并购整合后能否产生有利的协同效应。对于并购估值，内部有优势、外部有机会的公司要享有更高的估值溢价，而内部劣势、外部充满威胁的公司很可能无人问津。

我们举一个滴滴并购 Uber 中国的案例。2016 年 8 月 1 日，滴滴宣布收购 Uber 中国，完成了互联网打车行业的横向并购。我们以滴滴的视角对滴滴和 Uber 中国进行 SWOT 分析，如表 4-20 所示。

表 4-20　滴滴并购 Uber 的 SWOT 分析[①]

环境	要素	滴　　滴	Uber 中国
内部环境	优势	①在中国成立的时间早； ②创始人程维拥有丰富的互联网行业从业经验； ③拿到多轮融资，融资速度快、规模大	①全球第一家专注出行市场的互联网公司，行业经验丰富； ②在技术方面积累了大量的经验，有利于未来与竞争对手抢占市场； ③资金雄厚，跨国公司，拿到了国内百度的战略投资； ④在公众心里有良好的企业形象，有利于市场推广
内部环境	劣势	初创团队缺乏技术背景	①在中国市场起步时间远远晚于滴滴； ②融资规模小于滴滴； ③产品本土化经验不足
外部环境	机会	①国内出行市场需求巨大，行业前景非常好； ②作为"领头羊"，已经抢占市场先机	虽然有滴滴、快的这些互联网公司在前，但尚未形成巨头，及时进入市场还能争取到一定的市场份额
外部环境	威胁	①行业政策的不稳定性； ②出租车司机的集体抵制； ③靠高额补贴手段来留住用户； ④来自竞争对手 Uber 的直接威胁，Uber 比滴滴起步早，且集团资金雄厚，属于全球性公司，并且还拿到了百度的战略投资，两者联合起来的威力不可小觑	①来自滴滴、快的的直接威胁，它们占据了大半的市场份额，Uber 稍不留神便会被市场淘汰； ②跨国企业面临政策不稳定性，能否得到政府许可； ③高额的乘车补贴，市场占有率低，Uber 很有可能陷入"烧钱"的无底洞中

通过 SWOT 分析，可以看出滴滴并购 Uber，在内部环境中，有助于补强团队的技术实力、以市场垄断者的身份加大融资规模和力度；在外部环境中，有助于成为赢家"通吃"国内出行市场、行业政策和标准的"落地"、降低乘车补贴成本。在滴滴和 Uber 全球进行并购谈判的时候，买方滴滴通过 SWOT 分析，看到了自己和对手方的优势、劣势、机会和威胁，如果滴滴继续打补贴战，面对全球资金支持的 Uber，结果很可能是僵持的市场份额。对于卖方来说，如果 Uber

---

[①] 产品不归路. 滴滴与优步之 SWOT 产品分析. 新浪博客. http://blog.sina.com.cn/s/blog_148e158a90102wga6.html.

继续打补贴战,虽然不愁融资,但很难追赶上具有本地化优势的滴滴。

在打补贴战之时,滴滴估值接近280亿美元,Uber中国估值约为80亿美元。最后Uber中国以接近70亿美元的价格成交,双方互相持股。Uber中国的大股东Uber全球将持有滴滴17.7%的股份和5.8%的投票权,其他股东将持有2.3%的股权。在这里,我们看到Uber全球为促成并购交易,放低估值并且放弃2/3的投票权,而买方滴滴为促成并购交易,让Uber全球成为股份数量上的第一大股东。合并完成后,新的滴滴估值上升至350亿美元[①]。

由于自身的劣势,所以在并购估值协商时,Uber也会相应地降低估值预期。最后双方达成了相互持股的合并协议。从此,滴滴成为中国网约车市场的"霸主"。

在SWOT分析的基础上,再借助图4-13所示的波特五力模型,能够更加准确地界定外部影响。波特的五力,指的是供应商的议价能力、买方的议价能力、同行业的竞争、新进入者的威胁、替代品的威胁。

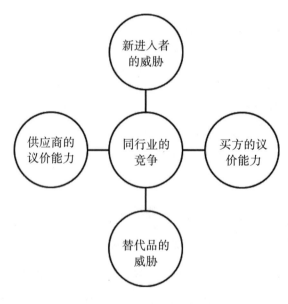

图4-13 波特五力模型

---

① 滴滴收购Uber中国. 中国并购公会.http://www.ma-china.com/show.asp?id=1112.

我们用波特五力模型分析2018年美的吸收合并小天鹅时的外部环境。2008年，美的收购小天鹅24%的股权，成为实际控制人。2018年，美的换股吸收合并小天鹅，完成对小天鹅的100%收购。

第一，分析同行业竞争程度。洗衣机行业近年来竞争格局稳定，海尔第一，小天鹅第二，美的第三。作为"领头羊"的海尔在高端品牌卡萨帝发力，而小天鹅推出的比弗利品牌难以与其抗衡，导致小天鹅在高端洗衣机市场"再失一城"。面对日益激烈的同行竞争，此时美的全盘控制小天鹅，加速双方的整合来对抗海尔，是较为合理的选择。

第二，分析新进入者的威胁。新进入者主要有两类：一类是互联网品牌，如小米生态链的云米就推出了智能的滚筒洗衣机，主打年轻和智能化；另一类是高端品牌，既包括国外的高端品牌，如西门子、博世、松下等，它们在中国消费者中拥有良好的口碑和品牌溢价能力，也包括传统品牌新设的高端子品牌，它们也是市场强有力的新力量，如卡萨帝等。海尔收购的美国通用家电、美的收购的东芝白电都对中国市场虎视眈眈。尽管竞争格局稳定，但新进入者对于行业跟随者形成了较大的威胁。

第三，分析供应商的议价能力。由于行业前三把控着洗衣机零件的主要需求市场，所以供应商的议价能力并不强。在相对稳定的竞争格局下，海尔、小天鹅、美的等洗衣机厂商的议价能力在增强。

第四，分析买家的议价能力。普通消费者可选的个性化、智能化、高端化的洗衣机品牌和产品越来越丰富，对小天鹅的议价能力在提高。而线上卖场，如京东，作为网上最大的3C网站，依靠用户流量的优势对小天鹅等厂商也拥有越来越强势的话语权。

第五，分析替代品的威胁。洗衣机的创新趋势在智能化、烘干一体化、高端化，暂时没有革命性的产品取代洗衣机，所以替代品的威胁不大。

综合波特五力模型，可见在洗衣机行业的竞争中，唯有小天鹅和美的加强整合，与海尔形成双寡头的格局，才有可能在激烈的同行竞争、新进入者的挑战和越发强势的买方市场中立于不败之地。

通过波特五力模型，我们得出了收购有助于双方外部环境改善的结论。

此时小天鹅分别在 A 股和 B 股上市，市值合计 294 亿元，这是资本市场给出的公允价值。但美的给出 A 股溢价 10%、B 股溢价 30% 的报价，之所以给出了溢价的估值，正是因为在私有化小天鹅后，美的与小天鹅之间的深度整合将带来协同效应。

4.5.3 不同竞争战略的估值差异

竞争战略主要包括成本领先、差异化和集中化三种，不同战略和企业商业模式有密不可分的关系，我们把两部分相结合，探讨不同战略和商业模式下并购估值的差异。

第一种是成本领先战略，对应的是具备成本优势的商业模式。成本领先战略的优点在于成本低，买方没有讨价还价的空间，新进入者看到利润低薄，也没有意愿进入这个市场。这种成本优势，可能来自人工成本的降低，也可能来自产品设计改进、生产流程创新和自动化，还可能来自低成本的采购和分销等因素。采用成本领先战略的企业特点很明显，即产品标准化、同业竞争激烈、买方议价能力强、转换成本低。前面所举的沃尔玛，就体现了采用成本领先战略的特征。在并购估值中，对于采用成本领先战略的公司，相比于收益，我们更要关注这类公司的风险点。

（1）降低成本能否保证合理稳定的利润率。

（2）如果降低采购成本，能否和供应商稳定合作。

（3）目前的竞争格局是稳定还是正在打价格战。

（4）较低的利润点能否抵挡住外部宏观环境的变化。

典型的反面案例是乐视电视。它的采购、产品本身并不具备成本优势，其成本优势主要来自网络销售渠道。但是乐视电视作为行业新进入者，打起了价格战，甚至亏本销售，导致产品利润率几乎为零。没有合理的利润率做支撑，现金流非常吃紧，于是乐视电视只能拖延供应商的账期和款项。恰逢宏观经济不景气，乐视电视销售遇阻，于是嗅到危机的供应商不干了，直接上门讨债，导致危机进一步发酵。乐视电视涵盖了全部的风险点，那么对它的估值，就要打个较大的折扣。乐视网曾经在2015年资本市场的泡沫中一度市值超1600亿元，但最后由于成本领先战略的错误判断，引发危机，仅仅三年时间，市值跌落不足百亿元，而且更是面临退市的窘境。

第二种是差异化战略，前面讲的网络效应、专利技术、品牌等都是让产品或服务差异化的因素。差异化战略能够成功的根本原因在于满足客户有差异的需求，所以公司要紧跟客户需求而寻求差异化。从波特五力模型来看，差异化帮助公司在同行业中建立特殊的竞争优势，提高了对于买家的议价能力，并且通过较高的边际收益增强与供应商讨价还价的能力。

在并购中，买方乐于追逐实施差异化战略的公司，往往容易给出更高的估值。但同时也需要注意的是，差异化产品或服务能否维持竞争力。换句话说，一方面，当竞争对手大量模仿的时候，标的公司的研发团队能否保持差异化的创新；另一方面，差异化的产品或服务能否一如既往地满足客户的需求。例如，曾经爆款的手游"愤怒的小鸟"受到全球各年龄段人群的喜爱，不断刷新全球游戏界的纪录。凭借"愤怒的小鸟"这款游戏，开发商Rovio成为最耀眼的游戏开发商，在最鼎盛的2012年，估值超过了90亿美元。但好景不长，随着游戏新品层出不穷，"愤怒的小鸟"的玩家越来越少，Rovio也从宝座跌落。2017年，IPO首日收盘市值仅不足10亿美元，相比曾经的估值大幅缩水近90%。

第三种是集中化战略，也叫作专业化战略。集中化，可以表现在产品线上，还可以表现在目标顾客、业务地区等方面。当公司大部分力量和资源投入一种产品或服务或一个特定市场，那么意味着能够更好地服务于聚焦的目标,也就获得了转换成本优势。创业公司会采用集中化战略,从细分市场切入,以此获得新行业的"入场券"。典型的例子是格力电器。朱江洪和董明珠治理下的格力电器采用集中化战略,始终聚焦于空调市场,最后夺得了国内空调市场的"桂冠"。而何享健和方洪波治下的美的集团从小家电和空调同时切入,成为"白电大王"。

在对实施集中化战略的公司估值时,要注意两个关键点。第一,是公司选取的特定市场是不是足够大。比如说洗衣机、冰箱市场就不如空调市场,如果格力聚焦于洗衣机,那么就要类比专业化的小天鹅,而市值就会比现在缩小数倍。第二,是替代品的威胁,细分市场很容易被创新的替代品取代。说到这里,肯定会提到柯达,从胶卷大王到破产,令人唏嘘不已。

综上,公司不同的竞争战略和商业模式,都会对并购估值产生较大的影响。正确的估值逻辑是,使用 SWOT 分析和波特五力模型对公司内外部环境进行分析,定性判断各因素对于估值的影响,最后结合定量的估值计算,给出相对合理的并购估值。

4.6 协同效应估值法

在公开市场并购时,买方往往会给出远高于股价的报价,这部分溢价很大程度上来自预期的协同效应。上一节讲的是卖方的商业模式,"好"的商业模式是导致预期协同效应的部分因素。此外,协同效应还来自买卖双方在经营、财务和管理上协同发展。如果两家企业预期能够在经营、财务和管理上协同,那么估值就应该包含这个溢价。

目前尚无公认的方法能够准确定量计算协同效应的价值,但存在理论框架:协同效应 = 即时协同效应价值 + 实物期权协同价值。前者是并购后可预测的改善；后者是依赖于触发性事件带来的可能性，如腾讯收购英雄联盟开发商以后帮助它更快进入中国市场，这就是改变营运规模的实物期权。

根据以上的估值框架，我们接下来结合中国平安并购深发展的案例来理解协同效应产生自何处，并定性判断买卖双方间协同效应的价值。

4.6.1 经营协同

经营协同指的是实现协同后的企业生产经营活动效率和效益提升，具体表现为以下三个方面。

第一，规模经济效应。公司A横向并购同行业的公司B，生产规模大了，均摊到单位产品上的固定成本就下降了，收益率就提高了。这个固定成本包括供、产、销、人、财、物等各环节。

第二，纵向一体化。这主要针对的是纵向并购。公司A收购了原材料供应商B，那么就不用像以前一样和原材料供应商讨价还价了，生产上更加省事，成本也就下降了。通过减少中间环节，实现了协作化生产和交易成本的降低。

第三，资源互补。公司A在市场营销上有一套方法，几乎没有拿不下的客户；公司B有一支由技术"大牛"组成的团队，在产品技术上遥遥领先。如果这两家公司合并，那么公司A的营销团队和公司B的技术团队相协调，很有可能获得"1+1>2"的效果。

2010年，中国平安并购深发展的经营协同主要体现在规模经济效益增长和资源互补上。

第一，当时，中国平安不仅仅是一家保险公司，还有平安银行的布局。虽说中国平安"家大业大"，但在当时平安银行资产规模仅2 200亿元，在银行业体量上只能称为"小弟"；而深发展虽说有点儿掉队，可资产规模超7 000亿元，是平安银行的三倍有余。按辈分算，平安银行2004年才亮相，而深发展不仅是国内资本市场第一家上市公司、国内第一家股份制银行，还是国内首家外资作为第一大股东的股份制银行。"蛇吞象"的并购背后，是两家银行在网点布局、客户、人员、资产规模、经营模式、风险控制等各方面可以实现的经营协同前景。对于中国平安来说，并购深发展这样规模、经验等具有优势的银行，等于是拿到了角逐股份制银行宝座的"入场券"，就有可能做大做强平安银行。

第二，中国平安的核心业务是保险。在银保业务融合的背景下，保险很重要的销售渠道是银行端，而平安银行网点数量有限，而且只在北上广这些一线城市有分布，这是阻碍平安保险业发展的短板。新建网点绝非一日之功，而深发展深耕南方地区多年，能够迅速改善平安银行的网点数量和布局问题，两者能够在销售渠道上形成互补。两家银行积累的客户资源也可以共享，通过不同金融产品的交叉捆绑销售，提高中国平安各类业务的市场份额。中国平安可以用一个品牌吸引客户加入一站式服务，使得客户在各类服务之间迁移，实现整体经济效益的增长。

4.6.2 财务协同

财务协同指的是在企业现金流、税务筹划、投资和融资等方面带来的收益。成功的并购，使得企业内部资金流向效益更好的项目，提高盈利能力，并且促进公司内部现金流更充足。同时，并购后偿债和融资的能力提高，降低整体的债务风险。由于风险降低，还会进一步降低筹资费用和利率。如果并购标的发生了亏损，还有合理避税的财务协同作用。

从盈利能力上看，并购前的中国平安由于投资富通集团失利，加上金融危机对于保险业务的影响，正当焦头烂额之际。而深发展此时经营态势良好，不过受制于资本充足率不足，在股份制银行竞争中显露疲态。并购深发展，将给中国平安找到新的投资发力点，带来更高的投资收益，提高集团整体的盈利能力。从债务风险来看，投资富通集团的失利，给中国平安带来了较高的债务压力，而并购深发展后，表现稳定的银行业务将会逐年缓解债务压力，同时混业经营也有助于分散经营风险。对于深发展来讲，中国平安的注资使得自身资本充足率达到了《巴塞尔协议Ⅱ》8%的合格线，这相当于卸下来制约发展的"手铐"。同时，深发展优质的资产回报又可以带动平安银行和集团资本充足率的提升。

4.6.3 管理协同

管理协同指的是在并购之后，以高效率的管理为标准，收购公司和标的公司在组织结构和人力资源上进行重新调动与安排，可以节省管理费用和充分利用过剩的管理资源。

中国平安并购深发展后，组织结构和人力资源的整合将有可能提高平安集团的管理效率。深发展作为中国平安混业经营战略的重要"棋子"，其重要性可以和保险业务相提并论。从保险核心到综合金融战略的转向，意味着中国平安组织结构的再次变革。要使平安银行和深发展整合后成为战略上的"三驾马车"之一，就要精简压缩现有保险业务过剩的部门，并围绕银行业务新设必要的管理部门。这其中就可能带来了业务流程效率的提升和产品多样性的提高。

而组织结构的整合伴随着人力资源的变化。平安银行和原深发展的高管层之间是否能默契合作，也会影响到新公司的管理效率。如果深发展纳入中国平安之后，平安银行和深发展平稳整合管理团队，集团决策执行高效，管理费用"1+1<2"，那么可以说两者就实现了管理协同。

2010年初，深发展账面价值约为330亿元，市值约为600亿元。中国平安宣布的交易方案为最多以221亿元收购深发展11亿股。按照交易价格计算，深发展的估值达到630亿元，高于当时的市值。这部分溢价，就包含着双方整合后的经营、财务和管理上的协同价值。

4.6.4 实物期权协同效应

图4-14所示的是协同效应的实物期权特征。在协同效应估值中，对于整

合后的公司，有些项目可以准确预测，如中国平安整合深发展后的资产负债规模、短期盈利能力、银行网点数目；但有些项目难以准确预测，如平安保险利用深发展的银行渠道可以增加多少销售额。可以准确预测的协同效应，就用现金流折现法进行估值；难以准确预测的协同效应，就需要引入实物期权的概念。

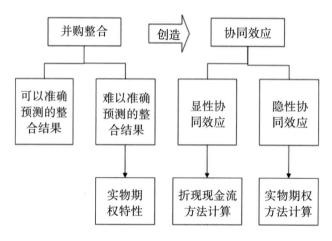

图 4-14　协同效应的实物期权特征[①]

实物期权协同效应听起来很复杂，但并不难理解，其实就是把企业的并购机会看作看涨期权。通常所说的期权指的是金融期权，如股票期权、农产品期权，它的价值取决于标的资产未来的不确定性。而并购活动同样也存在着大量不确定性，公司价值取决于整合后公司经营状况的不确定性。所以引入实物期权的概念来衡量协同效应的期权价值。

实物期权的分类多种多样，按照不确定性进行归纳，在并购估值中可以分为表 4-21 所示的五类。

---

① 梁开岩. 实物期权在并购协同效应中的应用 [D]. 北京：中国社会科学院研究生院，2012：31.

表 4-21　实物期权类型表 [1]

类型		期权的描述	应用领域
成长性期权	成长期权	成长期权常被看作复合式期权，是指可能为企业带来未来生产能力和竞争能力提高的可能性或机会。其价值并不取决于自身所产生的净现金流大小，而是表现为其所能带来的新的投资机会或增长机会的价值	多应用于战略性产业，如高科技产业、研发产业、跨国运营以及战略收购等项目
灵活性期权	延迟期权	延迟期权是指对某方案不必立即实施，管理者可以选择对本企业最有利的时机实施。决策者可利用延迟的时间段观察市场的变化，若市场情况变得有利，则进行投资；若变得不利，则放弃投资	资源耗费型产业，如房地产开发、自然资源的开采等
	放弃期权	放弃期权是指管理层可根据市场状况的变化，选择继续经营或结束投资项目以获得放弃价值，即其拥有放弃期权的权利。当项目本身所创造的价值低于停止生产获得的放弃价值时，则应该选择执行放弃期权	资本密集型产业，如铁路、航空、新产品开发以及金融服务等领域
	转换期权	转换期权是指企业可根据未来市场或产品价格的变化，选择最有利的方式生产产品，以获取最大利润。转换期权赋予企业面对市场情况调整的灵活性，以获得最大的利润空间或最小的成本支出，进而提升企业的价值	投入转换：给料型产业，如医药和电力产业等；产出转换：产品少量多批，如汽车和玩具等
	规模变更期权	规模变更期权是指项目开始运作后，若市场条件变得更有利，则增加投资或扩大生产规模；若变得不利，则缩减业务规模或暂停项目。该期权具体又可分为扩张期权、收缩期权和暂时中止期权	自然资源的运营，如消费品、商业房地产以及采矿业等

运用实物期权协同效应估值时，在识别表 4-21 所示的五类主要期权后就要使用数学方法对期权进行定价。方法主要分为 B-S 期权定价模型、二叉树期权定价模型和蒙特卡罗模拟方法，这里以惠而浦中国并购合肥三洋为案例 [2] 进行说明。

基本思路是先识别惠而浦中国并购合肥三洋整个过程中存在的实物期权集

---

[1] 罗鹏. 惠而浦并购合肥三洋的估值问题研究 [D]. 沈阳：辽宁大学，2015:15-16.
[2] 罗鹏. 惠而浦并购合肥三洋的估值问题研究 [D]. 沈阳：辽宁大学，2015:29-30.

合,然后选择上述的合适方法估值。

图 4-15 是对合肥三洋的实物期权价值的解剖,整体价值主要包括三部分:合肥三洋自身独立价值,战略投资者惠而浦中国带来的期权价值以及并购附加价值,表 4-22 是对这三种价值的分析。

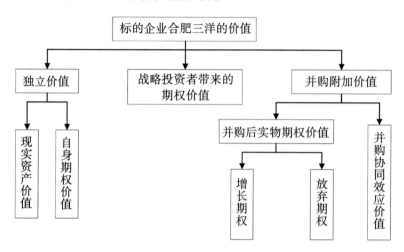

图 4-15　合肥三洋价值构成[①]

表 4-22　合肥三洋价值识别及方法[②]

类　型	识　别	方　法	估值
现实资产价值		自由现金流量折现法	V_0
自身期权价值	从 2013 年 5 月 14 日至 2013 年 8 月 14 日,惠而浦中国有机会以协议转让和现金认购非公开发行股票两种方式取得合肥三洋 51% 股份,成为其控股股东。这一并购机会,属于一项实物期权	B-S 期权定价模型	V_1
战略投资者带来的期权价值	惠而浦中国以控股方式完成对合肥三洋的合并后,便拥有了限售期内的股票期权,这相当于一个欧式看涨期权	B-S 期权定价模型	V_2

---

①② 罗鹏.惠而浦并购合肥三洋的估值问题研究 [D]. 沈阳:辽宁大学,2015:30.

续表

类　　型	识　　别	方　　法	估值
增长期权	经合肥三洋股东大会审议，此次并购交易非公开发行股票募集资金，主要投资于三个技改项目，以进行生产规模的扩张	自由现金流量折现	V_3
放弃期权	惠而浦中国完成对合肥三洋的并购交易后，可以按其战略对并购后的上市公司进行经营管理，然而，由于市场经济环境的复杂性和不确定性的增加，可能发现市场比预期的要差，此时，可以把控制的上市公司出售以获得清算价值	二叉树期权定价模型	V_4
并购协同效应价值	并购交易完成后，需要进一步的整合才能实现并购协同效应	增量现金流量折现法	V_5

将五类期权的价值分别计算后，就可以得到 V_0 到 V_5。接下来要计算 $V_3 \sim V_5$ 中卖方的贡献构成卖方价值的分配系数，因为并购附加价值是在并购后，由买卖双方共同创造的，所以要剥离出买方的贡献，剩下卖方的部分。分配系数与附加价值相乘，再加上前面的三部分，就得到了最终的估值结果。

4.7　新经济估值法

新经济企业区别于传统企业，具有高投入、高风险、高成长性的特点。新经济企业大多属于互联网、云计算、高端制造、人工智能、生物科技等新兴产业，是智力和人力资本密集型企业。从成长阶段看，新经济企业大多处于企业生命周期的初创期和成长期，少部分处于稳定期和成熟期。

如果并购标的是新经济企业，那么如何对它估值将成为让人头疼的事情。首先，新经济企业大多位于新兴产业，可对比的公司较少；其次，新经济企业大多处于初创和快速成长期，在快速变化的科技行业中，未来收益相对不稳定；再次，资本市场对新经济企业的利润亏损容忍度高，对商业模式关注度高；最后，新经济企业还拥有一些独特的指标，如MAU（月活跃用户数量）、DAU（日活跃用户数量）、ARPU（每用户平均收入）、GMV（电商行业里的网站总成交金额）等。

由于上面的这些原因，新经济企业估值难度较高。所以，对不同阶段和模式的新经济企业估值的时候，在传统的估值方法之外，还出现了关注用户数量的梅特卡夫定律、曾李青定律，以及关注买卖双方动态博弈的估值方法。

4.7.1 新经济企业的传统估值法

对于新经济企业估值，首先考虑的是传统估值法。由于新经济企业未来现金流具有不稳定、难以预测的特点，所以不适用于收益法。由于新经济企业大多是轻资产模式，无形资产占账面价值比重较高，导致资产基础法评估困难，并且只能反映现时资产价值，所以一般采用市场法对新经济企业估值，而且最好是稳定发展期和成熟期的新经济企业。

对于稳定发展期的新经济企业估值，一般使用市场法中的市场倍数，如以利润为因子的P/E、EV/EBITDA，以营收为因子的P/S、EV/SALES，如表4-23所示。

表4-23 新经济企业的市场倍数

类型	适用市场倍数	典型案例
未来业绩和净利率可预测性高，并且未出现亏损的计算机和互联网公司	P/E	苹果、谷歌、腾讯
利润少或波动大但营收增速快的公司	P/S、EV/SALES	亚马逊、京东、SaaS公司
受折旧摊销费用影响较大的互联网公司	EV/EBITDA	亚马逊
自由现金流稳定或高度关注现金创造能力的互联网公司	P/FCF	动视暴雪

类似苹果、谷歌和腾讯这样盈利水平稳定、可预测的公司，适用于P/E估

值法。自从苹果推出iPhone以来，每代主打产品销量在手机市场上都遥遥领先，加上稳定的产品毛利率，使得苹果的盈利水平稳定且可预测，其市盈率在10~20倍波动；而谷歌的主要收入来自广告，是非常稳定的收入来源，其市盈率长期在20~30倍波动；腾讯的收入主要来自游戏，由于腾讯手握国内最多的社交用户、游戏分销渠道和大量畅销游戏，占据国内过半的游戏市场，所以腾讯的盈利水平容易预测，适合用P/E估值法。

净利润少或者波动大但是营收增速快的公司，适用于P/S、EV/SALES的市场倍数估值法。典型的例子是京东。京东上市以来一直未能实现盈利，在利润亏损的情况下，不适用P/E法。这种情况下，营收增速成为对京东估值的关键点。2010年，京东营收增速接近200%，随着基数增加、市场饱和，京东的营收增速在8年间逐步下滑至30%以下。从2016第四季度起，京东连续8个季度营收增速下滑，EV/SALES倍数相应走低，京东在纳斯达克的市值也随之走低。

与京东同行的亚马逊也适用于EV/SALES估值法。在过去10年间，亚马逊净利率较低，在盈利水平上难以与苹果、谷歌等"现金牛"相提并论，但亚马逊营收增速稳定，在过去10年一直保持着20%以上的营收增速。与京东相比，亚马逊的EV/SALES总体呈上升趋势。除了稳定的营收增速表现外，亚马逊长期保持对新兴技术的高投入，同时向AWS云计算业务的成功战略转型。两者共同提升了市场对于亚马逊的预期。

对亚马逊的估值，同样适用的方法还有EV/EBITDA。原因是近年来亚马逊为了发展AWS云计算业务，建设了大量的数据中心。而这些数据中心每年要折旧，这笔折旧费用已经占到营业收入的6%，影响对亚马逊核心盈利水平的评估。所以采用P/E难以反映亚马逊的真实盈利水平，而采用EV/EBITDA更为准确。

最后一种P/FCF估值方法适用于利润少或波动大但自由现金流稳定的新

经济企业。这类公司往往在并购后,由于被并购方的无形资产摊销等原因,自己的净利率大幅波动,导致 P/E 估值法失效。而实际上,公司的现金流并没有受到影响,这时候适合用 P/FCF 进行估值。游戏生产商动视暴雪,在收购"糖果传奇"开发商 King 后,报表利润就受到 King 无形资产摊销的拖累,所以这时候采用 P/FCF 估值法更能反映动视暴雪的价值。

综上,使用传统估值法对新经济企业估值,主要看利润和营收增速这两个要素。如果利润为正数、稳定、可预测,那么优选 P/E;如果利润亏损、少或波动大,但营收增速稳定,那么可以选择 P/S 或 EV/SALES。在其他特殊情况下,还有 EV/EBITDA、P/FCF 等方法可以选择。

4.7.2 梅特卡夫定律与曾李青定律

谈到新经济企业与传统企业估值的区别,很重要的一点是用户数量。移动互联网的爆发,为处在互联网风口的企业带来了海量的用户。

2018 年第三季度,腾讯 QQ 月均活跃用户 8 亿,微信及 WeChat(微信海外版)月均活跃用户近 11 亿。阿里巴巴中国零售平台年度活跃用户为 6 亿,支付宝全球年度活跃用户为 8.7 亿。放眼全球,脸书月活跃用户更是超 20 亿。每个用户,都对企业有着直接或间接的价值。如果一家企业拥有的活跃用户越多,那么这家企业的价值就越大。在 2017 年,这三家公司市值都曾突破 3 万亿元,排行全球前十。所以新经济企业的价值与其活跃用户数量有密不可分的关系。

与此相关的一个著名理论叫作梅特卡夫定律。梅特卡夫是 3Com 公司的创始人,他认为:互联网企业价值与用户数的平方成正比,用户数越多,企业的价值越大。

梅特卡夫定律的公式为 $V=K \cdot N \cdot N$。K 是价值系数,N 是用户数量。梅特卡夫定律已经在脸书、腾讯等公司的估值上得到了验证,它还揭示了互联网企业的发展过程和马太效应。类似脸书、腾讯这样的新经济企业,它的成长并非线性,而是由用户增长带来的平方级价值增长。在社交和游戏行业中,腾讯一家独大、赢家通吃，因为行业老大和老二用户数量上的领先会带来价值上平方级的优势。

梅特卡夫定律是新经济估值法的"开山鼻祖"，但仅考虑了用户数量这一单一因素。事实上，我们可以发现用户数量并不是决定互联网企业价值的唯一因素。同样数量的用户，用户使用企业产品或服务的时间不同，企业的价值自然也就不同；同样数量的用户，用户得到的信息质量不同，价值也不相同。此外，在2G和4G时代，在Web和移动互联网时代，信息传输速率和移动智能交互的提升让企业呈现不同的价值。所以，在用户数量之外，互联网企业的估值还需要考虑其他因素。

上述的思考由腾讯的创始人之一曾李青在2014年提出，称为曾李青定律。公式为 $V=K \cdot N \cdot N/(R \cdot R)$。它重新定义了互联网企业的价值，如表4-24所示。相比于梅特卡夫定律，曾李青提出了网络的价值不仅和用户数量有关，还和用户之间的"距离"有关，也就是放在分母上的"R"。这个"R"，包含四个因素，分为连接时长、速度、界面和内容。一般来讲，互联网企业提供的信息质量越高、数量越多、信息传输速度越快、用户连接时间越长、交互界面越易用，那么用户之间的"距离"越短，网络的价值越大。

表4-24 用户"距离"的外生和内生因素[①]

分 类	影 响 因 素	方 向	案 例
外生因素	网络速度提升	减少距离	宽带网络普及、4G替代3G
外生因素	用户界面改善	减少距离	iPhone等大屏触摸智能手机普及
内生因素	内容数量提升	减少距离	多媒体技术应用
内生因素	网络连通度提升	减少距离	网络核心节点加入

梅特卡夫定律和曾李青定律适用于新经济企业的并购估值，最典型的案例

---

① 国泰君安证券研究.互联网估值的那些事儿（下）. http://www.3mbang.com/p-12916.html.

是脸书对 WhatsAPP 的并购。

2014 年，脸书以 190 亿美元的价格收购了 WhatsAPP，这个价格对投行和互联网行业带来极大的冲击和震撼。这笔交易由 40 亿美元现金、120 亿美元普通股和 30 亿美元限售股组成。当时 WhatsAPP 仅仅是一个 50 人的小公司，而且收入主要来自用户注册后使用软件的付费，第一年免费，后续每年 0.99 美元。如果从现金流来看，脸书要收回投资，起码需要 40 多年时间。但是为什么脸书愿意天价收购 WhatsAPP？

估值的核心逻辑是梅特卡夫定律和曾李青定律。首先，用户数量带来平方级的价值。WhatsAPP 在当时是全球各地区除中国外市场占有率最高的即时通信软件，拥有突破 10 亿的总用户和接近 5 亿的活跃用户。5 亿的活跃用户，是 WhatsAPP 的重要价值。其次，根据曾李青定律，WhatsAPP 用户之间的"距离"非常小。WhatsAPP 是移动即时通信的先行者，4G 更快的网络速度和智能手机的交互缩短了 WhatsAPP 的用户距离。再次，即时通信的便捷和沟通的多样化，成为缩短用户距离的内生因素。由于 WhatsAPP 拥有大量的活跃用户和较小的用户"距离"，所以具备了高网络价值。最后，WhatsAPP 的用户价值还未开发。目前仅仅从每年 0.99 美元的软件使用费中变现用户价值，与微信一样，WhatsAPP 还有广告、游戏、金融、增值服务等多种收入方式。这给脸书的整合带来了巨大的想象空间。

因此，根据梅特卡夫定律和曾李青定律，脸书 190 亿美元的并购对价物有所值。拥有 5 亿活跃用户，190 亿美元相当于单用户估值 4 美元，如今 WhatAPP 的活跃用户达到 10 亿，已经翻倍，同时拓展了支付等变现途径，使得单用户价值提高。如果与 2014 年相比，那么今天的 WhatsAPP 价值更高。

上述的脸书、WhatsAPP 和腾讯都可归纳为互联网社交行业。简单统计 2018 年社交产品的 MAU（月活跃用户）和单用户价值，如图 4-16 所示。

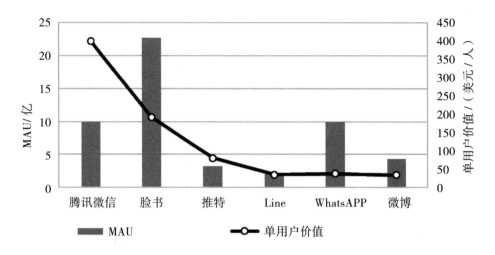

图 4-16 社交产品的 MAU 和单用户价值[1]

如图 4-16 所示,互联网社交行业有明显的马太效应,腾讯和脸书拥有遥遥领先的活跃用户,又拥有最强的变现能力,即单用户价值。在梅特卡夫定律下,腾讯和脸书的价值远远高于推特、Line、微博等竞争对手,如图 4-17 所示。

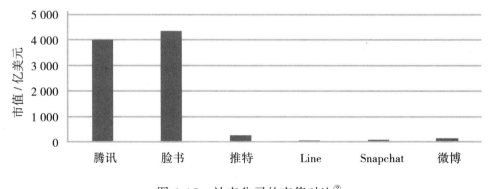

图 4-17 社交公司的市值对比[2]

---

[1][2] 国泰君安证券研究. 互联网估值的那些事儿(下). http://www.3mbang.com/p-12916.html.

同样的情况还发生在电商行业。相比于社交，电子商务拥有更高的单用户价值。根据国泰君安在 2015 年的统计，腾讯单用户价值为 200 美元／人，而阿里巴巴的单用户价值达到 820 美元／人，远超腾讯。另外，电商还拥有广阔的用户覆盖面和活跃用户。从估值上看，亚马逊和阿里巴巴作为电商行业的赢家，是与脸书、腾讯相同量级的高价值公司。

4.7.3 动态博弈的估值方法[①]

新经济企业的初创期，可用梅特卡夫定律，以活跃用户和估算的单用户价值来计算估值；在发展期和成熟期，可用传统估值法，使用以利润或营收为主的估值方法。但是并购估值不仅仅是运用模型的过程，它还是买方和卖方之间的动态博弈过程。往往很多时候，最后的交易价格更多取决于双方的谈判结果，而不是模型的估值。从这个角度出发，这里介绍三种动态博弈的估值方法：全或无估值法、博弈估值法、影响力估值法。

第一种估值方法是全或无估值法。它的精髓在于，标的一定要有规模，要跨越竞争的"生死线"，要能够在下一轮的行业淘汰中生存，这样的企业才会有"估值"；而被市场淘汰、失去竞争力的企业将一文不值。这样的案例并不少见。

前几年兴起的新经济企业创业大潮中，共享单车非常火爆。各家初创的共享单车企业一拥而上，融资后在全国各城市投放共享自行车，占满了大街小巷。这时候拼的就是规模，规模越大，覆盖的用户出行区域就越大，获得的新用户就越多。

2016 年年底，先行者 ofo 和摩拜在数轮融资后，已经斩获了 500 万级的用户量。但市场如此广阔，悟空单车、小蓝单车等企业仍蜂拥而至。2017 年是竞争最为惨烈的一年，不论是广告投放，还是车辆投放，各家共享单车企

[①] Dr.2. 估值就是讲故事 [M]. 北京：机械工业出版社，2015：36-57.

业想方设法地增加自己的新用户数量。这时候行业的"生死线"成为难以逾越的门槛,对于领先者或者赢家,投资人会不遗余力地给予资本的支持;而对于规模不够的企业,投资人往往会拂袖而去。2017年年中起,由于融资困难、资金链断裂等种种原因,悟空单车、3Vbike、町町单车、小蓝单车、小鸣单车纷纷破产。整个共享单车行业成为寡头垄断的格局,ofo和摩拜以6 000万级别的用户量把持了共享单车的市场。虽然共享单车盈利问题待解,但依靠着垄断的规模和流量,ofo背靠阿里巴巴和滴滴,摩拜背靠腾讯[①]。

共享单车行业的案例,说明了全或无估值法的意义。白热化竞争中,输掉用户争夺战的悟空单车、小蓝单车等企业在投资人心目中失去了价值。对于即将"沉船"的企业来讲,此刻再去谈估值已经没有意义。

第二种估值方法叫作博弈估值法[②]。博弈是管理学的概念,运用在并购估值中,讲的是分析自己和对手的利弊关系,然后改变对抗策略获得优势,并借此获得利益。博弈估值法常用于横向并购的估值问题。

Dr.2在《估值就是讲故事》一书中介绍了博弈估值法的四个特点:第一,使用博弈法主要为了行业地位;第二,博弈法得到的估值有时效性;第三,博弈法的估值取决于谈判的能力和实际的市场反应,甚至非常主观和情绪化;第四,博弈法通常从买方消灭对手获取竞争优势的角度来考虑,其交易价格很大程度上取决于行业估值和发展趋势[③]。

新经济企业通常处在时代风口,行业竞争异常激烈。在行业格局还未清晰的时候,各家企业之间常发生横向并购;即使行业格局已经稳定,突如其来的外部环境变化和替代品竞争者的出现,也会让行业领先者面临被颠覆的危

---

① 而最终ofo陷入困境的原因属于另一个话题。创始人忽略了融资和并购的时间节奏,而且没有处理好董事会的控制权安排。

②③ Dr.2. 估值就是讲故事[M]. 北京:机械工业出版社,2015:50.

机。如果要并购对手,那么可以立即展开并购,也可以通过价格战等手段让自己在博弈中确立优势,掌握住谈判的主动权以后,再发起并购。

击败竞争对手占据博弈优势,然后再对其进行并购的博弈法,需要真金白银的成本投入,而且没有重新来过的机会,所以具备较高的风险,饿了么收购百度外卖就是这样的例子。在2015年外卖平台行业,饿了么、美团外卖和百度外卖堪称"三巨头"。三家呈分庭抗礼之势,百度外卖有地图资源优势,美团外卖有餐饮资源优势,饿了么有起步早的优势。起步早又专注于外卖平台行业的饿了么主动破局,打起了外卖红包补贴的价格战,并且提高外卖配送、售后服务的质量,其后又紧靠阿里这棵大树,融入阿里的生态圈。在持续三年的激烈竞争后,对手百度外卖市场占有率仅有4%。此时饿了么以8亿美元的交易价格收购了"败将"百度外卖,该交易价不及饿了么估值的1/10。

有的新经济企业会避开正面交锋,直接以高价并购新进入者。作为Web时代社交领域的霸主,脸书在移动互联网到来时遭到了不小的挑战。图片社交应用Instagram迅速风靡全球,WhatsAPP引领着智能手机时代的即时通信,这些都动摇了脸书的用户基础和网络流量。好在脸书没有选择正面对抗,而是果断地以10亿美元把Instagram收入囊中、以190亿美元把WhatsAPP纳入版图。依靠着这两起并购,脸书再次建立起移动互联网时代的社交霸权。这也是一种博弈,如果脸书选择长时间跟进对手的图片社交、即时通信领域,除了巨大的开发和推广成本,那很可能成为马太效应的牺牲者,并且失去再次并购的机会。此时博弈的高价并购仍然是为了消灭竞争对手,维护行业地位。

第三种估值方法叫作影响力估值法。这里的"影响力"指的不是卖方的影响力,而是买方或投资方的影响力。拥有影响力的投资方,必然是有实力、有品牌、获得市场的认可,如腾讯、阿里巴巴、软银中国资本、红衫资本等。在遇到这样的投资方时，卖方不仅仅看的是资本，更看重投资方背后的资源。

腾讯称得上互联网公司中最好的"投资公司"之一。自从2012年实施开放连接战略以来，腾讯采取投资的方式建立自己的社交生态圈，在初创企业中拥有巨大的影响力。影响力部分来自腾讯的口碑，更多来自腾讯手握着互联网最大的流量。对于一家渴望获得腾讯应用流量的初创企业来讲，在和腾讯进行估值谈判时，接受更低的对价和出让更多的股权也是合理的行为。例如，拼多多，在初创的两年里，拼多多通过微信的裂变式传播成为现象级的产品。2016年7月，腾讯参与拼多多的B轮跟投。2018年腾讯又领投了拼多多的C轮融资，也是上市前的最后融资。资本层面结合伴随着业务层面更加紧密的合作，在腾讯微信的二级入口上，出现了拼多多的身影。正如腾讯和京东的经典合作一般，拼多多也得到了腾讯全面的流量支持。根据上市招股书披露，腾讯为拼多多第二大股东，占股18.5%，而参与两轮领投、一轮跟投的高榕资本占股仅10.1%。这说明相比传统的资本方，拥有影响力的投资方更容易受到卖方的欢迎。在新经济企业中，这种影响力更多地体现为互联网流量。

4.8 最优估值模式

估值是并购交易的重点和难点。为了搞清楚在并购中如何估值，我们先分析了定量的三大基础方法：市场法、收益法和资产基础法，然后又定性地思考商业模式和预期协同效应对估值的影响，探讨了新经济企业的估值新思路，最后总结了如图4-18所示的估值方法框架。

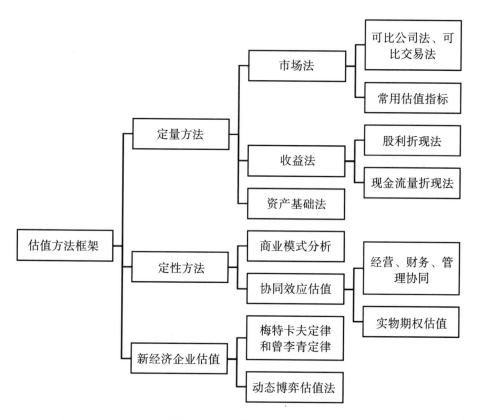

图 4-18 估值方法框架

图 4-18 所示的估值逻辑是清晰的,方法是明确的,但是在并购实务中,经常碰到抉择的困惑:有那么多方法,到底该用什么方法给标的公司估值?哪种方法是最优的估值模式?

我们认为最优的模式要遵循两大重要的原则:定性、定量方法结合和多种组合配合使用。

单纯使用定量方法计算进行估值,可能会犯刻舟求剑的错误。如果两家企业财务数据相近,那么估值就相近吗?其实不是这样,商业模式往往起着重要的作用。比方说中国工商银行和苹果公司,两者利润相近,但商业模式相差悬殊,中国工商银行是高杠杆、高总资产的模式,而苹果公司是高毛利率、轻资产、高用户流量的运营模式，实际上两者市值相差5倍。同样，单独使用商业模式衡量估值，可能会犯大而化之的毛病。如果两家企业商业模式相近，那么它们的估值就相近吗？答案是否定的，如阿里巴巴、京东和苏宁易购，同为主营国内市场的三家电商，估值却相差悬殊，这很大部分原因要归结于三家企业活跃用户数量、成交总额和盈利能力的差距。

所以定性分析和定量判断同样重要。合理的做法是，对于并购的标的企业估值，既需要从财务数据、可比公司或交易、未来预期股利或现金流等角度定量计算估值，也需要从商业模式和协同效应的角度判断调整估值。要定性、定量方法结合，并不是一件简单的事情，总体来讲，定性分析比定量判断难度更大。

马化腾和伙伴刚开始创业的时候，开发了早期的QQ。虽然一年间收获了500万名用户，但是没有盈利的办法，反倒让用户成为"包袱"。当时不仅基本工资发不出去，连服务器的费用都成了难题。这时，马化腾想着卖掉QQ。马化腾找了当时风头正盛的搜狐，想以300万元的价格卖掉，但是张朝阳团队出价60万元；马化腾又找了广东电信等公司，最后连60万元都没能成交。为什么QQ和腾讯在当时无人问津？从定量计算的角度看，当时的腾讯几乎是一文不值，没有盈利渠道、服务器费用高、固定资产几乎为零。这是没人愿意收购腾讯和QQ的部分原因，更关键的原因在于当时没人看得懂腾讯和QQ的商业模式，所以再便宜也卖不掉。这正是定性判断的难度所在。

当时马化腾还曾找到雷军，希望得到投资，但是也被拒绝。今天回过头来看，雷军也称自己非常后悔。定性判断没有统一的标准，它是经济周期、产业发展、商业模式、竞争优势、技术进步等多重因素叠加的跨学科思维模式。在1999年，能够看清QQ和腾讯变现能力和成长性的投资方为数寥寥，即使是以220万美元买入腾讯20%股份的"小超人"李泽楷，也在两年后以1 260万美元的价格离场。今天我们可以说，李泽楷错失了4 000亿美元。要能在腾讯发展的历道关口保持着正确的定性判断，绝非易事。只有腾讯的大股东 MIH 先是慧眼如炬，选择投资腾讯，后又接手李泽楷的股份，并在数十年的发展和困境中正确判断腾讯的价值，成为最后的赢家。如果说，谁掌握了定性、定量方法相结合的精髓，那非腾讯大股东 MIH 莫属。

此外，多种方法组合配合使用也是估值的重要原则。不管是定量部分，还是定性部分，都可以参考多种方法来估值。国内 A 股证券市场在并购重组时，通常会罗列三种估值方法的适用性，然后一般会选择两种不同的方法按步骤得出不同的估值结果，最后再进行比较，本节列举的一些并购案例基本上都是基于这样的逻辑，如表 4-25 所示。

表 4-25　本章案例的部分估值方法

案例	估值方法	增值率 /%	估值方法	增值率 /%	最终采用
360 科技借壳上市	资产基础法	22.72	收益法	278.5	收益法
格力电器收购珠海银隆	市场法	288.78	收益法	234.37	收益法
上海电力收购江苏电力	资产基础法	40.33	收益法	3.47	资产基础法
顺丰控股借壳上市	资产基础法	46.58	收益法	209.78	收益法

以顺丰控股借壳上市为例。因为顺丰控股业务逐步趋于稳定，未来收益和风险能够合理预测，所以适用收益法；因为顺丰控股各项资产、负债能够合理加以识别并且评估，所以可以采用资产基础法。然后两种综合分析之后，选择收益法的结果为最终结论。

同样在新经济企业的估值中，既可以使用传统的市场倍数进行估值，还可以通过梅特卡夫定律和曾李青定律来估值，甚至可以放在动态博弈中去考虑。

另外，在估值过程中，细分项目还可能要运用别的估值方法。顺丰控股在用资产基础法估值时，常规的资产或负债项目可以参考账面价值来估值，但是品牌、域名等无形资产无法通过账面价值体现，这时候要通过收益法来重新估值。所以这是"资产基础法＋收益法"的组合使用。

除了定量、定性方法结合，多种组合配合使用，估值还是买卖双方谈出来的。资产评估机构的评估结果是第三方的结论，这个结果只有买方和卖方都觉得合理才会成为最后的交易价格。如果买方或者卖方不接受这个估值，那么就要通过并购谈判调整交易价格。

"估值不是万能的，没有估值是万万不能的"。估值是定量的科学和定性的艺术相结合的一门学问。不管是买方还是卖方，都有必要掌握估值的基本方法和精髓，这样会让并购交易在有效的价值衡量尺度下进行，减少买卖双方的谈判摩擦成本，让并购交易能够顺利地进行。

第 5 章
交易结构设计

5.1 总体框架

5.2 交易对价

5.3 支付方式

5.4 或有支付

5.5 融资安排

5.6 并购基金

5.7 业绩承诺与补偿

5.8 风险管理

5.9 特殊条款

第 5 章　交易结构设计

在并购交易结构设计中，我们经常认为价格是最重要的要素。但是在美国投行中有这样一个谚语："你定价格，我定条款，每次我都胜过你。"[①] 在并购实务中，估值固然是非常重要的，但是更加重要的是交易结构中的条款设计。

因为一个交易就是一个系统。在这个系统中，价格只是其中一个部分，还包含支付形式、融资安排、业绩承诺补偿、风险管理和特殊条款等部分。各个部分应该是兼容的，必须以整体视角对交易的各个细节进行设计和谈判。当估值出现分歧时，可以用其他条款的调整和设计来平衡分歧，促成交易。

正确的做法是，用"全局观念"的视角把整个交易结构看作并购中两方或多方参与者存在的经济问题的解决方案。"全局观念"就是要把交易结构看作一个整体或一个系统：改善一个交易条款就意味着必须同时改善一系列的交易条款，最后还需要权衡众多条款，即这边放弃一些而那边得到一些[②]。

如果要在并购交易中立于不败之地，就需要在交易结构设计中对如下关键问题有清晰的认知并有效地解决。

（1）基于"全局观念"搭建整体交易结构框架。

（2）通过交易对价和支付方式的设计平衡买卖双方的利益诉求。

（3）或有支付的意义是什么？在 A 股市场的应用前景如何？

（4）高效的组合融资如何设计？

[①] 罗伯特·F. 布鲁纳. 应用兼并与收购 [M]. 北京：中国人民大学出版社，2011：547.
[②] 罗伯特·F. 布鲁纳. 应用兼并与收购 [M]. 北京：中国人民大学出版社，2011：560.

（5）如何通过并购基金实现"以小博大"的杠杆收购？

（6）如何通过"期权性"条款设计来管理并购风险？

（7）如何应用特殊条款解决交易中的个性问题？

5.1 总体框架

一个交易就是一个系统，交易结构构建了并购交易中相互兼容的各部分，各部分核心要素搭建起交易结构的框架。接下来首先分析在进行交易结构设计时需要考虑的主要因素，并且提出"交易全局"的观念，从整体上将枯燥的简单分类变成对交易结构设计的生动理解。

5.1.1 交易结构设计的主要考虑因素

图 5-1 所示的是在进行交易结构设计时需要考虑的七种主要因素。

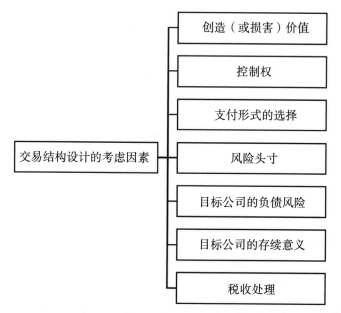

图 5-1 交易结构设计的主要考虑因素

第一，交易结构设计会影响到企业价值。我们通常会认为，企业的价值主要来自价值创造，在并购交易中主要是指协同效应。此外，企业价值还可能转移自交易对手，也有可能因为交易结构设计的问题损害了企业价值[1]。这告诉我们，好的交易设计，能够为企业创造更多价值，避免交易损害企业价值。例如，采用 AB 股、委托投票权、设计组合支付方式以及避免标的公司负债等，会使得交易结构方式更加灵活，因为它们包含了各种形式的期权，放大了企业的价值。

第二，交易结构的选择能够影响控制权。如 AB 股的安排、普通股持股比例会影响股东在股东大会上的投票权，进而影响控制权。而交易设计的条款能指明新公司董事会的构成、指定经理人、限制投票权等，进而影响了公司股东间的控制权安排[2]。在恶意并购中，标的公司的经理人或管理层可以通过"毒丸"计划、修改公司章程、诉讼等方式阻止买方获得公司控制权。此外，债权人还可以通过债务协议对管理行为施加压力。

第三，交易结构选择与支付方式密不可分。交易设计者通常将支付形式设计成现金、债务和股票的组合。不同国家的税法对于不同的交易方式的纳税要求是不一样的，因此，交易前要理解不同支付组合的含义。另外，支付形式还可以分为固定支付、或有支付和附加支付，其中或有支付的部分，将在后面的内容中详细介绍。

第四，交易结构选择能影响风险头寸。比方在换股交易中，股价可能在约定交易后大幅下跌，此时极有可能出现交易无法完成的情况。那么为了降低这样的风险，就需要在交易设计中采用领形期权。此外，如果出现竞争买家中途杀出、卖家中途停止出售等极端情况，也可以通过交易设计来降低此类

---

[1] 罗伯特·F. 布鲁纳. 应用兼并与收购 [M]. 北京：中国人民大学出版社，2011：549.
[2] 罗伯特·F. 布鲁纳. 应用兼并与收购 [M]. 北京：中国人民大学出版社，2011：553.

风险，减少相关损失。

第五，交易结构选择要考虑目标公司的负债风险。如果买方只是想要得到标的公司的资产，但是不想要负债，则可将交易设计成买方与标的公司的债务隔离。

第六，交易结构要考虑标的公司存续的意义。在很多情况下，关键合约、保证书和零售租赁选择是不能转给另一家公司的。在这种情况下，标的公司存续就很重要，哪怕只是名义上的。

第七，交易结构设计要考虑税收处理。在第 2 章的并购税收中，介绍了在卖方立即纳税或递延纳税的不同情况下，该采取何种重组形式，这属于交易结构设计的内容。这里需要注意两条原则：只要有利得发生，就要纳税，不可能"不需纳税"；不论早晚，总要为盈利纳税。

5.1.2　交易全局视角[①]

理想点	交易条款	评估
• 价值创造 • 良好的报告结果 • 最小化盈余稀释 • 最小化投票权稀释 • 财务灵活性 • 证券价格风险保值 • 改善竞争地位 • 目标和定制的管理层激励 • 管理层对员工和社区的影响	• 支付金额 • 支付形式 • 承诺 • 交易套期保值 • 时机 • 会计 • 税务头寸 • 交易形式 • 融资 • 控制权与公司治理 • 社会福利条款	• 估值分析 • 汇率分析 • 盈余稀释分析 • 投票权稀释分析 • 资本市场环境 • 产品市场环境 • 投资者资料 • 管理层薪酬 • 风险头寸分析 • 财务压力测试 • 社会福利应用

图 5-2　并购交易设计的总体框架[②]

[①] 罗伯特·F. 布鲁纳. 应用兼并与收购 [M]. 北京：中国人民大学出版社，2011：549-553.
[②] 罗伯特·F. 布鲁纳. 应用兼并与收购 [M]. 北京：中国人民大学出版社，2011：549.

如图 5-2 所示，理想点、交易条款和评估构成了并购交易设计的总体框架，它们之间的逻辑关系是：理想点指的是通过交易设计要实现的经典目标，要实现这些经典目标，需要交易条款的帮助；交易条款并非相互独立，它们相互关联且有连锁反应；最后，评估是交易设计不可或缺的一部分，评估的目的不是寻找唯一正确解，而是帮助买卖双方达成交易最优解。

用全局观念来理解交易结构设计，就是要把每一个交易就当作一个系统。一方面，要把全局观念贯穿于理想点、交易条款和评估的流程；另一方面，在重要的交易条款中，各条款并非相互独立，而是相互关联且有连锁反应，所以优化交易条款，要着眼于整体的优化。

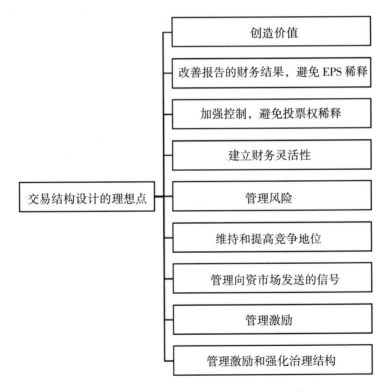

图 5-3　交易结构设计的理想点[①]

---

① 罗伯特·F. 布鲁纳. 应用兼并与收购 [M]. 北京：中国人民大学出版社，2011：549-550.

图 5-3 所示的是并购交易结构设计的理想点，其中创造价值、加强控制、管理风险、维持和提高竞争地位等经典目标从字面上就比较容易理解，下面只对不太容易理解的目标做解释。

（1）避免 EPS 稀释就是避免发行股份收购后每股收益降低的会计稀释以及股东价值降低的经济稀释。

（2）建立财务灵活性，指的是交易结构中的融资安排要考虑对并购后财务的影响。如用大量现金收购会影响到未来债权融资的能力，大比例发行股份收购会损害未来股权融资的能力，导致公司在财务上失去腾挪的空间，丧失灵活性。

（3）管理向资本市场发送的信号，指的是将公司对未来的考虑通过交易结构传递到资本市场。例如，换股交易可能会向市场传递这样的信号——买方认为自己公司的股价是高估的。

（4）管理激励和强化治理结构，指的是交易结构设计对新公司管理层、董事会的相关安排，这对于并购后的整合是非常重要的。在这方面，良好的愿景是优秀的管理层能够继任，新的活力能够注入，并通过合适的激励制度，顺利过渡至新公司的管理风格。

为了实现上述的理想点，需要交易条款的组合设计，如图 5-4 所示。5.2~5.9 节将分别介绍交易对价、支付方式、或有支付、融资安排、并购基金、业绩承诺与补偿、风险管理和特殊条款，2.6 节介绍了不同交易结构对于税务头寸的影响。

此外，时机与截止日期、控制权与治理、社会福利条款[①]在交易条款设计中也扮演着重要的角色。

---

① "社会福利条款"大部分内容涉及董事会和管理层，因此我们将其叫作"董事和管理层相关条款"。

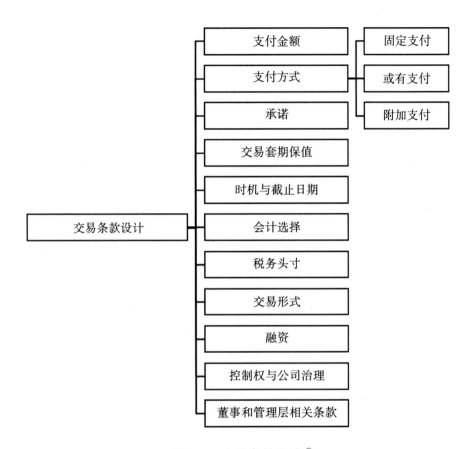

图 5-4　交易条款设计[①]

时间就是金钱，对于并购交易也是如此。交易结束的快慢和行动截止日期的确定将影响到买方现金流的现值。如果条款中采用立即现金支付的形式，那么买方在较短的交易周期内将面对现金大幅流出的情况，其现金流压力较大；如果条款中采用递延支付的形式，那么买方将在较长的交易周期内分步支付，会减小买方的现金流压力。

关于控制权与治理，有多种含义：首先，最基础的交易对价和支付方式影响到买方对标的公司普通股的占股比例，这意味着是否在股东大会握有决

---

① 罗伯特·F. 布鲁纳. 应用兼并与收购 [M]. 北京：中国人民大学出版社，2011：551-553.

定性的投票权；其次，在董事会的控制权和治理上，合约的条款可以指明新公司董事会的构成、限制投票权、指定管理层等；最后，通过董事会的重组，买方可以更好地监督管理层行为。

董事和管理层相关条款是交易条款中必须要解决的问题，如图 5-5 所示。它包括新公司管理团队谁离开谁留下、管理人员的留职费用、离职人员的解雇费用、新公司董事会组成、公司名称及总部地址等 8 类事项，该部分内容将在 5.9 节特殊条款中着重介绍。

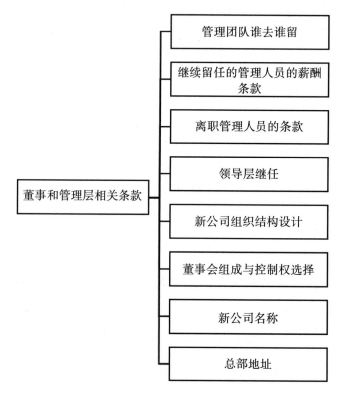

图 5-5　董事和管理层相关条款分类 [1]

评估作为交易体系的最后步骤，包括估值分析、汇率分析、盈余稀释分

---

[1] 罗伯特·F. 布鲁纳. 应用兼并与收购 [M]. 北京：中国人民大学出版社，2011：680–695.

析、投票权稀释分析、资本市场环境、产品市场环境、投资者资料、管理层薪酬、风险头寸分析、财务压力测试和社会福利应用。如图 5-6 所示，评估伴随着交易结构的重新设计和修改。一个成功的并购交易并非提出一个方案，然后坚持己见，忽略新的信息。而应该是，在初始的并购交易结构设计好之后，买方先行评估，然后与对方会见、演示和讨论，如果没有达成交易，那么根据分歧点评估和修改提案，再次进行并购谈判。

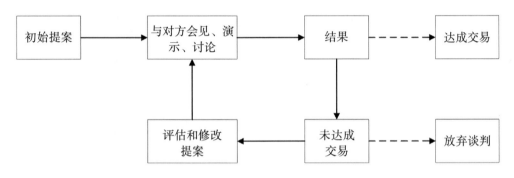

图 5-6　交易评估的反馈 ①

5.2　交易对价

媒体在报道并购交易时，通常报道的是收购总价。其实隐藏在收购总价背后的，是各种类型的交易对价和结构。即使两份总报价相同的方案摆在卖方面前，也会因为不同的条款和结构导致巨大的真实价值差距。相比于名义的收购价格，更重要的是交易对价和条款。

5.2.1　常见的对价形式

在并购交易中，关于对价有个重要的原则：要进行报价方案的横向对比，

---

① 罗伯特·F. 布鲁纳. 应用兼并与收购 [M]. 北京：中国人民大学出版社，2011：559.

就需要将不同的对价形式换算成统一的标准。而对于卖方来说，最偏好的对价形式是现金，一般情况下都是将不同的报价方案换算成现金来比较。那么，可选的对价形式有哪些？

如图5-7所示，常见的交易对价种类主要有五种，包括现金、延期付款票据、上市公司股票、私有企业股份和基于财务表现的额外对价。

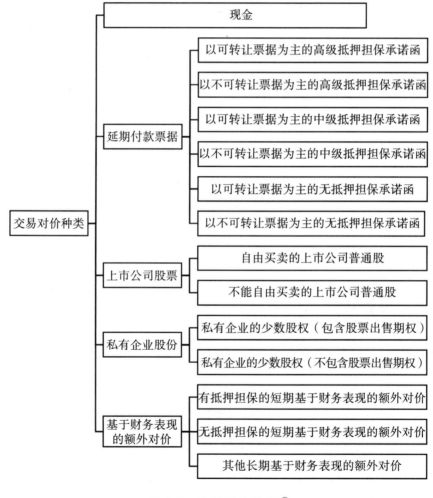

图5-7 交易对价种类[①]

---

① 丹尼斯·J.罗伯茨.并购之王[M].北京：机械工业出版社，2014：230.

这五种对价形式是按照卖方的偏好来降序排列的。如果买方给出 100% 的现金方案，那么相当于给了卖方 100% 的流动性，卖方可以立即自由使用全部的现金对价，这是卖方最想要的结果。所以对于卖方而言，现金在交易对价形式中优先级最高，在衡量报价方案时统一换算成现金来比较。

延期付款票据用于小规模的并购交易中，在大中型并购交易中常以现金、股票或基于财务表现的额外对价为主要对价形式。卖方在考虑延期付款票据时，要注意以下三点，用以计算等价的现金价值。第一点，要认清延期付款票据通常是买方的借款，卖方需要考虑利息、资信程度等因素；第二点，在计算现金价值时，要考虑货币时间价值和票据是否可转让；第三点，有抵押的比没抵押的好[1]。

上市公司股票是常用的并购对价方式。我们经常会看到发行股份收购或换股收购的案例，这其中就包含上市公司股票的对价方式。采用上市公司股票作为对价方式，也需要注意以下四点。

首先，卖方在接受股票对价前，要问自己一个问题：如果我有足够的现金来购买买方支付的股票，我自己会买吗？这个问题的意义在于，卖方要充分判断买方支付的股票的内在价值。因为股票不同于现金，它的内在真实价值和股票价格并非一致。在牛市的时候，股票价格往往大幅高于内在价值。所以卖方需要用投资的眼光来看待买方支付的股票对价。

其次，股票占总对价的比例也很关键。当股票对价达到 15%，卖方就需要认真考虑股票真实价值了。当股票对价占到 50% 以上，那么卖方需要三思而后行，因为这可以看作卖方看好买方公司股票的一种投资行为[2]。

再次，要考虑锁定期。上市公司发行股份购买资产时，获得股票对价的

---

[1] 丹尼斯·J. 罗伯茨. 并购之王 [M]. 北京：机械工业出版社，2014：239.
[2] 丹尼斯·J. 罗伯茨. 并购之王 [M]. 北京：机械工业出版社，2014：234.

卖方还要注意股份锁定期的问题。《上市公司重大资产重组管理办法》中规定:"特定对象以资产认购所取得的上市公司股份,自股份发行结束之日起12个月内不得转让,属于下列情形之一的,36个月内不得转让:(一)特定对象为上市公司控股股东、实际控制人或者其控制的关联人;(二)特定对象通过认购本次发行的股份取得上市公司的实际控制权;(三)特定对象取得本次发行的股份时,对其用于认购股份的资产持续拥有权益的时间不足12个月。"①

由于股份锁定期的存在,所以当买方发行股份收购时,卖方获得的股票对价会有12个月或36个月的锁定期,那么这部分股票需要按照股价的一定比例折价成现金。如果不看好买方短期内业绩和股价变化,卖方要谨慎考虑买方发行股份收购的方案。

最后,股票对价还要注意水滴原则。水滴原则指的是当卖方成为买方企业的主要股东,即持股超过5%的股东,并非想卖掉自己的股份就能卖掉,而是要像水滴一样一点点卖掉股票。2017年证监会发布《上市公司股东、董监高减持股份的若干规定》,其中规定上市公司超5%股份的股东通过集中竞价交易减持股份,要提前15个交易日预披露信息,包括拟减持股份的数量、来源、减持时间区间、方式、价格区间、减持原因。另外在3个月内通过交易所竞价交易减持股份的总数,不得超过公司股份总数的1%②。上述的规定说明A股市场的卖方在接受股票对价后,想要卖掉手中的股票套现,要遵守减持股份的规定,要预披露,还要分数月才能卖出。这让股票对价的流动性大打折扣,所以在换算股票对价的等价现金值时,要考虑水滴原则的折价。

---

① 私董会.上市公司发股购买资产中的股票锁定问题.搜狐. https://www.sohu.com/a/253623463_475868.
② 证监会.《上市公司股东、董监高减持股份的若干规定》.证监会网站. http://www.csrc.gov.cn/pub/zjhpublic/zjh/201705/t20170527_317494.htm.

除了上市公司股票，私有企业股份也可能成为对价形式。卖方在决定是否接受私有企业股份作为对价之前，要明白在私有企业之中，少数股东权益没有控制权，不能决定经营策略，不能决定是否派息，不能阻止高管和员工加薪，也不能有效维护自己的股东收益。而且一旦持有私有企业股份，想要出售也不像公开市场上市公司股票那么容易，一般来说，通常会向其他股东出售股份，但是要打很大的折扣。

基于财务表现的额外对价这种对价形式，将在随后部分进行介绍。

5.2.2 重要的是条款而不是价格

延期付款票据、上市公司股票、私有企业股份和基于财务表现的额外对价在换算成现金时，折价比例不尽相同。因此，在并购的交易对价中，重要的是条款，而不是价格。

上述五种常见对价形式在换算成等价现金值时，主要考虑的标准是货币的时间价值和收取的可能性。比如说现金与基于财务表现的额外对价相比：如果是现金，卖方可以立刻从银行拿出来，而后者则需要等待业绩承诺的兑现。两者对价的时间不同，那么按照货币的时间价值来折算，最后的等价现金值也不同。时间越久，折算到现在的价值越低。另外在收取的可能性上，现金落在口袋里，但是基于财务表现的额外对价可能会碰到业绩无法实现而最终无法兑现的情况。

在实务操作中，并购服务团队需要为卖方准备一张权重表格，按照上述的两个标准评估。同时，并购服务团队和卖方需要分开计算各自交易对价的等价现金值，然后对报价方案进行审核排序。因为在随后的讨论中，并购服务团队要基于丰富的并购交易经验给出建议，卖方要基于对自己企业经营的见解，特别是基于财务表现的额外对价，给出自己的价值判断[1]。

---

[1] 丹尼斯·J. 罗伯茨. 并购之王 [M]. 北京：机械工业出版社，2014：235.

基于财务表现的额外对价，也叫作对赌协议或盈利能力支付，是具有期权性的一种对价形式。在大部分并购交易中，卖方只想尽快拿到所有的交易对价；买方因为未来业绩的不确定性，想的是利用付款拖住卖方，而且时间越长越好。此时，盈利能力支付就像是交易的"催化剂"，帮助买方把一部分收购价格先放在一边；在交易达成后，如果企业达到了财务业绩目标，才把这笔钱支付给卖方[1]。

如图 5-8 所示，盈利能力支付有激励性和安抚性两种形式。激励性盈利能力支付通常发生在这样的背景下：卖方作为高管继续留在公司，负责未来的业绩实现。所以它是一种激励报酬，与其说是盈利能力支付，更像是收入提成。而安抚性盈利能力支付通常发生在这样的背景下：卖方对未来业绩信心十足，但是买方对这桩交易内心焦虑，担心明年的盈利目标能否实现。这时就需要安抚性盈利能力支付登场，卖方拍着胸脯的承诺加上保证，缓解买方的忧虑[2]。

图 5-8　盈利能力支付种类[3]

如果买卖双方就盈利能力支付达成一致，那么如何衡量收入业绩呢？
图 5-9 所示的是盈利能力支付的计算基础。

---

[1]　丹尼斯·J. 罗伯茨. 并购之王 [M]. 北京：机械工业出版社，2014：242.
[2][3]　丹尼斯·J. 罗伯茨. 并购之王 [M]. 北京：机械工业出版社，2014：244.

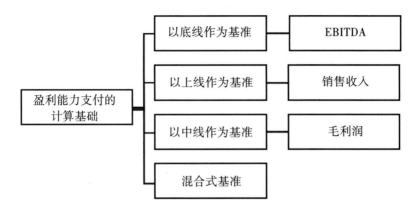

图 5-9　盈利能力支付的计算基础 ①

第一种是以 EBITDA 作为基准，这是有利于买方的业绩标准。因为买方可以用业务扩张、设备投资、费用、薪酬等方式，来进行盈利上的调节。而卖方没有办法监督买方操控 EBITDA 的行为，所以对于卖方来讲，这是以底线为基准。

第二种是以销售收入为业绩标准，这是有利于卖方的业绩标准。相比于 EBITDA，销售收入被买方做手脚的可能性就小得多。这时要担心的反而是买方，卖方继续留任高管以后，很可能为了短期销售收入目标盲目扩张，而忽视了短期行为对竞争力和 EBITDA 的损害。

第三种是以毛利润为业绩标准，对买卖双方都相对公平。

第四种是采用多个指标的混合式基准。

如果只采用一种财务指标，那么毛利润是买卖双方达成一致的最佳方案。如果可以采用多种指标，那么混合式基准是最优选择，通过对指标的选择能让买卖双方都受到保护。

上面所讲的盈利能力支付，也就是基于财务表现的额外对价，是常见交易

---

① 丹尼斯·J. 罗伯茨. 并购之王 [M]. 北京：机械工业出版社，2014：245-246.

对价的一种。从盈利能力支付的分类和计算基础的分析中可知，不同种类和业绩基准的盈利能力支付，对于卖方的实际价值是不同的。以销售收入为基准的安抚性盈利能力支付，卖方收到支付的可能性就很高；而以 EBITDA 为基准的激励性盈利能力支付，卖方很可能落入买方操控的陷阱中。

除了各类交易对价条款之外，同样重要的还有税收影响和资产负债表一些关键科目。税收影响在第 2 章中已有详细分析，而资产负债表的关键科目如图 5-10 所示。

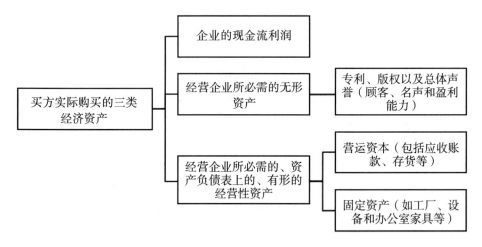

图 5-10　买方实际购买的三类经济资产[1]

关于资产负债表的使用，要注意两点：第一，并购谈判时用的资产负债表是最近期的报表，而在正常情况下，最终交易完成和交割之间会有两个月左右的时间，那么在实际交付时，要相应地对购买价格进行调整，使用交割时的资产负债表；第二，资产负债表上的资产科目存在被低估或者高估的情况，要对经营性资产或非经营性资产进行正常化[2]。

不管是交易对价形式，还是税收因素和资产负债表目标，都涉及诸多交易

---

[1] 丹尼斯·J. 罗伯茨. 并购之王 [M]. 北京：机械工业出版社，2014：325.
[2] 丹尼斯·J. 罗伯茨. 并购之王 [M]. 北京：机械工业出版社，2014：332.

结构条款。相比于名义收购价格，交易条款直接关系到交易价值的判断。所以买卖双方在关注交易对价时，要以条款为主衡量交易的实际价值。

5.3 支付方式

上一节交易对价主要讨论的是影响并购交易总价值的条款，包括现金、延期付款票据、上市公司股票、私有企业股份和基于财务表现的额外对价等对价形式。而支付方式聚焦的是两种形式：现金支付和股票支付。

5.3.1 支付方式是否重要

在成熟的美国证券市场，交易基于现金支付还是股票支付会对股东产生不同的并购结果[①]。

在交易公告后的短期内，如果采用现金支付，那么卖方公司股东的回报率显著更高，买方公司股东回报率为零或正；如果采用股票支付，那么卖方公司股东回报率显著为正，买方公司股东回报率显著为负。

在大于 5 年时间的长期内，经营业绩随支付方式不同也有较大差异。在交易 5 年后，换股交易产生 14.5% 的平均超额投资者回报率，但现金交易会产生 90.1% 的平均超额投资者回报率。该差额产生的主要原因是股票支付利用了市场对买方股票的高估[②]。

此外，基于美国证券市场的研究还表明，从整体上看现金支付的短期或长期回报率要高于股票支付。但在某些情况下，买方更倾向于使用股票支付，如图 5-11 所示。

---

① 丹尼斯·J. 罗伯茨. 并购之王 [M]. 北京：机械工业出版社，2014：332.
② 罗伯特·F. 布鲁纳. 应用兼并与收购 [M]. 北京：中国人民大学出版社，2011：584.

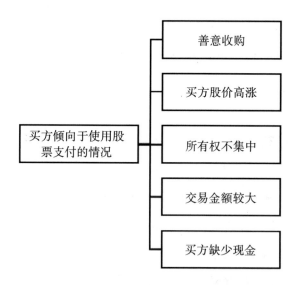

图 5-11 买方倾向于使用股票支付的情况

第一种情况是善意收购。当发生恶意的要约收购时，通常使用现金支付，因为现金支付不需要通过货币的时间价值和收取可能性来折算，更受到卖方股东的青睐。而股票支付有锁定期、估值、市场环境等因素的影响，在友好的并购协商中更容易被卖方股东接受。

第二种情况是买方股价高涨[①]的时候。买方股票表现越好，买方发行股份或者换股交易的动力越强。因为买方的股价越高，其交易成本越低。

第三种情况是所有权不集中。在所有权集中的情况下，交易倾向于现金支付，因为买方可以避免新的重要股东进入破坏现有的平衡。而在所有权不集中的情况下，买方大股东还有可能通过引入友好的卖方，加强自己对买方公司的控制权。

第四种和第五种情况相对容易理解，在交易金额较大和买方缺少现金的情况下，股票支付使用频率较高。

---

① 被高估时。

上述列举的是五种偏好股票支付的情况，但是在并购实务中，支付方式呈现出如下两个特点。

（1）以现金支付为主，与交易规模相关。现金支付普遍运用于较小规模并购，而小规模并购在交易总量中占比较大，所以现金支付是主流支付方式。随着交易规模的增大，买卖方在公开市场发行股票，股票支付使用率增加。

（2）支付方式跟随经济周期变化。当股票市场高涨处于牛市时，股票支付的使用率上升；当股票市场低迷处于熊市时，以现金支付为主。

5.3.2 支付方式选择的考虑因素

并购实务中，支付方式的选择呈现如下一些特点[①]：

（1）股票支付包含或有价格信息，有时能帮助完成并购交易。

（2）买方认为自身股票高估时会倾向于使用股票支付，被低估时以现金收购。

（3）当卖方相对于买方规模小时，较少使用股票支付。

（4）当买方债务越少，股票支付的可能性越小，现金支付的可能性越大。

（5）现金支付比股票支付更容易战胜竞争对手。

并购中支付方式的选择，受到图5-12所示的八种因素综合影响。

支付方式的选择要考虑买卖双方不同的视角。卖方将所持有的股权或资产换成现金或股票等，这主要是投资行为；而买方通过自有资金、债权或股权融资，换取资产或股权，这主要是融资行为。那么选择不同的支付方式，既会影响到卖方交易后持有的投资组合，也会影响到买方交易后的资本结构。比如说，采取债权融资和现金支付，那么交易后买方财务杠杆偏高，财务风险较大。因此，选择支付形式，要同时从买卖双方的角度考虑，可行的支

---

① 罗伯特·F.布鲁纳.应用兼并与收购[M].北京：中国人民大学出版社，2011：590.

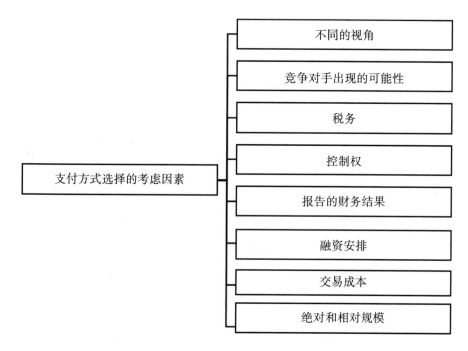

图 5-12　支付方式选择的考虑因素 ①

付方式应该同时满足双方的期望,也是双方利益的平衡。

支付形式的选择要考虑竞争对手出现的可能性,现金支付更能起到阻止竞争对手进入的作用。在恶意并购中,并购方需要尽可能采取措施缩短交易时间,阻止买方股东间的合作以及潜在竞争者的进入,降低出价对投资者的不确定性,那么现金支付是恶意并购者的最佳方式。同样,在一般的协议收购中,也应该采取防御竞争对手进入的支付方式。通常来说,相比于股票支付,卖方更偏好现金支付。

税务和控制权考虑因素在 2.6 节已有详细介绍。

支付方式的选择要考虑报告的财务结果。会计稀释和经济稀释是买方必须考虑的问题,前者来源于并购后收益增长不及对卖方股东的支付,表现为

---

① 罗伯特·F. 布鲁纳. 应用兼并与收购 [M]. 北京:中国人民大学出版社,2011:588–590.

每股收益指标的降低；后者来源于并购后股东价值的降低。相比于会计稀释，经济稀释更值得买方重视，因为协同效应可以弥补会计稀释的损失，但是经济稀释直接关系到标的公司的内在价值。而考虑到报告的财务结果，使用股票支付或换股收购比现金支付更容易发生稀释。

选择支付方式要考虑融资安排。如图 5-13 所示，支付方式决策和融资决策密不可分。从结果来看，现金支付不管是利用公司自由资金，还是债权融资，都会影响财务灵活性。

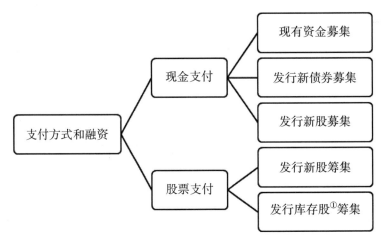

图 5-13 支付方式与融资安排 ②

选择支付方式要考虑交易成本。如图 5-14 所示，用自有资金进行现金支付或库存股支付，交易费用为零；其他支付形式都需要承担交易成本。

选择支付方式要考虑买卖双方规模。当卖方相对于买方规模较小的时候，较少使用股票支付。因为一方面卖方相对规模小，使得并购协同效应的相对价值低；另一方面现金支付对买方财务灵活性的影响较低。

---

① 目前中国不允许。
② 罗伯特·F. 布鲁纳. 应用兼并与收购 [M]. 北京：中国人民大学出版社，2011：588.

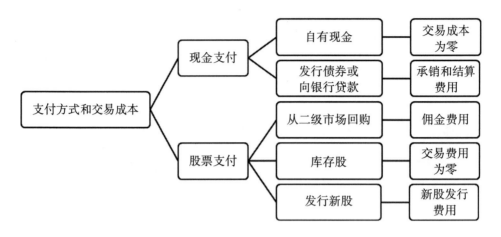

图 5-14 支付方式和交易成本[1]

综上，支付方式基本类别是现金支付和股票支付。对于卖方来说，更容易接受现金支付；而对于准备进行大规模并购的买方来讲，更偏好使用股票支付。当然，最后是双方博弈和谈判的结果，往往表现为"现金＋股票"的混合支付。

5.4 或有支付

对中国企业家来说，或有支付是个陌生的概念。在一些并购交易中，交易对价和支付价格不是固定的，这时就会用到或有支付。它指的是收购中最终的支付对价是不确定的，取决于收购后组成的公司的某个经营目标或某种外在的指数。之所以叫作"或有"，是因为支付的对价总量取决于公司不确定的业绩[2]。

---

[1] 罗伯特·F. 布鲁纳. 应用兼并与收购 [M]. 北京：中国人民大学出版社，2011：588.
[2] 罗伯特·F. 布鲁纳. 应用兼并与收购 [M]. 北京：中国人民大学出版社，2011：619.

或有支付在境外并购中很常见，在国内 A 股并购中并不多见。但目前，中国公司参与境外并购时，越来越多地使用或有支付。

5.4.1 或有支付的形式

如图 5-15 所示，或有支付有多种形式，包括保留款、有条件转让基金、红利支付、股票期权、目标股票和基于财务表现的额外对价。尽管形式不同，但它们都有相似的作用，即解决买卖双方对未来发展乐观程度的不同看法[①]；如果卖方留在公司继续担任管理层，那么还有留住和激励人才的作用[②]。

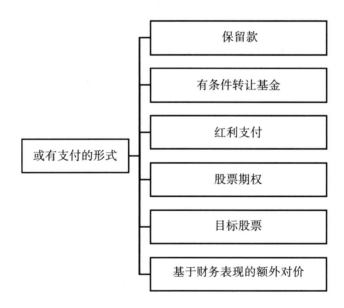

图 5-15　或有支付的形式

第一种或有支付形式是保留款。保留款是最简单的或有支付形式，和字面

[①]　"或有支付"和"业绩承诺与补偿"有异曲同工之妙，在并购实务中都常用于解决估值分歧问题。或有支付起到的是正向激励，就是在交易完成之后，目标公司在一定时间内完成既定目标，买方对卖方会有一个额外的支付；而业绩承诺与补偿起到的是反向激励，交易完成之后，目标公司在一定时间内没有完成既定目标，卖方要对买方支付约定金额的补偿。

[②]　在一定程度上，或有支付和股权激励的形式和目的相似，所以可以借鉴股权激励的形式来理解。

意思相同，是指买方在支付全部价格给卖方时，保留一部分款项。当满足自己的条件时，买方再将保留款给到卖方。与基于财务表现的额外对价不同的是，保留款的触发条件范围更广，同时额度相对固定，一般在并购谈判时就确定好保留款的具体数目。

第二种或有支付形式是有条件转让基金。如果说保留款留在买方手里卖方不放心，那么有条件转让基金就消除了这种担忧。它相当于在卖方还没有达到触发条件时，把这笔钱放在第三方账户里。由这个第三方账户来管理和发放这笔钱，卖方就不用担心买方违约的风险。这类似于在实施股权激励时，公司利用第三方信托计划来管理激励股份，当达到业绩要求时，信托将股权过户到激励对象名下，从而在激励对象和公司之间搭建起互信的桥梁[1]。

第三种或有支付形式是红利支付。这种形式最适用于卖方仍然在公司担任主要管理层，此时红利支付其实就是对卖方的股权激励。这类似于股权激励中的干股，卖方没有出资持有公司股份，却参与分红。

第四种或有支付形式是股票期权。如果卖方继续担任管理层，那么使用股票期权达到了调和并购交易价格和股权激励的双重功效。在实务操作中，股票期权的执行价格往往高于交易结束时的股价，这样卖方管理层只有通过价值创造，为买方带来股东价值的增长，才能行权获得收益。

第五种或有支付形式是目标股票。与股票期权不同的是，目标股票与公司业绩挂钩，而不是二级市场股价，这样就避免了市场波动的风险。目标股票与股权激励的业绩股票相似，不同的是目标股票来源于向卖方发行，且股利与公司业绩挂钩，那么卖方要掏出真金白银来购买；同时虽然挂钩的是公司业绩，没有市场波动风险，但最后的收益实现除了股利，还有股票价格的差价

---

[1] 秦利. 信托是最适合实施股权激励的方式. 证券时报网. http://www.p5w.net/today/200712/t1371365.htm.

收益。

第六种或有支付形式是基于财务表现的额外对价,也叫作盈利能力支付,专有英语名词为"earn-out"。相对于前面五种形式,基于财务表现的额外对价更为复杂,触发条件通过复杂公式和衡量进度的条款约定,它的实用性和重要性不言而喻[1]。虽然这种形式在目前的公开交易中占比较少,但绝对数量上升较快,而且是交易各方协商价款时的重要考虑部分[2]。在下一部分应用中,我们会详细介绍如何构建这种或有支付形式。

在并购谈判的紧要关头,或有支付可能起到打破谈判僵局、促成双方握手的决定性作用。这六种或有支付方式也可以灵活组合,搭配现金支付和股票支付,突破并购交易最关键的环节。

5.4.2 或有支付的应用

或有支付有两大作用:调和双方对公司业绩的不同看法以及激励卖方管理层。在具体应用中,我们以最典型的基于财务表现的额外对价为例,剖析其应用场景、潜在收益及风险,并探索如何设计高效的或有支付形式。

首先,在应用场景上,基于财务表现的额外对价条款如图 5-16 所示。

买卖双方是首先要考虑的应用因素。一方面,当卖方是私人持有的公司或者买方分阶段投资的公司,常使用基于财务表现的额外对价,尤其是收购高科技行业和服务行业的公司时[1]。因为该类型的公司未来业绩不确定性大,人力资本依赖性强,使用基于财务表现的额外对价条款来进行或有支付,可以使买方管理并购风险。另一方面,当买方本身规模越小,买方和卖方来自不同行业时,更有可能使用基于财务表现的额外对价。

---

[1] 在 5.2 节 "交易对价" 中分析过。
[2] 罗伯特·F. 布鲁纳. 应用兼并与收购[M]. 北京:中国人民大学出版社,2011:622.

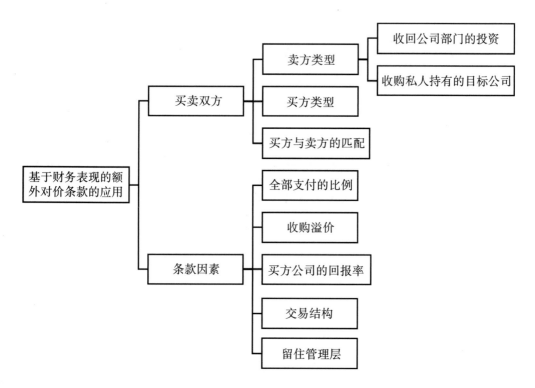

图 5-16　基于财务表现的额外对价条款的应用[1]

此外，其他条款因素也会影响到基于财务表现的额外对价条款的应用。在一般情况下，收购溢价越高、买方越重视卖方中长期盈利能力、买方越想要留住卖方管理层、买方越看重并购回报率，更有可能采用基于财务表现的额外对价条款。

交易设计者在采用基于财务表现的额外对价条款时，不仅要熟知普遍的应用场景，还要熟悉潜在的收益和风险，权衡条款的优缺点。

基于财务表现的额外对价条款的潜在收益和风险如图 5-17 所示。

---

[1] 罗伯特·F. 布鲁纳. 应用兼并与收购 [M]. 北京：中国人民大学出版社，2011：623.

潜在收益	潜在风险
• 跨越估值差距 • 留住股东/管理层 • 股东/管理人员的激励	• 并购后整合 • 定义复杂 • 过于激进的业绩目标 • 管理人员不拥有重要索取权

图 5-17　基于财务表现的额外对价条款的潜在收益和风险

基于财务表现的额外对价条款的潜在收益主要表现在以下三个方面[1]：

（1）跨越估值差异。卖方信誓旦旦地认为自己公司应该有更高的估值，但是买方对此抱有怀疑，不愿意给出较高估值的对价。但是，如果双方同意当公司满足未来业绩目标，那么就值得一个更高的估价，就可以用基于财务表现的额外对价条款来跨越估值差异。尽管在当下，买卖双方存在估值差异分歧，但在未来可以用财务表现的事实来判断和修正，这是共赢的做法。

（2）留住股东或管理层。如果卖方在交易后仍保留部分股权，买方不希望卖方急于套现，或者希望卖方继续担任管理层，那么基于财务表现的额外对价条款可以通过期权性的收益激励卖方，参与分享潜在的未来支付价款。

（3）激励股东或管理人员实现业绩目标。如果卖方仍是少数股东或管理层，买方希望卖方继续在公司治理和经营决策上出谋划策，那么基于财务表现的额外对价条款可以帮助买方通过激励效应，实现期望中的业绩目标。

采用基于财务表现的额外对价条款也存在着潜在风险，表现在以下四个方面[2]：

（1）整合会影响条款的实现。基于财务表现的额外对价条款的激励作用容

---

[1] 罗伯特·F. 布鲁纳. 应用兼并与收购[M]. 北京：中国人民大学出版社，2011：624.
[2] 罗伯特·F. 布鲁纳. 应用兼并与收购[M]. 北京：中国人民大学出版社，2011：625.

易受到约束。如果卖方公司被完全整合到买方集团中，那么卖方即使留任管理层，他的经营决策也很有可能需要服从于集团利益，而非完全遵从标的公司利益，导致业绩目标实现难度加大，激励效应降低。理想状况下的激励作用，需要保障卖方管理层拥有独立运营的控制能力，但在现实中往往难以实现。

（2）定义复杂。虽然概念简单，但是具体业绩目标的合理确定是复杂的。

（3）业绩目标容易设计得过于激进。卖方为达成并购交易可能会夸大未来的业绩收益，而买方会对未来业绩给予较高的期望，这时基于财务表现的额外对价条款成为卖方促进交易达成的"武器"而失去了激励效应，对于买方不利。

（4）管理层不拥有重要索取权。通俗点儿讲，管理层达到基于财务表现的额外对价条款定下的业绩目标，但获得的收益只占公司收益的很小一部分，导致激励效果大打折扣。为了避免这个问题，有必要为管理人员提供额外的激励报酬。

在设计基于财务表现的额外对价条款时，要充分发挥其潜在收益，同时要对潜在风险做好管理；关键要将其设计为基于公司未来业绩的看涨期权[①]。我们用基于普通股的看涨期权来类比，以理解其中的含义，如表5-1所示。

表5-1 基于财务表现的额外对价和基于普通股的看涨期权的比较[②]

项　　目	基于普通股的看涨期权	基于财务表现的额外对价
标的资产	普通股	财务指标、经营业绩等
执行价格	期权合约规定	协议中约定的达标条件
标的资产价格	普通股股价	业绩衡量指标
中期支付	股利	协议中约定的中期现金流
执行期限	短期	中长期，通常为5年
不确定性	标的资产回报率的波动性	经营业绩的不确定性

---

① 罗伯特·F. 布鲁纳. 应用兼并与收购 [M]. 北京：中国人民大学出版社，2011：626.
② 罗伯特·F. 布鲁纳. 应用兼并与收购 [M]. 北京：中国人民大学出版社，2011：627.

如表 5-1 所示，与基于普通股的看涨期权相比，基于财务表现的额外对价条款是非标准化的，是一种衍生证券。影响其价值的最重要因素是不确定性，其次是剩余期限。事实上，期权市场因未来的不确定性，悲观和乐观的看法同时存在。并购双方分歧越大，公司经营难度越大，基于财务表现的额外对价条款的价值就越大。

在设计基于财务表现的额外对价条款时，要参考标准化的看涨期权的一些基本要素，如标的资产、执行价格、标的资产价格、执行期限、中期支付等，并在此基础上有所创新，具体分析如下。

第一，基于财务表现的额外对价条款的金额和占比要合理确定。大多数情况下，占总对价比例在 20%～70%。小于 20%，买家风险大，对卖方激励作用不足；大于 70%，卖方风险过大。恰当的平衡，取决于并购双方的目标、条款的风险、卖方公司的实力等。

第二，业绩指标的选择要科学合理。可以考虑使用销售收入、增量利润、税前利润、现金流或 EBITDA、里程碑事件等，如图 5-18 所示。

第三，执行期限为中长期，一般在 1~5 年。时间越长，卖方获得的对价现值就越低，但是，时间越长，卖方越有余地去实现业绩目标。

第四，要有支付进度表。例如采用分档设定奖励的方式，设定最低支付、超额支付、支付上限等要素。没有完成 50% 的业绩目标，不给予奖金；完成 50%~100%，那么超过 50% 的部分按比例支付；超额完成业绩目标，那么超额部分按比例支付奖金，并设定支付上限。考虑到数年时间的跨度，买方还可以设置累计业绩，避免短期行为。

第五，必须明确谁将控制目标公司的重要决策。通常来讲，卖方管理层经营独立性越强，基于财务表现的额外对价条款越有效。当标的公司完全整合到买方公司时，基于财务表现的额外对价条款最不可能有效。事实上，整合

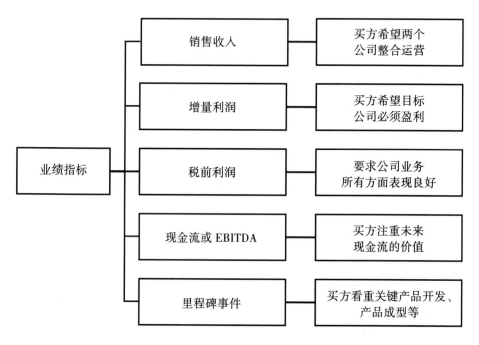

图 5-18　业绩指标的选择[1]

在所难免，所以业绩目标的设定一定要考虑整合因素[2]。

第六，业绩衡量要用并购双方都认可的会计准则，要有独立的会计和审计机构监控业绩目标的实现结果。

第七，对于并购后如何开展业务，并购双方要达成共识。卖方管理层还必须得到保证——公司中途被买方出售，不会影响到基于财务表现的额外支付条款的实现。

【汤臣倍健跨境并购澳洲益生菌龙头的或有支付】[3]

并购澳洲益生菌龙头 Life Space，汤臣倍健采用并购基金的方式。根据协

---

[1] 罗伯特·F. 布鲁纳. 应用兼并与收购 [M]. 北京：中国人民大学出版社，2011：629.
[2] 罗伯特·F. 布鲁纳. 应用兼并与收购 [M]. 北京：中国人民大学出版社，2011：630.
[3] 并购汪. 35亿并购基金！汤臣倍健：拿下澳洲益生菌龙头 Life Space. 转引自创头条. http://www.ctoutiao.com/835579.html；汤臣倍健. 发行股份购买资产报告书（草案）. 巨潮资讯网. http://www.cninfo.com.cn/new/disclosure/detail?plate=szse&stockCode=300146&announcementId=1205685207&announcementTime=2018-12-22.

议，汤臣倍健与中平资本、广发信德共同成立并购基金汤臣佰盛，汤臣倍健持股53.33%。汤臣佰盛境外设立的孙公司澳洲佰盛作为收购主体，与澳大利亚交易对手进行谈判。

交易中，并购基金孙公司澳洲佰盛承诺支付固定交割金额5.865亿澳元。如果标的2018年会计年度EBITDA金额超过3 087万澳元，澳洲佰盛将支付"盈利能力浮动金额"。盈利能力浮动金额的具体数额与标的EBITDA水平挂钩，具体公式为盈利能力浮动金额=（2018年EBITDA-3 087万澳元）×19，但设置上限1.035亿澳元。

澳洲佰盛承诺，将在交割日支付固定交割金额5.865亿澳元，并将1.035亿澳元存进托管账户。如果标的EBITDA达标，剩余支付款直接从托管账户划转给交易对手。反之，托管账户资金原路退回澳洲佰盛。

从这个案例中可知，设计基于财务表现的额外对价条款并非易事：要关注关键问题，如业绩目标和价值；要保持简单，定义清晰，让双方易于理解和衡量；要保持现实，未来难以预测，但买方过往的内部公司如何经营、卖方公司近年业绩是最好的参考[1]。成功的条款设计可以让并购双方达成价格协议和提供管理层激励，创造双赢局面[2]。

5.5 融资安排

融资安排是买方交易结构的重点，因为绝大多数交易都不是用企业的自有资金完成的，因此能不能找到"便宜的钱"就成为并购交易中的一个重点。接下来

---

[1] 罗伯特·F. 布鲁纳. 应用兼并与收购[M]. 北京：中国人民大学出版社，2011：646.
[2] 罗伯特·F. 布鲁纳. 应用兼并与收购[M]. 北京：中国人民大学出版社，2011：647.

首先介绍融资决策的七个维度，然后介绍目前流行的并购融资渠道和典型应用。

5.5.1 融资决策的七个维度

如图 5-19 所示，在并购融资决策时需要考虑的七个维度分别是融资类型组合、到期时间、收益基础、币种、创新条款、控制权和发行方式。

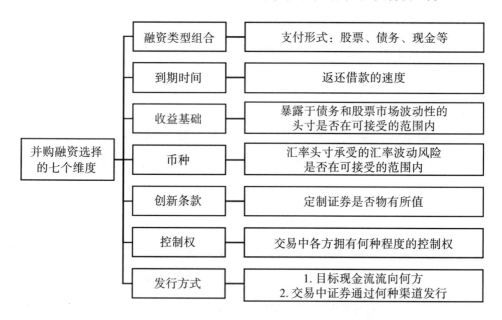

图 5-19　并购融资决策的七个维度[①]

第一，融资类型组合建立在不同融资类型的基础上，通常可以分为权益融资、债务融资、混合融资和并购基金四大类。在建立最优的融资组合时，通常会借鉴融资顺序理论，即先内部融资，然后债务融资，最后寻求权益融资。另一种理论认为，要利用债务的税盾价值和避免违约风险的平衡，寻求融资组合的公司价值最大化。具体的融资渠道和应用会在后面详细介绍。

第二，到期时间指的是返还借款的时间，通常用年来衡量，而且商业票据

---

① 罗伯特·F. 布鲁纳. 应用兼并与收购 [M]. 北京：中国人民大学出版社，2011：592-594.

（短期）、票据（中期）和债券（长期）的差异非常大[①]。评估到期时间的目的是，公司的负债期限和资产期限相匹配，减少违约或再融资的风险。

第三，收益基础指的是融资中使用的是固定利率还是浮动利率，这主要取决于管理层对未来利率走势的判断。一般来说，收益基础不是重要的考虑因素。

第四，在跨境并购中不得不考虑币种。在跨境并购中，可以利用国际资本市场融资，这时债权融资要考虑币种的汇率波动问题。同时，当跨国公司产生利润的币种和经营币种不同时，会产生汇率头寸。稳健的管理层会使用套期保值，控制汇率波动风险。

第五，创新条款指的是可转换债券、可交换公司债券、认股权证等[②]。

第六，与支付形式一致，融资安排也要考虑控制权。一般来讲，管理团队都不愿意受到过多的外部控制，而并购融资会产生债权人和新股东，受到债务约束、抵押条款、优先股条款和普通股投票权的限制。对于买方来讲，要做好公司章程和反并购的防御措施，同时搞清在并购融资中谁将持有公司的证券。

第七，发行方式指的是零售或机构销售、国内或国际销售、包销或代销。发行方式影响到并购融资的顺利与否、成本高低和回报方式，建议选择成熟的承销商。在回报方式上，公司会采用股利、资本利得、回购、分拆股票、额外股利等方式的组合，来吸引投资者参与并购融资。

上述七个维度，给融资安排提供了多元化的分析视角。首先，像投资者一样思考，最小化并购融资的加权平均资本成本，最大化股东和公司价值；其次，像债权人一样思考，关注未来现金流、资产抵押、资本金、经济环境等；

[①] 罗伯特·F. 布鲁纳. 应用兼并与收购 [M]. 北京：中国人民大学出版社，2011：593.

[②] 在后面的并购融资渠道部分详细介绍。

再次,像 CEO(首席执行官)一样思考,考虑考虑财务灵活性、可持续性和战略目标的一致性;最后,用综合的视角来分析并购融资方案的财务后果和战略后果[①]。

5.5.2 融资渠道

并购融资渠道有多种分类方式。按照内外部来分类,可以分为内部融资和外部融资,如图 5-20 所示。

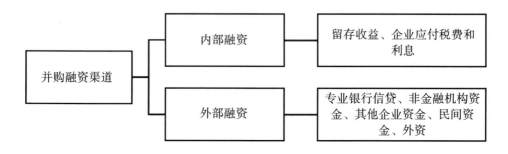

图 5-20 并购融资渠道分类

内部融资渠道包括盈余公积或未分配利润等留存收益、企业应付税费和利息等,外部融资渠道包括专业银行信贷、非金融机构资金、其他企业资金、民间资金和外资。这两种融资渠道的优缺点如表 5-2 所示。

表 5-2 内外部融资渠道的优缺点比较

融资渠道	优 点	缺 点
内部融资渠道	无成本、风险小	数额有限
外部融资渠道	速度快、弹性大、金额大	成本高、风险大

内部融资渠道的优点是无成本、风险小,缺点是能够筹集的资金量有限;外部融资渠道的优点是速度快、弹性大、金额大,缺点是成本高、风险大。融资成本主要由两部分组成,即筹资费用和占用费用。前者在筹措资金时一

---

① 罗伯特·F.布鲁纳.应用兼并与收购[M].北京:中国人民大学出版社,2011:597.

次性支付，如银行手续费、债券发行费，从筹资总额中扣除；后者涵盖资本成本的主要内容，如股利和利息。

除了按照内外部分类，更常用的分类方法是按照权益、债务来分类，如图 5-21 所示。

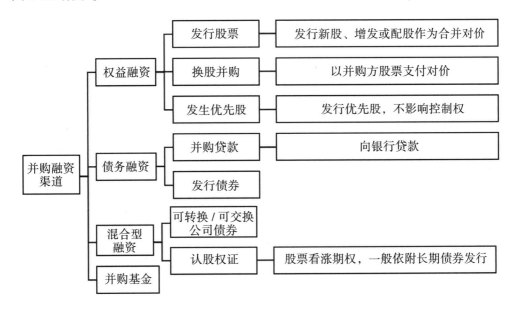

图 5-21 常用并购融资渠道分类

按照权益、债务来分类，第一类权益融资包括发行股票、换股并购和发行优先股；第二类债务融资包括并购贷款和发行债券；第三类混合型融资包括可转换公司债券、可交换公司债券、认股权证；第四类为并购基金。

其中，可转换公司债券，指的是债券持有人可按照发行时约定的价格将债券转换成公司的普通股票的债券。而可交换公司债券，简称 EB，指的是上市公司大股东抵押股票给托管机构发行的债券，债券持有人满足约定条件时可以将其换成上市公司股票。前者转换时新增上市公司股份，后者交换时不增加股份。

并购基金主要表现为"PE+上市公司"，它已成为 A 股上市公司并购的主流融资模式，将在下一节中详细介绍。

表 5-3 所示的是上述各种常用融资渠道的优缺点。由于每种融资渠道都有优点和缺点，因此在实务中合并融资一般采用组合方案。例如，杠杆收购往往采用"自筹资金＋并购贷款＋发行债券（并购基金）"的融资组合，收购方提供 10%~20% 的资金，以标的公司的资产作为抵押向银行贷款 50%~60% 的资金[1]，剩余 30%~40% 的资金通过发债券募集，以被收购公司的未来现金流来支付借贷利息。中国天楹"蛇吞象"收购西班牙 Urbaser 就采用了"发行股份＋海外并购贷款＋并购基金"的融资组合，继峰股份跨境并购 Grammer 采用的是"并购基金＋海外并购贷款"的融资组合。

表 5-3 常用并购融资渠道的优缺点

并购融资渠道	优 点	缺 点
发行股票	不增加企业负债	稀释股权或降低每股收益
换股并购	避免短期现金大量流出，降低风险	法规严格，审批烦琐，耗时长
发行优先股	不影响控制权	融资成本高于债券
并购贷款	手续简便，融资成本低，利息税前扣除	向银行公开信息，借款协议限制经营，降低再融资能力
发行债券	财务杠杆降低税负，避免稀释股权	多则影响资产负债结构，提高再融资成本
可转换公司债券	利息较债券低，报酬率及转换价格操作灵活，或可不偿还本金	因股价的不确定性或财务损失或承受现金流压力，转股票后稀释股权
可交换公司债券	风险分散	方案设计复杂，交换使发行人的股份减少
认股权证	延迟股权稀释时间，延期支付股利	或有损失（行权时市价过高）
并购基金	杠杆收购，不占用过多资金；提高并购效率；提高公司估值	杠杆风险、内幕交易风险、监管风险、流动性风险

---

[1] 2015 年 2 月 11 日，银监会修订印发了《商业银行并购贷款风险管理指引》。该指引在 2008 年版本的基础上，为更好配合促进企业兼并重组的产业政策，合理满足企业的并购融资需求，将并购贷款期限由 5 年延长至 7 年；将并购贷款占并购交易价款的比例要求由 50% 提高到 60%；将担保的强制性规定修改为原则性规定。

5.5.3 典型的融资安排

如上所述，典型的融资安排往往是权益融资、债务融资、混合型融资和并购基金的组合安排。其中，权益融资包括发行股票、换股并购、发行优先股；债务融资包括并购贷款和发行债券；混合型融资包括可转换公司债券、可交换公司债券和认股权证；并购基金一般以"PE+上市公司"模式为主，上市公司做有限合伙人，出资比例可多可少，可以出资10%以下，也可以作为单一有限合伙人。

【中国天楹"蛇吞象"收购西班牙Urbaser的融资安排】[①]

西班牙Urbaser是欧洲具有18年历史的著名环保企业，业务横跨全球20个国家，是名副其实的"现金牛"。中国天楹是A股上市公司，营收仅为西班牙Urbaser的1/8，所以此次也是"蛇吞象"的杠杆收购。

此次并购共分两步。首先在2016年，中国天楹参与了Urbaser的海外竞标程序，随后成立并购基金江苏德展完成了对Urbaser的收购；其次，在2017年年底，中国天楹宣布拟作价85.74亿元收购江苏德展100%股权，将Urbaser注入上市公司。

这次"蛇吞象"并购的看点在于如何用8.5亿元撬动88亿元跨境并购资金，这背后有着怎样巧妙的融资安排？图5-22所示为中国天楹并购Urbaser的融资安排。

[①] 88亿最大环保并购！中国天楹"蛇吞象"收购西班牙Urbaser并购基金妙用. 转引自创头条 http://www.ctoutiao.com/815629.html；中国天楹. 发行股份及支付现金购买资产并募集配套资金暨关联交易报告书. 巨潮资讯网. http://www.cninfo.com.cn/new/disclosure/detail?plate=szse&stockCode=000035&announcementId=1205574845&announcementTime=2018-11-02.

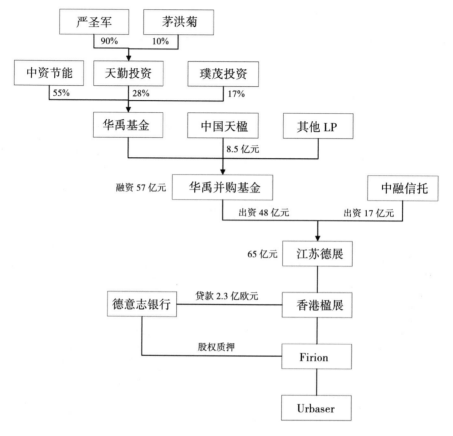

图 5-22　中国天楹并购 Urbaser 的融资安排①

第一步，成立并购基金。中国天楹与关联方华禹基金共同发起并购基金，简称"华禹并购基金"，同时中国天楹作为劣后级 LP（有限合伙人）出资 8.5 亿元，华禹基金作为 GP（普通合伙人）出资 1 000 万元（作为劣后级资金）。其他 LP 包括中资节能、大港股份等，融资近 57 亿元。

中国天楹搭建的并购基金，采用了"上市公司控股股东 + 上市公司 + PE"

---

① 中国天楹．发行股份及支付现金购买资产并募集配套资金暨关联交易报告书．巨潮资讯网．http://www.cninfo.com.cn/new/disclosure/detail?plate=szse&stockCode=000035&announcementId=1205574845&announcementTime=2018-11-02.

的模式，上市公司在并购基金中担任劣后级 LP，控股股东选择了在 GP 中持有 28% 的股份。这种模式的优势在于既引入有经验 PE（私募股权投资）降低并购风险，又便于保持对标的公司和收购进程的影响力，同时更易于引入第三方资金。

第二步，在子公司层面引入股权投资者（明股实债）。华禹并购基金的子公司江苏德展引入了新的股权投资者中融信托，结构调整完毕后，华禹并购基金对江苏德展出资 48 亿元，中融国际对江苏德展出资 17 亿元，合计出资 65 亿元，这是明股实债的做法。孙公司香港楹展取得 2.3 亿欧元的海外并购贷款，质押的是中间层公司的股权，而不是 Urbaser 的股权。

中国天楹采用了一种典型的便于进行跨境并购的并购基金结构设计。通过设立下属子公司，引入债权杠杆，通过类似的"股权杠杆 + 债权杠杆 + 多层结构设计"可以极大地增强募资能力。同时通过质押中间层公司可不影响西班牙 Urbaser 原有负债结构。

第三步，安排短期投资者中融信托退出，并偿还短期海外并购贷款。中融信托对江苏德展的投资为典型的"明股实债"，实际上投资期限较短，到期后需要马上退出。中融信托通过向外部投资者陆续转让江苏德展股权的方式，逐渐实现退出。

孙公司香港楹展取得的海外并购贷款期限较短，只有 1 年。为了偿还海外并购贷款，江苏德展接受平安人寿等投资者增资 13 亿元。江苏德展还取得了中国进出口银行提供的 4 490 万欧元贷款，期限为 7 年，用来偿还海外并购贷款，通过"借新还旧"有力地优化了江苏德展的现金流。

至此，中国天楹通过"上市公司控股股东 + 上市公司 + PE"搭建并购基金，通过"股权杠杆 + 债权杠杆 + 多层结构设计"引入短期股权投资者和海外并购贷款融资，用 8.5 亿元撬动 88 亿元跨境并购资金，完成了对西班牙 Urbaser "蛇吞象"的经典杠杆并购。此外，在最后的融资安排中，短期股权投资者顺利退出，短期海外并购贷款顺利偿还。

5.6　并购基金

2016年《上市公司重大资产重组管理办法》（以下简称《重组新规》）的出台使得并购市场发生质变，上市公司成立并购基金的热情高涨，并购基金成为上市公司完成并购的主要融资方式。

上市公司参与并购基金的主流方式是"PE+上市公司"模式，该模式广泛运用于A股上市公司并购实务。此外，还有"券商或券商系基金+上市公司"模式。接下来结合具体案例介绍不同模式的并购基金，并分析其运营和退出机制。

5.6.1　并购基金的模式

资本市场的不断完善，为并购基金的发展提供了良好的环境。并购基金的主要优势在于，拥有较强融资能力的上市公司与拥有专业投资与管理能力的基金管理公司强强联手，优势互补，为并购项目提供所需的产业资本、丰富的投资经验和专业的风险控制能力[1]。

如表5-4所示，并购基金具备杠杆效应、专业性、市场化安排、双重市场收益等优势，在政策监管和投资收益上存在风险。

那么，上市公司参与的并购基金有哪些模式？主流的模式是"上市公司+PE"，其中又分为四种不同情况；此外还有"券商或券商系基金+上市公司"模式。

---

[1] 方圆.上市公司参与设立并购基金的模式分析——以暴风科技隽晟基金为例[J].现代经济信息，2016（17）：331-333.

表 5-4　并购基金的利弊分析[①]

序号	利	弊
1	撬动社会资金。使上市公司并购形成杠杆效应，减少并购资金风险	上市公司需对优先级资金本金及收益进行担保或兜底
2	提高专业性。联合专业机构，提高并购的专业性和成功率	存在内幕交易及监管风险
3	更灵活的市场化安排。便于采取对赌安排、更灵活的激励制度、更多元化的退出方式等	投资效益不达标或基金亏损。产业投资周期长、流动性较低，投资回收期较长，且投资并购过程中将受宏观经济、行业周期、投资标的公司经营管理、并购整合等多种因素影响，将可能面临投资效益不达预期或基金亏损的风险
4	获得一级市场投资收益＆二级市场市值管理	
5	储备与培育战略业务	

第一种，"上市公司+PE"并购基金模式是上市公司直接与PE合作设立并购基金。典型的例子是上市公司东阳光科联合PE机构九派资本设立新能源产业并购基金。东阳光科作为LP，出资99%；九派资本作为GP，出资1%。九派资本是基金管理人，主要负责并购基金的日常经营管理及对外投资；并购基金成功投资后，东阳光科有权选定专业人员参与目标公司管理[②]。

第二种，"上市公司+PE"并购基金模式是上市公司、关联方和PE联合设立并购基金，这个关联方常常是上市公司控股股东。上市公司中恒集团、大股东中恒实业、PE机构盛世景及其负责募集的出资方共同设立的医药产业并购基金就是这种模式。其中中恒集团作为LP，出资29%；中恒实业作为LP，出资20%；盛世景作为GP，与其他由其募集的LP合计出资51%。

第三种，"上市公司+PE"并购基金模式是上市公司与PE子公司合作设

[①] 中集战略洞察．上市公司参与发起设立产业并购基金模式＆案例分析[J/OL]．信托周刊，2016-05-07．
[②] 陶旭东，牛元栋．A股上市公司参与设立并购基金模式及案例研究[J/OL]．计兮网，2015-02-15．

立并购基金。例如，当代东方和华安基金子公司华安资管共同成立文化产业并购基金，由当代东方及其关联方认购劣后份额。

第四种，"上市公司+PE"并购基金模式是上市公司子公司联合PE设立并购基金。例如，上市公司中源协和拟设立子公司中源投资，作为并购基金运营平台，参与发起设立多支并购基金。在这个模式下，上市公司中源协和作为LP，自筹不超过10亿元参与发起多支并购基金，子公司中源投资作为GP，负责寻找并购项目、投资管理及退出，并且享有一票否决权；PE机构为并购基金联合GP，同时要负责招募LP[①]。

总结上述四种"上市公司+PE"模式，可以发现有两个共同特点：第一，都采取有限合伙形式，上市公司可担任LP，也可与PE合资成立公司担任GP，一般出资10%以上；PE机构作为GP，除自身出资外，一般负责对外募集剩余的资金。第二，上市公司在并购基金中发挥越来越重要的作用，从单纯出资到担任GP共同管理，甚至有一票否决权[②]。

除了和PE机构合作参与并购基金，上市公司还与券商系基金设立并购基金，进行产业并购与投资。这样的例子有昆明制药联合平安证券旗下平安财智和平安智汇成立医药产业并购基金，华泰证券控股子公司联合爱尔眼科、蓝色光标等多家上市公司设立并购基金。

5.6.2 并购基金的运营管理

并购基金的运营管理内容包括出资比例、投资方向、投资管理、投资决策机制和投后管理等。以上述的东阳光科、中恒集团、当代东方和中源协和为例，介绍这些并购基金时如何进行运营管理的。

确定出资比例是并购基金运营管理的首要任务，常见的有五种方式，如表5-5所示。

[①②] 陶旭东，牛元栋. A股上市公司参与设立并购基金模式及案例研究[J/OL]. 计兮网，2015-02-15.

表 5-5　并购基金出资比例的 5 种方式 ①

出资比例	上市公司	PE 机构	其余资金
方式一	上市公司或其大股东出资 10%～30%	PE 机构出资 1%～10%	其余资金由 PE 机构负责募集
方式二	上市公司或其大股东作为单一 LP 出资其余部分	PE 机构出资 1%～2%	无
方式三	上市公司（或上市公司与大股东控制的其他公司一并）与 PE 机构共同发起成立"投资基金管理公司"，由该公司作为 GP 成立并购基金。上市公司出资 20%～30%		上市公司与 PE 机构共同负责募集其余部分
方式四	上市公司出资 10%～20%	PE 机构出资 10% 以下	结构化投资者出资 30% 或以上作为优先级，剩余部分由 PE 机构负责募集
方式五	上市公司出资 10% 以下	PE 机构出资 30%	剩余部分由 PE 机构负责募集

这五种出资比例已在 A 股上市公司并购基金中运用，比如说东阳光科成立的并购基金采用的就是方式二的出资比例。基金规模为 3 亿元，以上市公司主体为 LP，出资 2.97 亿元，出资比例为 99%；PE 机构九派资本为 GP，出资 0.03 亿元，出资比例为 1%。

这五种出资比例构建的并购基金各有优缺点，如表 5-6 所示。

表 5-6　并购基金不同出资比例的优缺点 ②

出资比例	优　点	缺　点
方式一	由于上市公司投入资金比例较大，对并购基金其余部分资金募集提供背书，资金募集比较容易	上市公司前期投入大量资金，占用公司主业的经营性现金流

---

① 并购基金的概念、合作模式、运营管理和盈利模式. 转引自搜狐. http://www.sohu.com/a/206118438_498791.
② 并购基金的概念、合作模式、运营管理和盈利模式. 转引自搜狐. http://www.sohu.com/a/206118438_498791.

续表

出资比例	优　点	缺　点
方式二	资金主要由上市公司提供，上市公司决策权力较大；未来获得的后期收益分成比例较其他模式并购基金高	此类并购基金通常规模较小，无法对大型标的公司进行并购；并且绝大部分由上市公司出资，无法发挥资本市场的杠杆作用
方式三	PE机构与上市公司共同作为GP股东分享管理费及收益分成	上市公司需要负有资金募集责任，作为基金管理人股东，面临着双重税收的问题
方式四	由于优先级投资者要求的回报收益较低，因此利用较多结构化资金可以降低资金使用成本，杠杆效果明显	结构化资金募集一般要求足额抵押或者担保，并且要求有明确的并购标的。如果银行作为优先级则内部审核流程较为烦琐，基金设立效率较低
方式五	上市公司仅需要占用少量资金即可撬动大量资金达成并购目的	上市公司质地需非常优质，PE机构具有较强的资金募集能力，并购标的明确，短期投入即可带来大额收益

　　确定投资方向是并购基金运营管理的出发点。上市公司通过并购基金投资，要寻找符合长期战略需求、提高主业核心竞争力或其他高成长性的项目。也就是说，要么增长主业核心竞争力，要么开辟业务第二赛道。例如，中恒集团在并购基金协议中就这样规定："收购或参股符合具备良好成长性的医药企业，通过产业整合与并购重组，为中恒集团提供优质项目资源的选择和储备。"[①] 这就是用并购基金增强主业核心竞争力的做法。再如东阳光科在公告中这样规定："加快拓展以下领域：①移动互联、通信电子（含NFC）；②可穿戴设备；③高端新材料、新能源在汽车、高铁相关领域的投资机会。"[②] 东阳光科的主营业务是电化工、氟化工产品，而并购基金聚焦于移动互联、智能穿

---

① 中恒集团. 关于拟与关联方及第三方专业投资管理机构共同发起设立医药产业并购基金的框架协议公告. 巨潮资讯网. http://www.cninfo.com.cn/new/disclosure/detail?plate=sse&stockCode=600252&announcementId=1200077051&announcementTime=2014-07-25.

② 东阳光科. 关于公司与深圳市九派资本管理有限公司合作设立并购基金的公告. 巨潮资讯网. http://www.cninfo.com.cn/new/disclosure/detail?plate=sse&stockCode=600673&announcementId=1200026857&announcementTime=2014-07-03.

戴、新能源新材料这些领域，说明东阳光科在寻找开辟第二赛道的机会。

投资管理是并购基金运营管理的基础要素。也就是要确认上市公司和PE机构在并购基金中的角色及其职责，尤其是普通合伙人（GP）的确认。普通合伙人要为并购基金提供日常运营及投资管理服务，包括项目筛选、立项、行业分析、尽职调查、谈判、交易结构设计、投决书撰写及投决会项目陈述等。一般来说，PE机构会担任普通合伙人和基金管理人；而上市公司也担任普通合伙人时，就要协助PE机构进行项目筛选、立项、组织实施等，有的上市公司甚至会利用行业优势完成主导项目源的提供和筛选。

投资决策机制是并购基金运营管理的关键，是并购基金控制权安排的重点所在。中恒集团发起的并购基金的合伙协议规定："合伙企业设投资决策委员会，是合伙企业决定项目投资的最高权力机构，投资决策委员人员5名，盛世景推荐2名，中恒集团及中恒实业各推荐1名，其他出资人推荐1名。投资决策程序采用投票制，一人一票，共5票，4票通过有效。合伙企业投资的项目未来优先由中恒集团进行收购，具体事宜由合伙企业与中恒集团共同按上市公司相关法规、中恒集团《公司章程》和市场公允原则协商确定。"[1] 这就保障了大股东中恒集团通过手中实际控制的两票享有投资决策的否决权。

此外，有些上市公司（如中源协和）会在协议中直接规定，公司对所参与出资（不含以普通合伙人身份的出资）的并购基金的拟投资项目可以享有否决权。就是说，即使只担任LP，上市公司也可以否定投资决策委员会的结果，降低了并购风险。

投后管理是并购基金运营管理的难点。并购基金在投资或者收购标的公司，但尚未将标的公司注入上市公司时，并购基金就需要做好投后管理。一

---

[1] 中恒集团.关于拟与关联方及第三方专业投资管理机构共同发起设立医药产业并购基金的框架协议公告.巨潮资讯网. http://www.cninfo.com.cn/new/disclosure/detail?plate=sse&stockCode=600252&announcementId=1200077051&announcementTime=2014-07-25.

般来讲，PE机构负责并购后企业的战略规划、行业研究分析、资源整合优化等工作[1]。也就是说，PE机构作为基金管理人，在投后管理中负责主要工作，而有的上市公司也会积极参与投后管理的工作。例如东阳光科协助九派资本，在并购基金对标的公司成功投资后，有权选定专业人员参与标的公司管理。

综上，出资比例、投资方向、投资管理、投资决策机制和投后管理，构成了并购基金的运营管理机制。积极的上市公司会在并购基金运营管理中扮演重要角色，既作为LP出资，又担任GP共同管理，握有投资决策的关键票，同时主动参与投后管理。

5.6.3 并购基金的退出和盈利方式

图5-23所示的是"上市公司+PE"模式的并购基金退出方式。

对于大多数上市公司来讲，成立并购基金的目的是做强业务。那么只要项目运行正常，第一考虑的是把标的公司注入上市公司。例如，当代东方在并购基金协议中声明，标的资产达到各方约定条件后，其对应的基金资产将通过优先出售予上市公司的方式实现退出[2]。东阳光科也在并购基金协议中表明，东阳光科有权选择在合伙企业存续期内的合理时点，优先收购并购基金投资标的公司股权[3]。

---

[1] 并购基金的概念、合作模式、运营管理和盈利模式. 转引自搜狐. http://www.sohu.com/a/206118438_498791.

[2] 当代东方. 关于与盛世景资产管理股份有限公司签署《关于共同发起设立产业并购基金之合作框架协议》的公告. 巨潮资讯网. http://www.cninfo.com.cn/new/disclosure/detail?plate=szse&stockCode=000673&announcementId=1202692029&announcementTime=2016-09-10.

[3] 东阳光科. 关于公司与深圳市九派资本管理有限公司合作设立并购基金的公告, 巨潮资讯网. http://www.cninfo.com.cn/new/disclosure/detail?plate=sse&stockCode=600673&announcementId=1200026857&announcementTime=2014-07-03.

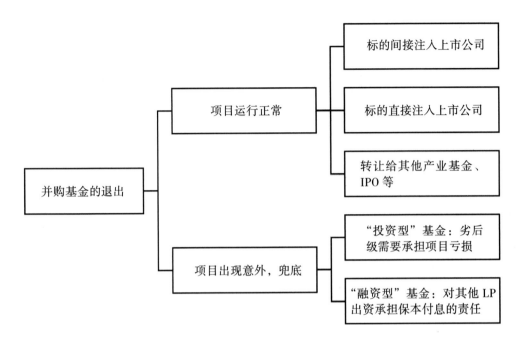

图 5-23　并购基金的退出方式

将标的公司注入上市公司有间接和直接两种方式。

间接注入方式指的是，并购基金收购标的公司后，上市公司直接收购并购基金合伙人的股份或份额；并购基金成为上市公司子公司，上市公司通过并购基金间接持有标的公司；并购基金股东或合伙人要么实现套利退出，要么直接持有上市公司股份。

直接注入方式指的是，并购基金收购标的公司后，上市公司与并购基金进行并购交易，直接收购标的公司。并购基金本身成为上市公司的股东，并购基金的股东或合伙人通过并购基金间接持有上市公司股份。在"上市公司＋PE"模式下，这种方式会产生交叉持股的问题，存在合规风险。可以在并购基金收购标的公司之后，通过上市公司先行退出或支付现金实现自身退出等方式，解决交叉持股问题，常见的做法有以下五种[①]：

（1）上市公司向并购基金现金收购资产。

（2）上市公司提前退出并购基金，并购基金所持的部分标的股份可转让给上市公司，以实现上市公司退伙，然后上市公司向并购基金发行股份购买资产。

（3）上市公司向控股股东或投资者转让并购基金的股份或份额，然后向并购基金发行股份购买资产。

（4）上市公司向并购基金发行股份购买资产的同时，向并购基金支付现金对价，现金对价用于实现上市公司从并购基金退伙。

（5）上市公司收购并购基金其余股东/出资者持有的并购基金股份/份额，从而全资持有并购基金，并间接持有标的公司100%股权。

沙钢股份的案例是典型的间接注入方式。沙钢股份控股股东沙钢集团成立了"大股东+PE"型并购基金，名为苏州卿峰。该并购基金收购了数据中心Global Switch 49%股权及2%股权的购买期权。沙钢股份如何将这块资产间接注入上市公司呢？沙钢股份向并购基金苏州卿峰的15名股东发行股份，购买苏州卿峰100%股权。交易完成后，苏州卿峰将成为上市公司子公司，并购基金15名股东获得上市公司股份，实现并购基金的退出。交易完成后，沙钢集团对上市公司的持股比例将由20.34%提升到20.7%[②]。

相比间接注入的方式，直接注入上市公司的案例相对更多。例如，上市公司木林森通过"上市公司+PE"模式发起并购基金"和谐明芯"，木林森作为LP，出资占31.2%的份额。在并购基金退出时，木林森面临交叉持股的问题，于是设计了发行股份并支付现金的交易方案。交易中的现金对价用于实

[①] 并购汪.破解难题！"上市公司+PE"并购基金退出须知，如何避免"交叉持股"?.转引自 http://www.360doc.com/content/17/0613/00/21754836_662531849.shtml.

[②] 并购汪.238亿！详解并购基金的退出模式：从沙钢股份谈起……转引自华尔街见闻. https://wallstreetcn.com/articles/3440356.

现木林森从并购基金中退伙。退伙手续完成后,上市公司再将和谐明芯所获得的新增股份登记上市。交易完成后,并购基金最终持有木林森15.41%股份,成为上市公司二股东[①]。

表5-7所示的是并购基金间接和直接两种退出方式对上市公司控制权、投资者退出路径、锁定期和业绩承诺的影响。

表5-7 并购基金不同退出方式的影响[②]

退出方式	间接退出方式	直接退出方式
上市公司控制权	上市公司与并购基金的多名股东或出资人交易,假设交易对手不构成一致行动人,那么上市公司控制权应当是稳定的	并购基金直接取得上市公司的股份。如果并购基金与上市公司控股股东无关,则有可能造成控股股东失去第一大股东地位。但是,假设并购基金为"上市公司大股东+PE"形式,就会有很大的不同。假设控股股东控制了"上市公司大股东+PE"型并购基金,且并购基金直接作为上市公司的交易对手。那么交易完成后,控股股东的控制权反而大为提升。这相当于控股股东实现"少出资但是提高持股比例"的目的
投资者退出路径	在换股交易[③]完成后,并购基金股东或合伙人直接持有上市公司的股份,可在锁定期到来后分别减持上市公司股份实现退出	并购基金直接持有上市公司的股份。并购基金的股份或合伙人想得到分配,应当在并购基金减持股份之后。而有限合伙型的并购基金可制定不同的分配顺序
锁定期和业绩承诺	如果并购基金持有标的公司超过12个月,锁定期为12个月,不强制业绩承诺;如果并购基金持有标的公司不足12个月,锁定期为36个月	假设投资者参与了"上市公司大股东+PE"型的并购基金,则面临锁定期为36个月、强制做出业绩承诺的风险

---

① ② 并购汪.238亿!详解并购基金的退出模式:从沙钢股份谈起……转引自华尔街见闻. https://wallstreetcn.com/articles/3440356.

③ 如果是现金交易,并购基金股东和合伙人实现套利退出。

如果项目出现意外，上市公司可能要履行并购基金的"兜底"条款[①]。在合并结构化的并购基金出资中，通常是这样的结构：GP最小出资额；优先级LP，出资50%~60%；中间级LP，出资20%~30%；劣后级LP（上市公司），出资10%~30%。在并购基金退出时，按照优先级、中间级和劣后级合伙人的顺序进行收益分配。所以上市公司如果作为劣后级LP，在投资失利的情况下，很有可能颗粒无收，甚至要承担优先级的损失。这类似于"明股实债"的安排，优先级LP、中间级LP名义上对并购基金的出资为"股权出资"，但是性质更接近"债权出资"。

这会存在潜在的风险，甚至可能会因为协议要求补足收益"差额"。在光大资本与暴风投资通过设立产业并购基金（浸鑫基金）收购全球体育版权公司MPS的案例中，光大资本因出具《差额补足函》，履行对两名优先级合伙人的"兜底"协议，最后栽了大跟头，详情见第9章旋极信息的案例分析。

并购基金的盈利模式通常是间接或直接被上市公司并购后，获得现金或股份的对价。此外，并购基金本身还有其他盈利模式，如表5-8所示。

表5-8 并购基金的其他盈利模式[②]

其他盈利模式	主要内容
资本重置	并购基金的注入使负债累累的企业去杠杆化、大幅度降低债务成本，帮助企业提升效益、获得资本市场更好的估值
资产重组	参与企业的资产梳理、剥离、新增等一系列活动，给企业组建一个新的、被认可的资产组合

[①] 在"上市公司+PE"或"上市公司大股东+PE"型的并购基金中，"兜底"条款的设置往往是重中之重。外部投资者愿意参与并购基金的原因并不是标的与上市公司的协同效应，而是上市公司或控股股东提供的"刚兑"。理论上，无论上市公司股价不理想还是出现"破发"情况，优先级LP的收益都是不受影响的。因此这种交易模式可吸引不少资金方担任优先级LP，从而放大了并购基金的募资能力，也放大了控股股东的"杠杆"倍数。

[②] 并购基金的概念、合作模式、运营管理和盈利模式. 转引自搜狐. http://www.sohu.com/a/206118438_498791.

续表

其他盈利模式	主 要 内 容
改善运营	通过指导和参与所投资企业的日常运营，提升企业的经营业绩
税负优化	并购基金也可以人为地增大所投资企业的杠杆，以此获得税负优化
借壳获利	并购基金在收购上市公司"壳"后，通过不断往里注入自产或引入新的业务，在二级市场获利
过程盈利	随着并购融资工具或者并购支付工具的增多，并购基金在操作过程中能够通过不同的并购工具来实现收益增值或收益放大
公司改制	通过并购基金的介入，建立更科学合理的董事会、公司治理系统、激励体系等，获得更佳的经营业绩回报

上市公司在联合 PE 机构成立并购基金时，要提前规划未来的退出方式，在协议中落实。面对劣后级的出资和"兜底"协议，上市公司需要谨慎评估潜在风险，避免重蹈光大资本和暴风投资的覆辙。

5.7 业绩承诺与补偿

业绩承诺与补偿，指的是在重大资产重组过程中，卖方股东对未来一段时间内的经营业绩做出预测，并承诺如果标的资产在承诺期届满实际经营业绩没有达到预测目标时，将向买方承担补偿责任[①]。

在上市公司并购交易中，业绩承诺与补偿是监管者非常重视的方面，既为交易估值的合理性提供支撑，也为中小股东提供保护。同时，作为市场化的交易安排，业绩承诺与补偿也得到了买卖双方的认可，为未来估值的不确定性提供保障，被广泛运用于并购交易。

---

① 上海证券报. 股东权益知多少 说说重大资产重组的那些事——业绩承诺与补偿. 转引自和讯. http://stock.hexun.com/2018-03-13/192610641.html.

接下来将首先介绍目前 A 股市场业绩承诺的相关法规，然后结合具体案例解析常见的业绩承诺与补偿方案。

5.7.1　A 股市场业绩承诺的相关法规

2015 年以来，中国证监会颁布多个法规，对业绩承诺与补偿进行规定，包括 2016 年修订的《上市公司重大资产重组管理办法》《上市公司监管法律法规常见问题与解答修订汇编》和《关于并购重组业绩补偿相关问题与解答》。

首先，《上市公司重大资产重组管理办法》第三十五条规定："采取收益现值法、假设开发法等基于未来收益预期的方法对拟购买资产进行评估或者估值并作为定价参考依据的，上市公司应当在重大资产重组实施完毕后 3 年内的年度报告中单独披露相关资产的实际盈利数与利润预测数的差异情况，并由会计师事务所对此出具专项审核意见；交易对方应当与上市公司就相关资产实际盈利数不足利润预测数的情况签订明确可行的补偿协议。"[①] 该规定表明，在并购交易中用收益法对卖方估值，必须要进行业绩承诺和补偿。承诺期限是 3 年，如果实际净利润和承诺净利润有差异，那就要由卖方补足差额。

其次，第三十五条还规定："上市公司向控股股东、实际控制人或者其控制的关联人之外的特定对象购买资产且未导致控制权发生变更的，上市公司与交易对方可以根据市场化原则，自主协商是否采取业绩补偿和每股收益填补措施及相关具体安排。"[②] 这说明对于第三方市场化的并购交易对手，可以自主协商，不强制做业绩承诺。

再次，在《上市公司监管法律法规常见问题与解答修订汇编》中，主要规

[①②]　证监会. 上市公司重大资产重组管理办法. 证监会网站. http://www.csrc.gov.cn/pub/jilin/xxfw/gfxwj/201806/P020180611559009390029.pdf.

定了现金或股份的补偿方式:"交易对方为上市公司控股股东、实际控制人或者其控制的关联人,应当以其获得的股份和现金进行业绩补偿。如构成借壳上市的,应当以拟购买资产的价格进行业绩补偿的计算,且股份补偿不低于本次交易发行股份数量的 90%。业绩补偿应先以股份补偿,不足部分以现金补偿。业绩补偿期限一般为重组实施完毕后的三年,对于拟购买资产作价较账面值溢价过高的,视情况延长业绩补偿期限。"[1]

最后,在《关于并购重组业绩补偿相关问题与解答》中,进一步规定了卖方身份和使用资产基础法估值时的业绩补偿要求:"交易对方为上市公司控股股东、实际控制人或者其控制的关联人,无论标的资产是否为其所有或控制,也无论其参与此次交易是否基于过桥等暂时性安排,上市公司的控股股东、实际控制人或者其控制的关联人均应以其获得的股份和现金进行业绩补偿。如果资产基础法中对于一项或几项资产采用了基于未来收益预期的方法,上市公司的控股股东、实际控制人或者其控制的关联人也应就此部分进行业绩补偿。"[2]

根据上述证监会的相关法规,可以将监管层对于业绩承诺和补偿的关注点总结为如表 5-9 所示。

综上,上市公司在并购时,对卖方估值只要有对未来收益的预测,就需要做出业绩承诺;只要卖方是上市公司控股股东、实际控制人或控制的关联人,就要做业绩承诺;其他情况,买卖双方自主协商是否需要。在并购后三年内,当卖方需要补偿差额时,先以股份补偿,不足部分再以现金补偿。

---

[1] 证监会. 上市公司监管法律法规常见问题与解答修订汇编. 证监会网站. http://www.csrc.gov.cn/pub/newsite/ssgsjgb/ssbssgsjgfgzc/ywzx/201509/t20150918_284146.html.

[2] 证监会. 关于并购重组业绩补偿相关问题与解答. 证监会网站. http://www.csrc.gov.cn/pub/newsite/ssgsjgb/ssbssgsjgfgzc/ywzx/201601/t20160115_289937.html.

表 5-9 关于业绩承诺和补偿的相关规定总结 ①

关注点	具体内容
估值方法	使用收益法估值，需要做出业绩承诺； 资产基础法当中存在基于未来收益预测的部分，也需做出承诺
交易对方是否要做业绩承诺	交易对方为上市公司控股股东、实际控制人或者其控制的关联人，无论控股、参股、过桥安排等何种身份，均需强制做出业绩承诺； 属于第三方的市场化并购交易对方，根据市场化原则和实际谈判结果确定，不强制做业绩承诺，业绩承诺内容也较为灵活；构成借壳上市的，交易对方的股份补偿不低于本次交易发行股份数量的 90%
业绩补偿原则	先以股份补偿，不足部分以现金补偿
补偿期限	一般为重组实施完毕后的 3 年，视情况可延长
重大资产重组	重大资产重组的业绩承诺不可调整和变更

5.7.2 业绩承诺与补偿方案分析

业绩承诺与补偿方案有一些关键要素，分别是业绩承诺对象、业绩承诺覆盖率、业绩补偿期限和业绩补偿方式。

通常来讲，卖方要做出业绩承诺和补偿，但也有例外。例如，中国天楹通过收购江苏德展，间接收购西班牙 Urbaser100% 股权时，业绩预案未做出业绩承诺，收到了来自交易所的问询函。随后，中国天楹增加了业绩承诺，但承诺方不是江苏德展，也不是西班牙 Urbaser，而是中国天楹的实际控制人。中国天楹实控人严圣军、茅洪菊自愿做出三年业绩承诺，以现金进行补偿。为何不是卖方做出业绩承诺？中国天楹在公告中称，由于本次重组的交易对方均为财务投资人，也不参与 Urbaser 的经营管理，因此交易对方未提供业绩补偿承诺。为了便于交易推进，所以买方实控人做出了业绩承诺。

在借壳上市的案例中，卖方向买方承诺业绩很罕见。但是在恒力集团借壳松发股份的案例中，卖壳方松发股份实际控制人及其一致行动人承诺 2018—

---

① 证监会. 上市公司监管法律法规常见问题与解答修订汇编. 证监会网站. http://www.csrc.gov.cn/pub/newsite/ssgsjgb/ssbssgsjgfgzc/ywzx/201509/t20150918_284146.html.

2020年净利润均不低于3 000万元，如果未能达到，接受补偿方是上市公司，而非买方。所以，从3年不变的净利润承诺和向上市公司补偿这两点可以看出，卖壳交易中卖壳方的业绩承诺更多是为了维护上市公司主业稳定和保持上市地位。而一般的并购交易中的业绩承诺是买卖双方的一种业绩对赌机制。

业绩承诺对象有时不止一个，在卖方是多个交易方的情况下，要弄清楚是全部交易方都参与业绩承诺，还是部分主要交易方参与业绩承诺。例如，标的公司除控股股东之外，还有多位财务投资股东，那么做出业绩承诺的可能只是控股股东。

除了业绩承诺对象之外，业绩承诺覆盖率也很重要。这个覆盖率，指的是卖方做出的业绩承诺能够覆盖并购标的对价的比例。例如，鹏欣资源通过收购宁波天弘，间接收购南非奥尼金矿矿业权时，卖方做出业绩承诺，2018—2024年的7年时间内，宁波天弘累计预测归母净利润将超过20亿元，超过本次交易对价的100%[①]。参与业绩承诺的交易对方越多，覆盖交易标的估值的比例越高，越有利于买方，也越容易通过监管机构的批准。

一般情况下业绩补偿期限是3年。延长业绩补偿期限，通常发生在并购风险较高的情况下，如估值溢价过高、未来盈利不确定性强。在鹏欣资源并购海外的金矿时，就做出了长达7年的累计净利润承诺。而在星辉车模收购天佑科技的案例中，买方星辉车模是玩具生产企业，而卖方天佑科技的主营业务为网络游戏。为了降低上市公司跨界并购的风险，天佑科技做出了5年期的业绩承诺，并且5年业绩承诺之和覆盖了现金对价。

当业绩承诺不达标时，做出补偿的支付方式如表5-10所示。

---

① 财经公司.鹏欣资源海外收购：交易业绩承诺期覆盖率超100%.腾讯大申网.https://sh.qq.com/a/20170828/113842.htm.

表 5-10　业绩补偿的支付方式

补偿方式	适用情况
仅现金	标的体量普遍较小；存在现金支付对价；交易对方具备现金支付能力
仅股份	标的估值增值率较大；换股比例高；交易对方流动性受限
现金与股份同时补偿	普遍运用
先现金后股份	交易对方对业绩承诺有较强的信心，一定范围内的业绩补偿以现金为主，超出范围股份补偿
先股份后现金	部分股东承担全部估值承诺，换股总额不足以支撑全部估值；部分交易对方股份解锁快

在设计业绩承诺与补偿方案时，除了以上四个要点外，还要注意两个基本原则。第一，应根据企业的实际经营情况合理做出业绩承诺。业绩承诺与企业实际经营不匹配时，可能会引起监管机构关注，导致并购交易失败。业绩承诺定得过高，而卖方无法实现，可能会计提大额商誉，影响上市公司的业绩表现，进而影响上市公司的市值管理工作。第二，要区分不同的业绩承诺方类型，灵活安排业绩承诺方案。卖方与控股股东、实际控制人或关联方相关的，需要强制进行业绩承诺；第三方虽然没有硬性规定，但为了取得监管机构及中小股东认同，也建议增加业绩承诺与补偿[①]。

5.8　风险管理

如果以现金、时间和精力来衡量，并购交易的成本是巨大的，充满不确定性的风险，对并购交易进行风险管理势在必行。但没有免费的午餐，风险管理同样要付出代价，如在降低风险的同时，也可能要放弃更有利的

[①] 上市公司并购重组业绩承诺与业绩补偿深度解析．转引自搜狐．http://www.sohu.com/a/212809321_466900．

价格。

接下来聚焦并购风险管理,从交易风险的源头入手,分析并购前和并购后不同的风险管理工具,并且结合案例介绍领形期权和或有价值权这两种具有代表性的工具[①]。

5.8.1 交易风险的来源

明白交易风险从何而来,对于理解风险管理和设计风险管理工具具有重要帮助。并购交易的常见风险的来源大概如下[②]:

(1)买方股价或财务绩效下跌。买方股价并非固定,交易公告的宣布会对股价产生较大的影响。如果通过股份收购,那通常会被当作买方股票高估的信号。此外,从交易公告到交易完成期间,如果买方财务业绩恶化,那么会影响股份收购交易的达成。

(2)竞争买家的优先收购。

(3)失望的卖方。

(4)之前隐藏的产品风险显现。

(5)卖方公司失去关键客户。

(6)卖方公司会计报表问题。

(7)管制干预。并购交易未能获得监管部门的批准。

(8)竞争者的起诉。竞争者的起诉也可能成为交易风险的重要来源,常见于行业之间的强强联合,比方说老大并购老二。这时,行业中的小企业可能会发起反垄断的诉讼。

(9)对董事与管理层条款意见不一致。

---

① 领形期权和或有价值权是美国并购市场上流行的风险管理工具,非常好地体现了风险管理的基本逻辑。随我国资本市场的日益完善,A股市场上终会用上这些工具的。

② 罗伯特·F. 布鲁纳. 应用兼并与收购 [M]. 北京:中国人民大学出版社,2011:649-651.

（10）未能获得股东大会[①]的批准。

（11）争论或缺乏信用。

上面所列举的 11 种情况是并购交易风险常见的来源，没有人能准确地预测这些风险什么时候出现，所以设计好风险管理工具对于并购交易就非常有必要。

5.8.2 风险管理工具

并购交易可以分为三个阶段，分别是交易公告前、交易完成前和交易结束后[②]。

在交易公告前阶段，双方初始投入较少，风险管理工具主要有立足点股份和反并购防御两种。

立足点股份是买方在买入 5% 的股份前不需要向公众披露，至多可以悄悄买入 4.99% 的股份。买方这样做的好处是，可以降低潜在竞争买家争夺的风险。先发的股份优势和更低的并购成本，可以帮助买家在出价时更胜一筹。

而反并购防御是卖家的行为。如果卖方不欢迎恶意并购，那么主动采取反并购防御措施，可以帮助卖方管理好恶意并购的风险[③]。

相对于交易公告前，交易公告至交易完成期间包含尽职调查、交易估值、对价、交易结构设计、并购谈判等耗时耗力的工作，隐藏的并购风险也更大。这个阶段适用的风险管理工具如表 5-11 所示。

---

① 有可能是买方股东大会，也有可能是卖方股东大会。
② 这是根据美国资本市场总结的，交易公告前阶段的风险管理工具主要适用恶意并购和反并购；交易完成前和交易结束后的风险管理工具主要适用于善意收购。
③ 详见第 7 章。

表 5-11　交易公告到交易完成期间的风险管理工具[①]

风险管理工具	具体内容
代表与承诺	代表与承诺是买方与目标公司在签署协议和交易结束时必须满足并购协议中明确提出的条件的条款
退出条款	列明买方可以不需支付终止费用停止交易的条件
终止费用	在另一个出价更高的买方成功收购目标公司的情况下,支付给买方的分手费用
尽职调查	详见第 3 章
锁定期权	并购协议锁定中往往包含一项锁定期权,但出现竞争买家突破门槛试图收购标的公司时,买方拥有收购一定比例的标的公司股票或关键资产的权利
封顶期权、保底期权和领形期权	在换股交易中,公司股东在交易收到股票之前承担了买方股价变动的风险。具体见后文所述
EB（可交换债券）、可转换债券	EB 是指上市公司股份的持有者通过抵押其持有的股票给托管机构进而发行的公司债券。可转换债券是在发行公司债券的基础上,附加了一份期权

如表 5-11 所示,此阶段的风险管理工具主要可以分为两类:一类是管理这个阶段并购流程风险的条款,包括代表与承诺、退出条款和终止费用;另一类是具有期权性的工具,包括尽职调查、锁定期权、封顶期权、保底期权和领形期权以及 EB（可交换债券）、可转换债券。

代表与承诺条款规定了买卖双方在签署协议和并购完成时必须满足的条件,退出条款列明买方可以不需支付分手费用停止交易的条件,而终止费用则是双方交易终止的补偿费用,在 5.9 节中会详细介绍。这三个条款可以降低双方在并购中的谈判风险,即使一方有意终止并购交易,另一方也能够按照条款规定结束交易,而不会造成虎头蛇尾的局面。

三类典型的期权性工具中,尽职调查是被人们熟知的并购步骤,可以将其看作关于公司信息的看涨期权。使用尽职调查工具,可以帮助买方规避卖方公司会计报表问题、关键客户问题、产品风险等诸多问题。而锁定期权,是

---

① 罗伯特·F. 布鲁纳. 应用兼并与收购 [M]. 北京：中国人民大学出版社，2011：649-651.

买方拥有的锁定并购卖方资格的权利。当竞争买家试图"横刀夺爱"时，买方通过锁定期权工具将拥有收购卖方特定股权或资产的权利。封顶期权、保底期权和领形期权是在换股交易中常用的风险管理工具，后文会单独进行分析。

在交易结束后的阶段，风险管理工具如表 5-12 所示。

表 5-12 交易结束后的风险管理工具 [1]

风险管理工具	具体内容
第三方账户和交易后价格调整	在起草并购协议时，买方可能试图将部分支付暂扣在一个第三方账户，基于兼并后对标的公司的详细审计结果决定支付
或有价值权	在换股交易中，标的公司股东会关心买方股票在 2~3 年期限内的价值。买方也许会赋予标的公司股东这些权利，为最低价值提供部分或全部保证
基于财务表现的额外对价条款及其他或有支付形式	强调了交易买方的关注点：分享标的公司创造收益的意愿
分阶段收购	分阶段收购（投资）降低了公司生命周期中不确定性最高阶段的资本风险；分阶段收购（投资）使得买方获得了一系列的看涨期权，降低了风险；分阶段收购（投资）是将整合做在并购前
现金支付	站在收购方的角度，在全现金交易中，该阶段的风险完全由买方承担；站在标的公司股东的角度，全现金支付是防御收购风险的终极方式

交易结束后的风险，主要隐藏在支付方式和标的公司的未来业绩表现上。对于卖方来讲，全现金支付是防御风险的最好方式。如果是换股收购，那么卖方会关心买方股票未来的价值，买方则通过或有价值权为卖方换股部分提供最低保证，降低卖方持有买方股权价值的波动风险。

对于买方来说，如果担心卖方未来的财务业绩表现，那么使用基于财务表现的额外对价条款，是对买方的一种保护。在实际操作中，或有支付部分放在第三方账户，当满足财务表现时，卖方可以获得这部分对价。

---

[1] 罗伯特·F. 布鲁纳. 应用兼并与收购 [M]. 北京：中国人民大学出版社，2011：649-651.

更好的办法是分阶段并购。第一阶段是投资，买方先进行友好的战略投资，获得董事会的少数席位，降低双方在经营管理决策上的不透明度。这个阶段的投资相当于是获得了卖方公司的看涨期权，降低了风险。在第二阶段，买方再进行并购，此时的并购降低了整合的难度，因为在投资阶段买方已经对卖方公司的经营管理决策有了充分细致的把握。

5.8.3 领形期权

领形期权是应用于美国成熟资本市场的并购风险管理工具，虽然应用频率不高，但领形期权作为标准化的期权工具，通过对其深入研究，可以加深我们对所有并购风险管理工具的理解。

领形期权常用于换股交易中。换股交易通常具有交易价值不确定或发行股份比例不确定的问题，而领形期权是防御买方价值不确定性风险的简单方式。它不仅改变了支付形式，而且经常保证并购的一方或双方在买方股票价格跌至任何执行价格时可以重新协商[①]。

传统的换股方式包括固定比率交易和固定价值交易，固定比率交易如图 5-24 所示。

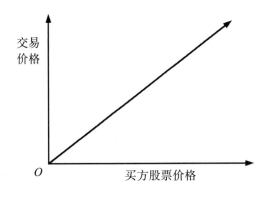

图 5-24　固定比率交易[②]

---

① 罗伯特·F. 布鲁纳. 应用兼并与收购 [M]. 北京：中国人民大学出版社，2011：656.
② 罗伯特·F. 布鲁纳. 应用兼并与收购 [M]. 北京：中国人民大学出版社，2011：658.

当换股交易采用固定比率时,买卖双方虽然知道需要用多少股票完成交易,但是股价的涨跌,会使得实际交易支付价格随之涨跌。如果交易公告之后买方股价下跌,那么卖方实际收到比预期少的交易对价;如果买方股价上涨,那么交易对于买方来说,比预期的要贵[1]。

当换股交易采用固定价值时,也会有问题。如图5-25所示,虽然交易的总价值是确定的,但是需要发行多少股票是不确定的。如果买方股价上升,那么发行的股份就相对减少;如果买方股价下跌,那么需要发行更多的股票,这意味着更大程度的控制权稀释。

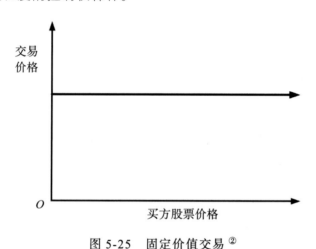

图 5-25　固定价值交易[2]

领形期权可以通过浮动领形期权和固定领形期权两种途径解决以上两种情况的部分不确定性。

图5-26所示的是浮动领形期权,最终的交易价格有固定的上限和下限。当股价低于设定的最低值,交易价格维持在保底的价格上;当股价涨过设定的最高值,交易价格保持在封顶的价格上。下有保底,卖方乐意接受;上有

---

[1] 罗伯特·F.布鲁纳.应用兼并与收购[M].北京:中国人民大学出版社,2011:658.
[2] 罗伯特·F.布鲁纳.应用兼并与收购[M].北京:中国人民大学出版社,2011:659.

封顶，买家乐意接受。

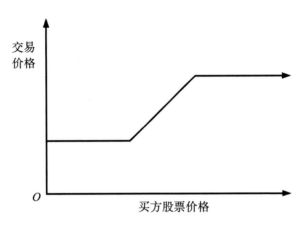

图 5-26　浮动领形期权[①]

不同于浮动领形期权的"下有保底、上有封顶"，固定领形期权设定了买方股价的合理范围，在这个范围内最终的交易价格是固定的，如图 5-27 所示。如果低于或超过这个合理范围，那么产生的利得或损失由双方共同承担。

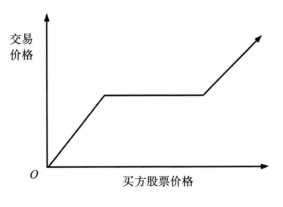

图 5-27　固定领形期权[②]

然后，我们将领形期权放到两种换股交易的情境下讨论。

---

①②　罗伯特·F. 布鲁纳. 应用兼并与收购 [M]. 北京：中国人民大学出版社，2011：658.

首先,在固定比率交易中,当超出上限和下限的触发点,领形期权就将固定比率交易变成最小或最大的固定价值交易。例如,假设领形期权的固定交换比率为 1∶1,且在签署协议时买方股票价格为 20 元,领形期权将触发执行价格设为最低 15 元、最高 25 元,超出任何一个,支付的股票数将调整。当买方股价低于 15 元,交换比率将等于 15 元除以买方的收市价格;当买方股价高于 25 元,交换比率将等于 25 元除以买方的收市价格[①]。

其次,在固定价值交易中,当超出上限和下限的触发点,领形期权就将固定价值交易变成固定比率交易。例如,假设固定价值交易指明交换比率为 20 元除以交易结束时买方的股价。领形期权将触发价格设为最低 15 元、最高 25 元。如果买方股价低于 15 元,交换比率就为 1.33;如果买方股价高于 25 元,交换比率就为 0.8[②]。

单纯从概念去理解相对复杂,下面以 AT&T 的例子分析领形期权的实际应用[③]。

AT&T 在 1999 年换股收购第一媒体时使用过领形期权。AT&T 向第一媒体的股东提供了两种选择方案:第一种是第一媒体每股 85 美元,第二种是 1.491 2 股 AT&T 普通股加一个领形期权。

交易公告前 AT&T 的股价是 57 美元。实际上,1.491 2 股 AT&T 股票价值 84.99 美元。这个领形期权由两个期权组成:第一个是看跌期权多头,执行价格为 57 美元;第二个是看跌期权空头,执行价格为 51.3 美元。

如果 AT&T 股价下跌,领形期权将补足第一媒体股东所得。特别地,领形期权要求如果 AT&T 股价低于 57 美元时,第一媒体股东将收到 1.491 2 与 57 美元和 AT&T 股票价差的乘积,最大至第一媒体每股现金支付 8.5 美元。如果 AT&T 股价从 57 美元下跌,看跌期权多头将提高支付给股东的价款,但

---

① 罗伯特·F. 布鲁纳. 应用兼并与收购 [M]. 北京:中国人民大学出版社, 2011: 660.
② 罗伯特·F. 布鲁纳. 应用兼并与收购 [M]. 北京:中国人民大学出版社, 2011: 662.
③ 罗伯特·F. 布鲁纳. 应用兼并与收购 [M]. 北京:中国人民大学出版社, 2011: 664-668.

是看跌期权空头将价款封顶至每股 8.5 美元。

5.8.4 或有价值权[①]

或有价值权，简称 CVR，它和领形期权有相似之处，可以被看作交易结束日后的固定领形期权。

或有价值权的作用在于：首先，保护少数股东免遭经济剥夺；其次，允许买方不需要收购 100% 的股票就能获得绝对控制权；再次，传递买方乐观的信号，从而降低代理成本；最后，为买方争取一些经营灵活性[②]。

或有价值权常应用于两种情况：买卖双方对目标交易价格存在潜在的巨大差异，或者卖方在意少数股东权益。在 CVR 的实际应用中，常采用"现金 + 股票 + 或有价值权"的组合对价方式。例如，在 2013 年美国营利医疗机构 CHS 收购 HMA 一案中，交易对价由现金、CHS 的股票及或有价值权组成，或有价值权利的触发条件为目标公司作为被告的法律争议的解决[③]。

我们再看一个详细的案例。1990 年罗纳普朗克通过三阶段交易完成对罗勒的兼并，获得罗勒 68% 的普通股票：①罗纳普朗克以每股现金 36.5 美元投标罗勒 50.1% 的股权；②罗勒承担罗纳普朗克 2.65 亿美元的负债（由罗纳普朗克担保），向罗纳普朗克支付现金 2 000 万美元，并发行 4 840 万新股，以换取罗纳普朗克的 HPB 部门；③罗纳普朗克发行了 4 180 万 CVRs 给罗勒的剩余少数股东。每 CVR 允许持有者在 3 年后或 4 年后，由罗纳普朗克选择，获得现金支付 49.13 美元（如果是 4 年后，支付则为 53.06 美元）减去罗纳普

---

① 或有价值权与或有支付有些类似。或有支付是支付形式，有多种形式，包括保留款、有条件转让基金、红利支付、股票期权、目标股票和基于财务表现的额外对价。或有价值权是期权，有点类似于或有支付中的股票期权。在美国，或有支付中的基于财务表现的额外对价（earn-out）经常用于对私营企业的收购；如果并购的标的公司是上市公司或者股东众多的私营公司，一般使用或有价值权。

② 罗伯特·F. 布鲁纳. 应用兼并与收购 [M]. 北京：中国人民大学出版社，2011：670.

③ 程家茂，王雨蕙. 或有价值权利（CVR）——并购交易中的特殊交易机制条款. 转自搜狐. http://www.sohu.com/a/193733975_481465.

朗克股价或 26 美元两者中的较高者。如果股价高于 49.13 美元（或 53.06 美元），就没有支付了①。

这个 CVR 既包含一个看跌期权多头，执行价格为 49.13 美元，又包含一个看跌期权空头，执行价格为 26 美元。设计这个 CVR，是因为罗纳普朗克遭遇了财务困境，内部现金有限，筹集现金能力有限，又因为国有企业属性无法做到发行股票支付部分交易。而 CVR 可以说服罗勒的股东继续少数持有新公司的股票筹集股权融资②。

5.8.5 可交换债券（EB）

相比于美国市场，A 股市场的风险管理工具较少。近年陆续出现分期支付、业绩承诺、EB 等交易结构，这些都属于"风险最小利益最大化"的设计。

图 5-28 所示的是可交换债券的发行结构。

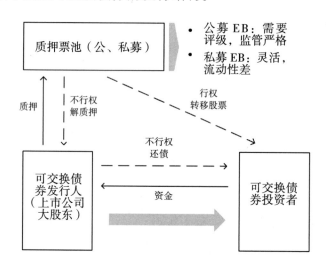

图 5-28 可交换债券的发行结构③

---

① 罗伯特·F. 布鲁纳. 应用兼并与收购 [M]. 北京：中国人民大学出版社，2011：670.
② 罗伯特·F. 布鲁纳. 应用兼并与收购 [M]. 北京：中国人民大学出版社，2011：671.
③ 投中资本，国泰君安. 转引自石蕊，支音，郭星汝，等. 2019 年清华大学经管学院金融硕士（深圳班）第 1 组期末案例总结.

可交换债券，简称 EB，是指上市公司股份的持有者通过抵押其持有的股票给托管机构进而发行的公司债券。该债券的持有人在将来的某个时期内，能按照债券发行时约定的条件用持有的债券换取发债人抵押的上市公司股权[①]。

表 5-13 所示的是可交换债券发行条件。

表 5-13 可交换债券的发行条件

发行条件	
债券限期	公募法定 1~6 年，私募大于 1 年；实际多为 2~3 年
面值价格	100 元；实际以面值平价发行
票面利率	实际中 5%~10% 较多，利率越低一般股性越强
正股质押	质押数量至少不低于初始换股数量，送转股/派系均计为担保物，可在募集书中规定是否补仓/强制转股
换股安排/价格修正	
换股期限	EB 发行 6 个月后（可改变条件），债券期限之前
换股价格	不低于前一个/前 20 个交易日均价的 90%

在并购交易中，用得比较多的是私募 EB。私募 EB 往往会设置下修条款、回售条款和赎回条款[②]。

（1）下修条款是大股东的调整换股价期权，是"减持型"私募 EB 的必备条款。如果债券的初始换股价格设定得较高，但大股东其实也能接受在较低的价位减持的话，那么债券需设置可向下调整换股价的下修条款。其实不少主要目的为融资的债券也会设置下修条款，如果极端情况出现，大股东资金链紧张，大股东还可通过下修刺激持有人换股，从而免除还本付息。

下修条款可约定为："换股期内，上市公司股票在连续 20 个交易日中至少

---

① 可交换债券. 百度百科. https://baike.baidu.com/item/%E5%8F%AF%E4%BA%A4%E6%8D%A2%E5%80%BA%E5%88%B8/5336439?fr=aladdin.
② 小汪说. 想不到！大富科技：私募 EB 买壳第一例. 小汪天天见. 并购汪. http://www.ctoutiao.com/861403.html.

10 个交易日低于当期换股价格的 80%，发行人执行董事可决定是否向下修正换股价格。修正后的换股价格不低于前 1 个交易日股价的 90% 以及前 20 个交易日均价的 90% 中的较高者。"

（2）回售条款是债权人/可交债持有人的债券回售期权。这实际上是一个针对发行人的惩罚条款。如果在债券即将到期前，上市公司股价低迷，发行人还不下修换股价格，那么回售条款大概率会被触发。这时投资者可要求发行人提前还本付息，对发行人进行惩罚。如果回售利率设置得较高，发行人会有更强的动机下修换股价格。一般来说，下修条款与回售条款搭配，让债券体现出更强的股性。

回售条款可约定为："债券到期前 3 个月内，上市公司股价在连续 20 个交易日中至少 10 个交易日的收盘价低于当期换股价格的 80% 时，债券持有人可将债券回售给发行人，回售利率为票面利率。"

（3）赎回条款是大股东的赎回期权。赎回条款实际上是一个刺激投资者换股的条款。如果上市公司股价大涨，投资者还犹豫不肯换股的话，大股东减持的目的没法实现。因此债券设置一个针对股价大涨的赎回条款，可刺激投资者在赎回条件被触发前换股。

赎回条款可约定为："①换股期内，上市公司股价在连续 20 个交易日内至少 10 个交易日不低于当期换股价的 130%，发行人可行使赎回权，赎回利率为 10%。②如果因为下修等因素，导致用于换股的股票数量少于债券余额全部换股所需股票，且发行人无法增加股票质押数量时，发行人将行使赎回权，按比例赎回债券。③换股期内债券余额不足 1 000 万元时，发行人可行使赎回权。"

偏债性私募 EB 和偏股型私募 EB 在具体条款设计上有所不同，如表 5-14 所示。

表 5-14 偏债性私募 EB 和偏股型私募 EB 的特点对比 [①]

EB 类型	偏债型私募 EB	偏股型私募 EB
发行目的	低息融资	减持套现/股权激励
票面利率	典型垃圾债 5% 以上，但由于 2016 年、2017 年可交换债券供需不平衡，票息下降	看涨期权，有保护的偏股权投资，票息较低，0~5%
换股条款	高溢价发行，初始溢价率 10% 以上，换股期短	折价或溢价发行，溢价率 –10%~20%，换股期越早换股意愿越强，股性越强
赎回条款	换股期的赎回条款是偏债型私募 EB 的强烈信号	一般为：股价在连续 20 个交易日内至少 10 个交易日不低于当期换股价的 130%，赎回利率为 10%
下修条款		换股期下修条款是偏股型私募 EB 的强烈信号

私募 EB 近年被用于并购交易中，成功的案例有首旅酒店并购如家酒店[②]和艾派克收购 Lexmark。私募 EB 在并购交易中的应用有如下优点。

（1）债券融资以较低成本，拓宽并购融资渠道。

（2）由作为非上市公司的控股股东发行，降低上市公司监管的不确定性。

（3）相较于受让老股或参与配套融资，标的方股东认购私募 EB 6 个月后即可换股取得上市公司股份，享受较短锁定期和"兜底"回报。

（4）以保底的利息收益保护标的方股东利益，使得接收股权支付的标的方获得额外收益。灵活多样的条款设计可更好地协调交易双方对控制权、股权获益等多方面的需求。

但需要指出的是，发行私募 EB 需要上市公司实际控制人具有绝对的控制权，占有上市公司大部分股权。对于股权较分散的上市公司而言，若控股股东发行私募 EB，股份转移后，其控制权会受影响。而且第一大股东须资信优

---

① ② 光大证券.转引自 石蕊，支音，郭星汝，等.2019 年清华大学经管学院金融硕士（深圳班）第 1 组期末案例总结.

良，否则将增高债权融资成本，影响融资能力。

EB 还可以成为"买壳工具"，买方可以通过收购私募 EB 的方式获得 A 股上市公司控制权，而且还能控制风险。如果想卖壳的大股东已经发行了私募 EB，那么买方获得私募 EB，私募 EB 本身的各项条款就是现成的买壳方案博弈条款①。

兴港投资收购大富科技就是典型通过 EB 买壳的案例②。大富科技于 2010 年登陆创业板，曾多年蝉联华为"金牌核心供应商"。大富科技的控股股东为配天投资，2016 年年中，配天投资一口气发行了 3 期私募 EB，合计募资 15 亿元。

但是大富科技主业下滑，并购不顺。此时，3 期私募 EB 在 2017 年年中陆续进入转股期。没想到，由于大股东债务纠纷，质押到私募 EB 专户的股票全数被司法冻结。哪怕私募 EB 换股价格再低，投资者也没法换股了。大股东股份冻结形成了私募 EB 退出的死结。如果大股东无力为股份解冻，那么大股东有无能力实现私募 EB 的还本付息？如果大股东因为债务危机而破产，那么私募 EB 会不会违约②？

这时，兴港投资向大富科技伸出了援手。兴港投资集团从二级市场收购存量的私募 EB，并以"承接可交换债并转股 + 协议转让"方式，成为大富科技控股股东。

其实，兴港投资作为买方，完全可以先现金收购大股东手中的部分股份，让大股东配天投资用现金偿还债务，再收购剩下被质押的股份。

但是大富科技毕竟处在风雨飘摇中，兴港投资不愿意冒股价大幅波动的风险。所以在买壳方案中引入私募 EB 方案，这样买方将获得更强势的博弈地

---

① 将在第 9 章详细讨论。
② 小汪说．想不到！大富科技：私募 EB 买壳第一例．小汪天天见．并购汪．http://www.ctoutiao.com/861403.html．

位。私募 EB 内嵌看涨期权，买方买入私募 EB，那么可在股价上涨的情况下锁定买壳成本，避免买壳方案中的股价不确定性因素。可以说，私募 EB 称得上 A 股控制权转让中买方寻求的"梦幻工具"[①]。

5.8.6 远期交割和分期支付

成熟的美国证券市场，领形期权和或有价值权，尤其是或有价值权是常用的风险管理工具。在新兴的 A 股市场，套用美国的风险管理工具在政策上有困难，但我国上市公司近年来除了使用 EB（可交换债券）外，还创造性地使用远期交割和分期支付这样的交易结构，这些交易结构带有期权性，起到了风险管理的作用。

在华融国信收购红宇新材的并购交易中，就用"远期交割＋分期支付"的交易结构进行了风险管理[②]。

红宇新材三名一致行动的实际控制人，拟分步转让总计 20% 的股权给华融国信，其中首次转让 5.48% 的股权，于 2021 年 2 月 5 日前分步转让剩余 14.52% 股权。另外，三人拟将后续分步转让的 14.52% 的股权对应的表决权、提案权等相应股东权利在当前委托给华融国信。

根据这个方案，华融国信在支付 4.24 亿元的现金之后，能够立即获得红宇新材约 5.48% 的股份，同时将立即获得 14.52% 的股份对应的表决权，合计控制 20% 的表决权，成为红宇新材的实控人。但剩下的 14.52% 的股份，还需要在 3 年内慢慢进行转让。

这个方案最后被驳回，改为表决权委托。因为现行交易所的交易规则是不太允许锁定价格的远期交易安排的，更何况这样的远期交割的设计有规避法

---

① 小汪说．想不到！大富科技：私募 EB 买壳第一例．小汪天天见．并购汪．http://www.ctoutiao.com/861403.html．

② 并购汪．服不服？创业板卖壳五连板！红宇新材：罕见"远期交割"被驳回的背后？．小汪天天见．转引自同花顺 http://t.10jqka.com.cn/pid_95916849.shtml．

定限售条件的嫌疑①。最后,华融国信持有红宇新材 5.48% 的股份和 14.52% 的表决权,总计 20% 的表决权,成为实际控制人。

国风投收购海虹控股是另一个分期支付的案例。国风投首期付款 5 亿元,就获得 224 亿市值的海虹控股的控制权②。

对于国风投来说,第一,首期支付 5 亿元,不足全部 40 多亿元对价的 15%,以很小的代价获得了市值 200 多亿元上市公司的控制权;第二,即使海虹控股未来经营不善,还有保底的回购协议,可以对这笔投资进行保护。

5.9 特殊条款

在并购交易中,有一些特殊条款可起到比较重要的作用,如董事和管理层相关条款、优先购买权、选择抛售权、分手费用等。

5.9.1 董事和管理层相关条款

董事和管理层相关条款涉及董事会、高级管理人员和有影响力的中层管理人员,涵盖的方面较广,直接影响到交易成功完成的可能性。董事和管理层相关条款在美国叫作"社会福利条款",具体内容包含如表 5-15 所示的八个方面。这八个方面中的管理团队、留职费用、解雇费用、领导层继任、董事会构成这 5 个条款与董事和管理层相关,因此我们把这个条款叫作"董事和管理层相关条款"。

---

① 虽然被驳回,但是用"远期交割"来进行风险风险管理的思路和逻辑还是值得肯定的。
② 并购汪. 别闹了!"国家级 VC"国风投:42 亿收购市值 224 亿海虹控股,只是天使投资?. 小汪天天见. 转引自华尔街见闻. https://wallstreetcn.com/articles/3062278.

表 5-15　董事和管理层相关条款[1]

条　款	具体内容
管理团队	新公司管理团队中，谁留下，谁离开
留职费用	继续留任的管理人员的薪酬条款
解雇费用	离职管理人员的补偿条款
领导层继任	如果继任计划触发内讧或者人才流失，影响会比较负面
组织设计	新公司的独立性是管理层考虑重点
董事会构成	董事会构成与控制权相关
公司名称	公司身份对管理人员意义重大
总部地址	新公司总部地址设置在哪里

在表 5-15 所示的内容中，管理团队、领导层继任和董事会构成，关乎并购后人员的整合。在并购谈判初期的非正式协商阶段，双方 CEO 会就新公司的最高层管理架构达成共识，包括董事会主席、CEO（首席执行官）、CFO（首席财务官）、COO（首席运营官）等；中层人员的指派通常留到并购后整合时决定[2]。在恶意收购的情况下，董事和管理层人员可能面临"换血"的可能性，如宝能恶意收购南玻 A 后就"血洗"了董事会和高管层。在卖方业绩不佳的情况下，管理层被调整的概率也较高。

此外，新公司名称也应被重点考虑。关于并购后新公司如何起名，常见的有保留买方名称，比方说惠普与康柏合并后保留惠普的名称；也有合并名称的，比方说卡夫与亨氏合并成卡夫亨氏、美团和大众点评合并为美团大众点评等；还有采用全新名称的，比方说中国南车和中国北车合并后叫作中国中车。在卖方并购后保持经营独立性的情况下，大多会保留原名称。

戴姆勒与克莱斯勒在跨国对等合并时，交易结构中就包含了大量的董事和管理层相关条款，如表 5-16 所示。

---

[1] 罗伯特·F. 布鲁纳. 应用兼并与收购 [M]. 北京：中国人民大学出版社，2011：681-687.
[2] 罗伯特·F. 布鲁纳. 应用兼并与收购 [M]. 北京：中国人民大学出版社，2011：682.

表 5-16　戴姆勒和克莱斯勒合并中董事和管理层相关条款[①]

相关条款	具体内容
管理团队	戴姆勒 CEO 施莱普和克莱斯勒 CEO 伊顿，两位共同担任新公司的 CEO
董事会构成	克莱斯勒拥有新公司董事会半数席位，但只拥有 1/3 的监事会[②]席位
留职费用	戴姆勒 CEO 薪酬为 250 万美元，而克莱斯勒 CEO 薪酬为 1 600 万美元。德国管理层薪酬远低于美国管理层
新公司名称	采用合并名称，戴姆勒—克莱斯勒
总部地址	德国和美国，两个总部

在这起跨国大型并购重组中，双方 CEO 最早讨论的便是董事和管理层相关条款。在达成粗略的草案后，才由双方代表就定价和其他条款进行细致的讨论。所以，虽然在整个交易合同中，对董事和管理层相关条款描述得不会太多，但由于其直接涉及董事会和高管层的切身利益问题，一定要在并购交易结构设计和并购谈判中给以足够的重视。

5.9.2　优先购买权和选择抛售权

优先购买权是买方条款，即优先于其他人购买的权利。而选择抛售权是卖方条款，对应的是购买选择权，即卖方有权在特定时间以特定价格出售一定数量的股份。

这两个条款在 KKR 抄底华谊嘉信的案例中得到了运用[③]。

KKR 联合另外四家公司，共同成立一家数字营销公司——开域集团。作为同行，华谊嘉信成为 KKR 眼中借壳的绝佳标的。

经过并购谈判，KKR 领衔的开域集团仅以 1.2 亿元的对价，就拿下了市值近 24 亿元的上市公司华谊嘉信。成本如此低的借壳上市，KKR 是如何做到

[①] 罗伯特·F. 布鲁纳. 应用兼并与收购 [M]. 北京：中国人民大学出版社，2011：689-690.
[②] 在德国是双层董事会，监事会的权力大于董事会。
[③] 并购汪. 厉害了！KKR 数字营销"并购基金"，超低价抄底华谊嘉信！. 小汪天天见. 转引自创头条. http://www.ctoutiao.com/1201879.html.

的？答案藏在交易结构中的条款内。

首先是"分期支付+表决权委托",对价1.2亿元对应的是5%的股权,华谊嘉信大股东刘伟手里还有25.31%的股份,这部分股票的表决权委托给了开域集团,所以开域集团以30.31%的表决权实际控制了华谊嘉信。同时,1.2亿元开域集团将分三期支付。第一期:正式股份购买合同签署后;第二期:公司董事会改组完成,获得公司控制权后;第三期:标的股份交割完成后。支付比例分别为40%、40%和20%。

其次是"优先购买权和选择抛售权"的运用,前者维护买方权益,后者保障卖方权益。在优先购买权条款中,如果刘伟希望出售其部分或全部的股份给第三方,开域集团享有按同等条件或市价9折优先购买此股份的权利。在选择抛售权条款中,在第三期款支付完成后的12~36个月内,刘伟有权以整体估值30亿元的价格,向开域集团出售不超过3%的华谊嘉信股份。在第三期款支付完成后的24~36个月内,刘伟有权以36亿元估值的价格,向开域集团出售不超过1%的股份。

与选择抛售权对应,买方开域集团享有购买选择权,即在首批5%股份交割完成3年内,开域集团有权以华谊嘉信估值30亿元的价格,分批购买刘伟所持4%股份。

优先收购权、抛售选择权的设计,相当于看涨期权,让卖方大股东刘伟享有手中25.31%股份上涨的潜在收益,让买方不错过未来业绩改善带来的股东价值增长。在这样的条款下,即使当下"分期支付+表决权委托"的条款较为严苛,卖方仍有动力去达成并购交易。

5.9.3 分手费与反向分手费

分手费与反向分手费是并购交易中常见的条款。

2011年12月,AT&T宣布计划390亿美元收购T-Mobile,买卖双方在并购协议里约定,如果最后交易失败,买方AT&T将支付对方高达30亿美元的现金分手费及其他资产。可是，AT&T野心勃勃的并购计划遭到了监管机构、竞争对手的强烈反对，甚至引来了美国司法部的反垄断诉讼。最终，这桩流产的并购交易让AT&T含泪赔付了总计近40亿美元的反向分手费用。

2018年初，因并购未能被美国外国投资审查委员会（CFIUS）批准通过，阿里巴巴并购速汇金的交易宣告失败，并为此支付了3 000万美元的反向分手费用。

上述案例中买方终止协议向卖方支付费用，叫作反向分手费；而卖方终止并购协议向买方支付费用，则叫作分手费。

买方支付反向分手费，常见以下几种情况：买方违约、买方未能获得并购融资、未能通过买方股东大会审批、因政府审批或反垄断审批未通过。卖方支付分手费，常见以下几种情况：卖方违约、未能通过卖方股东大会批准、选择第三方更高报价。

在中国企业海外并购的潮流中，反向分手费成为无法回避的问题。中国化工以430亿美元收购先正达公司的大型交易中，中国化工就承诺：在反垄断审批未能获得而导致交易终止时向先正达公司支付30亿美元的反向分手费。先正达则承诺，在获取其他更优报价等情况终止交易时，向中国化工支付15亿美元分手费。后来在瑞士证券交易监管机构的要求下，中国化工同意减为8亿多美元①。

这笔大型海外并购并非一帆风顺，先是遭到国际竞争对手孟山都提高报价的狙击，然后又碰到了欧盟委员会的审查。欧盟委员会的审查内容包括，这笔交易是否会限制农药以及相关化学制剂领域的竞争。"在所有存在产品重合问题的市场，中国化工要么剥离Adama的产品，要么剥离先正达的产品。"

---

① 张伟华. 一桩并购案的分手费为何高达35亿美元. 华尔街日报. 转引自和讯. http://opinion.hexun.com/2016-06-03/184219689.html.

欧盟在公告中说。直到半年之后，中国化工和先正达做出妥协，这笔交易才被欧盟放行[①]。

中国企业在跨境并购中碰到的反向分手费一般与政府审批紧密相关。在经过中国政府审批后，还会碰到外国政府的反垄断审批、外商投资审批和国家安全审批。例如，为了收购先正达，中国化工先后通过了包括美国外国投资委员会等11个国家的投资审查机构及美国、欧盟等20个国家和地区反垄断机构的审查[②]。一些中国企业不接受外商投资审批、国家安全审批和反向分手费支付挂钩，如中国化工并购先正达、海尔并购通用电气家电业务；也有国内企业愿意接受外商投资审批、国家安全审批和反向分手费挂钩，如海航并购英迈[③]。

[①][②] 央广网，等. 历时16月 中国化工收购瑞士化工巨头先正达案完成交割. 转引自观察者网. https://www.guancha.cn/economy/2017_06_08_412369.shtml.

[③] 张伟华. 一桩并购案的分手费为何高达35亿美元. 华尔街日报 转引自和讯. http://opinion.hexun.com/2016-06-03/184219689.html.

第 6 章

并购接管与整合

6.1 接管整合的重要性

6.2 整合的模式与流程

6.3 战略与结构整合

6.4 人力资源整合

6.5 资产整合

6.6 业务整合

6.7 财务整合

6.8 文化整合

6.9 整合的趋势与创新

对于并购来说，交易失败有两种类型：一是因为各种原因导致最后并购交易没有完成；二是并购交易虽然顺利交割，但并没有达到预期的并购效果。对并购成功概率的研究需要长期的观察，国际上通行的统计口径一般包括从锁定并购目标到谈判、竞购、交割、整合到运营获利等过程。按照这样的口径统计，全球并购从锁定目标到交易成功的概率大致为50%，从交割完成到整合获利的概率也是50%，也就是说，一件并购案从一开始到最后的成功，平均水平约为25%。可以说并购很难，整合更难！要想避免整合失败，首先要对以下要点有清晰明确的认识。

（1）交易完成只是并购的第一步，做好接管整合才是并购成功的标志。

（2）根据能力和需求的不同，以自治、相互依存、控制三个战略维度将整合分为4种模式。

（3）根据并购目的选择整合模式。

（4）整合经理很重要，需要在尽职调查时就介入。

（5）战略与结构、人力资源、资产、业务、财务、文化的整合是层层递进的关系。

（6）"先试婚再结婚"的"投资＋并购"分阶段组合式模式是并购整合的创新。

6.1 接管整合的重要性

并购决策和接管整合被称为并购交易的关键环节,任何一个环节出问题,都将导致并购交易的失败。如表 6-1 所示,根据对实务界人士的调查访问统计,35% 的人评价认为,战略设计是并购过程中成功的关键因素,而 40% 的人认为,控制整合过程决定着并购的成败。如果把并购比作婚姻,想明白自己喜欢什么类型并进行筛选是成功的重要前提,结婚后的婚姻经营则是决定生活美满抑或是同床异梦的关键因素。

表 6-1 并购过程中各环节对并购成功的影响率

并购中各个环节	评价比例 /%
并购决策:从第一天起的正确战略	35
标的选择:明确预期(财务/协同)	15
谈判磋商:根据未来利润水平定价	10
接管整合:打破文化和利益壁垒	40

6.1.1 收购方与被收购方的苦恼

把两家独立运营的公司整合到一块儿并非易事,往往到了磨合阶段,收购方和标的公司都会产生一系列的抱怨。

收购方可能会发现:虽然自己表面上是大股东,但实际上在被收购公司里并没有话语权;收购前标的公司看起来花团锦簇,收购后发现是败絮其中;虽然公司收购下来了,但是核心人才都流失了,拿到手的仅是一个空壳。

标的公司则可能会觉得:说好的强强联合,但管理层都是对方的人,自己像二等公民;既然合并成一家公司了,工资就应该向对方看齐,干的是一样的活为什么自己拿的工资比较低;合并后不知道岗位会做哪些调动,完全无心工作,必须考虑要不要另谋出路。

这些问题难免会造成摩擦与冲突,如果处理不好很容易会使并购产生

"1+1 < 2"的后果。

对于并购方来说，有雄厚的资金实力能把目标公司买下来是远远不够，更要有接管整合的能力。蒙古铁骑在13世纪能横扫欧亚大陆，却没有先进的文化思想制度来守卫自己的胜利成果，不到百年，元朝的统治便被轻易推翻。同样是少数民族，满族却能在入关之后，灵活实行汉化政策，后期提倡"满汉一家"，成功创立了中国封建王朝的最后一个盛世。所谓"打江山难，守江山更难"，对于国家的政权更迭如此，对于并购亦是如此。

对于标的公司的管理层来说，双赢才是最后的胜利，应该主动与收购方进行沟通，积极配合整合，切莫产生抗拒或消极怠工的心态。做好"售后服务"，对自身未来的发展也会大有裨益。

6.1.2 接管整合的含义

作为并购最后也是最关键的一步，应该把整合当作公司的重大转型并慎重对待。接管整合细分起来是两个概念，并购后如果两家公司还保持相对独运营的话叫作整合；如果将标的公司彻底融合掉就被称为接管[①]。

企业处于不同发展阶段，并购的目的不同，整合的重点也会有所区别，如图1-2所示。当企业发展到资本累计阶段，出现一些并购机会，主要目的是获得实物资产，标的公司一般较小，整合难度不大。

当企业在市场上有了一定竞争力以后，企业并购多是横向并购，为获取标的公司的销售渠道、市场份额以及品牌影响力。在这个阶段收购方往往具备一定整合的能力，会着手对并购标的的战略、经营、财务等方面进行整合。

当从产品运营升级到资本运营阶段时，企业的并购更多是进行产业链整合的纵向并购或跨行业的混合并购。相应地，此时对整合的要求也会更高，不仅着眼于控制权，还会注重从公司战略、经营、财务、文化等各方面进行融合和渗透。

---

① "接管与整合"通常简称为"整合"。

6.2 整合的模式与流程

接管整合的战略可以分为三个维度——自治、相互依存与控制，根据这三个维度将整合分为四种模式。在实务中，根据并购目的来选择使用何种整合模式，并依此制定整合的流程。

6.2.1 4种整合模式[①]

如表6-2所示，按照自治、相互依存与控制三个维度上程度的不同，可以将整合分为保留式整合、联邦式整合、结合式整合和吸收式整合。它们有着各自的特点，适用不同的并购目的。

表6-2 整合模式适用情况及特点表

整合模式	适用情况	特　点
保留式整合	整合需求非常低	标的公司拥有很高的自治权，收购双方互相依存度低，并购方对标的公司控制低
联邦式整合	经常出现在行业内滚雪球的并购中	标的公司被赋予相对较高的自治权，收购双方互相依存度较低，并购方对标的公司高度控制
结合式整合	维持标的公司的文化，同时需要建立买方的控制系统和将标的公司结合到买方的业务流程与价值链中	标的公司在高度控制和通过业务流程联合形成高度依存的条件下，享有相当的自治权
吸收式整合	又称兼并，是指将标的公司完全融入收购方企业之中来	标的公司的自治权利很低，收购双方高度互相依存，并购方对标的公司高度控制

保留式的整合程度非常低，采用这种整合模式的并购方大多出于进行多元化扩张或追求单纯的财富投资等目的，会给予标的公司较大的自治权。如果要收购创造性或高度专业化的技术密集型的科创公司，或者作为多股权组合的价值投资者，可以采用该种模式。在并购交易完成之后，并购双方基本上

[①] 罗伯特·F. 布鲁纳. 应用兼并与收购 [M]. 北京：中国人民大学出版社，2011：915-920.

保持了收购前的状态。巴菲特的伯克希尔在并购中的角色基本上定位为财务投资人，在整合中就采用典型的保留式整合模式，在控制权方面并不做过多要求，双方相互依存度较低，并给予标的公司充分的自主权。

联邦式整合多出现在需要控制风险，但因为专业的技术人员的独立性而不得不保留标的公司特质的情况，或者为了维持客户特许权而保留业务传统特征的情况。这种整合模式会保留标的公司的领导层、文化和决策权，但是会要求其运用并购方的管理流程、信息系统和风险控制系统。它与保留式整合的最大区别在于并购方对标的公司的控制度很高。吉利收购沃尔沃后采取的双塔式结构便是联邦式整合的一种，李书福身兼两家公司的董事长，除了设立了吉利—沃尔沃对话委员会，方便双方在产品技术、市场推广方面进行交流以外，基本保证了沃尔沃的独立运营。

结合式整合在横向收购和纵向收购中比较常见。这种整合会维持标的公司原有的公司文化并留任原有的管理层，但是会通过整合其控制系统和业务流程的方式，将其紧密结合至收购方的价值链中。它与前两种整合的区别在于并购方对标的公司的控制更进了一步。美团收购大众点评就属于结合式整合，在收购完成后虽然大众点评的品牌名称得到保留，管理层也继续留任，但是在业务方面进行了全新的整合，将其消费后的点评系统与美团的消费前场景进行了业务链上的互补。

吸收式整合对于整合能力的要求非常高，往往是产业整合者才有这种能力。这种整合是一种高强度全方位的控制，并购方基本上会替换掉标的公司的名称、领导层、控制系统和业务流程。它是四种整合框架中难度最大的。同样是对 O2O 平台的并购，阿里收购口碑网便属于吸收式整合，在收购后阿里将口碑的业务分拆进雅虎，希望能打造出"搜索＋本地服务"的平台；该方案未果后又把其并入淘宝旗下，进行了完全的吸纳。

6.2.2 整合流程

整合作为一门艺术，在每一次实务操作中都不尽相同。即便如此，整合的基本流程还是有规律可循的，大概可以分为以下六步。

1. 制订整合计划

整合计划是整个流程中提纲挈领的部分，工作不能等到整合开始时才做，收购方应在交易谈判阶段就开始制订整合计划。在制订计划的时候要记住"不忘初心"，时刻提醒自己整合计划应该体现并购的目的，并且对标的公司的风险作出充分的预估。随着尽职调查的不断深入，整合计划也应该作出相应的调整。这样在整合正式开始的时候才不至于乱了阵脚。

2. 成立整合小组

负责整合的核心人员，应该包含于尽调团队之中，在尽调中提前熟悉标的公司。切莫出现尽职调查与并购整合两套班子，前期承诺给标的公司的条件，后期整合过程中做不到，产生隔阂与矛盾。

3. 进行有效沟通

整合小组作为连接并购方与标的公司的桥梁，要起到充分沟通的作用。并购中的不确定因素会对后期整合产生很大的影响，首先是要做好与员工的沟通，避免不安的情绪在公司内部蔓延；其次做好投资者关系管理，在第一时间对外公布并购整合的细节，有利于稳定市场的信心。

4. 制订员工安置计划

要记住，公司的核心竞争力是人，除了仅为了获取实物资产的并购外，其他所有形式的并购都要考虑员工安置计划问题。要避免"我的问题"在公司蔓延，包括"我会有工作吗？""我的薪水和福利会改变吗？""我要向谁报告？""我需要调动工作吗？""我为之工作怎样？"等，如果"我的问题"

到了这种程度,必将引起组织的瘫痪[1]。

5. 职能与部门的整合

在安抚好了员工后,就可以着手对职能和部门进行整合。根据并购目的的不同,这里的整合也会提出不同的要求。企业的组织、财务、资产与业务是需要着重关注的方面。

6. 建立新的公司文化

公司文化是整合中最顶层也是最难的部分。不是每一次并购都需要文化的完全融合,不同整合模式下文化融合的要求是不一样的。在整合前就应对并购双方的文化进行相容性评估,跨国并购中文化不兼容的问题可能最为明显。近些年来中国企业进行海外并购的实践里也出现了不少优秀的解决方案,如海尔集团采取的吸纳式整合方法、吉利采取的双塔式整合模型。

本节对接管与整合的模式和流程进行了大致的分类,目的是向大家提供一种分析逻辑,在实务中我们发现模式之间有重合交叉的部分,整合流程的顺序也可能会颠倒。就像世界上没有两片完全相同的叶子,每一次整合也都是全然不同的。从这个角度来看,整合是无法完全复制的,但基本逻辑却是基本相同的。

6.3　战略与结构整合

"不忘初心"是我们在整合中一直强调的指导思想,这也是战略与结构被放到整合首位考虑的原因。并购的战略目标到底是什么?符合这个战略目标想要达成的管控广度和深度是什么?一旦这两个问题确定了,就确定了"整

---

[1] 普赖斯·普里切特. 并购之后:成功整合的权威指南 [M]. 杭州:浙江大学出版社,2017:58-61。

合"的基本思路。所以"整合"必须和战略目标保持高度一致,而不是说所有运营的元素都做了调整就叫作整合了[①]。

6.3.1 战略整合

战略整合从内容上可以分为总体战略整合、经营战略整合以及职能战略整合三个部分。

1. 总体战略整合

总体战略是企业的顶层设计,包括企业的使命与愿景[②]。一般而言,不同的公司的愿景与使命是不同的,即使这两家公司生产的商品或提供的服务是一样的。例如,海尔集团收购美国通用电气家电业务时,首先面临的就是使命与愿景的整合:两者都是做家电的,海尔集团的愿景是海尔智慧家庭定制美好生活,使命是以科技之力缔造生活之美;美国通用集团的愿景是使世界更光明,以科技及创新改善生活品质。总体战略上的差异必然会引起整合中的摩擦,所以对顶层设计的重构是整合中首先面临的问题。

2. 经营战略整合

经营战略整合是在总体战略的指导下对并购后企业生产经营作出的整合,目的是提高企业的核心竞争力,增强企业的盈利能力。使得并购后企业的资产、人员、市场占有率、生产计划、发展规划等做到帕累托最优(资源分配的一种理想状态)是经营战略整合的目标。例如,一汽集团外延式并购发展之路就是一条不断进行经营战略整合的道路。20 世纪 80 年代初,一汽还是一个单一工厂模式的汽车企业,自 1986 年以来,一汽集团通过不断的兼并收购,目前拥有分公司 6 个、全资子公司 9 个、控股子公司 5 个、参股子公司 24 个。一汽集团并购的对象多为同行业的中小型车企,整合难度相对较小,

---

[①] 于晨. 公司并购秘籍:中国企业如何规避整合误区. 经济观察报. http://www.eeo.com.cn/2017/1118/317150.shtml.

[②] 企业愿景被定义为目标陈述,而企业使命被定义为任务陈述。

容易实现扩大生产规模、增加市场占有率的目标。这样的经营战略调整也得到了市场的认可，2018年10月，一汽与16家银行签署战略合作协议，各银行给中国一汽意向性授信共计10 150亿元，这笔授信将会成为一汽并购扩张之路的坚实后盾[①]。

3. 职能战略整合

如果说，总体战略与经营战略属于指导性方针，那么职能战略则是具体实施细节。通过职能战略整合使总体战略整合和经营战略整合的目标得以实现，具体包括产品战略、市场营销战略、生产战略、研发战略、人力资源战略、财务战略整合等方面[②]。

战略整合有多种执行方式，根据的整合模式不同，选用的执行方式也应该有所差异，具体来说，有命令式、变革式和协作式三种。

（1）命令式。命令式是指由并购方来制定战略，由标的企业的管理层去实施。这种执行方式在实践中十分常见，经常用于吸收式整合模式中。但效果并不好，原因在于并购方只有掌握全面的信息才能制订出恰当的战略整合计划，而在实践中这基本是没有办法实现的；另外，并购方无法很好地参与到整合过程中来，标的公司管理层也有可能错误理解整合的命令，导致战略整合的有效性得不到保证。

（2）变革式。变革式指的是通过改变标的企业的组织行为来执行并购企业的战略。在这种执行方式中，标的企业的战略执行也必须遵从并购企业的决策和指令，但与命令式相比，标的公司在战略制定上会拥有一定自主权，而在战略执行上标的公司必须严格按照并购公司的要求执行。选择这种方式一般需要并购方已经形成了成熟的企业文化与价值观，并且有着不错的输出能

---

① 一汽集团概览. 中国一汽网. http://www.faw.com.cn.
② 这部分的内容将与具体的操作方法一起在下面几节中详细叙述。

力。在实施的过程中需要注意不断地进行沟通与调整，避免整合中出现水土不服的现象。

（3）协作式。协作式指的是通过并购双方共同协商来确定战略整合的制定及实施，常见于联邦式整合或结合式整合。在双方企业文化差异或者行业跨度比较大的时候，建议采取该种战略整合执行方式，美的收购德国库卡便是海外并购中采取协作式战略整合的经典案例。

2017年1月美的以292亿元、溢价36.2%成功收购德国库卡，持股比例超过94.5%。库卡作为德国的一家机器人企业，与中国本土家电企业美的无论是企业文化还是行业背景都差异较大。美的收购库卡的公告中明确指出："美的希望凭借库卡在工业机器人和自动化生产领域的技术优势，提升公司生产效率，推动公司制造升级。"在充分沟通的前提下，库卡的研究机构与美的的创新研发中心密切对接，由创新研发中心统筹全球的研发布局，确定战略方向。而针对具体的职能战略整合，美的则在总体把握的基础上实施了充分的放权政策，由库卡自行调度。库卡在被收购第二年发布的年报显示，当年总订单交付量36亿欧元，同比增长5.6%；总销售额35亿欧元，同比增长18%[1]。

6.3.2 结构整合

在确定了战略整合的方案之后，就需要合理有效的组织结构和治理结构来将其运行实现。结构整合主要是指组织结构与治理结构的整合。组织结构整合主要是指在并购完成后确定应该采取什么样的组织结构，如设立几个子公司、哪些部门需要合并、哪些部门又需要独立出来等；治理结构整合主要指公司章程、股东会、董事会等顶层设计的融合和规范。

---

[1] 要约收购 KUKA Aktiengesellschaft 实施情况报告书. 美的集团官网. http://static.cninfo.com.cn/finalpage/2017-01-12/1203009030.pdf.

在组织结构整合中,要"整合"必须先"区分"。

"区分"是指将并购后企业的全部资源分配到其组织任务的经营上。首先,必须处理如何将并购双方的管理决策层分配到组织中去,称之为"垂直区分";其次,必须对双方的人力和组织任务进行分组,称之为"水平区分"。"整合"是指在组织结构的调整过程中协调双方员工和职能以实现并购后的组织任务。

简而言之,在并购后企业组织结构的重新调整过程中,"区分"是指将并购双方,特别是标的公司划分为若干部分;而"整合"则是将被划分的组织结构有效地组织在一起。"区分"和"整合"过程决定并购后企业的组织结构如何有效地运作,以及是否能实现企业既定的并购战略目标[①]。

如图 6-1 所示,组织结构整合大致可以分为三步,分别是:确定新战略实施的关键活动、将企业拆分为不同单元以及重新组合出新的业务流程。

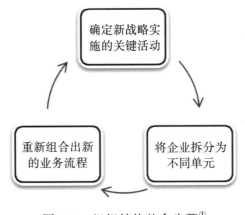

图 6-1 组织结构整合步骤[①]

(1)在并购之后,战略方向必然会有所调整,确定新战略需要实施的活动是承上启下的关键。并购整合的模式不同,侧重点也会有所不同:保留式整

---

① 刘可新,高国富,卓连添. 并购后企业组织结构的重新调整 [J]. 上海企业,1996(8):40–41.

合对标的公司的控制并不紧密；联邦式整合的关键活动可能是交换双方的优势技术，进行品牌的宣传与推广；结合式整合的关键活动就在于结合价值链与业务流程，占领更多的市场份额；吸收式整合的发起方往往已经是产业的整合者，关键活动是提高整个产业链的运作效能。

（2）将企业拆分为不同单元。在确定好关键活动之后，就将围绕其展开的日常经营活动分拆为一个个新单元，再按照新单元来设置岗位，这样在很大程度上可以避免"冗官"现象的发生，能更好地提高企业的运作效率。

（3）重新组合出新的业务流程。把分拆出来的单元根据不同的业务需要重新进行组合，协调各单元之间的相互关系，重新组合成新的业务流程，与整合后的战略进行呼应。

公司治理的核心问题是控制权和利益分配的问题，所以对于并购后的企业来说，如何掌握控制权、确立剩余分配规则是治理结构整合的一个关键点。

在治理结构的整合过程中，首先需要通过公司章程来对股东、股东会、董事会、监事会和管理层等的权利和义务做出原则性的规定，明确规范公司内部各个治理层级之间的权利关系和义务划分。

并购方应该明确标的公司董事会和监事会的地位设置，在此基础上进一步按照并购方的控制需求，设立董事会、监事会以及各种派生的委员会，通过董事会和监事会的议事规则、董事席位的分配、表决权设置等来实现对标的企业的控制[1]。

这一步看似简单，但如果没有正确操作也会埋下隐患。例如，上市公司华测检测在2011年收购了华测瑞欧51%的股份，2016年聘请华测瑞欧原员工陈建作为华测瑞欧的总经理，并授予其1%的公司股份。由于华测检测忽视了对治理结构的整合，使得陈建有了可乘之机。在2017年1月华测瑞欧股东会

---

[1] 企业并购整合过程中需要注意哪些模式.华律网. http://www.66law.cn/laws/179230.aspx.

审议通过《变更公司章程中公司注册地址、公司经营范围》议案后，陈建背着华测检测偷偷修改公司章程修正案，在提交给市场监督管理局备案时增加"自然人股东丁勇、魏文锋有权各推荐一名董事"的内容。陈建通过增加运营团队中董事人数，进而达到控制华测瑞欧董事会的目的。接下来，陈建不仅解雇了上市公司委任的财务主管，还试图将公司资产转移至新注册公司——浙江瑞欧有限公司。华测检测在 2017 年半年报中描述："由于公司与持股 51% 的控股子公司杭州华测瑞欧科技有限公司的小股东在公司发展理念和规范化管理上存在分歧并产生了纠纷，个别经营管理者拒不执行两会（董事会及股东会）关于更替经营管理者的决议，公司目前暂无法取得瑞欧公司的报表。"从上市公司披露的公告来看，母公司对子公司失去控制权目前已成事实，双方目前已诉至法庭[①]。

工欲善其事，必先利其器。战略和结构整合是接管的第一步，只有根据整合战略先设置好组织结构和治理结构，其余整合工作才能更有效率地成功进行。

6.4 人力资源整合

人力资源对于企业的重要性不言而喻，除非仅为了获取实物资产的并购，其他所有形式的并购都要面临人力资源整合的问题。

6.4.1 并购立场分类

在处理人力资源整合问题时，可以将并购的立场分成四大类：救援式并购、合作式并购、竞争式并购、突袭式并购，这种分类方法有利于帮助并购

---

① 华测检测公告. http://www.cti-cert.com/queryInvestorsRelationsInit.do?move_type=8&news_type=20.

方预测出最有可能发生的问题（图 6-2）。

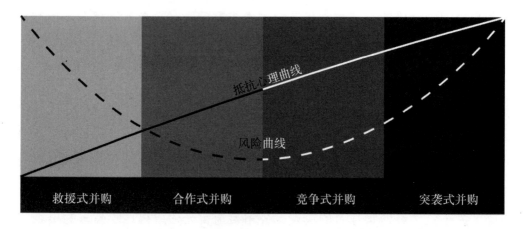

图 6-2　不同并购类型下员工心理与并购风险曲线 ①

1. 救援式并购

救援式并购通常发生在遭遇恶意并购的标的公司与其寻找来的"白衣骑士"之间。"白衣骑士"当然不是大发慈悲的救世主，他们也是带有一定的经济目的进行这次救援的，但是"两害相权取其轻"，这种并购在总体上来说还是受标的公司欢迎的。

如果被救援的标的公司之前的业绩不错，只是因为疏于市值管理而遭到恶意并购狙击，员工可能会因为对收购不满而选择离开；如果被救援的标的公司已经到了破产边缘的话，救援式并购会使被收购公司员工如释重负，但要谨防其产生过度的依赖感。

虽然救援式并购的抵抗情绪最弱，但是其人力资源整合的风险却相对较高，原因在于遭受恶意并购的标的公司在公司治理上，可能本身就存在着某

---

① 本图及下文资料来源：普赖斯·普里切特.并购之后：成功整合的权威指南 [M]. 杭州：浙江大学出版社，2017：40.

种缺陷；除此之外，救援式并购由于要抵御恶意并购，所以需要在短时间内作出决定，双方在并购准备和了解上并不充分。因此虽然标的公司的员工没有抵抗情绪，但同时对工作可能也表现出缺乏活力的消极状态。

2. 合作式并购

合作式并购应该是实务中交易量最多的一种。双方经过谈判之后达成一致，此时的人力资源整合风险相对较小，在进行交接的时候仅需要注意与被并购公司员工做好充分的沟通。管理层分享的信息越多，整合的过程就会越顺畅。

需要指出的是，增强员工的信任感是整合中非常重要的部分，因为并购双方的员工缺乏共同的工作经历，了解程度相对有限，此时如果并购谈判时许诺给员工的待遇或福利条件未达成，可能会引起强烈的抵触心理。

3. 竞争式并购

竞争式并购与救援式并购及合作式并购的不同之处在于，标的公司并不想被收购，但是又没有抵御并购的能力。与突袭式并购的不同之处在于，在竞争式并购中标的公司有机会与并购方坐下来谈判为自己争取到一个最优的收购价格。

此时被收购公司员工的抵抗情绪不断上升，但是并购整合失败的风险曲线却较低，原因在于，被竞购的标的公司一般有着不错的基本面。并且只要并购方建立起合理的人力资源激励机制，释放出足够的诚意，就可以稳定住一部分关键岗位人才。

4. 突袭式并购

在突袭式并购中双方没有谈判环节，恶意并购中的熊式拥抱和二级市场举牌都属于此类。在突袭式并购中标的公司员工的敌对情绪会达到顶峰，人力资源整合的风险也是最大的。恶意并购的特征决定了突袭式并购必然会引起强烈的反抗，与竞争式并购不同的是，这种反抗可能会夹杂着强烈的情感因素。

在突袭式并购成功之后，标的公司的管理层会发现自己处于进退维谷的境地，辞职将会以失败者的形象退出原来的公司，而留下来则意味着要推翻抵抗恶意收购时的立场。虽然两难，但由于留下来会导致信誉丧失，所以许多管理层最终选择了离开。

除管理层之外，优秀人才离开的概率也很大。要知道，越优秀意味着有越多的选择！恶意收购都是公开进行的，会引起社会的广泛关注，尤其是猎头公司的关注，可能在突袭式并购还没完成之前，优秀的人才在动荡期就被其他公司以更好的条件挖走了。

留下来的可能是空壳的管理团队和深受不确定因素困扰的普通员工，并购方必须不吝气力打好这场硬仗。选好高层管理人员、与员工进行有效的沟通、建立人力资源激励机制都是必不可少的，下文中将要提到的"十八般武艺"，在突袭式并购后的整合中都可以派上用场。

6.4.2 人员评估

虽然我们一直强调在整合中要注意标的公司员工的抵抗心理。但是并购的本质是转型和变革，也不能在整合中一味地维稳。所以在人力资源整合中，被动的"公平"对待标的公司的所有员工是最不可取的。这时对人力资源进行评估筛选就显得尤为重要，要分清楚哪些员工需要挽留，而哪些员工应该被裁掉。

人员的评估应该从三方获取信息，分别是"前任老板""外部专家"以及"现任老板"。标的公司的管理层作为前任老板，比任何人都要更了解公司的情况与员工的表现，他们的意见不可或缺。引入第三方外部专家一同进行测评的原因在于，前任老板的观点可能带有主观色彩，而专家的作用在于辅助作出客观评价。并购方的管理层作为现任老板，有进行筛选的权力，哪怕一个员工在前两者处都获得了很高的评价，如果现任老板在与其交往的过程中产生了性格或其他方面的冲突，那么这个员工可能就不适合留在并购后的新公司共事。

评估建议按照统一的流程逐个进行，这样才能以同样的评分标准来确定出需要留任与辞退的名单，图 6-3 是一份在整合实务中可供参考借鉴的人力资源整合评估图。

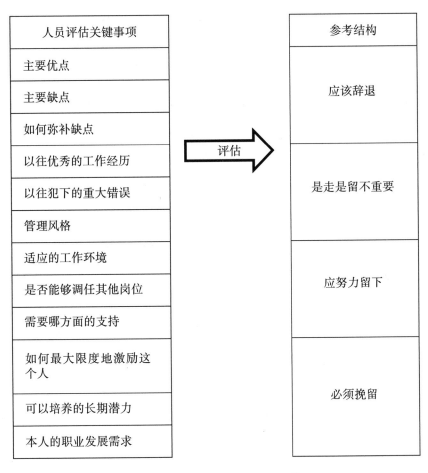

图 6-3　人力资源整合评估①

---

① 普赖斯·普里切特. 并购之后：成功整合的权威指南 [M]. 杭州：浙江大学出版社，2017：110–111.

如图 6-3 所示，评估得出的结论建议将原公司人员按照重要程度分为四类，分别是应该辞退、是走是留不重要、应该努力留下和必须挽留。

6.4.3 人员的离职

很多人会认为挽留人才很难，但是辞退冗员再简单不过了，一封解雇通知书便可以搞定，事实上人员的裁减远没有想象中简单。

首先，对于标的公司的高管层和核心员工，要考虑实施"金色降落伞计划"。这些人手里掌握着公司的各种资源和机密，如果没有对其进行合理的离职补偿，那么他们要么自立门户和公司对着干，要么投奔对手和公司死磕。所以"金色降落伞"通常伴随着竞业禁止协议和保密协议，即使不是出于道德的考虑，而是站在利益的角度，也需要让这部分员工平稳落地[1]。

对于所有辞退员工都应给予合同约定的离职补偿，并且按照行业的惯例发放遣散费用，除此之外，最好还能留存一段时间的缓冲期，让离职员工可以有足够的时间去找到下一份工作。这样的做法不仅对留任和离职的员工产生正面积极的影响，在行业内也可以树立起宽厚的口碑，有利于下一次并购的展开。惠普与康柏公司合并后，公司就给予了离职员工 3 个星期的缓冲期，用来寻找下一份工作或者内部再就业；并且这些员工根据供职时间长短分别获得了 4~12 个月的工资作为遣散费用，除此之外，还有一笔失业救济金。惠普的做法受到了业内的一致赞誉[2]。

6.4.4 关键人员挽留[3]

标的企业关键人员挽留应该遵循三个原则：稳定是前提，激励是根本，培训是基础。

稳定的关键点在于有效的沟通，在并购中信息的不对称可能会使标的公司

---

[1] 马永斌. 公司治理之道 [M]. 北京：清华大学出版社，2013：289-290.
[2] 赵庆华. 企业并购中人力资源整合管理研究 [D]. 成都：四川大学，2006：46-47.
[3] 百度百科. https://baike.baidu.com/item/ 人力资源整合 /5274182?fr=aladdin.

员工人心惶惶，这种不安的情绪极容易在内部蔓延，只有在明确且有规律的工作框架下，员工才能维持良好的工作状态。并购活动带来的不确定性会导致员工将自保作为首要关注点，并购中每个员工都在关心"我的问题"，坦诚的沟通是解决这个问题的关键，掩饰或捏造真相会使交流陷入恶性循环。

激励的方法有很多，包括股权激励、工作自主权、职业生涯承诺等。股权激励是最有效的利益平衡手段，美的在并购了德国库卡机器人公司后，就授予了库卡管理层与核心员工美的集团的股票期权，其中库卡的原CEO Till Reuter获得了30万份的期权，原CFO Peter Mohnen获得了20万份的期权，分别占公司总股本的0.02%和0.017%，这个比例基本上是比照美的集团对美的董事的激励比例来确定的，这样就将双方的利益捆绑在一起，从而打造利益的共同体。

培训是最后一步，很多并购方将挽留标的企业员工的方法简单理解为提高薪资待遇、制订股权激励计划。诚然，物质回报可能是最直接有效的挽留方式，但是整合的要求不仅仅是留下来，还要能融入进去。培训是提高标的企业人才对并购方认同感最有效的方法，能够帮助并购双方最终融合成为一个团队。

这种培训具体可以分为三个部分：第一部分是行政任务培训，包括进行员工手册的学习、双方团队的破冰培训等，目的是让标的公司逐渐认可并购方；第二部分是管理任务培训，包括让新员工熟悉公司流程、绩效管理标准等，主要是帮助标的公司员工认清自己的工作角色与职业预期；第三部分是社交与文化任务培训，这可能是最难的一项，关键在于如何正确地输出公司的文化，而不给新员工留下洗脑的印象，这是一个长期复杂的过程，在公司文化整合部分我们将进行更为详细的叙述。

需要明确的是，人力资源整合上承战略与组织框架整合，下启企业文化整合。因此，所有的人力资源调整都应该围绕着整合战略的实施来进行，而且人力资源的整合一定要和文化融合一块考虑，只有做到了文化上的整合，人力资源整合才算真正意义上的完成。

6.5 资产整合

在并购整合中,需要把并购方与标的公司两家完全不同的企业合并在一起,这就必然需要对资产重新优化配置。只有将双方的资源进行鉴别、吸纳、剥离、重新组合后才能产生理想的协同效应,更好地为实现整合战略目标服务。

并购交易最终完成的标志是所有权持有者的变更,这也就意味着并购后的资产整合,不单单包含资产的处理,还涵盖了标的公司的债务整合。并购后的资产整合也要视整合的模式而定,保留式整合与联邦式整合对于资产整合的需求较低,而结合式整合和吸收式整合则需要对资产进行重新配置。

6.5.1 固定资产整合

固定资产通常指使用时间超过 12 个月的、价值达到一定标准的非货币性资产,包括房屋、建筑物、机器、机械、运输工具等。如图 6-4 所示,通常把固定资产整合的步骤分为鉴别、吸收和剥离三步。

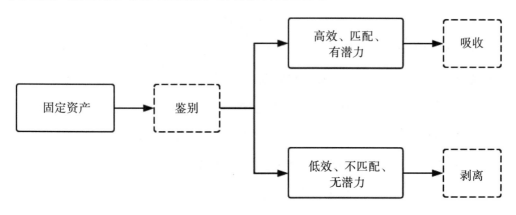

图 6-4 固定资产整合步骤

如图 6-4 所示,第一步便是对合并后的固定资产进行鉴别:"高效"是指该资产能为企业带来更高的经济效益;"匹配"是指该资产与战略整合目标相吻合;有潜力是指该资产在未来能发挥出更大的价值。对于符合条件的固定资产，并购方就可以在将其吸纳进新的生产体系中；而对于不符合条件的，则可以选择出售、封存甚至废弃等。需要提醒的是，鉴别的工作应该在尽职调查时就开始进行，尽量要求标的公司在收购之前做好剥离工作，这样就可以节省一部分收购成本，也能尽快地使资产产生协同效应。

6.5.2 流动资产整合[①]

流动资产是指一年内可以变现或者运用的资产，一般包括货币资金、短期投资、应收账款以及存货等。对于流动资产整合有两点需要注意。

一是优化流动资产的配置结构，合理安排各部分所占的比例。例如，短期投资流动性好的，可以根据市场价格决定是否要继续持有或者变现；到期账款可以安排催收；存货进行盘点清理，滞压的部分进行相关处理，等等。

二是加快流动资产的周转速度。公司的资本效益不仅取决于利润率，同时还取决于资本周转频率。在整合过程中，必须剥离与销售能力不相适应的流动资产，调整各种形态资产的分布量，理顺并疏通资金的流转渠道，使流动资产的周转速度能不断地加快。

6.5.3 无形资产整合[②]

这里的无形资产指的是狭义的无形资产，包括专利权、特许权、土地使用权、商誉及商标权等。专利权、特许权、土地使用权主要是根据战略整合目标来决定保留或者转让。

商标权的整合与其他无形资产有所不同，具体可以被分为统一品牌策略、个别品牌策略、副品牌策略等。统一品牌战略经常出现在并购方能力特别强的吸收式合并，这时往往会以并购方的品牌名称为准；也有可能出现在强强联合中，这时会选择采用一个全新的品牌名。个别品牌战略是指不同的产品

---

① 席彦群，岳松. 企业并购与资源配置 [M]. 大连：东北财经大学出版社，2001：237-238.
② 杜福. 企业并购中无形资产整合研究 [D]. 济南：山东大学，2006：31-32.

采用不同的品牌名称，如长虹电器收购美菱电器后，就选择了"长虹"主打空调、"美菱"主打冰箱的策略，存留了双方在市场上的知名度，强化了品牌优势。副品牌战略是以一个主品牌涵盖公司的系列产品，下设各个副品牌来展示个性，收购后可以将被收购公司的品牌作为副品牌来保证"安全距离"。

6.5.4 债务整合

标的企业债务形成的原因与分类不同，整合的方式也有所不同，具体可以通过以下三种途径。

（1）低价收购债权。如果是救援式并购，那么标的企业往往处于弱势的状况，这时候在谈判时就可能以较低的价格先行收购标的企业所持有的债权，这有助于降低并购成本，减轻接管后的偿债压力。

（2）债务延期及和解。如果标的企业经营状况极差，濒临破产边缘，债权人会更希望企业能够被并购，而不是实施破产，导致其持有的债权无法得到清偿。所以在尽职调查期间，并购方就应该积极地与标的企业的债权人进行联系，争取债务的延期与折扣等缓和措施，债权人往往会乐于接受这类要求，虽然从短期上看债权暂时无法实现，但是长远来说并购无疑是一次新的契机。

（3）债权转股权。这种债务整合方式无疑是实践中最具有现实意义的。债转股将标的企业与债权人的债权债务关系，转换成了并购方与债权人的股权产权关系，这样一来，原本的还本付息就变成按股分红。虽然这种债务整合方式在一定程度上削弱了并购方对于合并后企业的控制权，但是其效果也是很明显的，不仅改善了企业的资产负债结构，从某种意义上来说也分摊出去了部分并购的财务风险。

资产属于企业日常经营中的基本元素，对其进行整合的目的是对并购后企业的资源做重新配置，以提高资产的使用率，实现协同效应。

6.6 业务整合[①]

整合过程的本质是转型和变革，业务流程的整合就是一个很好的契机：新的管理者可以越过固有利益格局的樊篱，在构建新秩序的过程中对业务流程进行优化。业务流程整合的幅度和所涉及的范围依然主要由并购的模式所决定，保留式、联邦式、结合式、吸收式依次对应了整合深度与广度的由小到大。在此基础上我们可以将业务流程整合分为如图 6-5 所示的 5 种方式。

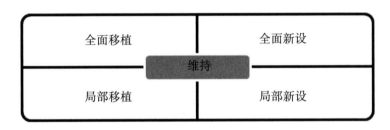

图 6-5　业务流程整合模式[②]

6.6.1　维持

维持一般出现在保留式并购整合模式之中，对于并购后的业务流程基本上不做调整。原因十分简单，并购方的目的多出于单纯的财务投资。在这种情况下如果盲目地进行业务流程移植嫁接的话，可能会干扰到正常的生产经营。

例如，腾讯对京东的投资，腾讯在电子商务领域方面并不擅长，虽然截至 2018 年底已经成为京东第一大股东，持有京东 21.25% 的股份，但是并没有要求对京东的业务流程进行整合。腾讯作为京东的财务投资者，给予京东充分的自主权利，这种维持式的业务整合架构不失为一种明智的选择。

---

① 徐宁. 企业并购后业务流程整合研究 [D]. 济南：山东大学，2008：34-39.
② 徐宁. 企业并购后业务流程整合研究 [D]. 济南：山东大学，2008：35.

6.6.2 局部新设

局部新设适用于保留式与联邦式的整合模式，这种业务流程的整合方式更像是处在这两者的过渡位置，主要出现在多元化发展的投资目的之下。该整合方式范围有限，整合的力度也适中，主要是为了实现相关部分的协同效应。

例如，阿里收购银泰百货，银泰主要业务集中于线下的实体零售，阿里收购它的目的是将线上线下结合在一起的"新零售"的战略布局，所以并没有对其进行大刀阔斧的改革，而是合作推出了包括银泰宝、喵货、喵街等一系列线上线下融合的业务，在流程上实现支付与会员体系的打通，在虚拟经济与实体经济的融合上取得了不小的进展。

6.6.3 局部移植

局部移植虽然与局部新设一样只是在小范围内进行业务流程的整合，但是其整合的力度相对来说比较大。如果局部新设是强强联合探索新模式，局部移植就多出现于以强并弱的非相关性战略并购。

阿里巴巴在收购优酷土豆之前，自身是没有太多做视频网站经验的，但是阿里的电商需要客户引流，数字化娱乐平台是阿里生态中不可或缺的一环。阿里虽然只对优酷的战略管理流程、财务管理流程、技术创新与运营流程方面作出了整合，但是整合力度还是非常大的。内容产业的生产周期通常比较长。一个对平台很重要的剧集从制作到谈下来可能会耗时1~2年。以杨伟东为首的新优酷管理团队接手后，在战略上选择了制作快周期短的网剧入手，在暑假档为优酷找到了不错的突破口。互联网视频平台获取版权的代价高，变现能力较差是不争的事实，财务管理流程方面阿里给予了有力的支持，很好地缓解了优酷的资金压力。除此之外，在技术创新与运营流程上，阿里将淘宝的个性化推荐模式移植到了优酷的视频观看中来，从大数据统计方面计算出观众的喜好，做到有的放矢。优酷的首页点击率、观看时长和活跃度都有非常明显的提升[1]。

6.6.4 全面新设

全面新设是一种整合范围大，但是整合力度适中的业务整合方式，常见于结合式并购整合中。双方会相互转换职能技术，取二者之长，弃二者之短，逐渐探索形成更优的业务流程。

可以说，所有的行业老大与老二合并，不管控制权上作出了怎么样的博弈，在业务流程上的整合几乎都是全面新设模式。原因也非常简单，两家公司本就是行业内金字塔的顶端，自然都有赖以立足的过人之处，并购后利用双方优势，克服劣势无疑是最明智的选择。

6.6.5 全面移植

全面移植是这五种方式中涉及范围最广、整合力度最大的，常见于吸收式合并的整合模式中。并购方在行业内已经具备了相当话语权，收购的目的是进行产业整合。这种并购目的就会涉及职能甚至是经营层次的整合，标的企业将会采用大部分甚至全部的并购方业务流程。

阿里在电商领域并购后的业务整合基本上就属于全面移植方式，包括对数字服务商宝尊电商、外贸网站深圳一达通、海购平台魅力惠等公司的并购。由于是同行业并购，且双方实力悬殊，在控制了董事长、财务总监等关键岗位之后，阿里就对销售管理、财务管理、分配制度等一系列进行全面的移植，在业务上展开一体化运营，最后这些公司的业务都被完全吸纳进了阿里的体系之中。

业务与资产一样，也属于企业日常经营中的基本元素，对其进行整合的目的是提高业务运营的效率，实现并购的协同效应。

---

[1] 李卓. 阿里大文娱完成优酷整合 视频行业进入下半场"搏杀". 每日经济新闻. http://www.nbd.com.cn/articles/2017-10-27/1156934.html.

6.7 财务整合 [①]

在所有整合中我们都强调，要视整合模式来决定整合的力度，财务整合也不例外。不过除了保留式整合外，其他模式下的并购都要求通过整合财务系统来达到控制标的企业的目的。

财务整合不是一个单独孤立的板块，其中包括财务战略目标的整合、财务组织结构的整合、财务部门人员的整合、存量资产与负债的整合，以上内容已分别在前文中做过分析，本节将重点讨论财务管理的整合，以及如何通过整合产生协同效应。

财务管理制度可以按照企业的日常活动来进行分类，具体可以分为财务信息管理、融资管理、投资管理、营运资本管理、产权管理以及利益分配管理，如图6-6所示。

财务信息整合	融资管理整合	投资管理整合
·财务整合，OA先行 ·获取管理权和控制权的第一步	·控制成本 ·降低风险 ·减轻税负	·投资决策的审核 ·投资收益的分配 ·投资责任的承担 ·投资效益的考核

营运资本整合	产权管理整合	利益分配制度
·权衡日常运营中的风险和收益 ·对营运资本实行动态管理 ·海外并购中要善于借势	·产权界定 ·产权流转 ·产权保护	·依法分配 ·兼顾各方利益 ·分配与积累并重 ·投资与收益对等

图6-6　财务管理整合分类

[①] 李胜．企业并购的财务整合研究 [D]．武汉：武汉大学，2013；闫艳萍．企业并购财务整合及其效应研究 [D]．太原：山西财经大学，2010．

6.7.1 财务信息整合

财务信息整合，对内是指财务信息管理系统的整合，对外是指提供给利益相关者的信息格式统一。

对财务信息的管理整合，是并购方取得管理权和控制权的第一步。财务整合，OA（office automation，办公自动化）先行，从内部管理来说，只有对信息来源的格式进行统一才能顺利地开展接下来的工作。从外部监管来说，财务信息管理的整合也是为了满足税务系统、市场监督管理部门、投资者、债权人等对财务信息的使用需求。

不管什么类型的并购，只有掌握了来源真实、可靠、及时的财务信息，才算完成了对标的公司的接管。除此之外，在吸收式的整合模式下，经常会出现产业整合者收购同行中小民营企业的情况。这些中小民营企业的会计核算体系往往不够规范，而产业整合者往往是上市公司，对于财务报表有规范的要求，所以需要帮助标的企业细化和规范会计核算体系，统一信息管理制度，为财务活动的开展奠定良好的基础。

6.7.2 融资管理整合

资金是一个企业进行生产经营的首要前提，所以融资活动也成为财务管理中首先需要面对的问题。并购后的融资管理制度整合应该遵循三个原则：一是控制成本，二是降低风险，三是减轻税负，从而形成最优的资本组合。

复星在构建投资并购版图的时候就很注意拓展保险业务板块，先后收购了复星葡萄牙保险、鼎睿再保险、MIG、永安财险、Ironshore 等公司，通过对融资管理制度的整合，从 2012 年开始向以金融保险为核心的投资集团转型。并且利用了不同国家对保险资金使用的监管不同这一特点，用欧美的险资来投资中国的房地产业务，在顺利通过监管的同时，降低了负债成本，拉长了负债时间。在经过并购整合之后，复星建立起了全球化的保险融资渠道，可以更从容地面对汇率波动加剧的局面，形成天然对冲，规避风险[①]。

6.7.3 投资管理整合

投资会涉及标的公司作为独立的经济主体在资本市场上的投资、标的公司和并购方其他子公司之间的相互投资等。所以对于投资管理制度的整合，重心应该放在规范投资的市场行为、降低投资的收益风险之上。具体来说可以分为以下四个方面。

（1）投资决策的审核。对于标的公司的投资意向应要求填报规范格式的申请报告，成立专门的小组对投资的收益及风险进行评估，最终作出科学合理的决策意见。

（2）投资收益的分配。在考虑税收政策的前提下，按照适当的投资比例在并购方与标的公司之间分配投资收益。

（3）投资责任的明确。将投资过程细化，责任分配到具体的员工身上，实行可追踪的"责任到人"的制度。

（4）投资效益的考核。对于标的公司的投资盈亏，应形成固定的考核评价体系，用确定的指标诸如投资利润率来进行分析，分析得出的结果可以用于下一次投资决策的调整。

6.7.4 营运资本管理的整合

通常意义上，营运资本是指流动资产与流动负债之间的差额，即企业在经营中可供运用、周转的流动资金净额。营运资本管理对于增强企业盈利能力、控制财务风险有着重要的意义，因此营运资本管理制度的整合是并购后财务整合的一个重点。

（1）权衡日常运营中的风险与收益，合理配置营运资本。流动资产因为其易变现的特征，所以相较于固定资产来说，风险较小同时收益率也较

---

① 马永斌.市值管理与资本实践[M].北京：清华大学出版社，2018：444-458.

低；流动负债主要指时限低于一年的短期负债，这部分负债虽然取得的融资成营运资成本较低，但是因为期限短所以风险也相应较高。如果想要获取更高的收益，则可以降低流动资产的比例，提高流动负债的比例，相应地，也要承担更高的风险；反之亦然。通过集团内的合理配置，可以使股东财富最大化。

（2）除了重视营运资本的合理配置以外，还要对其加强动态管理。资金具有时间价值，加快营运资本的周转速度也可以实现企业的价值增长。

（3）跨境并购中要善于利用各国不同的资源优势。因为企业所处的国家与区域不同，资金监管和税收政策上也各有差异，海外并购尤其能体现这一点，合理地运用各国不同的政策，能为企业带来更多的利润。

在联想并购 IBM 的案例中，IBM 在被并购之前有着很高的销售额，但是利润偏低，凸显了企业生产成本较高的特点。联想在并购后充分利用国内的资源和产能，转移国外偏高的生产成本和营运成本；与此同时，利用美国的税收优惠政策，合理地进行税务筹划，使联想在营运上创造出更多经济效益。

6.7.5 产权管理制度整合

并购方如果是产业整合者，并购后就可能形成蜘蛛网状的集团股权结构：横向方面，标的公司有可能与并购方的其他子公司形成交叉持股；纵向方面，标的公司有可能将资金投入到其他企业。

产权管理制度整合的目的是加强产权管理，规范集团内部的产权关系，保证资本的有效投入和运营，实现资本的保值增值。具体来说，要结合持股情况，对产权界定制度、产权流转制度和产权保护制度进行调整。

6.7.6 利益分配制度的整合

并购交易完成后，交易各方必然会面临着利益重新分配的问题，分配制度的整合是整个财务整合过程中最后也是最关键的一步。并购中的相关方对于整合不满也往往缘于利益分配不均。

利益分配制度的整合与并购的模式息息相关，不同的并购模式，有着不同的方案。在保留式整合中，并购方作为财务投资者，拿股份比例所应有的分红即可；在其他的整合模式下，并购方可能在不同程度上占据主导地位，此时就需要注意做好利益平衡，不能"欺负"小股东。

"小股东"主要是指在收购后保留标的公司一定股份的原股东，以及通过换股支付方式成为并购方的小股东。在利益分配制度上的整合，并购方不要依仗着控制权拒不分配利润、剥夺这些小股东知情权、变相转移资产等。这些行为不合乎商业道德，也必定会引起小股东们的"揭竿而起"，影响并购后的整合。

为了保证财务活动的正常运转，利益分配制度的整合需要重视以下四个方面。

（1）依法分配是进行股利分配整合的首要原则。

（2）兼顾各方利益。在整合之前并购双方的股利分配制度可能有所不同，整合时需要进行统筹规划，平衡大小股东、债权人、员工等多方面的利益。

（3）分配与积累并重。企业需要积累扩大再生产的财力基础，在并购后的整合中应该合理配置留存收益与股东分红的比例，增强企业抵抗风险的能力，提高企业经营的稳定性和安全性。

（4）投资与收益对等。企业的利润分配应该秉承"谁投资谁收益"的原则，实现利润分配的公开公平公正，保护投资者的利益。

财务管理是企业经营中最为基础也是最重要的一部分，并购后的财务管理整合直接关系到并购目标是否能够实现。财务管理的整合要分阶段进行，并不是一开始就要求双方的财务管理系统合二为一，而是需要找到双方的融合点，不断加强财务关系的联系，不断磨合，最终融合成一套系统。

6.8 文化整合

如果说，企业整合是一个由浅到深、由易到难的递进过程，那么文化是其中最顶层也是最复杂的部分。不同整合模式下文化整合的要求也不尽相同，如果说在保留式、联邦式、结合式这三种整合框架下，对文化整合程度的要求可能是从 0 到 50% 地依次递进，那么在吸收式整合中则会要求做到 90% 及以上的文化整合。

6.8.1 并购中的文化差异

文化整合具体是指价值观、精神、领导风格、共同行为规范这几个方面的整合。由于文化整合做得不到位，文化差异就会演变成文化冲突，从而使得并购交易以失败告终。这其中包含着跨境并购中民族文化差异引起的冲突，也有国内并购中出现的体制冲突问题。

1. 国内并购的文化差异

国内并购的文化差异主要分为两种：一种是国企与民企之间的文化差异，一种是地域上的文化差异。

在我国的并购市场上，国有资产战略性重组是其中一个重要的组成部分。在 2005 年股权分置改革之前，通过 IPO 上市的大多是国有企业，民营企业为了进入资本市场经常选择借壳并购国有企业标的。近些年来，一些上市的民营企业虽然高速发展但也埋下了不少隐患，如资金端的高质押风险等，国有资本在"管资产"到"管资本"的转变中成功"抄底"了不少民营企业。

不管是民营企业并购国有企业，还是国有企业并购民营企业，这其中都蕴含着一个不得不面对的问题，那就是体制不同带来的文化差异该如何整合。1990 年，浙江凤凰作为最早一批在上交所上市的 8 只股票之一，在资本市场上引起了广泛的关注。然而上市短短 3 年的时间因为业绩不佳受到了上交所的退市警告。1994 年 6 月，同城的公司浙江康恩贝集团看上了这只标的股，以每股 2.02 元的价格受让了兰溪市财政局持有的 2 660 万股国有股，成为

50.01%的大股东。然而浙江凤凰作为老牌的国有企业,其员工在交易完成后心理上仍存在着国企老大的优越感,不肯接受街道小厂发展起来的康恩贝集团所带来的企业文化,员工之间的沟通和协调出现了严重的问题,经营状况不仅没有得到改善反而每况愈下。最后,唐恩贝集团在1996年将持有的股票分别转让给中国华源集团和浙江交联电缆有限公司,这场备受瞩目的并购以失败告终。

2. 跨境并购的文化差异

跨境并购中文化差异凸显得更为明显,因为这类并购不仅要面对来自双方的企业文化差异,还要面对来自民族文化的差异。民族文化是一个国家日积月累形成的,烙印在企业基因里的传统、价值观甚至信仰中,在民族文化的影响下,跨境并购的双方也会表现出不同的企业管理实践。

德国的戴姆勒—奔驰汽车公司收购美国克莱斯勒汽车公司就是一个典型的跨境并购中文化差异演变成文化冲突的案例。这次并购本被外界认为是"天作之合":奔驰主攻高端市场,克莱斯勒主要生产中低档汽车;奔驰的销售市场主要集中于德国与其他欧洲国家,而克莱斯勒集中于北美。但是文化冲突却导致这场联姻梦碎。德国文化十分讲究严谨,在公司文化上讲求计划周密,领导上带有权威主义;而美国文化强调效益,个人主义盛行,更加注重创新能力。两家公司在并购后发生了严重的文化冲突,美国员工中许多技术人员因为不满德国的领导风格以及刻板的会议通勤制度,选择了离职;而对于公司未来发展的争议导致克莱斯勒公司的原总裁提出辞职,十多位公司的高级管理层人员也相继离开。公司在并购后出现亏损,竞争力也有所下降。

6.8.2 文化差异的整合[①]

那么,是不是文化差异越小就越好呢?其实这个问题并没有明确的答案。

---

① 潘爱玲. 跨国并购中文化整合的流程设计与模式选择[J]. 南开管理评论,2004(6):104–109;段明明,杨军敏. 文化差异对跨国并购绩效的影响机制研究:一个整合的理论框架[J]. 科学学与科学技术管理,2011,32(10):125-133.

文化差异大必然会导致整合的难度加大，但是也有一些研究认为，文化差异是能力发展与价值创造的来源。文化差异越大，并购各方在知识、惯例和技能等方面的互补性越强，越有利于提高并购后的组织竞争力，从而提升并购绩效。高层管理团队的互补性对并购绩效有明显的促进作用，因为它能够强化组织学习和降低人员变动率，实现协同效应。此外，如果文化整合能够成功，并购各方的文化差异越大，并购绩效就越高[1]。所以文化整合对于并购来说，既是挑战也是机遇。那么面对着文化差异，我们该如何进行整合呢？

图 6-7 所示的是文化整合模式的选择。根据并购类型以及并购方管理文化差异的能力，可以将文化整合细分为移植、嫁接、融合、渗透和自主五种模式。

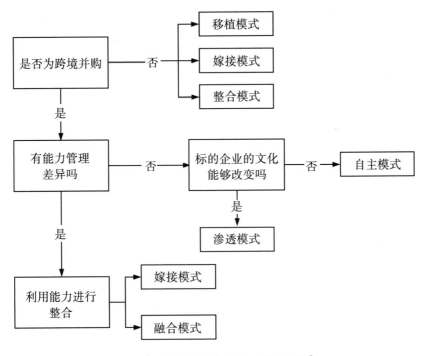

图 6-7 文化整合模式的选择流程[2]

---

[1] 段明明, 杨军敏. 文化差异对跨国并购绩效的影响机制研究：一个整合的理论框架 [J]. 科学学与科学技术管理, 2011, 32 (10): 125–133.

[2] 潘爱玲. 跨国并购中文化整合的流程设计与模式选择 [J]. 南开管理评论, 2004 (6): 104–109.

1. 移植模式

移植模式是指将并购方的公司文化直接移植至标的公司之中，这种模式的好处是简单直接，适用于双方文化差异较小且并购方公司为强势文化的情况，多用于吸收式整合。一般来说，跨境并购是不支持移植模式的，因为民族文化差异在该种模式之下很难被整合，但是如果两个国家的民族文化相似则另当别论。在强势文化的主导下，移植模式可以对并购整合起到快速的推进作用；但是副作用也很明显，自上而下的改革往往带有强制性，可能会引起员工的反抗心理，导致整合失败。

海尔在并购市场多以行业整合者的形象出现，在累积了多次成功经验的基础上总结出了"激活休克鱼"的文化移植模式。休克鱼是一种形象的比喻，鱼的肌体没有腐烂，意味着企业的硬件很好；休克状态则是指企业的管理思维僵化，企业文化、观念存在问题，导致企业停滞不前。这种企业一旦注入新的管理思想，移植先进的公司文化，很快能重新在市场上活跃起来。海尔在20个世纪90年代起的近10年内，先后兼并了数十家企业，并且都成功地按照"激活休克鱼"的模式扭亏为盈。

2. 嫁接模式

在整合前，并购方仔细分析自身与标的公司的文化差异，在充分尊重标的公司文化的前提下，将自己的核心文化嫁接到标的公司。这种模式可用于联邦式整合。嫁接模式操作起来可能较为复杂，需要在前期尽职调查时就做大量的准备工作，并且要求并购方有成熟的公司文化以及一定的文化输出能力。嫁接模式的成功率相对于移植模式来说比较高，适合运用于强势并购方收购弱势标的公司的跨境并购。

3. 融合模式

在并购后平等地与标的公司交流，取其精华去其糟粕，双方吸纳对方公司文化中的优良成果及先进经验，找到新企业文化生长的共同点，在达成共识的基础上形成新的企业文化体系。这种模式可用于结合式整合。这种模式以充分沟通为基础，以求同存异为原则，力求得到并购双方的认同，减少文化整合风险，最终达到水乳交融的状态，这是文化整合的最高境界。但是值得注意的是，融合模式比较理想化，实际操作起来对并购双方的沟通能力、管理水平、谈判博弈均是不小的考验。

优酷土豆的并购案中，文化整合便属于融合模式。两家企业都属于中国土生土长的互联网视频公司，同样的时代背景使得这两家公司的文化十分相似。优酷和土豆分别作为行业的老大与老二，在公司文化方面都有其独到之处：优酷诞生于北京，企业文化更注重用户的体验，对用户反馈及时作出反应；而上海企业土豆则提倡分享精神，更多地把自主权交给了用户，提供平台让用户自行探索。在文化整合过程中选择在充分沟通的基础上兼容并包，使得重组后的优酷土豆更容易找到未来的发展方向。

4. 渗透模式

如果说移植模式、嫁接模式是强势文化整合弱势文化，融合模式是双方平等地进行交流，那渗透模式则出现在并购方处于弱势地位，抑或是跨境并购双方文化差异太大的结合式整合和吸收式整合中。渗透模式并不要求标的公司在短时间内接受并购方的公司文化，而是通过日常的经营管理、员工培训、团队建设活动等逐渐渗透的方法，对标的公司的员工进行潜移默化的影响，最终使其成为公司文化的执行者和维持者。渗透模式的优点是较为温和，不会引起激烈的冲突；缺点在于整合的时间过长，效果有可能不甚明显。

联想并购 IBM 时，就采用了渗透式的文化整合模式。联想虽然作为并购方，但是公司文化并不能占据强势地位；而 IBM 作为全球领先的计算机企业，其公司文化早已发展成熟，没有移植与嫁接的土壤。为了解决这一问题，联想成立了专门负责整合的团队，对双方的文化进行详细的探知式调查；然后以引进新的国外 CEO 为切入点，确立以英语作为公司的官方语言，逐渐开始破壁式的渗透；在双方文化壁垒逐渐被打破的基础上，借助 2008 年金融危机这一外部刺激，对企业的管理文化进行重塑，最终确立了目标管理式的文化作为主导文化。一步一个脚印使得文化渗透落实到每一个具体的员工，最终完成了文化整合[①]。

5. 自主模式

当并购双方文化差异巨大，并且并购方没有能力对标的公司进行文化输出时，就可以采用自主模式让标的公司保留原有的文化不加干预，尽量避免文化冲突造成公司核心人才流失。这种模式多用于保留式整合。自主模式在并购方文化输出能力不够的情况下，不失为一种过渡的选择。

吉利收购沃尔沃的文化整合就属于自主模式。在并购沃尔沃的很长一段时间内，吉利都保有着双塔式结构，只在技术上进行交流，并没有贸然进行文化整合，充分尊重沃尔沃的企业文化与瑞典的民族文化。2010 年，当宣称汽车是"轮子加沙发"的李书福收购沃尔沃时，许多人都在等着看笑话。结果，沃尔沃起死回生，销量盈利连年走高。沃尔沃目前的年营业利润已经超过 100 亿瑞典克朗。吉利收购沃尔沃已经成为中国企业跨国并购最成功的案例之一。

以上五种文化整合模式并不是独立存在、泾渭分明的，在实际运用中根据并购整合模式的不同，存在着交叉使用的情形。文化整合不是一朝一夕就可以完成的，它贯穿于整个并购整合过程始终。作为整合流程中难度最大的一部分，文化整合的收益也不容小觑，只有完成了企业文化的整合，整个并购过程才可能圆满地收尾。

---

① 王淑娟，孙华鹏，崔淼，等. 一种跨国并购渗透式文化整合路径——双案例研究 [J]. 南开管理评论，2015，18(4)：47-59.

6.9 整合的趋势与创新

在梳理了整合中的细节后,再回头来看整合在并购中的位置。可以毫不夸张地说,并购未举,整合先行,没有一个清醒的自我认识和对标的企业的清晰了解,无法对并购后的整合策略制订做出有效的计划,忽视并购后的整合往往会使并购价值损失殆尽。

本节将在前面几节分析的基础上,对并购实务中有效整合的要点做一总结和强调,并介绍一种并购整合的创新模式。

6.9.1 任命整合领导和团队

将两家并无联系的公司整合到一起,这毫无疑问是一件复杂又细致的工作。但是让人难以置信的是,很多并购交易中并没有安排专门的人员作为整合的领导;被兼并公司的领导层尽管对本公司的情况十分了解,但是在并购结束之后[1],他们往往会被解散,最终会有一个新的管理团队来管理合并后的组织。于是,就经常出现没有人对合并过程本身负责的情况。为了解决这个问题,一些美国公司试着委派合并的向导——并购的整合经理,来带领所有人渡过两个组织完全合为一体之前、那种艰难并且经常处于无规划状态的阶段[2]。在一些活跃的并购公司,整合经理的工作是永久和高调的。并购整合经理往往需要具备以下四个方面的能力和素质。

(1)清晰的大局观。整合经理人选往往会从并购方中高层的管理人员中选拔,面对的第一个问题就是对整合工作的定位。他需要在非常了解双方公司的情况下,明确整合所需要达到的战略目标,即一个合并后的新组织应该是怎么样的。

---

[1] 也有可能是整合结束之后。
[2] 管洲. 并购整合经理:非常时期的非常领导人[J]. 企业研究, 2006(10):12-13.

（2）良好的沟通协调能力。并购后的新公司将会有相当长的一段时间处于"喧闹"的环境中，整合经理需要具备倾听并协调不同意见的能力，善于做思想政治工作，充当双方公司沟通的桥梁。

（3）高效的执行能力。整合经理需要把并购后的公司各项事务捋清，组建起一个有效运作的团队结构，这其中有不少处于无规划状态的事项，需要督促各级组织将战略付诸实施。

（4）在文化构建上具有领导力。整合经理应作为文化传播的使者，消除两家公司之间的观念上的隔阂，从而使组织真正意义上融为一体。

当然整合不是单靠一个经理就能完成的工作，需要组建一个执行力和沟通力非常强的整合团队。整合团队的关键作用是将对整合流程和动力的关注顺着组织延伸。负责整合的经理和团队，在尽职调查阶段就介入，从经营中挖掘价值。

6.9.2 有效整合的工作原则和方法[①]

把整合当作重大的公司转型一样对待和处理，必须从辨识核心的、细小的或偶然的变革开始，有效地解决整合中"我的问题"。在并购实践中，目前认为整合团队比较有效的工作原则和方法要点如下。

（1）规划先行。整合团队是整合工作的领导核心，整合领导应该出现在尽职调查小组的名单中，并且随着尽职调查过程的推进，与整合团队成员一起确定出整合的工作计划与时间安排，并具体落实到战略与架构、人力资源、资产与业务、财务以及文化等方面。

（2）在整合开始时，要公开和沟通整合规划，消除不安感。

（3）董事会层级的结构必须在并购宣告时就确定好，这主要是为了安抚军心。

---

① 罗伯特·F. 布鲁纳. 应用兼并与收购[M]. 北京：中国人民大学出版社，2011：920-923.

（4）良好和充分的沟通是抗击恐惧、排除怀疑、建立信任的关键。通过多种渠道处理员工关心的问题，对谣言迅速作出反应，在沟通中采取主动。沟通内容包括告知交易愿景、进度报告、员工在整合成功中的作用以及未来的重要事件。

（5）速度和决心是成功执行合并的关键。每笔交易都会创造不确定性，客户希望看到新的价值提案，股东想要更高的收益，而员工期望得到新的职位。必须要快速处理这些来自各方的诉求，才能避免组织陷入瘫痪。在整合过程中，可以根据OA系统对分阶段的目标进行追踪反馈，设定管理层和员工讨论的议事日程，做到整合过程的高效有序推进。

（6）整合时间尽可能短，要有明确的截止时间，尽量不拖延。

（7）要明辨并购价值的来源，利用从尽职调查得来的清晰的和现实的愿景目标来指导整合工作。

（8）设定非常清楚的业务和财务目标。

（9）挽留人才、关键职员和他们的知识库。在并购交易结束前了解董事会成员和高管层，留住关键人物。

（10）放弃那些不能完成文化和价值观调整的员工。

（11）保持留职选拔过程的透明度是解决员工不安感的关键点。

（12）管理每个过渡阶段，庆祝阶段性成功。

（13）应用好传统媒体和自媒体，营造良好的舆论环境。

6.9.3　并购与整合模式的创新

通常的并购重组整合的顺序是，先做尽职调查，然后进行交易，最后进行整合。虽然我们可以请专业的中介机构来进行尽职调查和设计交易结构，但是还是有很多并购交易在整合环节失败了。其实换种视角，以市值管理和产融结合的角度来看并购中的整合、尽职调查以及风险管理，可以发现整合其实是可以和并购同时进行的，甚至整合工作还能做在并购之前，这就是目前日趋流行的"投资+并购"分阶段组合模式。比较典型的有腾讯的分阶段组合式并购、阿里的"二股东策略"、中植系的收购策略、长园的产业整合模式,具体做法大致如下[①]。

(1)寻找合适的并购对象。在该阶段重点考察并购标的与本公司现有业务的关联性、毛利率、业务前景是否符合公司市值管理和产融结合的标准,从这些角度出发可以有效避免可能在并购决策环节出现的错误。

(2)成为战略投资人。在确定了并购标的后,可以购买或增资扩股目标企业 15%~35% 的股份,以股东的身份进入目标公司董事会,了解并熟悉企业,与管理层进行沟通和融合。

(3)并购前的磨合。很多并购案例都败在了尽职调查和整合上。并购前的磨合实际上是将整合提前到了并购前,将整合和尽职调查一块儿做了,有点儿像"试婚"。在这个磨合阶段,并购方会尽可能地去理解标的企业的商业模式,判断目标企业的发展前景,评估并购后的整合难度。同时,标的企业在磨合期间,也可以适应并购方的企业文化、价值观、管理风格等。

(4)最终决策。在以上流程完成之后,并购方可以根据收集来的一手资料来判断,最终得出以下三种结果。

① 继续增持,直至控股。如果双方磨合顺利,公司会继续增持目标企业直至控股,甚至会继续增持直至 100%。

② 作为战略投资人,享受投资溢价。

③ 如果双方融合不了,则可抛售手中持有的股份,择机退出。

"投资+并购"的分阶段模式在投资阶段就开始相互磨合,做一个形象的比喻就是"先试婚再结婚"。这种模式能够提高整合的成功率,帮助并购实现平稳落地。在本系列丛书《市值管理与资本实践》中曾提及过腾讯收购

---

① 马永斌.市值管理与资本实践[M].北京:清华大学出版社,2018:334-339.

Riot Game，就是一个十分经典的"投资+并购"的案例。

如表6-3所示，早在2008年，游戏开发商Riot Games还只有《英雄联盟》的雏形时，腾讯就相中了这款游戏对用户联合竞技的需求，对其进行战略投资。在之后的几年，Riot Games亏损连连，但腾讯仍旧抱有耐心和信心。2009年《英雄联盟》上线，一经推出就引爆了全球多人竞技市场，成为全球最火的游戏，腾讯看准机会追加投资，占股22.34%。腾讯在此之后开始进行与Riot Game的磨合，在2011年斥资2.31亿美元继续收购至93%的控股比例，并最终于2015年完成全资控股。

表6-3 腾讯收购Riot Games的过程

2008年	• 腾讯领投：800万美元 • 风险投资/孵化期
2009年	• 腾讯跟投：占股22.34% • 战略投资/成长期 • 英雄联盟国内上线
2011年	• 腾讯投资2.31亿美元：收购后占Riot Games 93%股权 • 并购/快速发展期
2015年	• 腾讯收购剩余7%股权：100%控股Riot Games • 并购完成/整合期 • 获得《英雄联盟》完全知识产权

在这个案例中，腾讯从投资决策阶段就具有了清晰的产融结合目的，游戏是腾讯的长期支柱产业，并且要全球化，所以Riot Games是绝佳的并购标的。从最初的投资项目选择，到投资后的管理，再到决定并购，腾讯具有十分成熟的"投资+并购"分步走的策略。并购之后，腾讯不干涉游戏开发和运营，整合过程中给了Riot Games团队充分的信任和自主权，避免了文化整合中的冲突。在业务整合方面，腾讯将Riot Games的游戏引入中国，与其成熟的平台相结合，产生协同效应，最终实现并购后的价值增长。

第 7 章
恶意并购与反并购

7.1 恶意并购是"恶意"吗

7.2 恶意并购的策略

7.3 恶意并购的融资安排

7.4 前期的防御战术

7.5 友好交易内置战术

7.6 反应性战术

7.7 没有硝烟的战争

恶意并购是一种针对上市公司的特殊收购形式，指在目标公司管理层不知情或不配合的情况下，收购者对目标公司进行强行收购的情形。美国早在1965年第三次并购浪潮时，就出现了恶意并购这一形式，并在1980年第四次并购浪潮中达到高潮。在这期间涌现出了很多接管袭击的战略。伴随着这些金融创新手段的运用，监管层出台了相关政策维护资本市场稳定发展。1992开始的第五次并购浪潮中，美国的恶意并购逐渐回归理性。

在中国，恶意并购虽然自1996年就出现，但是由于证券市场规则的不完善，以及上市公司国家股、法人股等多种股份导致的股权分置问题，恶意并购并没有大规模兴起。近些年来，随着股权分置改革的完成，加之改革开放带来的经济积累，资本市场逐渐活跃起来，融资工具推陈出新，监管也越来越完善。作为上市公司外部治理重要手段以及资本市场纠错机制的恶意并购，将成为A股市场的常态。

而成为恶意并购标的的上市公司控制人，必然不愿意束手就缚，必然会采取激烈的反并购策略，恶意并购与反并购的控制权争夺战将在A股经常上演。

要想在恶意并购和反并购的博弈中占据先机，必须熟知以下关键问题。

(1) 什么样的上市公司容易成为恶意并购的标的？

(2) 恶意并购的基本流程和关键点是什么？

(3) 二级市场举牌和要约收购谁更犀利？

(4) 反并购的举措有哪些？

(5) 是否存在最佳的反并购策略？

7.1 恶意并购是"恶意"吗 [①]

恶意收购的概念与善意收购（协议收购）相对，各国公司法中对此并未作出明确界定，其原因在于无法从结果来推导收购的初衷。在股权高度分散的上市公司，当管理层经营不善时，恶意并购者基于高效率运营带来的潜在回报率的趋势，将会绕开管理层对目标公司的股东提出收购意向，管理层因为利益受到损害所以会产生对抗情绪。

恶意并购中的"恶意"在此处其实是一个中性词，它仅仅是陈述此次收购与管理层的意愿相反。而且实际上，恶意并购被视作一种针对不作为上市公司管理层的有效外部公司治理手段[②]。

恶意并购对资金要求十分之高，因为善意收购可以通过协议与目标公司达成"现金＋股份"的支付方式，而恶意并购则需要准备足够充裕的资金来应对目标公司的反收购策略。这种对抗性使恶意并购无法避免与生俱来的道德风险，在这个收购与反收购的博弈中可能会出现经济行为主体利用信息不对称的优势，不惜牺牲其他主体的利益来使自身利益最大化。此时就需要监管层提前做好相关制度的建设与完善，规范各个参与主体的行为，以维护金融市场的有序稳定运行。

如果单纯地认为参与主体只有攻击方与防守方那就大错特错了，恶意并购就像是一场不见硝烟的战争，影响战争走势的还有许多不在场的玩家[③]。认识这些参与主体，有利于我们更好地把握全局。

7.1.1 攻击方（敌意接管者）

由于恶意并购的目的与目标公司管理层的诉求存在冲突，所以其收购的动

[①] 朱宝宪. 公司并购与重组 [M]. 北京：清华大学出版社，2006：342-377.
[②] 马永斌，刘昱珩. 恶意收购的演变及其道德风险防范. 金融理论与实践 [J], 2018（12）：83-89.
[③] 罗伯特·F. 布鲁纳. 应用兼并与收购 [M]. 北京：中国人民大学出版社，2011：828-829.

机会比普通的协议收购复杂得多。最主要的原因当然是由于利益的驱使，希望通过资源的整合，获取更强大的竞争力或者垄断地位；除此之外，也存在着为了获取稀缺资源（上市公司壳资源、许可牌照资源）的恶意收购。

7.1.2 防守方（目标公司管理层或实际控制人）

抵御恶意并购的最有效方式就是做好公司的市值管理，这样可以有效地增加收购的成本，避免成为恶意并购的标的。然而在实践中，目标公司管理层（或实际控制人）往往都是在恶意并购发生之后，才想到采取措施进行防御，而且可能会为了避免被收购而做出一些有损公司长期利益的短期行为。

7.1.3 目标公司内部团体

不要把标的公司视作一个紧密的整体，事实上其内部不同群体的利益诉求是不一样的。

（1）管理层。在美国资本市场，职业经理人是为股东利益所服务的专业群体，但是在中国此界定并不明晰。在中国许多上市的民营企业中，大股东可能也一力承担起了经理人的职位，抑或是聘请来的职业经理人受到大股东意志的支配，经营权与所有权并没有分开。管理层和敌意接管者的利益冲突是最大的。

（2）中小股东。由于信息不对称等多方面因素的影响，中小股东的利益经常被大股东侵占。在这种情况下，恶意收购至少能保证中小股东将手中所持股份高价出手。所以这部分群体对于敌意接管者来说战略意义重大。

（3）董事会。董事会也不应该被视作管理层的利益统一体，内部董事通常是经理人，但是外部董事背后可能代表的是其他股东，灵活运用其中的利益分歧可以帮助实现恶意并购。

7.1.4 其他潜在买方

潜在买方可能是目标公司请来的白衣骑士，作为友好公司来收购目标公司，或是白衣护卫接收目标公司的大量股份，以上都被视作为敌意接管者的竞争对手。除此之外，还存在对目标公司有兴趣，但还没来得及下手的潜在买方，可以与敌意接管者结为同盟。

7.1.5 搭便车者

对于股权分散的企业来说，小股东是否接受要约收购，是会影响到并购的最终结果的。有些小股东认为，当并购成功之后，接管方会采取一系列措施改善提高公司业绩，那么这些"搭便车"的小股东，便可以无成本地分享这一红利。他们就有可能不会接受敌意接管者的要约，会对恶意并购造成阻碍。

7.1.6 套利者

如果说，搭便车者是一开始就持有目标公司股份的小股东，套利者则是并购消息发出之后，试图从股价波动中分一杯羹的投资者。他们是由经济动机驱动的短期投资者，其关注点在于目标公司现在的股价和投标者出价之间的价差，这部分差额对于套利者在交易中将他们持有的股票偏向哪一方产生了重要影响。所以无论是攻击方还是防守方，了解套利者的思维模式，制定相应的进攻或防御策略，有利于把他们变成己方盟友。

7.2 恶意并购的策略

接下来，让我们站在攻击方恶意并购者的角度，来思考应该选择什么样的公司作为收购标的、如何制定收购的策略，以及怎么进行并购后的整合。

7.2.1 谁最容易成为收购标的

按照美国商学院传统的无效率假说，恶意并购的标的公司往往是经营不善导致业绩不佳的公司，成功接管这类公司所带来的潜在回报率是恶意并购的动机。在这种情况下，标的公司往往呈现出较低的销售增长、负债、股权回报率、内部人所有权和市盈率的特征，这部分指标印证了其经营不善的状况。

同时标的公司往往还拥有较高的流动性和未使用的举债能力，攻击方在调用大规模的资金恶意收购后，这些指标可以帮助其迅速回血。

在中国 A 股市场上，恶意并购的标的变成了股权分散、股价被低估的公司。与传统的无效率假说不同，这类公司可能经营得不错，销售额和净利润都保持着高速的增长率，但是却没有做好市值管理。其中最为典型的案例就是宝万之争中的万科，在恶意并购战役发生之前的 2014 年，万科的销售额已经达到了 2 151.3 亿元人民币，业绩高出 2007 年的 3.3 倍，是国内房地产行业当之无愧的龙头老大。但是 2014 年万科的市值仅为 1 056 亿元，价值严重被低估；在经历宝能的举牌收购战之后，万科 2017 年的市值上升至 4 026 亿元，坐上全球房地产企业市值第一的宝座。不仅如此，万科在恶意并购发生之前的股权还特别分散，第一大股东华润持股不足 15%，管理层持股不足 5%，两者合计也无法达到 30% 的要约收购线。"优异的业绩 + 被低估的市值 + 分散的股权"致使万科成为绝佳的并购标的[①]。

7.2.2 收购前的准备工作

恶意并购的形式主要有两种：要约收购与二级市场举牌收购。要约收购是指以主动、公开的方式向目标公司发出收购要约。如果事先与管理层进行接触，但遭到拒绝而发起收购的情形被称为熊式拥抱收购（bear hug）；如果直接进行公开要约，则被称为标购（tender offer）。二级市场举牌收购，是指不作出任何警示，且预先不与目标公司沟通，直接在市场上展开收购行为。无论是要约收购还是二级市场举牌收购，前期都是会进行一些相同的准备工作，如收购标的公司一部分股票。

这一过程是悄悄进行的，攻击方会在二级市场上逐步购买积累标的公司一部分股票。这样做的好处在于，这部分股份的购买价格是与市场价格持平的，

---

① 马永斌. 公司控制权安排与争夺 [M]. 北京：清华大学出版社，2019：234-239.

可以用来均衡恶意收购发生后支付的收购溢价，以降低收购的成本。同时攻击方还能获得一个股东的身份，这样在防守方制定反收购措施的时候，就必须考虑到管理层自身对于股东的受托责任，不能采取单纯排除敌意收购者的反击措施。这部分股份的数量不会很多，A股市场要求持有上市公司5%以上的股票便应披露，一般购买的数量会低于该比例。

7.2.3　熊式拥抱 ①

熊式拥抱介于善意并购和恶意并购之间，并购方会在正式采取并购行动之前，先与目标公司董事会进行接触，向目标公司提出并购建议，而不论它同意与否，并购方都会按照并购方案采取行动②。这种收购方式属于"先礼后兵"，如果能在首次接触时达成一致那便是最好，如果收购意愿遭到拒绝，便会在资本市场上发动标购。

这种方式能给目标公司董事会造成两方面的压力。首先，他们必须考虑敌意接管者所提出来的价格，否则便会被认定为违反了受托责任。在美国完善的证券法律体系下，如果要拒绝收购提议，必须找到专业的第三方机构提供合理的评估意见，证明该价格并不合理。其次，并购方一旦公开其并购计划，会有大量的风险套利者和投机者介入，大量收购公司股票，这样目标公司要承受股票升值的压力和并购方退出后保持公司控股权的压力。

熊式拥抱相当于在战斗前吹起的号角，如果目标公司能够不战而退，便十分省时省力，并且可以消除一部分恶意收购带来的不良影响。

2001年4月，美国国际集团（AIG）采用熊式拥抱的方式收购美国大众公司。美国国际集团向大众公司董事会主席罗伯特·代弗发了一封信。在信

---

① 接管者为寻求获得董事会认可，应努力说服目标公司放弃防御。
② 熊式拥抱又可以细分为4种：弱熊式拥抱策略是没有公开宣告的要约；强熊式拥抱策略包括公开宣告和谈判要求；超强熊式拥抱策略在董事会反对或拖延的情形下出现，威胁降低出价；交互要约是让董事无法拒绝的高现金出价。

中，AIG 主席 M.R. 格林伯格指出："市场并不看好普鲁登公司的出价，普欧鲁登公司股价的急剧下降反映出投资者对此项交易持谨慎态度。因此，我们提出 AIG 并购美国大众的可行方案。我们将愿与您及贵公司董事会进行深入探讨以达成满意的协议。在概述了 AIG 的提议后他表示：您可以肯定的是，我们将在我们的力量范围内做一切可以做的事情以达成这项交易。"这封信既表示要协商，又威胁即便不同意仍会收购。最终，AIG 如愿以偿，收购了美国大众公司[①]。

7.2.4 要约收购[②]

如果目标公司拒绝了熊式拥抱，敌意接管者便会发起更为强硬的手段——标购，这种方式可以被视为要约收购的白热化阶段。敌意接管者向目标公司的股东发出正式的要约，以特定的价格购买目标公司的股票。标购价格通常会高于当时的市场价格。标购方有权选择或全部购买或部分购买或不购买接受要约的股票。

我们在第 1 章中做过介绍，这种进行公开要约的敌意收购最早兴起于美国第四次并购浪潮，自 2017 年以来在中国 A 股市场开始逐步流行，预计未来将会成为主要的恶意并购手段。那么让我们先了解一下，在中国发起公开要约收购的基本流程。

1. 组建专业化团队

敌意接管者先要组建起一支专业化的收购团队，其中包括但不限于本公司的高管成员，以及第三方财务顾问、法律顾问、提供融资及咨询服务的投资银行等。由这支团队编制出要约收购的报告书，通知标的公司，并且进行要约收购报告书摘要的披露。

---

① MBA 智库百科. 熊抱式收购［EB/OL］.https://wiki.mbalib.com/wiki/ 熊抱.
② 中国证券监督管理委员会. 上市公司收购管理办法. http://www.csrc.gov.cn/pub/zjhpublic/zjh/200804/t20080418_14505.htm.

2. 公告前阶段

自要约收购报告书摘要披露的 2 个交易日内，收购人需要将收购所需最高资金额的 20% 作为履约保证金存入中国证券登记结算有限责任公司的指定账户。

自披露要约收购报告书摘要起 60 日内，收购人需要公告完整的要约收购报告书，如果期满未能公告，应当在次一个交易日通知被收购公司，并对外进行公告。之后每 30 日应当公告一次，直至公告要约收购报告书。

如果在该阶段收购人自行取消收购计划的，应当向外界公告取消原因。并且自公告之日起 12 个月内，该收购人不得再次对同一上市公司进行收购。

在正式公告要约收购报告书的前 3~5 个交易日内，收购人应当向证券交易所提交要约收购报告书及相关文件。收购要约公告前需要取得国资委、商务部、反垄断部门的前置审批。如果是国有股东发起的收购要约，国资委的审批需要在公布要约收购摘要前就取得。

3. 要约收购期

被收购公司董事会应当在要约收购报告书披露后的 20 日内，公告被收购公司董事会报告书和独立财务顾问的专业意见。

要约收购期一般为 30~60 天，如果出现竞争性要约的情况，发出初始要约的收购人可以变更要约。变更收购要约距初始要约期限届满不足 15 日的，应当延长收购期限，延长后的要约期应当不少于 15 日，不得超过最后一个竞争要约的期满日，并按规定追加履约保证。

在要约收购报告书公告后的次一个交易日，开始预受要约的申报。要约期限届满前 15 日内，收购人不得变更收购要约。

4. 公告要约收购结果

收购期限届满的 3 个交易日内，收购人应当公告本次要约收购的结果。如果要约收购成功，便可开始办理股份转让结算、过户登记等手续。

收购期限届满的 15 日内，收购人应当向证券交易所提交关于收购情况的书面报告，并予以公告。

以上介绍的是要约收购的基本流程，除此之外，还可以采取双层要约收购的做法。即分两步要约收购目标公司，收购人承诺给较早出售的股东提供相对较高和确定的价格（现金），而较晚出售的股东则提供较低的和不那么确定的支付（股票或高收益债券）。这种要约收购方式又被称为前重后轻的胁迫式要约制度。这种方式在美国是十分流行的，用于恶意并购的效果非常好。但是，目前还不允许在 A 股市场使用。

7.2.5 举牌收购

二级市场举牌收购又被称为狙击式收购或集中竞价收购，相对于要约收购而言，举牌收购在操作流程上没有那么复杂。敌意接管者只需要通过证券交易所集中竞价的方式购买标的公司股票即可，待收购数量达到一定比例成为实际控制人时，便取得了恶意并购的成功。一般这个过程是通过多次购买来完成的，而且集中竞价收购都是现金购买，所以，为了能取得最后的胜利，敌意接管者需要准备足够的流动资金。

我们在第 1 章中做过介绍，二级市场举牌收购在 2015—2016 年由于逆投资周期加上保险资金政策放宽的原因达到高峰，后来因为宝万之争中杠杆收购的风险引起监管层的注意，不理智收购的热潮告一段落。

举牌收购也受到信息披露要求的限制，《上市公司收购管理办法》权益披露规定，通过证券交易所的证券交易，投资者及其一致行动人拥有权益的股份达到一个上市公司已发行股份的 5% 时，向中国证监会、证券交易所提交书面报告，抄报上市公司所在地的中国证监会派出机构，通知上市公司，并予以公告；在上述期限内，不得再行买卖该上市公司的股票。前述投资者及其一致行动人拥有权益的股份达到一个上市公司已发行股份的 5% 以后，通过证券交易所的证券交易，其拥有权益的股份占该上市公司已发行股份的比例每增加或减少 5%，应当按照前款规定进行报告和公告。在报告期限内和作出报告、公告后 2 日内，不得再次买卖该上市公司的股票。

仔细阅读该管理办法不难发现，在进行权益变动公告的时候，是有一定窗口期不得再买卖上市公司股票的，初次持有 5% 股份比例时窗口期为 3 天，以后每增减 5% 窗口期为 2 天，敌意接管者可以合理利用非交易日来计算窗口期，有利于更好地把握增持节奏。

7.2.6 代理权征集[①]

代理权征集是指目标公司不同的股东结成不同的利益团队，通过争夺股票委托表决权即投票权以获得对董事会的控制权，从而达到更换公司管理者或改变公司战略目的的行为。这种方式在中国又被称为表决权委托，是恶意并购中成本较低的一种形式。代理权之争的流程大致如下[②]。

（1）由试图改变公司控制权的购买方在即将召开的股东大会上发起代理权之争。依据《中华人民共和国公司法》的规定，作为公司的股东收购方有权力召开特别的股东大会讨论有关并购、反对实施某些反收购防御措施或更换管理层的问题。

（2）在股东大会之前，收购方积极联系其他股东，争取获得他们的委托，支持自己在大会上的意见。收购方通常会委托专门的机构去了解股东名单和持股的数量，并进行必要的说服工作。

（3）在获得股东的委托之后，收购方会将获得的委托投票权统计制表提交大会，在此基础上行使委托投票权。

注册制实施之后，A 股大概率会推出做空机制和举证倒置制度，将来做大股东的成本会十分之高，"表决权委托"就可能会成为低成本但行之有效的控

[①] 美国还有一种"同意征求"的做法，效果和代理权征集类似。一些公司的章程和规定允许在股东书面同意的情况下改组董事会，从而绕开股东大会。

[②] 朱宝宪. 公司并购与重组 [M]. 北京：清华大学出版社，2006：346-347.

制权争夺方式。

7.2.7 接管袭击的通用战术

天下武功，唯快不破。对于敌意接管者来说，要尽量在其他竞争者出现或者目标公司采取更强的防御措施之前，取得控制权完成敌意收购。前文介绍了三种不同的恶意并购方式，具体应该如何选择，要根据目标公司的实际情况来考虑。

首先，要考虑的是目标公司管理层和董事会的态度。如果其态度比较温和的话，可以考虑采取熊式拥抱进行交涉；如果其态度为强烈反对，那么绕过管理层和董事会，向全部股东直接提出要约收购或是在二级市场上直接购买将是更好的选择。

其次，可以观察一下目标公司的股权结构。在目前 A 股市场同股同权的背景下，可以考虑与持有相对较高股份的股东接触，以寻求同盟获得表决权委托代理。在股权高度分散的情况下，则可以进行要约收购或是直接在二级市场上购买。目标公司的内置性防御措施也值得关注，这些将直接决定应该灵活采取哪种方案。

最后，需要强调的是，以上的恶意并购形式并不是独立存在的，如熊式拥抱收购失败后，也可以采用二级市场购买的方式进攻；同时，表决权委托征集可以作为瓦解目标公司防御措施的手段；等等。

7.3 恶意并购的融资安排

和一般的并购不同，由于目标公司管理层的不配合，恶意并购所需要耗费的收购资金往往是巨大且不确定的。要约收购和二级市场举牌收购这两种不同类型的恶意并购，在融资安排上也有所不同。

7.3.1 二级市场举牌收购的融资安排

提到二级市场举牌收购,近年引起广泛关注的案例就是宝能恶意收购万科,一个是出身草莽的深圳本土房地产公司,一个是中国乃至世界领先的房地产企业,这场攻防战的难度堪称"蛇吞象"。万科管理层向监管部门举报,宝能的收购资金来源存在着违规的现象。清华大学五道口金融学院院长吴晓灵在率领团队对宝能的公开资料进行调查之后,认为宝能的资金组织方式并不违规,只是其中蕴含很多风险,需要针对监管漏洞加以弥补。可以说,这是一场通过杠杆将资金调用能力放大运用到淋漓尽致的恶意并购,其中有不少细节值得反思与学习,我们就以宝能的资金组织方式来阐述二级市场举牌收购的融资安排。

宝能收购万科的过程分两步,首先是2015年7—8月的三次举牌,通过这一步获得了万科15.04%的股权;接着是11—12月的资管计划,到2015年底合计增持股份比例到了24.26%,稳居万科第一大股东。在这短短半年的时间内,"宝能系"以前海人寿和钜盛华为持股主体,通过自有资金、保险产品、融资融券、收益互换、资管计划、股权质押等多种融资途径,调动了近400亿元的资金来打这场攻坚战。

1. 自有资金

与自有资金相对应的是借入资金,自有资金是调动资金能力的基础,其主要来源是股东投资和企业未分配利润。这部分资金的关键在于股权结构的设计,如何用最少的资金获取最多的控制权,是决定资金调动能力的关键点。

图 7-1 所示为"宝能系"主要公司的股权结构,可以看到多处金字塔和交叉持股的股权结构设计,说明姚振华兄弟善于运用股权杠杆以小搏大,这些公司的流动资金成为收购战最基础的弹药。

第7章 恶意并购与反并购

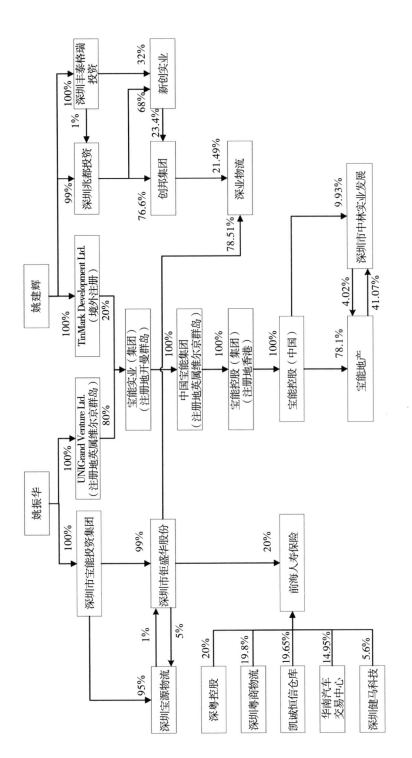

图 7-1 "宝能系"主要公司的股权结构[①]

---

① 马永斌. 公司控制权安排与争夺 [M]. 北京：清华大学出版社，2019：234-239.

2. 保险产品

股权投资的要点就是用"便宜的钱"去匹配"便宜的项目",从而产生最优的回报。保险资金被巴菲特认为是股权投资中"最便宜"的融资端,是其伯克希尔产融模式的核心。巴菲特认为,保险有独特的金融特性,可以先收取保费,然后支付赔偿金,让保险公司拥有大量的现金,也就是所谓的存浮金,保险公司可以利用存浮金进行投资并获取收益[①]。

险资是 2015—2017 年 A 股二级市场举牌浪潮中的重要力量。主要原因是由于 2015 年 7 月 8 日,保监会发布《中国保监会关于提高保险资金投资蓝筹股票监管比例有关事项的通知》。该通知放宽了保险资金投资蓝筹股票监管比例,对符合条件的保险公司,将投资单一蓝筹股票的比例上限由占上季度末总资产的 5% 调整为 10%;与此同时,投资权益类资产达到 30% 比例上限的,可进一步增持蓝筹股票,增持后权益类资产余额不高于上季度末总资产的 40%。此举拓宽了保险资金配置的范围,有利于增强险资运用的灵活性,也直接导致了本阶段多家保险机构频繁举牌上市公司,加大投资比例。

宝能正是借着该政策的东风,大力推广旗下"万能险"产品。除了传统寿险对生命承保的功能以外,万能险更像一款理财产品,它可以让客户直接参与到保险公司的投资活动,保单价值与投保人账户资金运作的业绩挂钩。统计显示,"宝能系"收购万科资金构成中,保险资金总计 105 亿元,占收购资金的 24.42%,而其中有近 80 亿资金来自万能险筹资。

险资举牌在市场上愈演愈烈之际,被监管层紧急叫停。2017 年 1 月 24 日,保监会颁布《关于进一步加强保险资金股票投资监管有关事项的通知》,将 2015 年股灾期间放宽的保险资金投资蓝筹股票监管比例回调至 5%,增持后权益类资产余额不高于上季度末总资产的比例回调至 30%,从资产端方面

---

① 马永斌. 市值管理与资本实践 [M]. 北京:清华大学出版社,2018:444–452.

遏制了过于激进的险资举牌行为。

但这并不意味着保险产品就要退出并购资金的历史舞台，2018年10月25日，银保监会对外发布消息，为了化解上市公司股票质押流动性风险，允许保险资产管理公司设立专项产品，为优质上市公司提供长期融资支持。该举措释放出信号，虽然保险资金作为恶意并购资金来源主力军的时代已经过去了，但是在未来仍然可以作为一种辅助手段来理性参与。

3. 融资融券及收益互换

融资融券是投资者以资金或证券作为质押，向证券公司借入资金用于证券买入，并在约定的期限内偿还借款本金和利息。融资融券交易关键在于一个"融"字，有"融"投资者就必须提供一定的担保和支付一定的费用，并在约定期内归还借贷的资金或证券。收益互换是证券公司衍生工具的创新业务，委托客户只需支付资金利息即可换取股票收益。在收益互换合约中，客户可以自身信用担保或提供一定比例的现金形式的保证金，证券公司按比例给予配资后买入股票，股份收益权归委托公司。

2015年8月，钜盛华拿出39亿元自有资金，融入4家券商外部资金78亿元，买入0.08%的万科股权。之后改变策略，与华泰、银河、中信和国信4家证券公司签订收益互换业务协议。合同到期后，钜盛华可以选择回购这批万科股票，或者卖出股票获得现金。通过收益互换这种方式又持有了4.23%的万科股权，这是一种十分巧妙的借力方式，通过融资融券协议利用4家券商的资金帮忙锁定了近5%的万科股份，只要在合同期限到期前，将这部分股份回购便可。此时"宝能系"共持有15.04%，超越华润14.89%的股权。

融资融券与收益互换的共同特点是将收益权让渡出去，但是保留了对于恶意收购来说最重要的表决权。这种资金组织方式往往出现在恶意并购中期，在自有资金的基础上再次加码，加大攻势。在宝万之争到达白热化之时，有境外媒体报道称，中国证监会下令，禁止上市公司现任大股东以借钱或筹集新资金的形式购买公司配股,借此遏制恶意收购。证监会发言人特对此作出澄清,未说过融资不许进行恶意收购。在未来的恶意并购中,预测融资融券仍然会作为资金来源的主力军。

4. 资管计划

值得注意的是,二级市场举牌收购的难度是随着时间而逐步增加的,因为一旦开始举牌,股价就会应声而涨,后期收购同等股份比例的成本会比前期大得多,所以此时就需要更强有力的资金作为支持。

资管计划是指获得监管机构批准的公募基金管理公司或证券公司,运用特定客户委托的财产进行投资的一种标准化金融产品。监管层将伞形信托通道收紧以后,资管计划便成为理财资金进入A股的新渠道。理财资金对接资管计划,主要是通过夹层基金进行,其产品结构分为劣后级资金、中间层、优先级资金三层。银行一般是作为优先级委托人,合作公司一般是作为劣后级委托人,它们在权利义务上的差别类似于公司的优先股股东和普通股股东:在利润分配时,即先向优先级委托人分配,再向中间层委托人分配,最后向劣后级委托人分配。

银行选择保障稳定的收益而放弃了控制权,合作公司则得到了所需要的表决权让渡,双方各取所需,这是资管计划的优点所在。缺点则在于如果合作公司所收购的目标公司股价下跌,资管计划则面临着平仓的风险,必须得及时追加保证金,否则可能引起雪崩。

在宝万之争中,宝能投资集团出资67亿元为劣后级,以两倍的杠杆撬动了浙商银行132.9亿元的优先级资金,成立宝能产业投资有限合伙基金。其普通合伙人浙商宝能资本由"宝能系"控制,所以这笔200亿元规模的基金实则由"宝能系"掌握。这笔钱以股东出资和股东贷款的方式到钜盛华手中。钜盛华随后拿出77亿元作为劣后级资金,撬动平安银行、民生银行等多家机构约155亿元的理财资金,成立9个资管计划,对万科股权进行增持。从宝能投资集团、钜盛华到最后的资管计划,相当于双重杠杆的乘积，整体杠杆大约4倍。2015年12月，钜盛华通过资管计划的这笔资金买入4.969%的万科股权，至此"宝能系"共持有20%的万科股权，成为第一大股东①。

爱建集团在股权争夺战中也运用到了资管计划，因为进行质押式回购业务，出现了达1.03亿元人民币的大额透支，被监管机构责令整改。

可以看出，资管计划参与举牌进行控制权争夺的风险极大。结构化的资管产品本质上是自带杠杆的融资工具，优先劣后的安排使得资管产品的管理人沦为办理人。本来资管计划的发起者应该是管理人，但是通过优先劣后的安排，劣后层反倒成为实际的管理人。劣后级本质是在向优先级借贷，而实际控制人被掩藏在了资管计划之后。多层嵌套导致资管计划的风控得不到保障，存在着引发金融业务交叉风险的可能。

为了控制迅速膨胀突破100万亿元的中国大资管行业，并填补分业监管、同类资管业务监管规则和标准不一带来的漏洞，从2016年底开始，央行牵头制定了大资管统一监管的标准。2018年底，资管新规的细则得以落地，对非标债权投资、产品净值化管理、消除多层嵌套、统一杠杆水平、合理设置过渡期等条款进行了明确规定，即为整个资管市场制定了统一的监管标准和改革方向②。此举之意看似是政策收紧，其实真正用意在于厘清资管计划标准不同的乱象；在投资范围上却进一步放开，允许通过公募基金间接进入股市投资股票，未来还将允许理财子公司的公募理财产品直接投资股票。经过整顿的资管计划，不失为恶意并购融资安排的好选择。

5. 股权质押

股权质押是指敌意接管者将手中所持有的目标公司股权作为质押标的物

---

① 马永斌. 公司控制权安排与争夺 [M]. 北京：清华大学出版社，2019：64-65.
② 投资者报. 20万亿银行资管：为何新机遇落在理财子公司. 转引自 http://bank.stockstar.com/SS2018110500000614.shtml.

来获取更多资金。以股权作为质押标的时，质权的效力一般并不等于股东的全部权利，而仅限于其中的财产权利。也就是说，质押出去的目标公司股权，敌意接管者仍然保留着表决权这一重要权力。该融资安排往往出现在恶意并购的后期，给迟迟不结束的收购战补充弹药。在使用的时候一定要谨慎小心，因为连环质押很有可能引起多米诺骨牌效应，引爆连环平仓。

在宝万之争中，宝能系就是通过连环股权质押来募集资金，补充现金流的。根据万科公告，钜盛华在2015年10月和11月分15笔将直接持有的8.04%的万科股权质押给鹏华资管，在2016年6月又将融资融券的0.34%的股权质押给银河证券。钜盛华质押前海人寿及万科股权，宝能质押钜盛华股权，姚振华质押宝能股权。用借来的钱买入万科股票，将这些股票质押换取融资，用融资再买入万科股票，如此形成了一个循环，连环股权质押在极大调动资金的同时也带来了连环平仓的风险。

宝能将资金组织方式运用到了"极致"，但是也的确兵行险招，蕴含着巨大的风险。在此一役之后，保监会、银监会、证监会分别出台了相应政策对过于激进的险资举牌进行了遏制。除此之外，在2017年5月证监会发布的减持新规中，大股东的减持通道受到了严格限制，但股东通过交易所集中竞价交易买入的筹码不受限制。这样一来，通过二级市场举牌获得的筹码减持难度加大，而要约收购属于集中竞价，反而顺势成为市场新选择。

7.3.2 要约收购的融资安排[①]

与二级市场举牌式的爬行增持不同，要约收购需要将不低于收购所需资金总额的20%存入登记结算公司的指定账户，作为履约保证金。剩下资金应该在完成交易3日内足额存入结算备付金账户，然后由该账户划入证券资金结算账户。这也就意味着，相较于二级市场举牌，要约收购需要提前准备足

---

① 并购汪研究中心.并购基金[M]. 2017: 9–13.

额的收购资金，类似于股权质押这种方式在二级市场收购中十分有效的手段，就不适用于要约收购了。

要约收购中除了自有资金以外，就数并购基金运用得最多了。

1. 专门设立的并购基金

一些上市公司在进行恶意收购的时候，往往会为该交易专门设立一个并购基金。该并购基金的出资人一般包括上市公司本身、上市公司控股股东、有较强资金实力的财务投资者、有较强产业背景的投资管理公司等。

这种专门设立的并购基金通常作为过桥收购的主体，由并购基金来收购标的公司；敌意接管者通过持有并购基金，来间接持有标的公司。而并购基金的其他投资人，则在交易完成后通过减持基金份额实现退出。

2. 民营产业基金

民营产业基金的投资主体是企业民营财团。行业龙头的抱团合作，可以进一步增强资金实力，在分散资深投资风险的同时，也可以放大社会投资的力量。国内规模较大的民营财团有以民生系班底建立起来的中国民生投资集团（以下简称"中民投"），以及浙江民营企业联合投资股份有限公司（以下简称"浙民投"）。中民投由全国工商联发起，59 家行业领先企业联合设立，首期注册资本高达 500 亿元，股东有 59 位之多，持股比例从 0.6% 到 4% 不等，控制权集中于占股 30% 的管理团队手中。浙民投的股权结构相较而言更为集中，除了正泰集团持股 20% 外，其他 7 名民营企业股东，以及普通合伙人工银瑞信投资管理有限公司均占 10% 的股份比例。

ST 生化控制权争夺战就是 A 股首例恶意要约收购成功的案例。防守方 ST 生化的大股东振兴集团曾质疑攻击方浙民投的资金来源问题，为了抵御恶意收购还祭出"举报"这一杀手锏，称浙民投天弘用于收购上市公司的资金来源不明，严重违反相关法律法规。

浙民投以 36 元/股的价格收购 ST 生化 27.49% 的股份，收购股份数量为

74 920 360 股，收购资金合计约 27 亿元。根据浙民投在给深交所《关注函回复》中披露："本次要约收购所用资金不存在对外募集、代持、结构化安排或者直接间接使用上市公司及其关联方资金用于本次收购等情形。"浙民投天弘的收购资金主要来源于浙民投对其提供的无息贷款。公开资料显示，浙民投初期的 50 亿元注册资金已全部实缴到位。可见产业基金在资金方面的雄厚实力还是毋庸置疑的。

7.4 前期的防御战术

反收购的防御措施的出发点就是增加恶意并购者的收购成本，降低其并购收益，减小其成功概率。总之，一切能影响交易速度、拖延进程、制造不确定性的手段都可以被运用在反收购措施中。这些反收购措施可以从多个维度进行描述，下面我们按照恶意并购发生的时间轴来进行梳理。

7.4.1 驱鲨剂条款

前期防御战术中十分重要的一部分为驱鲨剂条款，顾名思义，就是敌意接管者这只"鲨鱼"没有来之前便已经在公司章程的防御中，公司章程中相关条款对潜在的敌意接管者进行无差别的威慑与打击。驱鲨剂条款作为一种日常措施，具有成本低、灵活性大的优点，所以一定要提前设置[①]。

【1 号驱鲨剂条款】轮换董事制度，也叫作错（列）层董事会或铰链型董事会。轮换董事制度是一种比较常用的反收购措施，操作比较简单，在公司章程中规定董事的任期 3 年，到期后每年只能改选 1/4 或 1/3 的董事等，而且新增董事必须分批改选。

---

① 以下内容引自马永斌. 公司控制权安排与争夺 [M]. 北京：清华大学出版社，2019：64-65.

这意味着即使收购者拥有目标公司绝对多数的股权,也难以获得目标公司董事会的控制权。控制一个上市公司最关键的就是控制其董事会。如果在公司章程中设置这样一个条款,就延长了恶意并购者获得大多数董事会席位的时间。而在这"漫长"的时间里,董事会可能会做出种种对收购方不利的行为,从而增加恶意并购者的成本。如果潜在收购者是理性的,他就不会在控制不了上市公司董事会的情况下轻易投入大量成本进行收购。

例如,2015年之前的万科的董事会席位是9个,任期3年,于2017年3月到期。因此2015年宝能举牌时的打算是在2017年3月董事会换届时联合华润一举夺取万科的控制权。如果万科的公司章程规定董事会的换届采用分3年、每年换1/3的轮换董事制度,要想控制万科董事会就要到2019年,那么对于用高杠杆调动收购资金的宝能来说成本是极其高昂的,就不会把万科作为恶意并购的标的,也就不会有资本市场的"宝万之争"了。

对于股权分散的上市公司,尤其是实际控制股东持股比例在30%以下的上市公司,最好IPO之后就马上修改公司章程,将董事会的换届方法改为轮换董事制度。

【2号驱鲨剂条款】绝大多数条款,也叫作超级多数决条款。即在公司章程中规定,当公司进行合并、重大资产或经营权转让时,必须取得出席股东的绝大多数通过方可进行,如规定须经过全体股东2/3或3/4以上同意,甚至极端情况下可要求95%的股东同意,才可以批准一项并购计划。绝大多数条款中一般会包括免除条款,以免除董事会支持的并购或具有附加条件的并购。

马云在阿里巴巴的控制权安排中就采用了绝大多数条款作为其合伙人制度的最后一道防火墙:根据上市后修订的公司章程,修改阿里合伙人的提名权和公司章程中的相关条款,必须获得出席股东大会的股东所持表决票数95%

以上同意方可通过[①]。

在超级多数决条款中约定对公司章程修改的股份数限制是非常重要的，因为所有驱鲨剂条款都是通过公司章程来设定的，当收购方取得上市公司控股权以后，就会立即召开股东大会，然后通过股东大会决议修改公司章程的方式将这些条款废除。所以在公司章程当中往往会规定一个关于修改公司章程的超级多数决条款，即修改公司章程需要股东大会 3/4 甚至是 4/5 表决[②]方可通过。这样的安排，将直接增加恶意并购的成本。

【3号驱鲨剂条款】董事资格限制条款。在公司章程中规定董事的任职条件，通过董事资格的某些特殊要求来限制收购方进入董事会，从而阻止收购方取得对董事会的控制权。

【4号驱鲨剂条款】在公司章程中约定独立董事由提名委员会提名。A股上市公司有至少 1/3 的成员是独立董事，恶意并购者短时间内很难控制提名委员会。因此将独立董事的提名权交给董事会提名委员会是一种巧妙的反并购措施。

【5号驱鲨剂条款】在公司章程中规定获得董事提名权的股东持股时间。在章程中规定，股东在购买股票一定时间以后才能行使董事提名权，这样可以提高恶意并购者的成本，打消收购者收购的积极性。常见的约定有 180 天和 180 个交易日两种，一般建议按照后者约定。

【6号驱鲨剂条款】股东在提名董事人数方面限制条款。在章程中对股东提名董事人数进行限制，即使恶意并购者购买了公司较大比例的股份，但由于章程对提名董事人数有限制，并购者也难以获得对董事会的控制权。这条款比较适用于股权比较分散的公司。

---

① 而截至 2018 年 12 月 31 日，马云、蔡崇信仍然分别持有阿里 6.2%、2.2% 的股份，而二人目前正是阿里巴巴合伙人团队中的永久合伙人，由此看来，合伙人的"董事提名权"坚如磐石，难以打破。

② 或者更多，如 90% 以上或 95% 以上。

【7号驱鲨剂条款】累积投票制度。当企业创始人的股份稀释到30%以下时,就应当在公司章程中规定董事和监事的选举采用累积投票制度。累积投票制度本身就对小股东有利,对大股东起着制约的作用。在实施累积投票制度下,收购者即使收购了公司较大比例的股份,也难以在董事会或监事会中拥有多个席位,因为这样会使持股比例少的股东在董事会中获得一定比例的董事会席位。

累积投票制度,是指在股东大会选举的董事、监事为两名以上时,股东所持每一股份拥有的投票权与所选举的董事、监事人数相等,股东既可以把所有投票权集中起来选举一人,也可以分散选举数人。

举例说明,某股份有限公司总股本为100股,其中A股东持有51股,B股东持有49股,现要从3名候选人甲、乙、丙3人中选两名董事,其中甲和乙是A提名的人,丙是B提名的代表。如果采用直接投票制度,A股东有51票,B股东有49票,每张票可以投两个人。最后结果,A股东会在每张票上都选甲和乙,甲和乙分别得到51票;B股东每张选票上只选丙,丙最多得到49票。最后,甲和乙进董事会,而丙将无缘董事会。

累积投票制度的应用有助于改善小股东的处境。在上例的董事选举中,根据累积投票制度的方法,A股东的表决权数为102票,B股东为98票。累积投票不是分别就某个候选人进行投票,而是所有候选人放在一起进行选举,每张票只能选一个人。B股东会将手里的98票全部投给丙,那么丙肯定进董事会。因为A股东的总票数是102票,无论怎么投,都不可能使甲和乙的票数都超过98票,因此,甲和乙只能有一个人进董事会。在这种制度下,A股东想完全操纵董事会的企图在累积投票制度的影响下就破灭了,小股东的代表进入了董事会,局部改善了小股东的不利处境。

我国《上市公司治理准则》第17条规定,控股股东持股比例在30%以上的上市公司,在董事和监事的选举中采用强制性累积投票制度。当控股股东持股比例小于30%时，要使用累积投票制度就得在公司章程中进行约定。当创始人持股比例稀释到30%（尤其是20%）以下时，为了阻击未来的恶意并购者，方法之一就是在公司章程中约定在股东大会选举董事和监事的时候采用累积投票制度。

【8号驱鲨剂条款】公平价格条款。在公司章程中可以设置这样一个条款，要求恶意并购者在以要约购买少数股东的股票时，至少要以一个公平的价格购买。当目标公司遭遇双重要约收购时，公平价格条款同样有效。所谓公平价格，可以是一个给定的价格；也可以是按照 P/E 比率，约定为公司每股收益的几倍。当购买者提出报价时，公平价格条款就被激活。

7.4.2 金色降落伞计划

金色降落伞的设置是董事会对于管理层的一种承诺，保证管理层在因控制权发生变动而离开公司的时候能够得到经济上的补偿。但是调查研究显示，如果补偿金太少，对于反恶意收购来说作用不大；如果补偿金设置太高，则会被认为伤害了股东的利益。

在实践中不少股东反对该项措施的设置。他们认为，导致恶意收购的直接原因是管理层治理不善，公司不应该为这些失败的管理买单。2008年英国巴莱克银行曾提出以17亿美元的价格收购当时已经亏损了20亿美元的雷曼兄弟银行，但是雷曼兄弟的管理层却要求对方按照金色降落伞条款支付给8名高管25亿美元补偿费，最终导致此次收购未能实施，引发了全球性的金融风暴。虽然说金色降落伞不是引起金融风暴的主要原因，但的确成为该事件的导火索。

7.4.3 毒丸计划[①]

毒丸计划的正式名称是"股权摊薄反收购计划"。之所以叫毒丸，是因为

---

① 马永斌. 公司治理之道：控制权争夺与股权激励[M]. 北京：清华大学出版社，2013：226-227.

该计划杀敌一千自损八百，就算成功实施，公司也会陷入"赢家诅咒"。毒丸计划的具体操作方法是由目标公司发行特殊的认股权证：规定当本公司触发恶意并购事件时，认股权证的持有人可以以约定的优惠价格，将该权证转换为普通股票，或者要求公司以优惠价格赎回该权证的权利。

毒丸计划平时并不生效，一般将毒丸的触发条件设置为未经认可的收购方收购了公司一定比例的股份（10%~20%）。当毒丸计划启动后，股票市场上将增加数量众多的新股，所有股东都有可能以低价购买到股票。这样，就有效地稀释了收购者的股权，加大收购成本，从而达到防止被并购的目的[①]。

毒丸计划起源于20世纪80年代的美国，最早由并购律师马丁·利普顿发明使用，经过这么多年的实践运用，目前已经从最传统的发行可转换优先股方式发展为多种方式，其中比较常见的有以下5种。

（1）传统的毒丸计划就是目标公司向普通股股东发放可转换优先股。一旦公司被收购，股东持有的优先股就可以转换为一定数额的普通股股票。这种计划可以起到增加收购成本的作用，缺点是会增加目标公司的长期负债。

（2）第二代毒丸是掷出式毒丸计划，目标公司向公司股票持有人提供期权计划，允许股票持有人在公司被收购时以一个较低的价格（如25%~50%的折扣）来购买公司的股票。这种期权是作为股票红利分配给股东的，期权的授予条件是任何个人、合伙人或公司购入了20%以上公司的流通股或收购了30%以上目标公司的股份。但是这种毒丸计划的触发条件是苛刻的，需要收购者获得公司100%的股份时才生效。如果收购者的目标只是获得公司控制权，而不是收购所有股份，这种计划就不起作用。

（3）第三代毒丸是掷入式毒丸计划。它是为了弥补第二代毒丸计划的缺陷应运而生的新毒丸计划。在收购者还没有获得绝对控股权（51%），只是获

---

① 百度百科. http://baike.baidu.com/view/53837.htm.

得相对控股权时就生效（一般是25%~50%）。该计划触发之后，允许期权持有人以很大折扣购买目标公司股份，该计划被设计用来稀释目标公司的股权。对于防止敌意接管者取得目标公司控制权的防御效果而言，掷入毒丸计划要强于掷出毒丸计划。在实际运作中，掷出毒丸计划和掷入毒丸计划经常配合使用，大约有一半的掷出毒丸计划同时包含掷入毒丸计划。

（4）后端计划，又叫作支撑计划或票据购买权益计划。它指的是公司给股东一个比市价略高的既定价格将公司的股票转换为等价现金或其他高级债券的期权，期权的触发条件是潜在的收购者购买目标公司股份超过一定的比例。

（5）投票计划。通过对可赋予投票权的优先股来摊薄收购者的股权，以达到反收购的目的。具体做法是，公司发行优先股，当潜在的收购者在购买目标公司股份超过一定比例时就赋予优先股投票权，以减少收购方的控制权。

在目前的法律监管体系下，毒丸计划在中国并没有很好的应用土壤。与美国采取管理层中心主义不同的是，我国的立法模式为股东中心主义。2002年发布的《上市公司收购管理办法》第33条禁止董事会发行股份及修改公司章程，直接否定了毒丸计划的可能性。2016年修改的《上市公司收购管理办法》将这条规定修改为在股东大会批准的前提下，董事会可以发行股份和对公司章程进行修改。但是由于目标公司股东间的利益诉求往往并不一致，所以通过毒丸计划的概率十分之低。

即便如此，在实际运用中我国还是出现了一些变形毒丸的案例。长园集团为了抵御沃尔核材的袭击，推出了针对高管的定增方案[1]，稀释沃尔核材所持有的股份比例，被看作为了确保控制权使出的变相毒丸。作为目标公司兵器库中单件最有效力的防御武器，随着我国证券市场体制的不断改革，未来毒丸计划在反并购中将会发挥"核武器"般的威慑作用。

---

[1] 定增价格是当时股价的7折。

7.4.4 员工持股计划

员工持股计划的基本目的是为员工提供"普惠性"的福利,但是近年来员工持股计划的方案设计越来越灵活,上市公司亦可将其设置为恶意并购的防守策略。具体的操作方法是,公司拿出一定比例的股份由员工持股平台持有,再由持股平台按照一定的规则将股份分给每个符合条件的正式员工,公司内部员工个人出资认购本公司部分股份,并委托持股平台进行集中管理。按照2014年6月出台的《关于上市公司实施员工持股计划试点的指导意见》中规定,员工持股计划的持股平台是由信托公司、保险公司、证券公司、基金管理公司等资产管理机构设立的资管计划。

员工持股计划与股权激励的区别在于,其对象不仅仅局限于管理层和核心骨干员工,而可以是满足一定条件的大多数员工。股权激励的激励对象如果直接持有股票,那么对大股东的控制权就会有稀释的影响;而员工持股计划中的员工不能直接持有股票,必须通过持股平台持有,因此员工持股计划的表决权一般掌握在公司的原实际控制人手里。员工持股计划的总量可以做到总股本的10%,是非常有效的恶意并购防御战术。而且管理层和广大员工愿意认购公司的股票[1],也能给资本市场的外部投资者一个非常清晰的信号,公司内部对未来股价的升值有着极强的信心,这将极大地提振股价,增加敌意接管者的成本[2]。

以上所总结的防御战术均是在恶意并购开始之前便可以预设于公司章程之中的,不仅威力强大而且有未雨绸缪劝退敌意接管者的功效,值得上市公司引起重视。

---

[1] 定增价格是当时股价的9折。
[2] 马永斌. 市值管理与资本实践 [M]. 北京:清华大学出版社,2018:128–133.

7.5　友好交易内置战术

在恶意并购发生之时,被收购的标的公司可以通过与友好交易方提前签订相关协议,增加恶意收购的成本或降低敌意接管者的并购收益,从而打消敌意接管者进行恶意并购的意愿。这一部分战术往往被防守方所忽视,实则是在进行友好交易之前值得商讨的必要环节。

7.5.1　立足点股份

立足点股份在前文收购的策略中进行过介绍,是建议敌意接管者在发动袭击之前,先于二级市场上购买不超过披露要求的股份,以此来均衡恶意并购发生后所支付的溢价。该项战略也可以运用在友好交易的防御措施之中,由目标公司允许友好买方提前收购一部分本公司的股票,以此来提前应对敌意接管者的入侵。

7.5.2　交易终止费

交易终止费用也叫作分手费,是与友好投标者锁定交易的一种排他性条款。约定交易中任意一方从该项交易中退出的话,就会触发占交易总额一定比例的分手费(breakup fee),通过该条款的设置来提高交易的成功率。统计显示,交易终止费用平均占交易价值的 3.5%[1],2018 年 7 月,高通因为未通过反垄断批准而放弃收购恩智浦就支付了 20 亿美元的分手费。

该条款可以运用于反收购的防御战术之中,能增加恶意收购的成本,对于敌意接管者来说有一定的劝退作用。

7.5.3　锁定期权

锁定期权是指当敌意接管者收购了目标公司一定比例股份时,目标公司给

---

[1] 罗伯特·F. 布鲁纳. 应用兼并与收购 [M]. 北京:中国人民大学出版社,2011:793.

予友好收购方以固定的价格购买股票的期权或公司的核心资产[1]。锁定期权具有非常强烈的排他性特征,在美国被当作一种普遍的反收购策略,但同时也被质疑是否违反了公平原则以及是否合法。

事实上,我国公司法与证券法中并没有关于锁定期权的明确定义,不过商业实践中许多交易仍然参考了美国锁定期权的实施方式。东方航空与新加坡航空及淡马锡签订的认购协议中就包含以下条款:"东航股份承诺本公司及其控股子公司在交易完成前将不会进行任何与出售本公司或其控股子公司的任何股票或证券有关的会导致投资者认购拟定的交易目的或利益不能实现的任何商讨或任何其他交易。"该协议就是针对国航的换股协议提出的,东航不愿意被国航收购,就与新加坡航空及淡马锡签订了排他性条款。

锁定期权可以帮助友好交易方完成对本公司的收购,降低敌意接管者的收购欲望。在实际运用上往往与交易终止费配合使用,如果敌意接管者执意要收购,将会面临着高昂的收购成本。这种做法有将竞争者置于不公平的地位之嫌,所以可能会被法院否定。判断锁定期权是否合法的关键,在于其目的是不是出于公司及股东的整体利益。

友好交易内置战术一般是在恶意并购发生之前就已经设置好的,对敌意接管者起到威慑作用。在恶意并购发生后,与白衣骑士或白衣护卫签订交易终止费用及锁定期权条款可能无法通过合法性的司法审查。

7.5.4 一对一交易条款

一对一交易条款可能包括在全部收购协议中,也可能是一份卖方(目标公司)同意不与其他买方进行交易的意向书。它是指与友好交易方签订的、具有排他性的条款,约定在某一段时间或股价区间内,目标公司只能与签约的友好交易方进行交易,否则就需要支付巨额的违约金。该条款的签订对象往

---

[1] Bryan A.Garner. 布莱克法律词典 [M]. Minnesota:Thomson West, 2007:2986–2987.

往是白衣骑士，而需要支付的违约金有点类似交易终止费。这样一来，管理层便有理由拒绝敌意收购者的熊式拥抱；如果敌意收购者要强行进行收购，就需要考虑到违约费用的成本会摊薄并购收益。

7.6 反应性战术

在恶意并购发生之后，防守方并不是被动的束手无策，仍然可以采取许多反应性措施。

7.6.1 诉讼

诉讼基本上是所有防守方都会采用的一种反收购手段，撇开最终的诉讼结果不论，诉讼最大的作用在于拖延敌意接管者完成交易的时间。并且一旦提起诉讼，法院介入会要求恶意收购方进行更加详细的信息披露，对于防守方来说就拥有了更加充裕的时间去制定下一步的反收购回击策略。具体的诉讼案由可以从以下两方面进行考虑。

1. 信息披露不合规不合法

信息披露不合规不合法是最常见的诉讼案由，细化下来可以从以下几方面提起诉讼：主体资格不合规，如一致行动人的情况没有披露；敌意接管者的财务状况进行了隐瞒，如资金来源上不合规不合法；存在内幕交易及利益输送的行为，如高管层亲属进行股票增持；等等。

万科在面对宝能的恶意收购时，就曾向罗湖法院提出诉讼，主张被告持有万科A股股票达到5%时及其后续继续增持万科A股股票的行为属于无效民事行为，要求在正式判决下来之前，让宝能的增持和股东权利失效。这样的主张没有得到法院的支持，但是为万科的管理层赢来了更多准备时间，减缓了宝能系进攻的步伐。

2. 违反反垄断法

反垄断的案由在美国的并购交易及跨国并购中出现得较多。1977年，生产农业产品的美国安德森克雷顿公司，试图收购生产婴儿产品的格伯公司，格伯公司就向法院提出了反垄断诉讼。诉讼案由中指出安德森克雷顿在未来有生产婴儿用品的意图，而本公司正在考虑进入色拉油市场，如此一来双方会存在潜在的竞争冲突。凭借以上理由，格伯公司寻求到了密歇根反收购法的保护，将收购请求推迟了60天的时间，并在这段时间里与联合利华公司进行接触表达寻找白衣骑士的意愿。最终安德森克雷顿公司知难而退，放弃了此次的恶意收购。

反垄断诉讼目前在A股市场的恶意收购中运用得较少，但随着恶意并购案例的逐步增加，以及国内监管制度的逐渐完善，相信在未来会成为重要的诉讼案由。

7.6.2 白衣骑士/白衣护卫

白衣骑士是当目标公司遭遇到恶意并购袭击后，为了避免恶意接管的发生，管理层找来的友好交易方。白衣骑士进入后控制权的归属会发生改变。白衣护卫与白衣骑士十分相似，但不是将公司的控股权出售给友好交易方，而是转让一部分股票起到限制敌意接管者表决权的作用。

该策略基本上在所有反并购案例中都会出现，宝万之争中的深圳地铁、ST生化控制权之争中的佳兆业扮演着白衣骑士的角色，而长园集团股权争夺战中的复星也扮演了白衣护卫的角色。从这些案例中也可以明显感受到，白衣骑士/白衣护卫并不等同于白衣天使，在商业规则的运作下，它们都是怀揣着各自的目的入场的。例如，深圳地铁是为了万科的控制权，佳兆业是出于产业目的，复星则是为了获得财务上的回报。

对于目标公司来说，运用白衣骑士/白衣护卫策略时一定要考虑好合作人选，以及希望达到的反收购防御目的，这样才能在恶意并购战争中掌握更大的主动权。

7.6.3 焦土战术

焦土战术是指目标公司可以通过拆分、剥离有形资产或子公司，或者完全清算来处置资产。这些措施通过处置关键资产（如皇冠上的宝石）、毁灭目标公司与买方的协同效应或者购置大量资产恶化财务状况的方式，改变目标公司对投标者的吸引力[1]。由于焦土战术往往会伤害到目标公司的价值，是典型的"杀敌一千自损八百"的行为，所以在运用中属于不得已而为之的下策。

1988年，在面对恶意要约收购时，玉郎国际在股东特别大会上要求卖出玉郎中心大厦和《天天日报》七成股权这两项重大资产，最终迫使敌意接管者放弃恶意收购意愿。长园集团也在抵御沃尔核材的恶意并购中使用了类似战术，2014年至2016年，长园集团除新建生产线、购置设备外，每年均以大量现金支付股权投资支出。在这3年里接连收购和鹰科技与珠海运泰利，投资累计净流出近32亿元，而日常经营业务带来的累计现金流却仅有12亿元。从长园集团投资活动现金流量表来看，其投资现金流已恶化严重，2017年第三季度已经达到了-30亿元。那么，现金流并不充裕的长园集团为何执意"买买买"呢？答案只有一个，长园集团通过不断购买资产，将规模不断做大，股价走高，股权不断稀释分散，沃尔核材想在这种情况下继续增持，成本将会很高。

7.6.4 反噬防御

反噬防御策略（pac-man）的名称来源于吃豆人的游戏，指的是防守方在恶意收购发生后，以攻为守反过来收购敌意接管者的策略。该策略的实施难度较大，不仅需要目标公司自身拥有较强的资金实力和调动资金的能力，

---

[1] 罗伯特·F. 布鲁纳. 应用兼并与收购 [M]. 北京：中国人民大学出版社，2011：866.

同时还需要敌意接管者满足被收购的条件，在实际运用中成功的案例并不多见。

1982年，当本迪克斯公司收购马丁公司45%的股份时，马丁公司以攻为守，同样对本迪克斯公司提出了收购。最终本迪克斯公司不敌马丁公司，被联合信号公司友好协商收购，马丁公司保持了独立。

7.6.5　职工董事[①]

我国公司法规定了国有独资企业必须设职工董事；两个以上的国有企业或者两个以上的其他国有投资主体设立的有限责任公司，其董事会成员中也应当有职工代表。对于股份有限公司，没有明确要设职工董事。需要注意的是，职工董事由职代会而非股东大会选举产生。

A股上市公司设职工董事席位的不足100家，大多数是国有上市公司，基本上设置一个席位。自从2014年长园集团通过增设职工董事席位成功防守住沃尔核材的恶意并购以来，修改公司章程，在董事会中增设职工董事席位成为A股公司反并购的一种新策略。

2014年，长园集团遭到了沃尔核材周和平的恶意并购。周和平及其一致行动人最终持有长园集团26.79%的股份，当时管理层及其一致行动人持股只有12.11%。但管理层通过修改公司章程，增设了两个职工董事席位，成功地进行了反并购。长园集团新一届9人董事会将设立两名职工董事及3名独立董事，股东董事席位少于1/2。这样，长园集团管理层在董事会占据主要优势，对公司的控制权进一步增强。短时间内，沃尔核材虽作为长园集团的第一大股东，但是很难取得公司董事会的控制权。

2016年，金科股份为了阻击融创中国对其控制权的争夺，也在公司章程中新改设了两名职工董事席位："董事会成员中应有不少于五分之一的职

[①]　马永斌. 公司控制权安排与争夺[M]. 北京：清华大学出版社，2019：67–68.

工代表担任董事，担任董事的职工代表须由在本公司连续工作满五年以上的职工通过职工代表大会民主选举产生后，直接进入董事会。"而金科股份董事会由9名董事（含3名独立董事）组成，1/5即意味着两名职工董事席位。

设职工董事的时间点和席位数也是有讲究的，没有控制权争夺发生的时候，不要轻易设置职工董事。因为职工董事由职代会选出，职代会一般是由企业创始人或管理层控制，因此职工董事的增加，意味着董事会的独立性在下降，资本市场会质疑董事会被内部人所控制。职工董事的席位一般建议不要超过两个，否则公司的独立性也会遭到质疑。基于这样的考虑，深交所在《深圳证券交易所主板上市公司规范运作指引》中就规定，上市公司董事会中兼任公司高级管理人员以及由职工代表担任的董事人数总计不得超过公司董事总数的1/2。

当公司股权分散，一旦遭遇恶意并购时，可以再提出将董事会的1~2个席位新增（改）设为职工董事席位。因为此时即使恶意并购者已成为第一大股东，但基本上其所收购股份比例也不会超过30%，那么股东大会上增设职工董事席位的议案能否通过的关键就在于小股东是否支持。当然，小股东如果对之前公司的市值管理和投资者关系感到满意，就会选择支持企业创始人或管理层；如果小股东一直以来对公司的市值管理和投资者关系管理不认可，那么就不会同意这样的提案。

7.6.6 杠杆资本重组／管理层收购

杠杆资本重组是指目标公司通过提高杠杆率的方式来筹集巨额资金，将其作为现金股利或者债务类证券及优先股的方式分配给股东。这样一来，敌意收购者不得不提出一个更有诱惑力的要约价格来吸引股东。

杠杆资本重组与管理层收购最大的不同点在于，前者的股权客户是内外部的所有股东，而后者仅限于管理层。管理层收购会引起控制权的变化，几乎一定会启动拍卖程序或者导致公司私有化；而杠杆重组由于面向的持股人众多致使比例被摊薄，不一定会引起控制权变动。杠杆资本重组后的股票称为"残根股" stub shares[①]，因为提前分配股利的原因，这部分股票的价值大大降低，但是这种做法保证了公司股票的流动性，避免了退市风险。同时，因为杠杆资本重组兼顾了更多股东的利益，所以比起仅针对管理层设置的内置防御措施与管理层收购，该消息的发布通常伴有大幅度的股价上涨，在反收购措施上是更好的选择。

管理层收购在中国已有案例。在大股东李嘉诚撤资之际，长园集团管理层就察觉到了可能会有被恶意并购的风险，于2013年10月发布了以管理层MBO（管理层收购）为目的的定增方案。果不其然，2014年5月，沃尔核材突然举牌长园集团，并在短短几天的时间里通过增持迅速成为第一大股东。长园集团的管理层通过持续地回购股稳住了局面。通常管理层收购是作为私有化的手段来运用的，在这可以视为抵御恶意并购的创新型运用，值得引起重视和学习。

杠杆资本重组因为证监会不允许以债务融资的方式给股东派发股息，目前并不能在中国实施。在美国，KKR收购安费诺、美标和百得的控制权争夺战均出现了杠杆资本重组。虽然其本质上与管理层收购相同，都是通过借债的方式来稳定控制权，但是在会计处理上却更为巧妙，因为杠杆资本重组不被认为是控制权变更的交易，所以使目标公司资产负债的历史账面价值可以保持不变，不需要按照公允价值重新入账。

相信随着中国证券市场的发展和完善，在配套监管措施出台的情况下，杠杆资本重组可能会成为恶意并购的一种主流操作手法。

---

① 残根股指提前分配了股利的股票所留下来的凭证。

7.6.7 股份回购

股份回购是指目标公司在证券市场上回购本公司股票，以争取更大比例控制权的行为。股份回购往往不是一个单一的防御行为，它可以和员工持股计划结合起来，将回购的股份用于员工的认购；或者与焦土战术结合起来，利用回购来消耗公司的现金资源，甚至不惜举债使公司的财务风险加大。

2015年游戏公司育碧为了抵御欧洲最大的娱乐集团——威望迪的恶意收购，就从投资银行处贷款20亿欧元接连回购股份，拉锯战持续了3年，为抵御威望迪的恶意收购赢取了时间，2018年引入了腾讯作为白衣骑士彻底将其击退。

7.6.8 绿票讹诈

绿票讹诈指目标公司溢价回购恶意收购者所收购的本公司股票，从而达到反收购的目的。绿票讹诈是一种定向回购方式，回购对象是恶意并购者，一般不包括其他股东。在回购协议中，会有一个恶意并购者再次购买公司股票的时间限制条款，在限制时间内，恶意并购者不得再买入目标公的司股票。绿票讹诈有点儿像管理层采用"贿赂"的方式来防止被收购，买单的是除收购者之外的其他股东，而管理层是获益者，因此在很多国家绿票讹诈是被禁止的，一般属于私下的行为[①]。

7.6.9 中止协议

中止协议指目标公司与潜在收购者达成协议，收购者在一段时间内不再增持目标公司的股票，如需出售这些股票目标公司有优先购买的选择。这样的协议通常在收购方已持有目标公司大量股票并形成恶意收购威胁时签署，目标公司往往会承诺溢价回购股票[②]。很多时候中止协议的达成亦是出于收购公司

---

① 马永斌. 公司治理之道 [M]. 北京：清华大学出版社，2013：229.
② MBA智库百科. 中止协议. https://wiki.mbalib.com/wiki/中止协议.

并非收购者真正意图的原因,有些收购者只是想通过大量收购目标公司股份的方式来对目标公司形成威胁之势,从而以此为条件与目标公司进行谈判,让目标公司对本公司的股票进行溢价回购。所以,在进行反收购时中止协议与绿票讹诈往往相互伴随,中止协议的达成可能需要运用绿票讹诈中的溢价回购股票,绿票讹诈策略的运用可能最后会使得收购者与目标公司间达成中止协议[1]。目前在 A 股市场公司回购自己股票有诸多限制,所以在我国运用得并不多。

7.6.10 资产重组

除了焦土计划以外,资产重组还可以作为一种停牌手段为恶意并购反击战争取时间。我国《上市公司收购管理办法》规定,上市公司因筹划重大资产重组停牌的,应当承诺自发布进入重大资产重组程序的公告日起至重大资产重组预案或者草案首次披露日前,停牌时间不超过 30 个自然日。确有必要延期复牌的,上市公司可以在停牌期满前按照交易所有关规定申请延期复牌,累计停牌时间原则上不超过 3 个月。

2011 年武商联为了抵御银泰系对于鄂武商 A 的恶意并购,发出重大资产重组计划,争取到了停牌时间。并在此期间提起诉讼称银泰系违规增持,复牌后第一时间向全体流通股股东发出占总股本 5% 部分要约收购,稳固了控股股东的地位。

可以看出,面对恶意并购,标的公司的管理层不管如何感到无助,并不是毫无还击之力的,而是可以通过时间顺序布置一些反击的措施。防御措施的核心是提高股价,在具体的应用上并没有固定模式,根据的自身情况与敌意投标者的特征,才能制订出行之有效的组合方案。

---

[1] 申骏律师事务所. 反收购主动性策略及案例分析之中止协议与绿票讹诈. http://www.sunjunlaw.com/shouye_mb.php?article=948.

7.7 没有硝烟的战争

恶意并购作为资本市场的一种自我纠错机制，其出现与发展从某种程度上来说代表了证券交易市场的成熟。任何公司都无法完全避免被恶意收购的可能，尤其是股权分散、股价被低估的公司。不管目标公司实际控制人对恶意并购宣告感到多么无助，目标公司其实是可以有抵抗能力的。目标公司可以利用很多按时间分布的战术，恶意收购是控制权争夺的最终呈现形式。

首先，恶意并购的攻击与防守也和矛与盾的关系一样，许多招数在弄清楚原理之后正反皆可使用。例如，我们建议攻击方在发动正式的恶意并购之前，先在二级市场上收购一定的立足点股份；同样地，防守方也可以为了防止恶意并购的发生，让友好交易方先购买一定的立足点股份。这样的例子在具体的实践上还存在着诸多运用。

其次，要记住任何的攻击防守招数都不是独立存在的，组合拳的应用不仅可以有的放矢，而且还能发挥出更大的威力。例如，起诉敌意接管者作为防守恶意并购的手段，可能在诉讼主张上得不到法律的支持，但是可以与其他防守手段结合起来，为整个抵御的过程争取更多时间。

除此之外，不论是防守方还是攻击方都应该意识到，无论是敌意接管者还是防守方，都要牢记一点，这不是一场一对一的博弈，在场的玩家还有各种搭便车者、中小股东、公司内部团体、潜在买方和其他套利者，平衡多方利益以获得最大的支持，才是取得最终胜利的关键。

最后，在资本市场上利益永远拥有着最高的地位。对于恶意并购袭击来说，单个成功率最高的战略就是出高价；而对于抵御恶意并购来说，最佳的防守策略就是高市值。但是双方都需要注意，过高的并购价格和虚高的市值实质上是一种损害公司利益的行为。

股票发行注册制改革将于2020年正式施行。2019年，注册制已经在科创板开始试点，随着注册制的脚步临近，我国资本市场将会空前活跃，上市公司数量进一步增加，恶意收购作为一种重要的资本市场参与形式，将成为每一位企业家的必修课。

对于上市公司实际控制人来说，规划防御战术的正确行为包括以下几方面[①]。

（1）在IPO时就设置全套的预防性反收购措施。

（2）聘请法律顾问和资本顾问。

（3）组建反并购决策团队。

（4）研究股东构成，关注关键大宗持股人和持股人变更，监控日常股票交易。

（5）通览并废除任何可能限制诸如拆分或资产出售等行为的限制性协议。

（6）核对管理层和董事的责任保险条款和金色降落伞计划，以估计接管成本。

（7）如果预防性反收购措施不能成功阻止敌意收购，马上采用主动性防御措施。

（8）准备"可疑人物手册"，列出关键协商人、与媒体和分析师讨论的程序、召集紧急董事会的办法、董事会审核的事项以及股东的联系方式。

---

① 罗伯特·F. 布鲁纳. 应用兼并与收购 [M]. 北京：中国人民大学出版社，2011：870.

第 8 章
审批程序及监管政策

8.1 内部审批流程

8.2 公众公司的并购监管

8.3 重大资产重组

8.4 借壳上市

8.5 国有资产并购

8.6 外资并购

8.7 跨境并购

并购重组作为一种市场经济下的企业行为，在起步较晚但发展迅速的中国显得复杂多变。对于想要或者正在进行并购重组的企业来说，如何把握和遵守游戏规则就显得非常重要。没有规矩不成方圆，了解并熟知并购重组的内外部审批程序及监管政策，可以有效规避风险，提高并购重组的成功率。

本章将首先结合并购流程介绍企业的内部审批流程，然后在介绍公众公司外部监管政策演变的基础上，重点分析重大资产重组、借壳上市、国有资产并购、外资并购和跨境并购的监管政策。

8.1 内部审批流程[①]

在本书第 2 章中，曾对买卖双方的并购流程进行了概述，将其分为了制订规划、选择对象、制订并购方案、提交并购报告、资产评估、谈判签约、办理股（产）权转让、支付对价、整合重组 9 大步骤。但是我们并没有对其内部的实施及审批流程进行描述，如果要进行并购，公司内部的实施及审批流

---

① 中伦文德律师事务所. 公司并购：实务操作与法律风险防控 [M]. 北京：中国法制出版社. 2017：71-217；超详细、最全的公司投资并购流程. 投资项目分析师 CIPA. http://www.sohu.com/a/117005453_481559；郭春东. 企业技术创新模式选择与发展路径研究 [D]. 北京：北京理工大学，2013：117-146。

程应该是怎么样的呢？

如图8-1所示，企业的并购审批程序是以公司章程为基础，通过逐级授权的方式进行传递的。公司章程中规定出董事会可以批准的投资限额内的并购方案，超出该投资预算的则需要提交股东大会批准。除此之外，董事会还需要把控预算草案和执行草案这两个关键要素，剩下的并购环节便可以通过书面授权，交由总经理处理。总经理下设并购项目经理，来负责具体的执行细节。

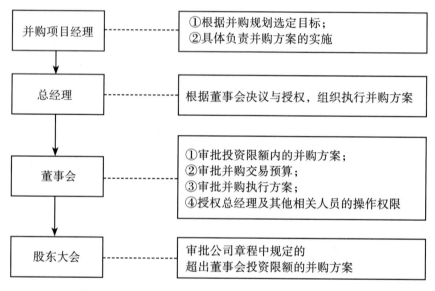

图8-1　并购审批层级

表8-1所示的是企业并购的内部工作及审批流程，共包括6个步骤。

8.1.1　根据并购规划选定目标

制定规划属于并购决策的内容，需要考虑并购目的、目标标准、收购方式、融资方式、承受限度和时间表。这部分工作应该由并购小组联合财务部、战略规划部一同完成。在选择并购对象时应该根据第2章中提到过的并购决策的标准来筛选目标，并撰写《并购目标企业调查报告》。

表 8-1　并购的内部工作及审批流程 [1]

环节	主要负责部门	相关文件	审批部门
根据并购规划选定目标	并购小组、财务部、战略规划部	《并购目标企业调查报告》	
初步洽谈并制订并购方案	并购小组、财务部、法律部	《并购意向书》	董事会、股东大会
深入谈判并拟订并购合同	并购小组	《并购执行方案》	董事会、股东大会
资产评估及确定交易结构	并购小组、财务部、法律部、评估机构	《并购交易预算草案》	董事会、股东大会
签订合同并进行股权转让	公司代表	《并购合同》股权转让相关文件	
支付对价进行整合	整合小组		

8.1.2　初步洽谈并制订并购方案

这属于前期尽职调查的内容，主要分为业务、法律、财务三方面。在调查完成之后会要求并购小组根据得到的一手资料，整理出尽职调查的报告。根据报告拟定《并购意向书》，并提交由董事会审批，超出董事会审批投资限额的转交给股东大会。

8.1.3　深入谈判并拟订并购合同

达成并购意向后，双方将就并购事宜进行深入谈判。谈判有了结果且合同文本已拟出，就需要依法召开并购双方的董事会，对具体的并购执行方案形成决议。

董事会还应将该决议提交股东大会讨论，由股东大会予以批准。在股份公司中，经出席会议的股东所持表决权的 2/3 以上股东同意，可以形成决议。在有限责任公司中，只要满足公司章程中规定的要求，即可形成决议。

在这个过程中还需要注意的是，买方按照政策法规报主管部门审批[2]，在

---

[1] 超详细、最全的公司投资并购流程．投资项目分析师 CIPA．http://www.sohu.com/a/117005453_481559．

[2] 具体的外部审批流程在后文中将进行详细叙述。

通过后发布并购信息。如果并购双方中有上市公司的，在并购时需要尤为注意信息披露的规范性。

8.1.4 资产评估及确定交易结构

这部分工作由并购小组重点参与，并联合财务部门、法律部门、资产评估事务所等中介机构进行协助。通过市场法、收益法和资产基础法等方法进行估值，尤其要注意分析差异、资产变动、债权债务、合同关系和债务处理办法，最终形成《并购交易预算草案》，交由董事会与股东大会审批。

如果股东对估值产生合理性质疑，并购交易方案在股东大会上就会被否决。2016年，格力宣布全资收购珠海银隆时，提出的标的估值对价为130亿元，该方案遭到了中小股东的强烈反对，最终未能获得股东大会的通过。

8.1.5 签订合同并进行股权转让

合同的签订在企业内部并没有太复杂的审批流程，只需要授权一名代表签订并购合同即可。

合同要生效，除合同本身内附一定的生效条件要求必须满足外，目标公司若是私人企业、股份制企业，只要签署盖章就发生法律效力。若为国有小型企业，双方签署后还需经国有小型企业的上一级人民政府审核批准后方能生效。若为外商投资企业，须经原批准设立外商投资企业的机关批准后方能生效。若为集体企业，也须取得原审批机关的批准后方能生效。

股权及产权转让的具体步骤为先审批报案，再进行法律公证，最后办理转让手续。如果涉及国有资产，则还需要报请国有资产监督管理部门审批。

8.1.6 支付对价进行整合

合同生效后，并购双方要进行交割。并购方要向目标公司一次性或者分批支付约定的并购对价，目标公司需向并购方移交所有的财产、账表。股份证书需要由目标公司的董事会批准以进行登记，并加盖戳记。目标公司相关的法定文件、公司注册证书、权利证书等文件都应移交给并购方。并购方除了接收目标公司的资产外,还要安排整合小组对目标公司的董事会和经理机构进行改组,着手进行并购整合事宜。

除此之外,并购方可能还需要向目标公司原有的顾客、供应商和代理商等发出正式通知,并在必要时安排合同更新事宜。到市场监督管理部门完成相应的变更登记手续,如更换法人代表登记、变更股东登记等。

8.2 公众公司的并购监管

对于公众公司来讲,通过了公司内部审批之后,还需要通过外部监管的审批,交易方可实施。并购的内部审批程序可能因为不同公司的具体情况而有所区别,但是外部的监管对于每一个公众公司的要求都是同样的。

8.2.1 非上市公众公司①的并购监管

与上市公司相比,非上市公众公司多以中小微企业为主。这些公司并没有上市,只是股票在全国中小企业股份转让系统公开转让。与上市公司相比,由于所涉及的资产金额可能更小,这类公司进行并购交易的机会更多。《非上市公众公司收购管理办法》体现了鼓励非上市公众公司进行并购交易②的监管精神,监管制度的安排简便、灵活、高效。该办法对收购人准入要求、财务顾问、控制权变动披露、权益披露等方面作出了基本要求,仅在以下几方面有所限制③。

(1)收购人的准入要求。收购人负有数额较大且到期未清偿债务、最近2

---

① 新三板挂牌公司。
② 鼓励新三板公司成为上市公司并购的标的。
③ 非上市公众公司收购管理办法.中国证券监督管理委员会.http://www.csrc.gov.cn/pub/zjhpublic/G00306201/201406/t20140627_256784.htm;非上市公众公司收购管理办法(征求意见稿).中国证券监督管理委员会.http://www.csrc.gov.cn/pub/zjhpublic/G00306201/201405/t20140509_248739.htm。

年有重大违法行为或者涉嫌有重大违法行为、最近 2 年有严重的证券市场失信行为等情形的，不得收购非上市公众公司。这里的 2 年时间期限与全国股份转让系统的公开转让说明书中关于重大违法违规行为是保持一致的。

（2）充分发挥财务顾问等中介机构作用。该规定借鉴了上市公司收购中的相关规定，在非上市公众公司第一大股东或者实际控制人发生变更及要约收购时，要求收购人必须聘请符合资质的财务顾问机构。财务顾问机构应保持独立性，收购前进行尽职调查，收购后 12 个月进行持续督导。

（3）控股股东或实际控制人退出的要求。退出前应当对收购人的主体资格、诚信情况及收购意图进行调查，并在其权益变动报告书中披露有关调查情况。这里与上市公司的相关规定基本一致。

（4）收购人的股份限售要求。收购人成为公司第一大股东或者实际控制人的，其持有的被收购公司股份在收购完成后 12 个月内不得转让。

（5）权益变动披露标准。控制权未发生变更的，每增减 5%，披露权益变动报告书；控制权发生变更且拥有权益 10% 以上的，披露收购报告书。这里的规定较上市公司来说较为宽松，原因在于非上市公众公司股权结构高度集中、股东人数少、股权流动性较差。

8.2.2　上市公司并购监管的法律沿革

在具体了解现行的并购外部监管体系之前，我们先来看看证监会对上市公司并购监管的发展历程。

证监会对上市公司重大资产重组的监管始于 1998 年，先后经历了审批制→事后备案制→事中审核备案制的演变。如表 8-2 所示，监管的力度具体可以分为以下 4 个阶段。

表 8-2　上市公司并购监管的发展历程

阶　　段	时　　间	监管态度
第一阶段	1998.12 以前	缺乏监管
第二阶段	1998.12—2000.6	严格审批
第三阶段	2000.6—2001.12	放松管制
第四阶段	2002 年至今	鼓励与规范并举

（1）缺乏监管阶段。1998 年 12 月以前，由于我国证券市场发展还在起步阶段，上市公司较少，大批公司处于上市前期，这段时期的法规体系仅将重大重组行为列入监管范围，要求公司履行报告、公告的义务即可。

（2）严格审批阶段。1998 年 12 月至 2000 年 6 月期间，早期缺乏监管的弊端逐渐暴露出来。这一时期证监会加强了监管力度，将上市公司通过重大资产重组改变主营业务的行为按照新上市公司对待，监管态度趋严。

（3）放松管制阶段。2000 年 6 月至 2001 年 12 月期间，由于尚未建立多层次的市场体系，上市公司退市后的风险在这一期间集中爆发，社会矛盾随之而来。证监会为了缓和矛盾，保护新兴的资本市场，于 2000 年 7 月发布《关于规范上市公司重大购买或出售资产行为的有关问题通知》，将严格的事前审批制度调成为事后备案制度，在一定程度上简化了监管程序，活跃了绩差公司的资产重组，化解了市场风险。但同时因为宽松的监管，这段时期也出现了不少不规范的重组[①]行为。

（4）鼓励与规范并举阶段。2002 年至今，在经历过前期的不断探索与试错后，证监会发布了《关于上市公司重大购买、出售、置换资产若干问题的通知》，将事后备案制度调整为事中审批备案制度，逐渐摸索出一条鼓励与规范并举、培育与防险并重的道路，对推动实质性重组起到了积极的作用，自此形成了现行上市公司并购监管体系的雏形。

---

① "忽悠式"重组。

上市公司并购重组是一个笼统的概念，通常包含上市公司收购、重大资产重组、借壳上市等对公司股权结构、资产结构、业务及利润产生重大影响的活动。后文我们将分别分析它们的外部审批流程。上市公司并购重组所涉及的法规体系如图8-2所示。

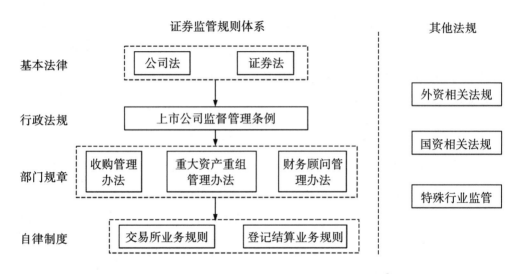

图 8-2　上市公司并购重组所涉及的法规体系①

8.2.3　上市公司收购监管的普适性要求

《上市公司收购管理办法》中对于上市公司收购的定义为：收购方通过在证券交易所的股份转让活动持有一个上市公司的股份达到一定比例、通过证券交易所股份转让活动以外的其他合法途径控制一个上市公司的股份达到一定程度，导致其获得或者可能获得对该公司的实际控制权的行为。该活动最大的特点为，收购的标的是上市公司股权而非资产。

---

① 上市公司并购重组监管．中国证券监督管理委员会．https://wenku.baidu.com/view/2d50906b773231126edb6f1aff00bed5b8f37350.html；上市公司并购重组最新政策讲解．深圳证券交易所．https://wenku.baidu.com/view/7163c3979f3143323968011ca300a6c30c22f125.html?from=search．

1. 收购方资质要求

收购方资质审查主要分为以下 3 个方面。

首先，作为收购方得具备充足的资金实力。负有较大债务，到期未清偿，且处于持续状态的不可。

其次，收购方应是合规的市场主体。最近 3 年内有或者涉嫌重大违法行为、严重的市场失信行为的也不能进行收购。

最后，如果收购主体为自然人，则需要满足《中华人民共和国公司法》第一百四十六条中公司董事、监事、高级管理人员的任职资格要求。主要包括有民事行为能力，不在贪污贿赂、侵占财产等执行期，名下无破产清算、吊销营业执照未逾 3 年的公司、个人没有较大金额的债务逾期未偿的情况。

2. 权益变动披露及要约收购要求

信息披露是证券市场监管中十分重要的方面。投资者作出的决策建立于分析现期信息的基础之上，而市场信息天生处于不对称的状态，只有对重要信息要求强制披露，才能更好地保护投资者的利益，优化市场的资源配置。

同样，在要约收购中对权益变动的信息披露要求，也是为了保证所有股东在平等获取信息的基础上自主作出选择，避免内部交易，保障所有股东尤其是中小股东的权益。

所以在进行上市公司收购时，注意信息披露及要约收购相关的法律法规要求，是保证并购顺利进行的关键点。表 8-3 所示的是并购中权益变动披露及要约收购的监管要求。

表 8-3　权益变动披露及要约收购监管要求 [①]

拥有权益股份比例	5%~20%	20%~30%	30%以上
需要进行披露的内容	（1）投资者及其一致行动人的姓名、住所；投资者及其一致行动人为法人的，其名称、注册地及法定代表人。（2）持股目的，是否有意在未来12个月内继续增加其在上市公司中拥有的权益。（3）上市公司的名称、股票的种类、数量、比例。（4）在上市公司中拥有权益的股份达到或者超过上市公司已发行股份的5%或者拥有权益的股份增减变化达到5%的时间及方式。（5）权益变动事实发生之日前6个月内通过证券交易所的证券交易买卖该公司股票的简要情况。（6）中国证监会、证券交易所要求披露的其他内容	（1）投资者及其一致行动人、的控股股东、实际控制人及其股权控制关系结构图。（2）取得相关股份的价格、所需资金额、资金来源，或者其他支付安排。（3）投资者、一致行动人及其控股股东、实际控制人所从事的业务与上市公司的业务是否存在同业竞争或者潜在的同业竞争，是否存在持续关联交易；存在同业竞争或者持续关联交易的，是否已作出相应的安排，确保投资者、一致行动人及其关联方与上市公司之间避免同业竞争以及保持上市公司的独立性。（4）未来12个月内对上市公司资产、业务、人员、组织结构、公司章程等进行调整的后续计划。（5）前24个月内投资者及其一致行动人与上市公司之间的重大交易。（6）不存在禁止收购上市公司的情形。（7）能够提供证监会规定的相关文件	（1）中国公民的身份证明，或者在中国境内登记注册的法人、其他组织的证明文件。（2）基于收购人的实力和从业经验对上市公司后续发展计划可行性的说明，收购人拟修改公司章程、改选公司董事会、改变或者调整公司主营业务的，还应当补充其具备规范运作上市公司的管理能力的说明。（3）收购人及其关联方与被收购公司存在同业竞争、关联交易的，应提供避免同业竞争等利益冲突、保持被收购公司经营独立性的说明。（4）收购人为法人或者其他组织的，其控股股东、实际控制人最近2年未变更的说明。（5）收购人及其控股股东或实际控制人的核心企业和核心业务、关联企业及主营业务的说明；收购人或其实际控制人为两个或两个以上的上市公司控股股东或实际控制人的，还应当提供其持股5%以上的上市公司以及银行、信托公司、证券公司、保险公司等其他金融机构的情况说明。（6）财务顾问关于收购人最近3年的诚信记录、收购资金来源合法性、收购人具备履行相关承诺的能力以及相关信息披露内容真实性、准确性、完整性的核查意见；收购人成立未满3年的，财务顾问还应当提供其控股股东或者实际控制人最近3年诚信记录的核查意见

[①] 上市公司收购管理办法（2014年修订）．中国证券监督委员会．http://www.csrc.gov.cn/pub/newsite/flb/flfg/bmgz/ssl/201505/t20150511_276597.html．

续表

拥有权益股份比例	5%~20%	20%~30%	30%以上
权益变动披露及要约收购要求	（1）投资者及其一致行动人不是上市公司第一大股东的，编制简式权益变动报告书，提交相关机构，并予公告。（2）投资者及其一致行动人是上市公司第一大股东的，按照详式权益变动报告书要求予以公告	（1）编制详式权益变动报告书。（2）聘请财务顾问出具审核意见，以下情形除外：①国有行政划转或者变更；②股份转让在同一实际控制人控制的不同主体之间进行的；③因继承获得的股份；④投资者及其一致行动人承诺至少3年放弃行使表决权	（1）继续增持触发要约收购义务，应当依法向该上市公司的股东发出全面要约或者部分要约。（2）可以向证监会申请豁免要约收购的情形：①上市公司实际控制人未发生变更；②为挽救上市公司而进行的重组；③国有资产无偿划转、变更、合并；④上市公司回购；⑤经证监会认定的其他情形。（3）免于提交直接豁免的情形：①因定向发行股份而导致的上市公司收购；②已经取得上市公司控制权的少量增持股份；③绝对控股股东的增持行为；④金融机构阶段性持股；⑤继承；⑥购回式证券交易且表决权未发生转移；⑦因所持有的优先表决权依法恢复导致拥有权益超过30%

3. 对监管法规的灵活应用

随着资本市场的不断发展，上市公司收购的一些监管制度也被灵活运用，逐渐演变成了恶意并购中的攻防手段，抑或是小股东维护自身利益的武器。许多上市公司在遭遇恶意并购袭击时，会质疑收购方的资金来源、信息披露规范等问题，试图从中找到突破口，借助证监会监管的力量叫停收购进程。恶意并购方也会列举标的公司不符合规范之处，争取舆论及市场的支持。小股东遭到利益侵害时，也可依据监管规则向证监会举报维权。

在"宝万之争"中，万科面对宝能来势汹汹的举牌，曾试图通过事业合伙人计划增持，万科管理层事业合伙人计划"盈安合伙"的董事周卫军，在金鹏计划之外又成立了"德赢1号"专项资产管理计划，起始规模20亿元，到第三季度末已持有2.06%的万科股权。如果算上"国信金鹏1号计划"，管理层已构成举牌行为，但万科没有对此进行信息披露，之后在 2015 年底遭到深交所问询。宝能就这一点试图罢免万科的董事与监事，理由是董事会从未向投资者披露万科在 2014 年推出的事业合伙人制度的具体内容，以及公司董事、监事在该制度中能够获得的报酬及获得该等报酬的依据。

万科也不甘示弱，在反击的过程中向法院起诉"宝能系"的收购资金来源表述不明，存在信息披露问题，损害了股东利益，要求法院判令其增持属于无效的民事行为，在未改正之前不得行使表决、提名、提议召开股东大会等股东权利。同时发出举报信，提请查处钜盛华及其控制的相关资管计划的违法违规行为，认为 9 个资管计划将表决权让渡与钜盛华的行为不具备合法性前提，故而宝能不符合上市公司收购人的条件①。

龙薇传媒收购万家文化的过程中，因为披露的信息存在虚假记载、误导性陈述及重大遗漏而被证监会立案调查。证监会认为，龙薇传媒设立的主要目的在于从事国内文化方面的并购。收购万家文化共需资金 305 990 万元，收购方案中，龙薇传媒自有资金 6 000 万元，剩余资金均为借入，杠杆比例高达 51 倍。在自身境内资金准备不足、相关金融机构融资尚待审批、存在极大不确定性的情况下，以空壳公司收购上市公司，且贸然予以公告，对市场和投资者产生严重误导。证监会最终对万家文化责令改正，并处以 60 万元罚款；对孔德永、黄有龙、赵薇各处以 30 万元罚款并采取 5 年证券市场禁入。不仅如此，上市公司和其他信息披露义务人因虚假陈述受到证监会行政处罚，权益受损的投资者可以起诉索赔损失，赵薇夫妇等人还将面临巨额的诉讼②。

---

① 马永斌. 公司控制权安排与争夺[M]. 北京：清华大学出版社，2019：268-276.
② 中国证监会行政处罚决定书（万家文化）. 中国证券监督管理委员会. http://www.csrc.gov.cn/pub/zjhpublic/G00306212/201804/t20180416_336809.htm.

上述案例分属二级市场举牌、要约收购、协议收购，虽然在收购方法上截然不同，但是监管政策对收购的合规性都提出了较高的要求。在并购重组中，对外部监管一定要多加注意，做到合法合规，才能保证交易的顺利进行。

8.3 重大资产重组

关于上市公司重大资产重组，在法律上并没有明确的界定，主要概括为上市公司及其控股或者控制的公司在日常经营活动之外购买、出售资产或其他方式进行资产交易达到规定的比例，导致上市公司的主营业务、资产、收入发生重大变化的资产交易行为。也就是说，有关重大资产重组的监管主要侧重于上市公司非日常的经营活动，并且这些活动对上市公司的资产结构、盈利状况、经营管理、主营业务产生了实质性的影响。

8.3.1 重大资产重组的标准

如图 8-3 所示，上市公司及其控制的公司购买、出售、置换入的资产，达到以上三个标准的时候，就会被判定为重大资产重组，证监会从资产总额、净资产、营业收入 3 方面对其进行判定，重大的比例要求都是 50%；除此之外还有一个"兜底"条款，如果证监会发现存在可能损害上市公司或者投资者合法权益的重大问题的，可以根据审慎监督原则，责令上市公司按照规定补充披露相关信息、暂停交易、聘请独立的财务顾问或者其他证券服务机构补充核查并披露专业意见。

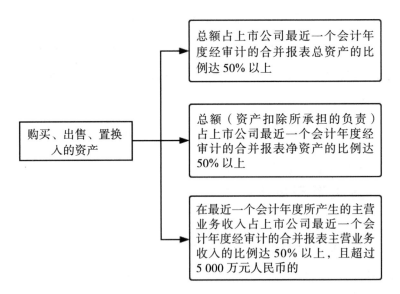

图 8-3　重大资产重组的标准[①]

另外,《上市公司重大资产重组管理办法》中的第十三条规定,上市公司自控制权发生变更之日的 60 个月内,向收购人及其关联人购买资产进行重大资产重组的,导致上市公司发生根本变化的,应当按照规定报经中国证监会核准。这一条主要是对于"借壳上市"的规定,即判断上市公司股权变更之日与变更后注入"收购人及其关联人"的资产总额是否超过了 100%,故这一条的详细内容我们将放在下一节中解读。

8.3.2 重大资产重组的流程

重大资产重组的流程可以分为筹备、谈判、申报、实行四个阶段,具体内容如图 8-4 所示,分别以 T、D、F、M 表示这四个阶段。

[①] 关于规范上市公司重大资产重组若干问题的规定. 中国证券监督管理委员会. http://www.law-lib.com/law/law_view.asp?id=257293.

第8章 审批程序及监管政策

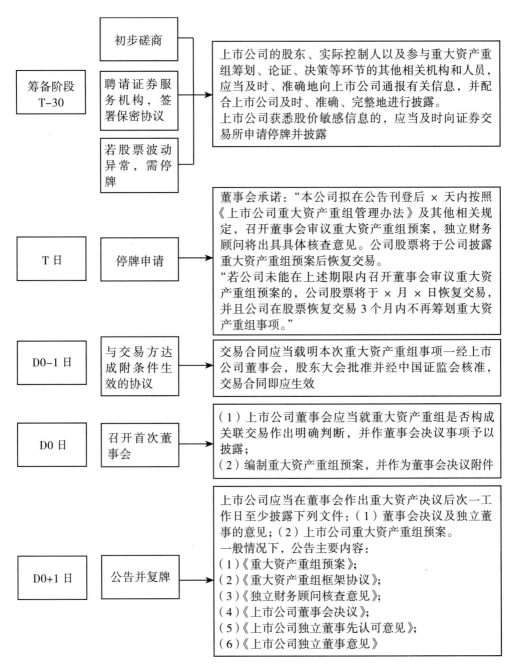

图 8-4 上市公司重大资产重组流程

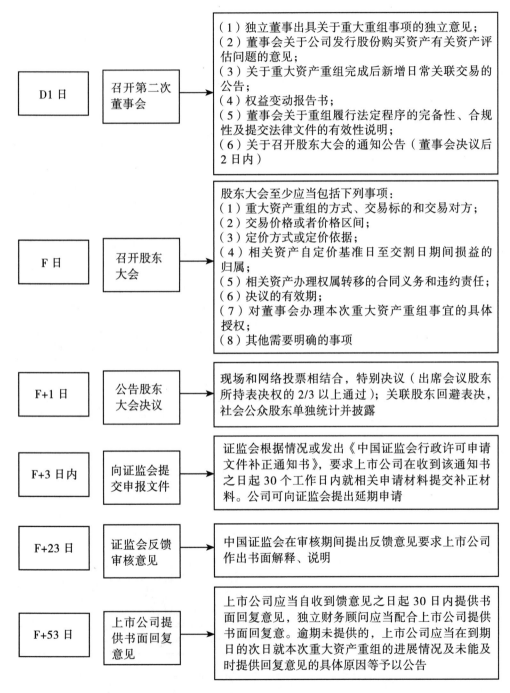

图 8-4 （续）

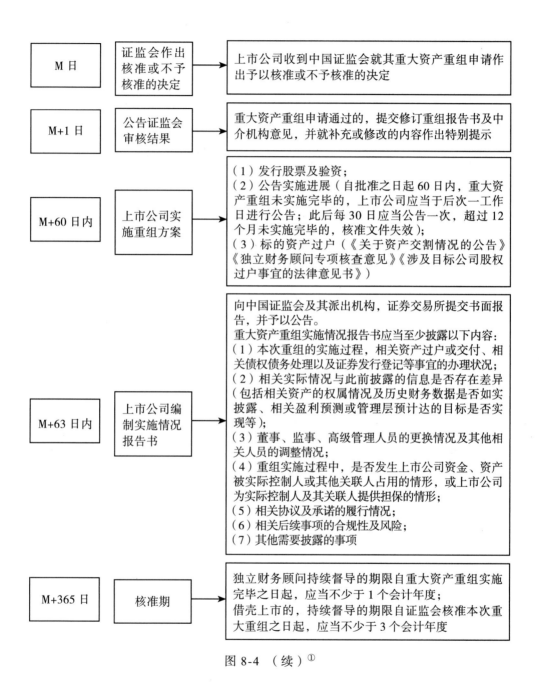

图 8-4 （续）①

---

① 中伦文德律师事务所. 公司并购实务操作与法律风险防控 [M]. 北京：中国法制出版社，2017：335-342；刘柄佐. 上市公司重大资产重组流程及时间安排表. https://xueqiu.com/9453328812/68570197.

8.3.3 监管趋势的演变[1]

2000—2001年，我国上市公司重大重组实行事后备案制度，但实施效果并不理想，实践中出现了诸多虚假重组、利用重组掏空上市公司、进行市场操控的案例。

2001年，为了改变这一乱象，中国证监会发布了105号文，对重大资产重组的条件、程序、信息披露等环节作出了具体要求，明确重大资产重组需要经过核准。从实施效果上看，该文件对遏制虚假重组取得了不错的效果。

2008年，资本市场不断发展，为了适应外部环境对监管制度提出的新要求，中国证监会发布了正式的部门规章，即《上市公司重大资产重组管理办法》。

2016年，证监会对《上市公司重大资产重组管理办法》（以下简称"重组新规"）又进行了一次重大修订，形成了目前适用的重大资产重组管理体系，最新的监管趋势变化如下。

1. 对非上市公司反向收购上市公司（"借壳上市"）界定标准的修订

本次修订之前，构成重组上市需同时符合下述两项标准：一是上市公司发生"控制权变更"；二是上市公司"向收购人及其关联人购买资产总额占比超过100%"。

本次修订之后，"控制权变更"的标准仍然适用，但对"100%指标"的考察则从原有的资产总额单项指标扩充为资产总额、营业收入、净利润[2]、资产净额、发行股份数量五个量化指标。

---

[1] 中伦文德律师事务所. 公司并购实务操作与法律风险防控 [M]. 北京：中国法制出版社，2017：331-334；证监会重拳出击，要给炒壳浇水降降温. 中国基金报. 转引自 http://www.360doc.com/content/16/0619/00/21921317_568899687.shtml；上市公司重大资产重组管理办法细读笔记. https://max.book118.com/html/2017/1225/145873832.shtm.

[2] 2019年6月20日，证监会就修改《上市公司重大资产重组管理办法》向社会公开征求意见，拟取消"净利润"指标。

按照重组新规，在上市公司发生控制权变更后的 60 个月之内，只要其中任一项指标达到或超过 100%，即构成重组上市。此外，需要注意的是，根据重组新规，即使上述 5 个量化指标均未达到 100%，但只要上市公司向收购人及其关联人购买资产可能导致上市公司主营业务发生根本变化，也将构成重组上市。

"主营业务发生根本变化"这一特殊指标的设置意味着，即使前述五个量化指标均未达到 100%，但是倘若重组方案同时涉及资产置入和资产置出，或者由于其他商业安排导致资产注入后上市公司的原有主营业务发生根本变化，则也可能构成重组上市。

重组新规对于是否构成重组上市还设置了一个兜底条款，即重组新规第十三条第一款第（七）项"中国证监会认定的可能导致上市公司发生根本变化的其他情形"。

2017 年 6 月，四川双马公告拟收购北京国奥越野足球俱乐部有限公司 46.4% 的股权，进入足球青训业务领域。深交所发去的问询函，18 个问题中名列第一也是最核心的就是："此次收购后，主营业务将发生根本性变化，从原先的水泥生产销售变成足球青训，是否构成重大资产重组？"四川双马最终于 9 月发布公告，宣布终止重大资产重组：鉴于当前市场环境和政策发生变化，公司预计难以在较短时间内继续推进本次资产出售事项，决定终止筹划本次重大资产出售[①]。

重组新规第十三条第一款将首次累计原则的累计期限明确界定为"上市公司自控制权发生变更之日起 60 个月内"[②]。如果控制权发生变更已经超过 60

---

① 四川双马水泥股份有限公司关于筹划重大资产重组停牌进展公告. 四川双马公告. http://pdf.dfcfw.com/pdf/H2_AN201709070864577993_1.pdf.
② 2019 年 6 月 20 日，证监会就修改《上市公司重大资产重组管理办法》向社会公开征求意见，将累计期限减至 36 个月。

个月了，新控制人在期限届满后才向上市公司注入资产，或者说之前60个月内注入的资产的几项量化指标均未超过100%（也未导致上市公司主营业务发生变更），那么在60个月届满之后的资产注入行为的5项量化指标之一无论单次（或是与前期的资产注入）或是累计超过100%，也都不再视为借壳上市了，即便60个月期满之后的资产注入行为将导致上市公司主营业务发生根本变化。那么，这种资产注入行为，按照普通的资产重组或发行股份购买资产的审核标准审核即可（而不是按照重组上市所适用的与IPO等同的标准）。

该修订旨在给"炒壳"降温，促进市场估值体系的理性修复，继续支持通过并购重组提升上市公司质量，引导更多资金投向实体经济。

2. 明确"上市公司控制权"的认定标准

重组新规第十三条第四款明确了"上市公司控制权"系按照《上市公司收购管理办法》第八十四条的规定进行认定，即"有下列情形之一的，为拥有上市公司控制权"：

（1）投资者为上市公司持股50%以上的控股股东。

（2）投资者可以实际支配上市公司股份表决权超过30%。

（3）投资者通过实际支配上市公司股份表决权能够决定公司董事会半数以上成员选任。

（4）投资者依其可实际支配的上市公司股份表决权足以对公司股东大会的决议产生重大影响。

（5）中国证监会认定的其他情形。

此外，重组新规还对上市公司股权分散情况下管理层控制的情况进行了界定，即"上市公司股权分散，董事、高级管理人员可以支配公司重大的财务和经营决策的，视为具有上市公司控制权"。上述规定是在原有法规关于认定"上市公司控制权"的进一步延伸和完善。

2016年4月，ST狮头原控股股东狮头集团将持有的ST狮头22.94%股权出售给海融天和潞安工程，后者分别受让 11.7% 和 11.24% 股权。当时 ST 狮头明确表示，上述股份转让是公司本次重组的前提。6 月 8 日，公司收到国资委批复，同意上述协议转让，随后完成过户。对于本次重组，ST 狮头认定为重大资产重组，但否认借壳，除了置入总资产未及 100%"红线"，"无实际控制人"成为关键。公司称，股份转让后海融天和潞安工程均比例较为接近，均无法对公司形成控制，对比交易完成前后，公司股权结构未发生变化，公司仍然为无实际控制人，不会导致实际控制权发生变更。在重组新规发布后，深交所发出问询函质疑，置入资产的股东和股权受让人均属于同一控制方，规避重组上市认定标准迹象较为明显，并要求公司按照《上市公司重大资产重组管理办法》(征求意见稿)详细说明是否构成借壳上市。7 月 21 日 ST 狮头公告重组终止，终止原因归咎于证券市场环境、监管政策等客观情况变化，各方无法达成符合变化情况的交易方案[①]。

3. 增加对上市公司及原控股股东的合规性要求

重组新规第十三条第二款第（三）、（四）项增加了按重组上市报批时对上市公司及原控股股东的合规性要求，具体内容如下。

（1）上市公司及其最近 3 年内的控股股东、实际控制人不存在因涉嫌犯罪正被司法机关立案侦查或涉嫌违法违规正被中国证监会立案调查的情形，但是，涉嫌犯罪或违法违规的行为已经终止满 3 年，交易方案能够消除该行为可能造成的不良后果且不影响对相关行为人追究责任的除外。

（2）上市公司及其控股股东、实际控制人最近 12 个月内未受到证券交易所公开谴责，不存在其他重大失信行为。

上述规定无疑限制了在合规性上存在法律瑕疵的上市公司及原控股股东寻

---

① ST 狮头重组终止显露监管新红线. 证券时报. 转引自南方财富网. http://www.southmoney.com/dianping/201607/645386.html.

求重组上市的通路。

4. 取消重组上市的募集配套融资[①]

重组新规第四十四条第一款规定：上市公司发行股份购买资产的，除属于本办法第十三条第一款规定的交易情形外，可以同时募集部分配套资金，其定价方式按照现行相关规定办理。

据此，若上市公司发行股份购买资产的方案被认定构成"重组上市"，则不得募集配套资金。一方面，这一新规对重组方的自身实力提出了更高的要求，提高了重组上市的门槛，同时有助于避免重组方及其关联人通过配套融资进行利益输送。另一方面，由于对重组相关资金的需求仍然客观存在，前述对重组上市交易中的配套融资的限制也可能会刺激重组方对其他融资渠道（如债券、资管产品、定向权证或并购贷款等）的需求。

在该规定出台后，最受瞩目的便是海航基础的重组上市的募资方案是否合规。据此方案，海航基础将通过配套融资募集资金160亿元。证监会指出，2016年2月22日，海航基础召开股东大会并表决通过重组上市方案，6月7日，并购重组委通过了海航重组上市申请。随后的6月17日，证监会就《上市公司重大资产重组管理办法》征求意见，对新旧办法的过渡期作出安排，即修改后的重组办法发布生效时，重组上市方案已经通过股东大会表决的，原则上按照原规定进行披露、审核，其他的按照新规定执行[②]。

5. 延长股份锁定期

根据重组新规第四十六条第二款，若构成重组上市，上市公司原控股股东、原实际控制人及其控制的关联人以及在交易过程中从该等主体直接或间

[①] 2019年6月20日，证监会就修改《上市公司重大资产重组管理办法》向社会公开征求意见，其中计划恢复重组上市的配套融资。本书正式出版时，重组上市的募集配套融资就可能恢复了。

[②] 海航基础重组上市配套融资合规．信息时报．转引自凤凰资讯．http://news.ifeng.com/a/20160716/49363693_0.shtml.

接受让该上市公司股份的特定对象,需公开承诺交易完成后 36 个月内不转让股份;除收购人及关联人以外的特定对象(拟注入的资产中的其他股东),其以资产认购而取得的上市公司股份自股份发行结束之日起 24 个月内不得转让。

上述规定的主要目的是限制原控股股东、从原控股股东受让老股的新进股东通过重组上市进行短期套利变现退出,以及延长对资产注入方的机构投资人或其他股东的锁定期(之前通常为 12 个月),进而督促重组各相关方关注重组资产质量,形成新老股东相互约束的市场化机制。

通过这些措施,对于无实际业绩支撑、以炒概念为主的重组方而言,上述规定很可能会极大地提高其寻找上市公司壳标的难度以及相关方的博弈成本。

6. 增加对规避重组上市的追责条款

重组新规第五十三条第二款设置了一项对规避重组上市的追责条款:"未经中国证监会核准擅自实施本办法第十三条第一款规定的重大资产重组,或者规避本办法第十三条规定,交易尚未完成的,中国证监会责令上市公司补充披露相关信息、暂停交易并按照本办法第十三条的规定报送申请文件;交易已经完成的,可以处以警告、罚款,并对有关责任人员采取市场禁入的措施。构成犯罪的,依法移送司法机关。"

该新增条款强化了对相关主体的追责力度,有助于各方以更加严格的合规标准慎重推进重组交易。

8.3.4 重大资产重组的解决方案[①]

上市公司重大资产重组的监管呈趋严的态势,证监会对于打击虚假重组的态度十分坚定。在严格遵守监管条例的情况下,不少上市公司积极研究新的

---

① 方申奥. 2018 年上市公司并购重组案例分析. 小兵研究. 转引自搜狐网. http://www.sohu.com/a/288466294_482481.

解决方案，结合资本市场上已有的案例，可以将其总结为了以下四个方面的应对策略。

1. 小额快速

上市公司发行股份购买资产，不构成重大资产重组，且满足下列情形之一的，即可适用"小额快速"审核，证监会受理后直接交并购重组委审议（可不用再预审）：①最近12个月内累计交易金额不超过5亿元；②最近12个月内累计发行的股份不超过本次交易前上市公司总股本的5%且最近12个月内累计交易金额不超过10亿元。

"累计交易金额"是指以发行股份方式购买资产的交易金额；"累计发行的股份"是指用于购买资产而发行的股份。适用"小额快速"审核的发行股份购买资产行为，无须纳入累计计算的范围。有下列情形之一的，不适用"小额快速"审核：①募集配套资金用于支付本次交易现金对价的，或募集配套资金金额超过5 000万元的；②按照"分道制"分类结果属于审慎审核类别的。

适用"小额快速"审核的，独立财务顾问应当对以上情况进行核查并发表明确意见。

2018年9月11日，拓尔思披露的交易方案修订稿显示，拓尔思拟通过发行股份的方式购买广州科韵大数据技术有限公司（以下简称"科韵大数据"）35.43%股权，交易作价6 378.26万元。并拟通过询价方式向不超过5名特定对象非公开发行股份募集配套资金不超过6 378.26万元。10月8日晚间，证监会官网发布了关于并购重组"小额快速"审核适用情形。推出该审核机制10日后，拓尔思成为首例符合该条件的并购重组项目过会。针对不构成重大资产重组的小额交易，直接由上市公司并购重组审核委员会审议，简化了行政许可，压缩了审核时间，进一步激发了市场活力①。

2. 定向可转债

在没有定向可转债之前，上市公司并购的支付手段便是"股份""现金"和"股份+现金"。

由于前些年市场估值普遍偏高，所以股份支付比起现金支付来说，有可能获得更大的收益，所以并购双方都比较容易接受。但是从2017年开始，A股进入估值下降通道，这种情况导致：①上市公司发行股份购买资产的意愿下降，因为上市公司可能认为股价偏低；②交易对方接受股份支付的意愿下降，因为有可能并购完成后股价低于发行股份购买资产的股份支付价格。股份支付不再受到欢迎。

与此同时，再融资新规未能放开定向增发20%的限制，加之减持新规和股票质押新规限制了上市公司大股东的融资能力，上市公司获得现金的难度较之前有所提高，整体的市场流动性偏紧，现金支付也颇有难度。

在股份与现金支付都受到限制的情况下，转而使用可转债支付是十分合适的。可转换债券有利于增加并购交易谈判弹性，为交易提供更为灵活的利益博弈机制，同时也有利于有效缓解上市公司现金压力及大股东股权稀释风险，丰富并购重组融资渠道。

2018年12月中国动力披露的重组预案显示，公司在资产收购和配套募资两个环节同时引入定向可转债这一支付工具。该方案主要包含三大要点：国企发行定向可转债购买资产、发行定向可转债募集资金和打破了发行可转债对净资产收益率6%要求的限制。

中国动力最近三年的净资产收益率（ROE）平均为5.82%，低于6%，因

---

① 仅用29天拓尔思成功过会 成小额快速审核首单. 新浪财经综合. http://finance.sina.com.cn/stock/s/2018-10-19/doc-ifxeuwws5778717.shtml.

此不符合公开发行可转债的要求。中国动力成功过会，意味着定向可转债没有 ROE 的限制。定向可转债在并购重组方案中仅仅是作为配套融资的工具出现，成为新的再融资通道，2018 年以来，监管层历次强调的都是定向可转债作为并购重组支付工具的属性。

3. 发行价格的调整机制

上市公司发行股份购买资产的，可以按照《上市公司重大资产重组管理办法》第四十五条的规定设置发行价格调整机制，保护上市公司股东利益。2018 年，二级市场低迷导致的股票价格下行使得许多并购重组方案价格倒挂频现，导致部分上市公司并购重组的推进出现一定困难。因此若不设置发行价格调整条款，则上市公司及交易对方将陷入进退两难之境。

在该规定推出之后，2018 年 12 月 28 日，中国动力披露的《发行普通股和可转换公司债券及支付现金购买资产并募集配套资金暨关联交易预案》中设置了"普通股发行价格及可转换公司债券初始转股价格调整机制"，中国动力审议本次交易的第一次董事会决议公告日至中国证监会核准本次交易前，出现下跌幅度过大的情形时，上市公司董事会有权在上市公司股东大会审议通过本次交易后召开会议审议是否对普通股发行价格及可转换公司债券初始转股价格进行一次调整。

4. 业绩承诺的重要性

业绩承诺与补偿，是指在上市公司重大资产重组过程中，被收购标的资产的股东对未来一段时间内的经营业绩作出预测，并承诺如果标的资产在承诺期届满实际经营业绩没有达到预测目标，将向上市公司承担补偿责任。

根据重组新规第三十五条的规定，重大资产重组在同时满足以下两个条件时，标的公司的股东应当进行业绩承诺。一是上市公司向控股股东、实际控制人、控制的关联人购买资产，或者购买资产导致控制权发生变更；二是采用收益现值法、假设开发法等基于未来收益预期的方法对拟购买标的资产进行评估并作为定价参考依据。其他情形并未强制规定进行业绩承诺，但上市公司与交易对方可以根据市场化原则，自主协商是否采取业绩承诺与补偿协议。

2018 年 10 月，证监会官网披露了不予核准中粮地产与大悦城地产重组事项的决定，并指出，主要原因是交易标的资产定价的公允性缺乏合理依据，不符合相关规定。中粮地产并没有轻易言弃，而是于 11 月发布公告称，公司拟以非公开发行股份的方式向明毅有限公司购买其持有的大悦城地产有限公司 91.34 亿股普通股股份并募集配套资金。最后凭借这份业绩承诺与补偿，成功拯救了中粮地产该起百亿并购①。

综上，重大资产重组是上市公司并购重组法规体系中的重要监管部分，证监会对此提出了较高的要求。上市公司在遵守相关监管条例的前提下，熟稔重大资产重组的相关规则，有利于推动并购交易的顺利完成。

8.4 借壳上市

借壳上市是指在取得上市公司控制权的一段时间内，或者在取得上市公司控制权的同时，将自己拥有的资产转变为上市公司拥有资产的行为。借壳上市最初只是一种通俗的说法，所谓"壳"即"壳公司"，也称为壳资源，指的是具有上市公司资格，但经营状况差准备成为其他公司收购对象，注入资产的公司。那么为什么要借壳呢？因为中国目前的上市制度是保荐制，IPO 上市是要排队的，可能一排就是好几年；而且还会有各种严格的审查。很多公司

---

① 张志峰. 中粮地产继续重组大悦城：交易价格不变 增加业绩承诺. http://news.leju.com/2018-11-17/6469353435589558253.shtml.

想上市,"借壳"就成了捷径。

8.4.1 借壳上市需要符合的条件

借壳上市本质上是一种上市公司重大资产购买、出售或置换的行为,符合法律上规定的重大资产重组的标准,属于特殊类型的资产重组。故而借壳上市有着较为严苛的标准,如表8-4所示。

表8-4 借壳上市需要符合的条件[①]

符合重大资产重组条件	①上市公司重大资产重组要求符合国家产业政策和有关环境保护、土地管理、反垄断等法律和行政法规的规定。 ②要求所涉及的资产定价公允。 ③权属清晰,资产过户或者转移不存在法律障碍,相关债权债务处理合法。 ④要求有利于上市公司增强持续经营能力。 ⑤有利于上市公司形成或者保持健全有效的法人治理结构。 ⑥有利于上市公司保持独立,符合证监会关于上市公司独立性的相关规定
涉及上市公司发行股份的,须符合发行股份购买资产的条件	①财务、持续盈利、独立有利于提高上市公司资产质量、改善财务状况和增强持续盈利能力;有利于上市公司减少关联交易、避免同业竞争,增强独立性。 ②标准审计报告上市公司最近一年及一期财务会计报告被注册会计师出具无保留意见审计报告;被出具保留意见、否定意见或者无法表示意见的审计报告的,须经注册会计师专项核查确认,该保留意见、否定意见或者无法表示意见所涉及事项的重大影响已经消除或者将通过本次交易予以消除。 ③合法经营。上市公司及现任董事、高级管理人员不存在因涉嫌犯罪正被司法机关立案侦查或涉嫌违法违规正被证监会立案调查的情形;涉嫌犯罪或违法违规的行为已经终止满3年,交易方案有助于消除该行为可能造成的不良后果,且不影响对相关行为人追究责任的除外。 ④资产权属上市公司发行股份所购买的资产,应当为权属清晰的经营性资产,并能在约定期限内办理完毕权属转移手续。与一般的重大资产重组不同的是,上市公司发行股份购买资产要求相关资产为权属清晰的经营性资产,经营性资产将债务资产排除在发行股份购买资产的范围之外。 ⑤中国证监会规定的其他条件。主要包括《上市公司证券发行管理办法》规定的相关条件

---

① 中伦文德律师事务所.公司并购:实务操作与法律风险防控[M].北京:中国法制出版社,2017:343-345.

续表

经营实体+经营时间（借壳独有）	经营实体：上市公司购买的资产对应的经营实体应当是有限责任公司或股份有限公司，持续经营时间应当在3年以上（但经国务院批准的除外）；该经营实体3年内实际控制人和董事、高级管理人员未发生重大变化、主营业务未发生变更。有限责任公司按原账面净资产值折股整体变更为股份有限公司的，持续经营时间可以从有限责任公司成立之日起计算。 计算：①执行累计首次原则；②执行预期合并原则，即收购方申报重大资产重组方案时，如存在同业竞争和非正常关联交易，则对于收购方涉及未来向上市公司注入解决同业竞争和关联交易问题所制订的承诺方案，涉及未来向上市公司注入资产的，也将合并计算。 多个主体：经营实体可以涉及多个主体，则其分别对应的经营实体均要求持续经营时间在3年以上（计算时点截至上市公司首次召开董事会审议借壳上市事项这一时点）。 上市公司购买的资产属于金融、创业投资等特定行业的，由中国证监会另行规定
须符合首发上市规定的发行条件	证监会按照《上市公司重大资产重组管理办法》审核借壳重组，同时要求借壳上市须符合《首次公开发行股票并上市管理办法》规定的其他发行条件。 重点关注借壳上市经营实体的主体资格、独立性、规范运行情况、募集资金运用情况。借壳完成后上市公司应具有持续经营能力，符合证监会有关治理与规范运作的相关规定，在业务、资产、财务、人员、机构等方面独立于控股股东、实际控制人及其控制的其他企业，与控股股东、实际控制人及其控制的其他企业间是否存在同业竞争或者显失公平的关联交易
创业板公司不得借壳上市从禁止到有条件允许	现行《上市公司重大资产重组管理办法》强调创业板上市公司不得借壳。2019年6月20日，证监会就修改《上市公司重大资产重组管理办法》向社会公开征求意见，其中计划有条件放开创业板的借壳上市："经研究，为支持科技创新企业发展，本次修改参考创业板开板时的产业定位，允许符合国家战略的高新技术产业和战略性新兴产业相关资产在创业板重组上市。同时明确，非前述资产不得在创业板重组上市。"

8.4.2 借壳上市的具体实施方案

借壳上市主要涉及资产出售（资产置换）、发行股份购买资产两个步骤，大多情况下，需要将上市公司剥离成净壳即上市公司将全部资产和负债整体出售，由实际控制人或大股东承接上市公司的全部资产和负债并负责安置上市公司全部职工。

综合近几年上市公司借壳上市案例，目前采取较多的方式有表8-5所示的五种类型。

表 8-5　借壳上市的五种方案类型[①]

方案	具体内容	常见的辅助交易
股权转让 + 资产置换	①壳公司原控股股东将所持有的壳公司股份通过股权转让协议方式协议转让给拟借壳上市企业，后者以现金作为对价收购该部分股份。 ②借壳方完成对上市壳公司的控股后，与上市壳公司进行资产置换，收购其原有业务及资产，同时将拟上市的业务及资产注入上市公司，作为收购其原有资产的对价	注入资产的评估值高于置出资产，差额部分作为上市公司对大股东的免息债务，无偿使用若干年
股权转让 + 增发换股	①壳公司原控股股东将所持有的壳公司股份通过股权转让协议方式协议转让给拟借壳上市企业，后者以现金作为对价收购该部分股份。 ②借壳方完成对上市壳公司的控股后，由上市壳公司向拟借壳上市企业的全体股东或控股股东定向增发新股，收购其持有的拟借壳上市企业股权。 ③上市壳公司向其原控股股东出售其原有的业务及资产，后者以现金为对价收购该部分资产	增发新股收购拟借壳企业股权时，属于换股合并的，须给予反对本次交易的上市壳公司流通股股东现金选择权
股份回购 + 增发换股	①壳公司向原控股股东出售全部业务及资产，同时回购并注销原控股股东所持有的上市壳公司股份；原控股股东所持壳公司股份不足以支付壳公司原有业务及资产的，以现金补足。 ②上市壳公司向拟借壳上市企业的全体（或控股）股东定向增发新股，收购其持有的拟借壳上市企业股权；增发换股后，拟借壳上市企业的控股股东成为上市壳公司的新控股股东	为了补偿上市壳公司原流通股股东的流动性溢价，有时会在借壳完成后由拟借壳企业股东或上市壳公司对其按一定比例进行送股
资产置换 + 增发换股	①上市壳公司将全部业务和资产转让给拟借壳企业的控股股东，并同时向其增发新股，换取其所持有的拟上市企业股份。 ②拟借壳企业控股股东取得壳公司的原有业务和资产后将其转让给壳公司原大股东，以换取后者所持有的壳公司股份，双方差额部分以现金补足	与方案三一样，为了补偿上市壳公司原流通股股东的流动性溢价，有时会在借壳完成后由拟借壳企业股东或上市壳公司对其按一定比例进行送股

---

① 刁茹楠. 借壳上市模式研究 [D]. 哈尔滨：哈尔滨商业大学，2017；史上最全借壳上市资料．中国投行俱乐部．http://www.sohu.com/a/280665635_712322．

续表

方案	具体内容	常见的辅助交易
资产出售+增发换股	①上市壳公司将原有的全部业务及资产出售给其控股股东，后者以现金为对价收购这些资产。②上市壳公司向拟借壳上市企业的全体（或控股）股东定向增发新股，收购其持有的拟借壳上市企业股权	为确保上市壳公司小股东的利益，壳公司原控股股东收购壳公司原有业务及资产时通常会支付比较高的对价，作为补偿，接受定向增发的拟借壳企业股东在借壳完成后会向壳公司原股东支付一笔额外的现金

为了帮助理解，我们对表 8-5 所示的 5 种借壳模式分别以案例及示意图进行说明。

图 8-5 所示的是"股权转让 + 资产置换"借壳模式，浙江国资旗下的浙江省建设投资集团股份有限公司（以下简称"浙建集团"）借壳国内知名家纺企业多喜爱公司上市便属于这种模式。根据多喜爱披露的重组草案可知，交易分为 3 步进行①。

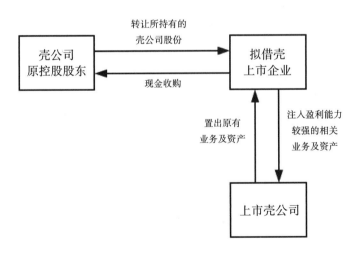

图 8-5 "股权转让 + 资产置换"借壳模式②

---

① 多喜爱实控人清仓离场　浙建集团有望借壳上市．同花顺财经．https://baijiahao.baidu.com/s?id=1629566144485210671&wfr=spider&for=pc．

② 史上最全借壳上市资料．中国投行俱乐部．http://www.sohu.com/a/280665635_712322．

第一步，浙建集团或其控股股东受让多喜爱实际控制人合计持有的上市公司 29.83% 股份。

第二步，上市公司将其除保留资产以外的全部资产及负债置出，浙建集团全体股东将浙建集团 100% 股份置入上市公司，置出资产与置入资产的对价可以以资产置换、发行股份等方式支付。

第三步，多喜爱实际控制人持有的剩余股份由浙建集团或其控股股东以现金或置出资产为对价进行支付或以上市公司定向减资的方式退出。

本次交易完成后，浙建集团将实现重组上市；而多喜爱实际控制人陈军、黄娅妮将借此实现完全退出。

图 8-6 所示的是"股权转让＋增发换股"借壳模式，中南地产借壳大连金牛采用的就是这种模式，交易分三步进行①。

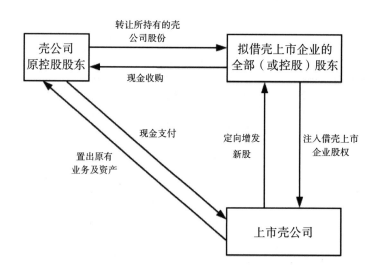

图 8-6 "股权转让＋增发换股"借壳模式②

---

① 中南地产借壳大连金牛"三步走". 搜狐财经. http://business.sohu.com/20080707/n257989766.shtml.
② 史上最全借壳上市资料. 中国投行俱乐部. http://www.sohu.com/a/280665635_712322.

第一步，股权协议转让。东北特钢以协议方式将持有的大连金牛 9 000 万股转让给中南房地产，转让价格为 9.489 元 / 股，转让总金额为 8.540 1 亿元。

第二步，向特定对象发行股份购买资产。大连金牛向中南房地产、陈琳非公开发行总计 542 377 906 股人民币普通股，发行价格为 7.82 元 / 股。用以收购其持有的南通新世界100% 股权、常熟中南100% 股权、青岛海湾100% 股权、海门中南 100% 股权、文昌中南 100% 股权、中南镇江 100% 股权、南京常锦 100% 股权、南通华城 100% 股权、南通物业 80% 股权、南通总承包 97.36% 股权及陈琳持有的南通总承包 2.64% 股权。

第三步，置出原有资产。大连金牛拟将交割日的大连金牛全部资产及负债、业务及附着于上述资产、业务或与上述资产、业务有关的一切权利和义务出售给东北特钢。

图 8-7 所示的是"股份回购 + 增发换股"借壳模式，长江证券借壳 S 石炼化采用的就是这种模式，交易分两步进行①。

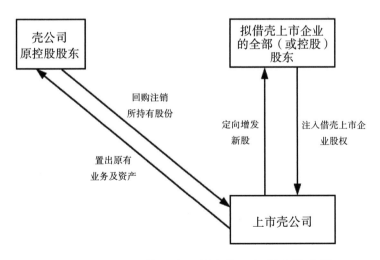

图 8-7 "股份回购 + 增发换股"借壳模式②

---

① 借壳上市案例. 壳公思. https://www.kegongsi.com/columnDetail/1290.html.
② 史上最全借壳上市资料. 中国投行俱乐部. http://www.sohu.com/a/280665635_712322.

第一步，S 石炼化第一大股东中国石化以承担壳公司全部负债的形式，购买石炼化全部资产；同时，S 石炼化以 1 元人民币现金回购并注销中国石化持有的 79.73% 的股票。

第二步，S 石炼化以新增股份 14.408 亿股的方式吸收合并长江证券，占合并后公司股本的 86.03%，由长江证券股东按照其各自股份比例分享；增发后长江证券控股股东成为上市壳公司 S 石炼化的新控股股东。

图 8-8 所示的是"资产置换 + 增发换股"借壳模式，国金证券借壳 S 城建投采用的就是这种模式，交易分三步进行①。

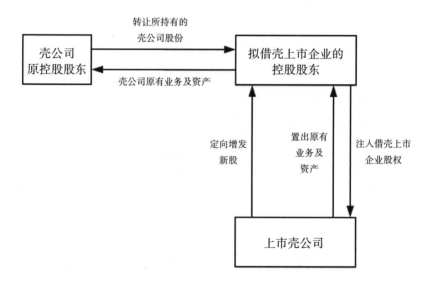

图 8-8 "资产置换 + 增发换股"借壳模式②

第一步，国金证券第一大股东以股权置换资产的方式控股 S 成建投：S 成建投以全部资产和负债与九芝堂集团、湖南涌金和舒卡股份持有的国金证券合计 51.76% 的股权进行置换，按照交易价格，51.76% 的国金证券股权存在溢价，

---

① 券商借壳上市案例汇总及方案分析. 中小企业合作发展促进中心. http://www.smec.org.cn/?info-2409-1.html.
② 史上最全借壳上市资料. 中国投行俱乐部. http://www.sohu.com/a/280665635_712322.

这部分置换差价由成都建投向交易对方发行不超过 7 500 万股新股作为支付对价，每股发行价格为 6.44 元。其中，国金证券第一大股东九芝堂集团，代表资产置入方单方面以其持有的国金证券股权置换出成都建投全部资产及负债。

第二步，国金证券第一大股东以资产和现金的方式收购 S 成建投第一大股东的股份：九芝堂集团以所得的置出资产及 1 000 万元的现金支付给成都市国资委，作为收购其所持成都建投 47.17% 的国有股权的对价，成都市国资委指定锦城投资接收置出资产。资产置换工作完成后，成都建投持有国金证券 51.76% 股权。

第三步，股改完成后一段时期内，S 成建投吸收合并国金证券：九芝堂集团承诺，在本次股权分置改革成功完成后，自政策法规允许成都建投申请发行新股（或可转换公司债券）之日起 18 个月内，由九芝堂集团负责协调成都建投或国金证券其他股东，通过整体收购或吸收合并方式实现国金证券整体上市。

图 8-9 所示的是"资产出售 + 增发换股"借壳模式，海通证券借壳股市股份采用的就是这种模式，交易分两步进行①。

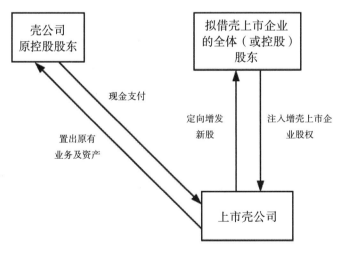

图 8-9 "资产出售 + 增发换股"借壳模式 ②

---

① 海通证券换壳记 . 金融界 . http://stock.jrj.com.cn/2007-06-25/000002358629.shtml.
② 史上最全借壳上市资料 . 中国投行俱乐部 . http://www.sohu.com/a/280665635_712322.

第一步，都市股份向第一大股东——光明食品（集团）有限公司出（以下简称"光明公司"）出售资产，腾出净壳；都市股份向光明公司转让全部资产、负债和人员，转让价款为 75 600 万元。

第二步，都市股份以新增股份换股吸收合并海通证券，海通证券的换股价格为人民币 2.01 元/股；公司的换股价格以 2006 年 10 月 13 日的收盘价为基准确定为人民币 5.8 元/股，由此确定海通证券与公司的换股比例为 1：0.347，即每 1 股海通证券股份换 0.347 股本公司股份。海通证券在本次合并前的总股本约为 87.34 亿股，换为都市股份 30.31 亿股，合并完成后都市股份总股本将增加至约 33.89 亿股。同时赋予都市股份除光明集团之外的所有股东现金选择权，具有现金选择权的股东可以全部或部分行使现金选择权，行使选择权的股份将按照人民币 5.8 元/股换取现金，相应的股份过户给第三方光明集团下属全资子公司上海市农工商投资公司。合并生效后，都市股份相应修改章程、变更住所、变更经营范围及更名为"海通证券股份有限公司"。

8.4.3 借壳上市的基本流程

"把冰箱门打开，把大象装进去"，这个说法虽然带有戏剧性，却是道出了借壳上市的精髓。冰箱就好比是上市公司壳，打开冰箱门就像获得登堂入市的门票。大象就是借壳方的资产，买壳后，再把资产装进上市公司体内，再将壳的资产进行剥离、置换。最终，彻底实现改头换面。

进行借壳的操作步骤并不复杂。首先选择壳公司；接着对壳公司股东结构进行分析，制订股权收购方案；其次借壳方重组董事会，进行"清壳"操作；最后向壳公司注入优质资产即可完成借壳上市。

借壳上市的基本流程如表 8-6 所示。

表 8-6 借壳上市的流程[①]

准备阶段	①拟定收购上市公司（壳公司）标准，初选壳对象； ②聘请中介机构，签署保密协议； ③就上市公司收购、重组、借壳等事宜进行商谈，就借壳方案、重大法律问题沟通后达成原则性意向； ④对拟置入资产进行初步审计，取得初审的财务报表及简单附注； ⑤对收购方拟置入资产、上市公司拟置出资产预评估； ⑥律师对上市公司、收购方、拟置入资产标的公司进行尽职调查； ⑦确定收购及资产出售（置换）最终方案
履行证监会审批	①收购方完成内部决策流程（董事会决议、股东会决议等）； ②涉及国有资产的，履行国资报批程序； ③签署《发行股份购买资产协议》《资产出售协议》等相关交易协议； ④各中介机构完成预案阶段工作，并将相关文件上报交易所进行沟通； ⑤上市公司召开第一次董事会，通过预案并公告相关文件：预案、协议文件、董事会决议、独立财务顾问核查意见、独立董事意见等； ⑥针对交易所反馈意见进行回复； ⑦中介机构完成重大资产重组草案阶段工作，会计师出具审计报告、盈利预测审核（如有）、内控鉴证、备考报告审核，评估师完成评估工作，律师完成法律意见书、交易的法律文本； ⑧上市公司召开第二次董事会，通过草案，并发出股东大会通知，公告相关文件； ⑨上市公司召开股东大会； ⑩上报证监会审核； ⑪证监会初审反馈意见，开始回复证监会反馈意见工作； ⑫重组委审核重大资产重组，出具核准文件
收购、发行股份等实施阶段	①资产过户； ②财务顾问持续督导自证监会核准之日起不少于 3 个会计年度，并在各年年报披露之日起 15 日内出具持续督导意见并公告； ③申请发行新股或证券； ④改组上市公司董事会、监事会、高级管理人员； ⑤独立财务顾问持续督导

8.4.4 借壳上市与 IPO 的对比

资本市场有两种方法实现上市，第一种是首次公开发行股票并上市即

[①] 中伦文德律师事务所. 公司并购实务操作与法律风险防控 [M]. 北京：中国法制出版社，2017：346–350.

IPO；第二种就是借壳上市。作为通过并购达到上市目的的借壳方式来说，在法律规定上与 IPO 有哪些区别呢？如表 8-7 所示，我们对其进行了一个对比归纳。

表 8-7 IPO 与借壳上市的对比[①]

项目	IPO	借壳上市
概念	IPO 是 initial public offering 的简称，即首次公开发行股票，国内企业上市普遍采用这种方式。IPO 是公司实现多渠道融资的一种手段，公司通过 IPO 可以一次性地获得股权性资金以支持企业的发展	借壳上市就是指定向增发的发行对象（收购方）通过用其资产认购发行方（目标公司）新发行股份向目标公司注入资产并获得控股权，实现收购方的借壳上市。借壳上市的关键在于保证壳资源的优良、定向发行价格的合理确定、对流通股东的合理对价等问题
发行审核	证监会发审委审核，排队企业较多，审核时间长，审核标准严格	证监会重组委员会审核，审核程序简单，审核时间短，审核标准较宽松
适用范围	绝大部分企业都适合采取 IPO 路径上市，但是对财务状况、公司治理、历史沿革等问题要求很高	IPO 受限企业主要选择借壳上市，主要为房地产企业和证券公司。前者受国家宏观调控政策影响，后者因为盈利能力波动太大而导致不能符合连续 3 年盈利的基本要求
主要材料	招股说明书和保荐报告书	发行股份购买资产报告书和独立财务顾问报告
保荐人签字	需要两名保荐人签字	不需要保荐代表人签字
融资效果	公司增量发行的 25% 的股份可以帮助企业一次性募集到大量资金，而这部分资金的成本就是公司增量发行的股份，成本较低	借壳上市本身并不能为企业带来大量资金，相反，还可能需要支付一定的买壳费用。公司借壳上市之后需要在一段时间之后才能实施再融资，以满足企业对资金的需求

[①] 中伦文德律师事务所. 公司并购实务操作与法律风险防控 [M]. 北京：中国法制出版社，2017：351-352；IPO 与上市公司的区别. 壳公思. https://www.kegongsi.com/columnDetail/1173.html.

续表

项目	IPO	借壳上市
是否受二级市场影响	现在的发行制度是市场化并不完全的发行制度，发行价格根据公司每股收益和发行市盈率乘积得来，承销方式采取承销机构余额报销的方式，所以发行基本不会受到二级市场股价波动影响。当然，因为股市剧烈波动导致 IPO 暂停属于特例	受二级市场影响较大。在大熊市下，定向增发发行价格和股票市价的倒挂几乎成了普遍现象，并且大家的预期是股价会持续下跌，因此根据董事会决议前 20 个交易日确定的发行价格显得更加不靠谱，这就会导致定向增发发行难的怪状
发行不确定性	只要通过发审委审核，至今不存在不能发行的情况	定向增发的发行不仅需要重组委审核，在股东大会通过时还要充分考虑流通股股东的利益，因为他们的意见对于决议是否通过也十分关键。另外，定向增发一般都会涉及关联交易，根据法律规定，表决时关联股东需要回避，那么流通股股东的意见就更加需要重视，已经存在 50 万股小股东否决上市公司议案的先例
上市时间	一般需要 1 年半至 2 年的时间，复杂的企业需要 3 年的时间，另外，时间跟证监会审核速度也有直接关系	一般需要 1 年至 1 年半的时间，重组委审核一般较快
上市费用	一般按照募集资金额的一定比例来计算。费用包括律师费用、会计师费用和支付券商费用，一般为募集资金额的 5% 左右，费用大部分在上市之后支付	首先公司需要支付给壳公司大股东一定的对价，作为对其出让控股的补偿，也就是买壳费用，一般是 5 000 万元至 1 亿元
风险问题	审核风险及发行之后股票价格迅速下跌的风险	壳资源本身的质量，如或有负债：担保和诉讼、仲裁及税务纠纷等，可能会对公司上市之后产生潜在威胁
股份锁定	一般 12 个月，控股股东或实际控制人 36 个月	重组新规第 43 条，一般情况下锁定 12 个月，下列情况 36 个月：控股股东、实际控制人或者其控制的关联人通过认购本次发行的股份取得上市公司的实际控制权；对其用于认购股份的资产持续拥有权益的时间不足 12 个月

通过对比，不难发现，借壳上市相较于 IPO 的最大优势在于时间短、效

率高、流程快。许多企业之所以选择借壳上市，就是因为 IPO 排队上市时间长。但是其缺点也十分明显，借壳上市的成本相对来说比较高，标的公司股东的比例会被稀释。

注册制的实施，将会对壳价值造成较大影响。但是，从目前的信息看，即使推行注册制，A 股的审核标准、上市条件也不会降低，许多无法正常 IPO 的公司还是需要通过借壳上市。

8.5 国有资产并购

目前国有资产并购涉及两个方面：一是国有资产作为标的被收购，需要按企业国有产权转让管理的有关规定进行内部审议及外部审批程序；二是国有资产作为收购方，主要履行内部的审议流程即可。在本节我们主要讨论的是第一种情况，介绍国有资产并购的内外部审批流程，并提示其中需要防控的风险。

8.5.1 国有资产并购的基本流程

国有资产并购的流程与其他并购最大的不同在于产权转让中对国有资产的监管，以防止国有资产流失。我们对国有资产并购流程的描述也将围绕着这一关键点展开。

1. 方案制订

如表 8-8 所示，从最初的方案制订开始，国有资产并购就需要通过两个前置程序，即国企的内部决策以及国有资产监督管理机构的审核。

表 8-8　国有资产并购方案的制订与审批[①]

相关法律法规	审批机构
《中华人民共和国企业国有资产法》《企业国有资产监督管理暂行条例》《企业国有产权转让管理暂行办法》《国务院国有资产监督管理委员会、财政部关于企业国有产权转让有关事项的通知》	①国有企业内部决策 ②国有资产监督管理机构

一般来说，方案的主体部分应该包含表 8-9 所示的内容。

表 8-9　国有资产并购方案的内容[②]

转让标的的企业国有产权的基本情况	生产经营情况	主营业务及产品、市场竞争、行业地位、盈利水平等
	资产构成及主要财务指标	可以通过资产负债表、损益表、现金流量表等予以体现 对于土地、房屋、主要设备等重要财产应根据需要详细描述（包括资产评估情况）；主要财务指标方面可以结合实际需要对偿债能力指标（资产负债率、流动比率、速动比率）、营运能力指标（应收账款周转率、存货周转率）、盈利能力指标（资本金利润率、销售利润率、成本费用利润率）等进行适当分析
	技术情况	企业掌握的核心技术，应就其内容与形式（配方、工艺等）、技术优势及可持续性、知识产权保护情况、可控程度、可持续性等方面内容进行描述
转让的合理性论证		①企业国有产权转让的原因； ②可以考虑的企业国有产权转让方案及可行性分析、比较； ③首选方案的优势及对企业发展或国有产权价值实现的作用； ④受让方条件的设置及理由
职工安置方案	基本情况	包括职工人数、男女比例、年龄分段、离退休人员情况、安置意见及方案等方面内容
	劳动关系的调整	国有资产并购方案中涉及国有企业改制的，需结合改制后是否仍为国有绝对控股企业与职工重新签订劳动合同，符合签订无固定期限劳动合同或支付经济补偿金条件的应依法履行相应义务，安置方案中对此应予以考虑

---

① 中伦文德律师事务所. 公司并购实务操作与法律风险防控 [M]. 北京：中国法制出版社，2017：404.
② 中伦文德律师事务所. 公司并购实务操作与法律风险防控 [M]. 北京：中国法制出版社，2017：383–386.

续表

职工安置方案	职工安置费	国有资产并购方案中涉及国有企业改制为国有股不绝对控股或参股的，应向解除原劳动合同选择自谋职业的职工支付一次性的安置费，安置方案中对职工安置费的计算、资金来源、支付方式等予以考虑
	特殊人员安置	对于国有企业的内部退养人员、工伤或职业病患者、精简下放人员、职工遗属人员、离退休人员等特殊人员的安置亦应在安置方案中予以考虑
	债务处理	包括对于历史遗留的拖欠工资、医药费等债务情况及偿还计划，以及职工社保接续手续的办理等方面内容
	职工意见	企业职工代表大会、工会、企业所在地人力资源和社会保障部门意见，应在提交国有资产监督管理机构批准决定的并购方案中应对此予以体现
债权债务处理方案	基本情况	对于转让标的国有企业的全部债权债务应当进行无遗漏的清理与核实，不得故意隐瞒。在可能的情况下建议与债权债务的相对方进行逐一核实
	债权处理方案	转让标的国有企业应与债务人协商还款安排并及时催收，对于不适宜并入国有资产并购方案的部分应当制订剥离方案，涉及担保的债权还应及时通知担保方
	债务处理方案	应充分考虑债务类型制订不同的落实解决办法，尽可能就债务处理与债权人达成书面协议。涉及担保的债务应按担保法、物权法等规定与债权人、担保方协商并制订合理方案。涉及金融机构债权的应及时进行协商并取得债权金融机构同意的相关处理协议或方案等书面文件
	保障清偿措施	对于前述处理方案的落实应考虑相应保障措施以确保得以执行
	公告与审批	债权债务的处理涉及公告、审批等的，在提交国有资产监督管理机构批准决定的并购方案中应对相关情况予以体现
并购收益处置		国有企业并购所产生的收益应当优先用于职工安置，方案应按此原则对企业国有产权转让等形成收益的用途及相关情况进行说明

2. 并购方案的内部审议

如图 8-10 所示，并购的方案首先要通过企业的内部审议，《企业国有产权转让管理暂行办法》第十一条规定："企业国有产权转让应当做好可行性研究，按照内部决策程序进行审议，并形成书面决议。国有独资企业[①]的产权转让，应当由总经理办公会议审议。国有独资公司的产权转让，应当由董事会审议；没有设立董事会的，由总经理办公会议审议。涉及职工合法权益的，应当听取转让标的企业职工代表大会的意见，对职工安置等事项应当经职工代表大会讨论通过。"

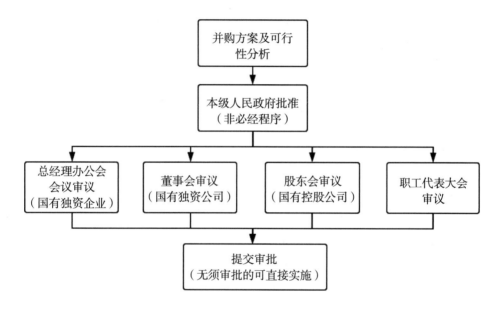

图 8-10　企业国有产权转让的内部决策程序[②]

《中共中央办公厅、国务院办公厅关于在国有企业、集体企业及其控股企业深入实行厂务公开制度的通知》中亦明确了"重大决策（包括企业中长期发展规划，投资和生产经营重大决策方案，企业改革、改制方案，兼并、破产方案，重大技术改造方案，职工裁员、分流、安置方案等重大事项）并提

---

① 国有独资企业遵循全民所有制企业法，以社会公共目标为主，经济目标居次。
② 中伦文德律师事务所. 公司并购实务操作与法律风险防控 [M]. 北京：中国法制出版社，2017：387.

交职工代表大会审议，未经职工代表大会审议的不应实施"的相关要求。

除此之外，对于国有独资企业、国有独资公司、国有资本控股公司的合并、分立、解散、申请破产以及法律、行政法规和本级人民政府规定应当由履行出资人职责的机构报经本级人民政府批准的重大事项，在内部决策程序之前还应当报请本级人民政府批准。

3. 并购方案的外部审批

在并购方案通过内部审议之后，还需要根据国资控股的情况，向有关的政府监管部门提请审批，具体的审批流程如图 8-11 所示。

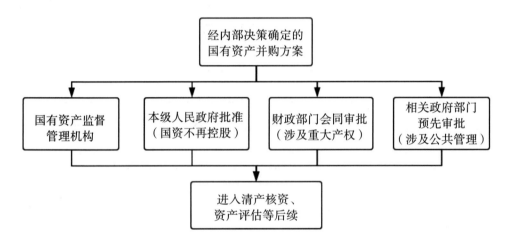

图 8-11　企业国有产权的外部审批流程[1]

涉及职工安置的需要向所在地人力资源和社会保障部门申请核准；涉及转让上市公司或非上市股份有限公司国有股权的应当按照国有资产监督管理机构以及证券监管管理机构的相关规定办理相应手续。

---

[1] 中伦文德律师事务所. 公司并购实务操作与法律风险防控 [M]. 北京：中国法制出版社，2017：391.

4. 产权交易所转让[1]

完成以上步骤后,国有资产并购将正式进入转让交易阶段,根据《中华人民共和国企业国有资产法》第五十四条的规定,除按照国家规定可以直接协

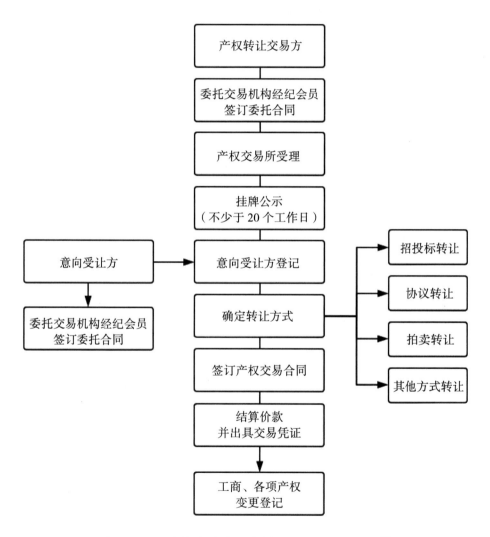

图 8-12 国有资产在产权交易所转让的一般流程[2]

---

[1] 中伦文德律师事务所. 公司并购实务操作与法律风险防控 [M]. 北京:中国法制出版社,2017:392-399.
[2] 中伦文德律师事务所. 公司并购实务操作与法律风险防控 [M]. 北京:中国法制出版社,2017:393.

议转让的以外，非上市国有资产转让应当在依法设立的产权交易所公开进行，上市股份的转让依照《中华人民共和国证券法》的规定进行。图 8-12 所示的就是非上市国有资产在产权交易所转让的一般流程。

8.5.2 国有资产的清产核资[①]

清产核资包括账务清理、资产清查、价值重估、损溢认定、资金核实和完善制度等内容，企业分立、合并、重组、改制、转让、撤销等涉及资产或产权结构重大变动情况的国有资产并购，应当依法进行清产核资并报国有资产监督管理机构批准。

1. 具体工作流程

表 8-10 所示的是国有企业清产核资的工作和报批流程。

表 8-10　清产核资的工作及报批流程[②]

环节	相关规定	具体内容
工作流程	《国有企业清产核资办法》第十五条	①企业提出申请； ②国有资产监督管理机构批复同意立项； ③企业制订工作实施方案，并组织账务清理、资产清查等工作； ④聘请社会中介机构对清产核资结果进行专项财务审计和对有关损溢提出鉴证证明； ⑤企业上报清产核资工作结果报告及社会中介机构专项审计报告； ⑥国有资产监督管理机构对资产损溢进行认定，对资金核实结果进行批复； ⑦企业根据清产核资资金核实结果批复调账； ⑧企业办理相关产权变更登记和工商变更登记； ⑨企业完善各项规章制度

---

① 中伦文德律师事务所. 公司并购实务操作与法律风险防控 [M]. 北京：中国法制出版社，2017：399–417.

② 中伦文德律师事务所. 公司并购实务操作与法律风险防控 [M]. 北京：中国法制出版社，2017：399–408.

续表

环节	相关规定	具体内容
立项申请和审批	《企业清产核资工作申请报告》	①企业情况简介； ②开展清产核资工作的原因； ③开展清产核资工作基准日（清查时点）； ④清产核资工作范围包括企业总部及所属全部的子企业； ⑤清产核资工作组织方式：需要指定内设的财务管理或资产管理等机构，或者成立多部门组成的临时机构作为具体工作办事机构，负责本企业清产核资有关工作的组织和协调，并与国有资产监督管理机构建立工作联系； ⑥需要说明的其他事项包括企业董事会或者股东会的相关决议等
中介机构的选择	《国有企业清产核资经济鉴证工作规则》	①依法成立，具有经济鉴证或者财务审计业务执业资格； ②3年内未因违法、违规执业受到有关监管机构处罚，机构内部执业质量控制管理制度健全； ③中介机构的资质条件与委托企业规模相适应； ④项目负责人应当为具有有效执业资格的注册会计师、注册评估师律师等； ⑤相关工作人员应当具有相应的专业技能，并且熟悉国家清产核资操作程序和资金核实政策规定
结果申报	国家有关清产核资政策规定	①企业清产核资基本情况简介； ②清产核资工作结果； ③对清产核资暴露出来的企业资产、财务管理中存在的问题、原因进行分析并提出改进措施等

2. 产权界定

产权界定是指国家依法划分财产所有权和经营权、使用权等产权归属，明确各类产权主体行使权利的财产范围及管理权限的一种法律行为。基于国有资产在其形成历史过程等方面的特殊性，国有资产并购交易清产核资工作中往往会发现产权归属不清、存在争议，以及与产权登记信息不一致的情况，所以熟知不同情况下的产权界定办法也是十分重要的。表8-11所示的是在不同所有制下国有产权的界定方法。

表 8-11　不同所有制下国有产权的界定方法 [1]

所有制	具 体 内 容
全民所有制企业	①有权代表国家投资的部门和机构以货币、实物和所有权属于国家的土地使用权、知识产权等向企业投资,形成的国家资本金。 ②全民所有制企业运用国家资本金及在经营中借入的资金等所形成的税后利润,经国家批准留给企业作为增加投资的部分以及从税后利润中提取台盈余公积金、公益金和未分配利润等。 ③以全民所有制企业和行政事业单位(以下统称"全民单位")担保,完全用国内外借入资金投资创办的或完全由其他单位借款创办的全民所有制企业,其收益积累的净资产。 ④全民所有制企业接受馈赠形成的资产。 ⑤在实行《企业财务通则》《企业会计准则》以前,全民所有制企业从留利中提取的职工福利基金、职工奖励基金和"两则"实行启用公益金购建的集体福利设施而相应增加的所有者权益。 ⑥全民所有制企业中党、团、工会组织等占用企业的财产,不包括以个人缴纳党费、团费、会费以及按国家规定由企业拨付的活动经费等结余购建的资产
集体所有制企业	①全民单位以货币、实物和所有权属于国家的土地使用权、知识产权等独资(包括几个全民单位合资,下同)创办的以集体所有制名义注册登记的企业单位,但依国家法律、法规规定或协议约定并经国有资产管理部门认定的属于无偿资助的除外。 ②全民单位用国有资产在非全民单位独资创办的集体企业中的投资,以及按照投资份额应取得的资产收益留给集体企业发展生产的资本金及其权益。 ③集体企业依据国家规定享受税前还贷形成的资产,其中属于国家税收应收未收的税款部分;集体企业依据国家规定享受减免税形成的资产,其中列为"国家扶持基金"等投资性的减免税部分;经国有资产管理部门会同有关部门核定数额后,继续留给集体企业使用,由国家收取资产占用费的,上述国有资产的增值部分由于历史原因无法核定的,可以不再追溯产权。 集体企业改组为股份制企业时,改组前税前还贷形成的资产中国家税收应收未收的税款部分和各种减免税形成的资产中列为"国家扶持基金"等投资性的减免税部分界定为国家股,其他减免税部分界定为企业资本公积金。 ④集体企业使用银行贷款、国家借款等借贷资金形成的资产,全民单位只提供担保的,不界定为国家资产,但履行了连带责任的,全民单位应予追索清偿或经协商转为投资。 ⑤供销、手工业、信用等合作社中由国家拨入的资本金(含资金或者实物)界定为国有资产,经国有资产管理部门会同有关部门核定数额后,继续留给合作社使用,由国家收取资产占用费。上述国有资产的增值部分由于历史原因无法核定的,可以不再追溯产权。 ⑥集体企业和合作社无偿占用国有土地的,应由国有资产管理部门会同土地管理部门核定其占用土地的面积和价值量,并依法收取土地占用费集体企业和合作社改组为股份制企业时,国有土地折价部分,形成的国家股份或其他所有者权益,界定为国家资产

---

[1] 中伦文德律师事务所.公司并购实务操作与法律风险防控[M].北京:中国法制出版社,2017:428–430.

续表

所有制	具体内容
中外合资、中外合作经营企业	①中方以国有资产出资投入的资本总额，包括现金、厂房建筑物、机器设备、场地使用权、无形资产等形成的资产。 ②企业注册资本增加，按双方协议，中方以分得利润向企业再投资或优先购买另一方股份的投资活动中所形成的资产。 ③可分配利润及从税后利润中提取的各项基金中中方按投资比例所占的相应份额，不包括已提取用于职工奖励、福利等分配给个人消费的基金。 ④中方职工的工资差额。 ⑤企业根据中国法律和有关规定按中方工资总额一定比例提取的中方职工的住房补贴基金。 ⑥企业清算或完全解散时，馈赠或无偿留给中方继续使用的各项资产
股份制企业、联营企业	①国家机关或其授权单位向股份制企业投资形成的股份，包括现有已投入企业的国有资产折成的股份，构成股份制企业中的国家股。 ②全民所有制企业向股份制企业投资形成的股份，构成国有法人股。 ③股份制企业公积金。 ④股份制企业未分配利润中，全民单位按照投资比例所占的相应股份

3. 产权登记

国有资产产权登记，是指国有资产监督管理部门代表政府对占有国有资产的各类企业的资产、负债、所有者权益等产权状况进行登记，依法确认产权归属关系的行为。企业发生国有资产产权登记相关经济行为时，应当自相关经济行为完成后20个工作日内，在办理工商登记前，申请办理国有资产产权登记；企业注销法人资格的，应当在办理工商注销登记后，及时办理注销产权登记。具体的操作流程如表8-12所示。

表 8-12 国有产权登记的具体操作方法 [1]

环节	具体内容
适用范围	根据《企业国有资产产权登记管理办法》和《国家出资企业产权登记管理暂行办法》等相关规定，下列企业应当依法办理国有资产产权登记：①国有企业；②国有独资公司；③设置国有股的公司；④国有企业、国有独资公司拥有实际控制权的境内外各级企业及其投资参股企业；⑤以其他形式占有国有资产的企业。 对于企业为了交易目的持有的下列股权不进行国有资产产权登记：①为了赚取差价从二级市场购入的上市公司股权；②为了两年以内出售而持有的其他股权。 企业产权归属关系不清楚或者发生产权纠纷的，可以申请暂缓办理国有资产产权登记，但应当在经批准的暂缓办理登记期限内，将产权界定清楚、产权纠纷处理完毕，并及时办理国有资产产权登记
产权的占有登记	出现以下情形之一的，应当办理企业国有资产产权的占有登记：①因投资、分立、合并而新设企业的；②因收购、投资入股而首次取得企业股权的；③其他应当办理占有产权登记的情形。 已取得法人资格的企业办理占有登记所需文件包括：①企业国有资产占有产权登记表；②批准设立企业的文件；③公司章程和《企业法人营业执照》副本复印件和最近一次的验资报告；④国有资产监督管理机构审核批复的或经注册会计师审计的企业上一年度财务会计报告；⑤出资人为企业法人单位的应该提交企业法人营业执照副本复印件，其中国有资本出资人还应当提交产权登记证；⑥产权登记机关要求的其他文件和资料。 未取得法人资格的企业办理占有登记所需文件包括：①企业国有资产占有产权登记表；②批准设立企业的文件；③公司章程和《企业名称预先核准通知书》；④出资人为企业法人单位的应该提交企业法人营业执照副本复印件、国有资产监督管理机构审核批复的或经注册会计师审计的企业上一年度财务会计报告，其中国有资本出资人还应当提交产权登记证；⑤经注册会计师审核的验资报告，其中以非货币性资产投资的还应当提交资产评估报告的核准或备案文件；⑥产权登记机关要求的其他文件和资料

---

[1] 中伦文德律师事务所. 公司并购实务操作与法律风险防控 [M]. 北京：中国法制出版社，2017：403-408.

续表

环节	具体内容
产权的变动登记	出现以下情况之一的，应当办理企业国有资产产权的变动登记：①履行出资人职责的机构和履行出资人职责的企业名称、持股比例改变的；②企业注册资本改变的；③企业名称改变的；④企业组织形式改变的；⑤企业注册地改变的；⑥企业主营业务改变的；⑦其他应当办理变动产权登记的情形。 企业办理变动登记所需文件包括：①企业国有资产产权登记证；②企业国有资产变动产权登记表；③批准产权变动行为的文件；④修改后的企业章程和《企业法人营业执照》副本复印件；⑤经注册会计师审计的产权变动时的验资报告，其中以非货币性资产投资的应当提交评估报告的核准文件或备案表；⑥企业国有资本出资人发生变动的，提交新加入的出资人的企业法人营业执照副本复印件，其中国有资本出资人还应当提交产权登记证；⑦通过产权交易机构转让国有资产产权的，提交产权交易机构出具的转让国有资产产权的交易凭证；⑧产权登记机关要求的其他文件和资料
产权的注销登记	出现以下情形之一的，应当办理企业国有资产产权的注销登记：①因解散、破产进行清算，并注销企业法人资格的；②因产权转让、减资、股权出资、出资人性质改变等导致企业出资人中不再存续履行出资人职责的机构和履行出资人职责的企业的；③其他应当办理注销产权登记的情形。 企业办理注销登记所需文件包括：①企业国有资产产权登记证；②企业国有资产注销产权登记表；③批准产权注销行为文件或法院宣告企业破产的裁决书；④企业清算报告或资产评估报告的核准文件或备案表；⑤产权登记机关要求的其他文件和资料

4. 评估与转让参考定价

为了避免"国有资产流失"，国有资产并购中最关键的步骤就在于对其进行合理的估值，国有资产评估的相关规定和工作程序具体如表8-13所示。

表 8-13 国有资产评估的相关规定和工作程序[1]

环节	相关法规	具体内容
适用范围	《企业国有资产评估管理暂行办法》	①整体或者部分改建为有限责任公司或者股份有限公司；②以非货币资产对外投资；③合并、分立、破产、解散；④非上市公司国有股东股权比例变动；⑤产权转让；⑥资产转让、置换；⑦整体资产或者部分资产租赁给非国有单位；⑧以非货币资产偿还债务；⑨资产涉讼；⑩收购非国有单位的资产；⑪接受非国有单位以非货币资产出资；⑫接受非国有单位以非货币资产抵债；⑬法律、行政法规规定的其他需要进行资产评估的事项。 占有国有资产的企业有下列行为之一的，可以作为例外而不进行资产评估：①经各级人民政府或其国有资产监督管理机构批准，对企业整体或者部分资产实施无偿划转；②国有独资企业与其下属独资企业（事业单位）之间或其下属独资企业（事业单位）之间的合并、资产（产权）置换和无偿划转
企业国有资产评估机构的选择及委托	《关于加强企业国有资产评估管理工作有关问题的通知》	①经济行为事项涉及的评估对象属于企业法人财产权范围的，由企业委托。 ②经济行为事项涉及的评估对象属于企业产权等出资人权利的，按照股权关系，由企业的出资人委托。 ③企业接受非国有资产等涉及非国有资产评估的，一般由接受非国有资产的企业委托。 ④涉及核准的国有资产评估项目，国有资产占有企业还应在委托评估机构之前，及时向财政部门报告有关项目的工作进展情况。财政部门认为必要时，可对该项目进行跟踪指导和检查
企业国有资产评估的核准与备案	《企业国有资产评估管理暂行办法》	①经各级人民政府批准经济行为的事项涉及的资产评估项目，分别由其国有资产监督管理机构负责核准。 ②经国务院国有资产监督管理机构批准经济行为的事项涉及的资产评估项目（包括采用协议方式转让企业国有产权事项涉及的资产评估项目和股份有限公司国有股权设置事项涉及的资产评估项目），由国务院国有资产监督管理机构负责备案。 ③经国务院国有资产监督管理机构批准进行主辅分离辅业改制项目中，按限额专项委托中央企业办理相关资产评估项目备案。其中，属于国家授权投资机构的中央企业负责办理资产总额账面值 5 000 万元（不含）以下资产评估项目的备案，5 000 万元以上的资产评估项目由国务院国有资产监督管理机构办理备案，其他中央企业负责办理资产总额账面值 2 000 万元（不含）以下资产评估项目的备案，2 000 万元以上的资产评估项目由国务院国有资产监督管理机构办理备案。 ④经国务院国有资产监督管理机构所出资企业及其各级子企业批准经济行为的事项涉及的资产评估项目，由中央企业负责备案。 ⑤地方国有资产监督管理机构及其所出资企业的资产评估项目备案管理工作的职责分工，由地方国有资产监督管理机构根据各地实际情况自行规定

---

[1] 中伦文德律师事务所. 公司并购实务操作与法律风险防控 [M]. 北京：中国法制出版社，2017：404.

续表

环节	相关法规	具体内容
国有资产转让参考定价	《中华人民共和国企业国有资产法》第五十四、五十五条	国有资产转让应当遵循等价有偿和公开、公平、公正的原则。除按照国家规定可以直接协议转让的以外，国有资产转让应当在依法设立的产权交易场所公开进行。转让方应当如实披露有关信息，征集受让方；征集产生的受让方为两个以上的，转让应当采用公开竞价的交易方式。 国有资产转让应当以依法评估的、经履行出资人职责的机构认可或者履行出资人职责的机构报经本级人民政府核准的价格为依据，合理确定最低转让价格
	《企业国有产权转让管理暂行办法》第十三条	在清产核资和审计的基础上，转让方应当委托具有相关资质的资产评估机构依照国家有关规定进行资产评估。评估报告经核准或者备案后，作为确定企业国有产权转让价格的参考依据。在产权交易过程中，当交易价格低于评估结果的90%时，应当暂停交易，在获得相关产权转让批准机构同意后方可继续进行
	《关于企业国有产权转让有关事项的通知》	①企业国有产权转让应不断提高进场交易比例，严格控制场外协议转让。 ②协议转让项目的资产评估报告由该协议转让的批准机构核准或备案，协议转让项目的转让价格不得低于经核准或备案的资产评估结果。 ③转让企业国有产权的首次挂牌价格不得低于经核准或备案的资产评估结果。 ④对经公开征集只产生一个意向受让方而采取协议转让的，转让价格应按本次挂牌价格确定。 ⑤企业国有产权转让中涉及的职工安置、社会保险等有关费用，不得在评估作价之前从拟转让的国有净资产中先行扣除，也不得从转让价款中进行抵扣。 ⑥在产权交易市场中公开形成的企业国有产权转让价格，不得以任何付款方式为条件进行打折、优惠
	《关于规范国有企业改制工作意见的通知》	①企业的专利权、非专利技术、商标权、商誉等无形资产必须纳入评估范围。 ②向非国有投资者转让国有产权的底价，或者以存量国有资产吸收非国有投资者投资时国有产权的折股价格，由依照有关规定批准国有企业改制和转让国有产权的单位决定。底价的确定主要依据资产评估的结果，同时要考虑产权交易市场的供求状况、同类资产的市场价格、职工安置、引进先进技术等因素。上市公司国有股转让价格在不低于每股净资产的基础上，参考上市公司盈利能力和市场表现合理定价； ③转让国有产权的价款原则上应当一次结清。一次结清确有困难的，经转让和受让双方协商，并经依照有关规定批准国有企业改制和转让国有产权的单位批准，可采取分期付款的方式。分期付款时，首期付款不得低于总价款的30%，其余价款应当由受让方提供合法担保，并在首期付划之日起一年内支付完毕
	《关于进一步规范国有企业改制工作的实施意见》	①国有独资企业实施改制，自企业资产评估基准日到企业改制后进行工商变更登记期间，因企业盈利而增加的净资产，应上交国有产权持有单位，或经国有产权持有单位同意，作为改制企业国有权益。 ②进入企业改制资产范围的土地使用权必须经具备土地估价资格的中介机构进行评估，并按国家有关规定备案。 ③企业改制必须由国土资源主管部门明确探矿权、采矿权的处置方式，但不得单独转让探矿权、采矿权，涉及由国家出资形成的探矿权、采矿权的，应当按照国家有关规定办理处置审批手续。进入企业改制资产范围的探矿权、采矿权，必须经具有矿业权评估资格的中介机构进行评估作价（采矿权评估结果报国土资源主管部门确认）并纳入企业整体资产中，由审批改制方案的单位商国土资源主管部门审批后处置。 ④没有进入企业改制资产范围的实物资产和专利权、非专利技术、商标权、土地使用、权、探矿权、采矿权、特许经营权等资产，改制后的企业不得无偿使用，若需使用的，有偿使用费或租赁费计算标准应参考资产评估价或同类资产的市场价确定

8.5.3 管理层收购[①]

管理层收购（MBO）是上市公司一种重要的重组手段，而在早期 A 股市场的国有企业的并购实务中，掏空企业优质资产、侵占国有资本的舞弊案例屡见不鲜。

1. 管理层收购的政策演变[②]

2002 年 10 月，我国颁布《上市公司收购管理办法》，首次明确对员工持股和 MBO 作出规定。但办法公布不到半年，2003 年 4 月，MBO 模式即被叫停，财政部表示，在相关法规未完善之前，暂停受理和审批上市及非上市公司的管理层收购。但是，MBO 作为一种融资方式，有其积极的意义。

国务院国有资产监督管理委员会、财政部于 2005 年 4 月联合发布《企业国有产权向管理层转让暂行规定》（已失效），首次制定了针对国有资产管理层收购的明确规范。提出了"国有资产监督管理机构已经建立或政府已经明确国有资产保值增值行为主体和责任主体的地区或部门，可以探索中小型国有及国有控股企业国有产权向管理层转让。大型国有及国有控股企业及所属从事该大型企业主营业务的重要全资或控股企业的国有产权和上市公司的国有股权不向管理层转让"的基本原则。

然而就在前述规定公布后不到一年，国务院国有资产监督管理委员会在 2005 年末发布的《关于进一步规范国有企业改制工作的实施意见》中规定："国有及国有控股大型企业实施改制，应严格控制管理层通过增资扩股以各种方式直接或间接持有本企业的股权。为探索实施激励与约束机制，经国有资产监督管理机构批准，凡通过公开招聘、企业内部竞争上岗等方式竞聘上岗

[①] 中伦文德律师事务所. 公司并购实务操作与法律风险防控 [M]. 北京：中国法制出版社，2017：414–417.

[②] 中伦文德律师事务所. 公司并购实务操作与法律风险防控 [M]. 北京：中国法制出版社，2017：414–417；边小东. 由伊利股份败例看上市公司 MBO 的融资问题 [J]. 经济论坛，2007（5）：111–113.

或对企业发展作出重大贡献的管理层成员,可通过增资扩股持有本企业股权,但管理层的持股总量不得达到控股或相对控股数量。"对大型国有企业向管理层转让股权作出了一定突破。

2008年公布的《中华人民共和国企业国有资产法》则在法律层面正式确定了国有资产管理层收购的合法性:"法律、行政法规或者国务院国有资产监督管理机构规定可以向本企业的董事、监事、高级管理人员或者其近亲属,或者这些人员所有或者实际控制的企业转让的国有资产,在转让时,上述人员或者企业参与受让的,应当与其他受让参与者平等竞买。转让方应当按照国家有关规定,如实披露有关信息;相关的董事、监事和高级管理人员不得参与转让方案的制定和组织实施的各项工作。"

2. 管理层收购的市场实践

管理层收购最混乱的时期是在政策刚刚放开的2002—2003年,彼时的中国正在积极探索市场化经济体制的改革。2003年6月,在我国1 200多家上市公司中,涉及国有资产的有900多家,其中200多家正在积极探索MBO。许多MBO的案例都涉及国有资产流失问题,这直接影响到政策收紧了MBO的审批和监管。

MBO在欧美资本市场存在的价值主要是解决经理人代理成本等问题,意在优化治理结构和提升公司效率。而在我国,MBO的兴起主要是国有企业为了明确产权和强化激励。虽然对于MBO有了相关的法律法规,但是从实践的角度上看,由于比较容易出现国有资产流失的问题,目前国有企业的MBO基本上处于停滞的状态。对于国有企业管理层的激励,更多是通过股权激励与员工持股计划来实现[1]。

---

[1] 但是随着注册制的来临,大量股权分散的科技型企业会越来越多地登陆科创板和创业板。在未来,MBO还是会在A股并购市场兴起,但应该与国有资产收购无关。

本节讨论的是国有资产作为并购标的时的监管政策与流程，但是在目前国有资本并购浪潮下，国有企业作为并购方的交易监管也值得引起注意。国有资本在"管资产"到"管资本"的转变中，风险也不容小觑！国有企业受让上市公司股权或者控制权时，如何选择标的公司？以什么价格受让？受让的国资风险锁定机制是什么？未来的投资回报率如何保障？这一系列安排如果没有周密筹谋，势必带来国有资本的安全风险。如何进一步细化监管的方案，避免触及"国有资产流失"这一红线，是相关部门及国有企业需要不断探索的问题。

8.6 外资并购

随着经济全球化的发展，国际金融格局发生着日新月异的变化，近些年来中国已经成为世界上仅次于美国的第二大经济实体，涉及的并购事项也从单一的境内并购发展成境内企业海外并购、外资并购境内企业等多元化的模式。

但是由于起步晚、发展快等各种原因，我国相关的涉外并购法律体系还不甚完善，各级监管部门根据经济形势的发展，不断探索着更加合适的监管方式。涉外并购因为有一个主体在国外，所以还涉及观念、文化、法律、习惯等多方面的差异，这也使得我们在实践中要格外注意借鉴国外的成熟经验，更好地作出判断，降低交易中的风险。

8.6.1 外资并购的立法沿革

外资并购是指外国投资者通过兼并和收购的形式取得境内企业控制权和经营权的行为。在中国加入WTO（世界贸易组织）以前，外资并购的案例并不多见，政府和企业对于外资的运用，也是处于"摸着石头过河"阶段。如今随着全球化的不断加深，加上"一带一路"倡议的支持，外资并购的数量不断增多，监管层面对于外资也有了更加全面的监管。尤其是在目前中美贸易战的大背景下，准确把握外资并购监管的趋势，是每个有涉外并购交易的企业都应该关心的问题。

1. 2002 年以前：摸索阶段

在中国正式加入 WTO 之前，外资并购的立法大多是零散的部门法规。1998 年 4 月 14 日，《中共中央、国务院关于进一步扩大对外开放提高利用外资水平的若干意见》发布，对利用外资来实现我国经济发展提出了要求和规划，但后续并没有出台针对外资并购的相关立法。

原外经贸部、原国家工商局于 2000 年 7 月 25 日颁布《关于外商投资企业境内投资的暂行规定》是当时外资并购的主要适用法律。同时，在金融、证券方面，原外经贸部和证监会等部门也颁布了一些规定，如《金融资产管理公司吸收外资参与资产重组与处置的暂行规定》《关于上市公司涉及外商投资有关问题的若干意见》和《外资参股证券公司的设立规则》等。由于缺少系统的法律规定，外资并购也未能得到充分的发展和利用。

2. 2002—2006 年：奠定基础阶段

2002 年 11 月 7 日，中国证监会和央行联合发布了《合格境外机构投资者境内证券投资管理暂行办法》，A 股市场原本牢牢关闭的大门开始打开。2002 年 11 月 8 日，国家经济贸易委员会、财政部、工商行政管理总局和国家外汇管理局联合发布《利用外资改组国有企业暂行规定》，规定了国有企业（金融企业和上市公司除外）向外资转让国有产权、股权、债权和资产，或者接受外资增资，改组为外商投资企业的有关政策。外资并购在我国开始慢慢走向正轨。

2003 年 3 月 7 日，原对外贸易经济合作部联合国家工商行政管理总局、国家外汇管理局等部门共同发布了《外国投资者并购境内企业暂行规定》，对外资并购进行了专门立法。同一时期出台的法律文件还有《关于向外商转让上市公司国有股和法人股有关问题的通知》《利用外资改组国有企业暂行办法》等。

2006年8月8日，商务部、税务总局、外管局、国资委和证监会联合颁布了《关于外国投资者并购境内企业的规定》（2006年版），该规定为后来我国外资并购的迅速发展打下了基础。

2007年12月24日，国家发改委和商务部发布了《外商投资产业指导目录》，对外资并购的行业类别进行了规定。2008年12月18日，商务部发布《外商投资准入管理指引手册》（2008年版），对外资并购的相关事项进行了进一步的澄清。

3. 2009年至今：完善阶段

2009年6月22日，商务部发布修订后的《关于外国投资者并购境内企业的规定》。该规定成为目前指导我国外资并购的主要法律规范。

对于外资并购，还有其他领域的法律法规需要掌握和了解，如在外汇领域，国家外汇管理局发布的《国家外汇管理局关于境内居民通过特殊目的公司境外投融资及返程投资外汇管理有关问题的通知》等规定就需要进一步的研究。

2019年3月15日，十三届全国人大二次会议表决通过了《中华人民共和国外商投资法》，于2020年1月1日起施行。

总体而言，我国的外资并购立法经历了从无到有、从概括到细化的过程。但是由于国际经济形势的瞬息万变，直到今天外资并购的立法仍然在不断地完善。

8.6.2 外资并购的相关审批

外资并购的流程同我们之前介绍的普通并购流程基本一致，都会经历协商谈判、签订意向书、尽职调查、确定交易结构、交割等环节，唯一的不同在于需要进行一系列的反垄断申报和审查。如表8-14所示，外资并购根据行业的不同，除了全部要经过商务部和发改委的批准外，还需要相关的部门进行审批。

表 8-14 外资并购的主要审批和监管部门 [1]

审批内容	主要审批机关
审批外资并购交易、外商投资企业的设立和变更	商务部及地方商务部门
外商投资项目	国家发改委和地方发改部门
并购交易中涉及国有资产的转让和估值	国资委和地方国资部门
外汇登记、结汇、付汇等	外汇管理局及地方外汇部门
并购交易完成后营业执照、商业登记的变更	工商行政管理局
税务登记、相关税费的缴纳	税务机关
广告行业	工商行政管理局
电信行业	国家工业和信息化部
建筑行业	住建厅和地方住建部门
保险行业	保监会
金融行业	银监会
证券行业	证监会

8.6.3 反垄断审查申报

除了上述审查以外，反垄断审查是政府对外资并购审查中的一个重点，目前主管外资并购反垄断审查的部门为商务部和国家市两监督管理总局。自 2008 年反垄断法实施以来，可口可乐收购汇源是唯一一起未获通过的外资收购案例，我们以其为案例来详细了解一下外资收购的反垄断审查。

1. 经营者集中的审查程序 [2]

经营者集中的审查程序包括定性审查和定量审查。

---

[1] 中伦文德律师事务所. 公司并购：实务操作与法律风险防控 [M]. 北京：中国法制出版社，2017：379.
[2] 慕亚平，肖小月. 我国反垄断法中经营者集中审查制度探析 [J]. 学术研究，2010（4）：69-76；中伦文德律师事务所. 公司并购：实务操作与法律风险防控 [M]. 北京：中国法制出版社，2017：222-254.

《中华人民共和国反垄断法》(以下简《反垄断法》)第 20 条对定性审查[①]做了明确规定,经营者集中包括 3 种情形:①经营者合并;②经营者通过取得股权或者资产的方式取得对其他经营者的控制权;③经营者通过合同等方式取得对其他经营者的控制权或者能够对其他经营者施加决定性影响。

2008 年 9 月,可口可乐宣布其旗下全资附属公司 Altantic Industries,拟以总代价 179.195 7 亿港元收购汇源全部已发行股本。若交易完成,汇源果汁将撤销上市地位。按照《反垄断法》第 20 条的定性审查,本交易符合上述经营者集中的情形。

《国务院关于经营者集中申报标准的规定》第 3 条对定量审查做了规定,以下情况需要向商务部进行申报:①参与集中的所有经营者上一会计年度在全球范围内的营业额合计超过 100 亿元人民币,并且其中至少两个经营者上一会计年度在中国境内的营业额均超过 4 亿元人民币;②参与集中的所有经营者上一会计年度在中国境内的营业额合计超过 20 亿元人民币,并且其中至少两个经营者上一会计年度在中国境内的营业额均超过 4 亿元人民币。

根据可口可乐公司收购汇源公司的交易方案,由于交易后可口可乐公司将取得汇源公司绝大部分甚至 100% 股权,从而获得汇源公司的决定控制权,因此,该交易符合集中的法定标准;同时,可口可乐公司和汇源公司 2007 年在中国境内的营业额分别为 12 亿美元(约合 91.2 亿人民币)和 3.4 亿美元(约合 25.9 亿人民币),都超过 4 亿元人民币,达到并超过了《国务院关于经营者集中申报标准的规定》的申报标准,因此此案符合《反垄断法》关于经营者集中的规定,必须事先报商务部审查。

---

① 交易必须构成反垄断法意义上的集中。

2. 审查经营者集中需要考虑的因素

我国《反垄断法》第 27 条对审查经营者集中需要考虑的因素做了明确规定：①参与集中的经营者在相关市场的市场份额及其对市场的控制力；②相关市场的市场集中度；③经营者集中对市场进入、技术进步的影响；④经营者集中对消费者和其他有关经营者的影响；⑤经营者集中对国民经济发展的影响；⑥国务院反垄断执法机构认为应当考虑的影响市场竞争的其他因素。

商务部审查经营者集中案件时，对集中给市场竞争造成的影响从上述六个方面进行了全面评估。

根据中国饮料工业协会提供的数据，可口可乐公司占全国碳酸饮料市场份额为 60.6%，拥有中国软饮市场 15.5% 的份额，占中国果汁市场 9.7% 的份额，居于第二位；汇源果汁作为中国最大的果蔬汁生产商，在中国果汁市场占 10.3% 的份额，占有率第一。

可口可乐与汇源在中国市场已经取得优势地位，如果此次收购成功，可口可乐将凭借其在碳酸饮料市场中的资金、品牌、管理、营销等诸多方面的竞争优势，并借助汇源在国内果汁市场的竞争优势，取得中国果汁市场的支配地位。

3. "经营者集中豁免"的条件

《反垄断法》第 28 条实质上是一个经营者集中的豁免条款，即对具有限制竞争影响的经营者集中的豁免。

第一个豁免理由为"经营者集中对竞争产生的有利影响"。需要明确的是，该理由并非指企业通过合并可以提高自身某些方面的竞争优势，而是指相关市场上竞争结构的改善。

第二个豁免理由从社会公共利益出发，符合法律的价值取向。竞争政策作为市场经济国家维护其市场经济秩序的基本政策，存在与社会公共利益或整体经济利益相冲突的可能，故应以社会公共利益为先。

汇源禁购案中，根据商务部所披露的信息，可口可乐公司没有提供充足的证据证明集中对竞争产生的有利影响明显大于不利影响或符合社会公共利益，且在规定的时间内，可口可乐公司也没提出足以消除不利影响的解决方案，故而可以判断该并购不符合《反垄断法》关于"经营者集中豁免"的条件。

4. 监管趋势

目前看来，我国的《反垄断法》规定相对简单，外资并购遭到拒绝的可能性较小，但是根据目前商务部公布的一系列征求意见稿文件中显示，我国反垄断审查制度在相关市场的界定、经营者集中申报资格、程序的细化、调查等方面肯定会有所加强，具体表现如下。

（1）经营者集中申报标准的细化。根据《国务院关于经营者集中申报标准的规定》第3条的规定可知，我国经营者集中申报的前提以参与集中的经营者的营业额为计算标准。在确立统一申报标准的同时，明确规定：营业额的计算应当考虑银行、保险、证券、期货等特殊行业、领域的实际情况，具体办法由国务院商务主管部门会同国务院有关部门制定。《反垄断法》在这里仅对行业作出了粗略的划分，然而实践中，地域也是非常重要的影响因素，不同地区的企业的年营业额差距甚大，未来对企业申报的门槛或标准可能会有进一步的细化。

（2）强化基本控制标准的指引性。根据《反垄断法》第28条的规定，我国经营者集中的基本控制标准是"集中具有或者可能具有排除、限制竞争的效果"。从严格意义上来讲，任何经营者集中案件都会使市场竞争受到限制，只是不同经营者之间的集中对市场竞争形成的限制效果不同而已，有的甚至可能排除了市场竞争。这条规定过于笼统，以至于任何经营者集中的案件都有可能受到反垄断执法机关查处，这就给经营者的守法带来了困惑，即如何遵守我国反垄断法关于经营者集中的规定。在未来我国可能会向有成熟经验的国家学习，以美国"实质性减少竞争"（SLC）标准及欧盟的"严重妨碍竞争"（SELC）对相关条款予以修正和完善。

（3）细化经营者集中审查的考虑因素。《反垄断法》第27条规定了审查经营者集中应考虑的因素，诸如参与集中的经营者在相关市场的市场份额及其对市场的控制力，相关市场的市场集中度，经营者集中对市场进入、技术进步、消费者和其他有关经营者的影响，等等。尽管近期商务部对相关市场界定、经营者集中申报、审查程序方面均有所细化，但并未细化市场份额、市场集中度的计算标准、经营者集中对市场进入和技术进步影响的评判标准，未来在这些方面必然会有所加强。

8.6.4　国家安全审查申报[①]

国家安全审查制度是指东道国为保障本国国家安全利益，授权特定机构对可能威胁国家安全的外国投资行为进行审查，并采取相应的限制性措施以消除国家安全威胁的法律制度。

该审查制度可以被视作一种兜底条款，也是目前对企业海外并购产生最大不确定性影响的保护措施。与反垄断制度出于保护市场竞争的目的不同，"国家安全"这一概念涉及范围极广，一切可能对东道国的基本政治、经济、金融、国防、环境、能源、通信、基础设施等产生影响的因素均有可能被作为对某项并购交易采取限制措施的理由。

1. 我国国家安全审查制度的法律沿革

1995年发布的《指导外商投资方向暂行规定》（已废止）第七条中就提出："属于危害国家安全或者损害社会公共利益的，列为禁止类外商投资项目。"该规定可以被视为中国国家安全审查制度的雏形。

2003年公布的《外国投资者并购境内企业暂行规定》（已废止）第十九条中规定："虽未达到本规定所述条件，但是应有竞争关系的境内企业、有关职

---

① 中伦文德律师事务所. 公司并购：实务操作与法律风险防控[M]. 北京：中国法制出版社，2017：255-297.

能部门或者行业协会的请求，外经贸部或国家工商行政管理总局认为外国投资者并购涉及市场份额巨大，或者存在其他严重影响市场竞争或国计民生和国家经济安全等重要因素的，也可以要求外国投资者作出报告。"

2006年《反垄断法》发布，进一步确立了国家安全审查的法律地位。

2011年，《国务院办公厅关于建立外国投资者并购境内企业安全审查制度的通知》首次明确提出"建立外国投资者并购境内企业安全审查制度"，并将审查范围从经济安全扩大到了国防、重要农产品、重要能源和资源、重要基础设施、重要运输服务、关键技术、重大装备等其他领域。

我国目前关于国家安全审查的相关制度如表 8-15 所示。

表 8-15 中国国家安全审查相关制度[①]

法律	《中华人民共和国反垄断法》第三十一条	对外资并购境内企业或者以其他方式参与经营者集中，涉及国家安全的，除依照本法规定进行经营者集中审查外，还应当按照国家有关规定进行国家安全审查
相关法规、规章	《关于外国投资者并购境内企业的规定》第十二条	外国投资者并购境内企业并取得实际控制权，涉及重点行业、存在影响或可能影响国家经济安全因素或者导致拥有驰名商标或中华老字号的境内企业实际控制权转移的，当事人应就此向商务部进行申报。当事人未予申报，但其并购行为对国家经济安全造成或可能造成重大影响的，商务部可以会同相关部门要求当事人终止交易或采取转让相关股权、资产或其他有效措施，以消除并购行为对国家经济安全的影响
	《国务院办公厅关于建立外国投资者并购境内企业安全审查制度的通知》	对并购安全审查范围、审查内容、审查工作机制、审查程序等进行了明确
	《商务部实施外国投资者并购境内企业安全审查制度的规定》	对并购安全审查申报程序、审查机制、申报文件等作出了规定

---

① 中伦文德律师事务所. 公司并购：实务操作与法律风险防控[M]. 北京：中国法制出版社，2017：257.

2. 国家安全审查申报的流程

图 8-13 所示的是中国国家安全审查申报流程。

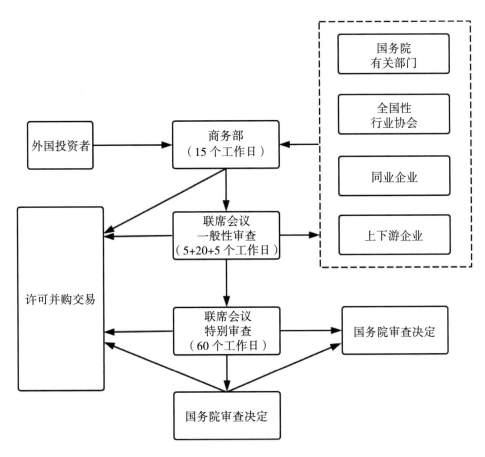

图 8-13　中国国家安全审查申报流程[①]

【案例：凯雷收购徐工被叫停】[②]

接下来我们通过凯雷收购徐工被叫停的案例对安全审查制度进行细节上的

---

① 中伦文德律师事务所. 公司并购：实务操作与法律风险防控 [M]. 北京：中国法制出版社，2017：262.
② 中伦文德律师事务所. 公司并购实务操作与法律风险防控 [M]. 北京：中国法制出版社，2017：255–266；三一叫板凯雷收购徐工. 新浪财经. http://finance.sina.com.cn/temp/sysgkl.shtml; 创越战略观察. 凯雷缘何折戟中国. 搜狐财经. http://www.sohu.com/a/205257852_680864.

公司并购重组与整合
Company merger & reorganization and integration

探讨。2005年凯雷收购徐工的交易方案,开外资绝对控股国有企业之先河,由于徐工是行业龙头企业,作为国际投资基金收购中国大型国企的首个代表性案例,该收购引起了社会各界广泛的关注。在那段时间内,还相继发生了中国轴承工业协会上书反对德国舍弗勒集团收购洛阳轴承集团、以爱仕达为首的中国小家电行业进京抵制法国SRB国际股份有限公司并购上市公司浙江苏泊尔的类似案例。当时的中国还没有完善的国家安全审查制度,可以说,这些案例的出现对中国国家安全审查制度的形成产生了重大的影响。

徐工集团是我国最大的工程机械开发、制造和出口企业,徐工机械正是其最核心的企业。1995年的改制后,总资产达到28.4亿元徐州集团正式建立。1996年,徐工集团旗下规模最大、实力最强的企业——徐工股份挂牌上市,后更名为徐工科技。

此后的若干年间,虽然徐工集团的销售额一直不错,但是受到体制等一些因素的影响,其利润率并不理想。以其上市主体徐工科技为例,2004年其净资产盈利率只有5.32%,2005年甚至还陷入了亏损,而国内同行的竞争对手三一重工净资产收益率却一直保持在20%左右,改制迫在眉睫。

徐工集团考虑过MBO与公开上市的方案,但是由于管理层人数较少、彼时的资本市场并不景气等诸多因素,最终选择了引进产业投资者。

在财务顾问摩根大通的建议下,2003年徐工集团进行了国际化的公开竞标,凯雷集团以徐工集团近两倍净资产的价格,从众多竞争者中脱颖而出。凯雷集团是何许人也?这家投资公司总部设在华盛顿,是全球最大的私人股权投资基金之一。美国前任总统老布什、英国前首相梅杰、菲律宾前总统菲德尔·拉莫斯、美国前证券与交易委员会(SEC)主席列维特、"金融大鳄"索罗斯都曾在其中挂职,有"总统俱乐部"之称。

2005年5月,经过一系列的谈判,凯雷集团以其雄厚的资金实力、丰富的产业投资经验和对徐工自主品牌全力支持的态度,最终得到了徐工集团的青睐。

2005年10月,徐工集团与凯雷集团签订《股权买卖及股本认购协议》及合资合同。根据双方约定的并购方案,凯雷集团以3.75亿美元购买徐工集团持有的部分徐工机械股权和现金增资,并购完成后凯雷集团将持有徐工机械85%的股权,徐工集团持有徐工机械15%的股权,徐工机械变更为中外合资经营企业。

2006年2月,国家发改委核准了前述并购方案,该并购交易进入生效前的最后环节——商务部审批。这时候却杀出了一个不速之客,竞争对手三一重工突然也表示有意收购徐工集团,其实际控制人向文波更是在博客中发文披露了交易价格等重要数据细节,指责徐工被贱卖,这场并购可能损害中国的经济安全,引起了广泛的舆论关注[1]。

相关部门也迅速作出了回应,在该项并购方案提交相关部门审批期间,国务院发布了《国务院关于加快振兴装备制造业的若干意见》(已失效),明确指出装备制造业是为国民经济发展和国防建设提供技术装备的基础性产业,已成为我国经济发展的重要支柱产业;商务部也颁布了《关于外国投资者并购境内企业的规定》。一系列的重要事件的发生使该案在中国企业并购史上留下了重重的一笔,《华尔街日报》将此案评论为外国投资基金进入中国的分水岭[2]。

这笔交易由于审批上的障碍一直悬而未决,凯雷集团数次调整交易方案也未能获批通过,2008年最终与徐工集团发布联合声明"相关协议有效期已过,双方决定不再就此项投资进行合作"[3]。

---

[1] 根据中国现行国家安全审查制度,国务院有关部门、全国性行业协会、同业企业、上下游企业有权向商务部申请启动国家安全审查程序。在该案例中就可以看出同业企业由于其利益相关性往往会成为反对并购交易的主力军。并购交易双方要注意识别被动进入国家安全审查程序的风险。

[2] 由于国家安全这一概念的覆盖范围具有较大弹性,国际形势、社会舆论、产业政策等方面的变化都有可能对相关部门判断某项并购交易是否威胁国家安全产生影响。所以并购双方应该做好心理准备,保持对可能引发相关部门态度变化的各类因素的关注。

[3] 标的公司的股东可能会因情感上的排斥,或出于对国家安全审查期限、结果的不确定性的担心而产生动摇,使其更倾向于选择本土竞购方,即便其出价会略低。

8.6.5 涉及返程投资的外资并购[①]

由于适用法律更易被各方接受、审批程序更为简单、可流通股票的范围广、股权运作方便以及税务豁免等多方面原因，不少国内的企业选择在境外上市。为了使其境内的资本权益实现跨境转移，这些企业往往会采取返程投资的方式。

返程投资作为我国利用外资过程中的一种特殊现象，在监管上一直存在着不小的难度。由于其主要是国内特定的制度引起的，从长期来看，只有从利用外资导向、资本市场发展、税收制度改革、资本项目管理等多方面进行政策调整和完善，才能从根本上规范这一行为。

内资企业希望通过返程投资回国，以外资企业的身份享受各种政策上的优待，首先遇到的法律障碍就是我们在上文中提及的《外商投资产业指导目录》。比较典型的产业就是互联网行业，该行业就是目录中明确禁止与限制的。

为了规避该政策风险，不少互联网企业采取了 VIE 架构（可变利益定体），以境外的上市实体通过协议的方式控制境内的业务实体，新浪就是国内首个通过该模式实现境外上市的公司。监管机构一直对这种做法采取着默许的态度，但是仍然有收紧的趋势，近年来一直出台相关的审批与监管通知。这些通知虽然不是正式的法律法规，约束效力有限，但是仍然对返程投资产生了一定的影响。

其中对境内企业在境外重组上市影响比较大的是《关于外国投资者并购境内企业的规定》（简称"10号文"）和《信托部关于加强规范资产管理业务过渡期内信托监管工作的通知》（简称"37号文"）。

10号文出台以后，中国境内居民（包括境内居民自然人和境内居民法人）到

[①] 黄思奇. 协议控制模式下返程投资监管制度研究 [D]. 上海：华东政法大学，2014；刘思滟. 外管局37号文：关于返程投资的变化有哪些？. 搜狐财经. http://www.sohu.com/a/254555020_100279028.

海外设立 SPV 公司（特殊目的公司）的，仅需向境内居民所在地的外汇管理机关提出备案登记的，变为需要经过商务部的审批。除此之外，在股权并购阶段，不仅需要取得国家商务部的批准，还需要取得国家证监会的审批；并且还在外商投资批准证书中明确设定一年的有效期限。在一年内如果外资并购未能完成，则股权结构需要恢复到变更前的状态，这给整个并购过程带来了很大的风险。

37 号文对特殊目的公司的最新定义，拓展了范围，即由原先的"股权融资"扩展至"投融资"。并且把"返程投资"定义为"境内居民直接或间接通过特殊目的公司对境内开展的直接投资活动"，即通过新设、并购等方式在境内设立外商投资企业或项目，并取得所有权、控制权、经营管理权等权益的行为；将境内居民返程"新设"外商投资企业也纳入了监管体系。最重要的是，37 号文首次对与特殊目的公司上市前的股权激励计划相关的外汇登记程序作出了明确规定，弥补了这一立法和监管空白。不过 37 号文也在登记方面作出了大大的简化，变更登记的时间要求也相应放宽，使得监管具有更强的操作性。

在外资并购返程投资这块做得相对较好的案例有美的置业的成功上市。2018 年 10 月，美的置业在港交所挂牌上市。这一消息引起了社会各界人士的广泛关注。这次上市巧妙地避开了 10 号文和 37 号文的限制，其关键原因在于美的置业上市之前的几年一系列的股权转让①。

原本，美的建业（英属维京群岛）间接持有美的置业 100% 股权，而何享健及卢德燕通过美的发展（香港）分别持有美的建业（英属维京群岛）94.55% 及 5.45% 权益。2013 年 9 月，美的发展（香港）将所持美的建业（英属维尔京群岛）的全部股权转让给卢德燕，转让完成后，卢德燕间接持有

---

① 巧避 10 号文、37 号文：美的置业重组上市成业界经典案例．面包财经．https://baijiahao.baidu.com/s?id=1618417385442770150&wfr=spider&for=pc．

美的置业全部股权。卢德燕并非中国居民，经过重组之后，美的置业及其直接控股公司都不属于"中国居民持有在境内外有合法资产或股权的境外特殊目的公司"。由此，美的置业无须按照"37号文"进行登记。尽管重组后何享健不再拥有美的置业任何股份，但何享健与卢德燕订立了若干一致行动安排，何享健及卢德燕为美的置业实际控制人。如果没有恰当的重组方案，仍然可能受到"10号文"的限制。

根据聆讯资料，公司法律顾问表示，尽管何享健为10号文所界定的境内自然人，并与卢德燕订立一致行动契据，但何享健自2013年起不再拥有集团任何境内公司的任何直接或间接股权或分派权。由于美的置业集团公司自成立以来一直为外商投资公司，故此有关美的置业集团公司的重组并不属于境内公司的境外投资者合并范围，10号文因而并不适用于美的置业集团公司的重组。法律顾问在招股文件中明确表示"10号文"不适用于美的置业，港交所也批准了美的置业的上市申请。这说明，相关各方从专业角度已经认可美的置业的相关操作合法合规。除了公司股东背景和本身的业务外，这家公司的重组过程和方案也非常值得研究，堪称教科书级别的运作。

8.7 跨境并购

2018年3月，随着美国对中国"301调查报告"的发布，世界上最大两个经济体的贸易战就此拉开帷幕，欧盟和东亚等主要经济体接连作出反应，国际贸易环境日趋复杂化。面对新的形势和挑战，我国企业在国家"一带一路"倡议和"中国制造2025"战略布局下，走出去的同时伴随着更复杂的投资风险[1]。跨境并购的监管是当下企业在时代背景下十分关注的一个话题，我们将从国内监管与国际监管两方面对其来进行解读。

8.7.1 跨境并购的国内监管[2]

和其他业务领域的法律法规多由一家机构主管不同，由于历史原因，国内企业跨境并购需要通过数家监管机构的审批、核准或备案，这些监管部门的职责既有分工，也有交叉。

一家国内企业开展跨境并购，主要涉及如下三个部门：发改委、商务部门和外汇管理部门；若涉及国有企业或国有资产，则还涉及国资监管部门；若上市公司开展跨境并购，则还涉及证监会及证交所；若涉及经营者集中，则还涉及反垄断部门。

以上这些监管机构都是平级的，并没有相互隶属、相互监督制约的关系，而企业则有可能需要完成上述部分或全部监管机构的审批流程。表 8-16 所示的是各个部门的监管政策。

表 8-16 跨境并购的国内监管政策一览[3]

部门	涉及的规章制度	具体监管政策
国家发改委	《企业境外投资管理办法》	该办法对境外投资下了定义，即中华人民共和国境内企业（以下简称"投资主体"）直接或通过其控制的境外企业，以投入资产、权益或提供融资、担保等方式，获得境外所有权、控制权、经营管理权及其他相关权益的投资活动。 该办法还规定实行核准管理的范围是投资主体直接或通过其控制的境外企业开展的敏感类项目。核准机关是国家发展改革委

---

[1] 樊佩. 复杂环境下民营企业跨境并购的外部风险——以华为公司为例 [J]. 现代商贸工业，2018，39（33）：38-39.

[2][3] 跨境并购的"家长们"及其"家规"——国内监管机构及法规概述. 简书. https://www.jianshu.com/p/47dfaa69dd8c.

续表

部门	涉及的规章制度	具体监管政策
商务部	《境外投资管理办法》	该办法规定了境外投资指在中华人民共和国境内依法设立的企业（以下简称"企业"）通过新设、并购及其他方式在境外拥有非金融企业或取得既有非金融企业所有权、控制权、经营管理权及其他权益的行为。商务部和省级商务主管部门按照企业境外投资的不同情形，分别实行备案和核准管理。企业境外投资涉及敏感国家和地区、敏感行业的，实行核准管理。企业其他情形的境外投资，实行备案管理
	《企业境外并购事项前期报告制度》	该办法规定了国内企业有境外投资意向后，须及时向商务部门和外汇管理部门进行报告
国家外汇管理局	《外汇管理条例》	该条例为国内外汇管理的统领性规定，国内企业关于外汇管理的规定须遵从于该条例
	《境内机构境外直接投资外汇管理规定》	该办法规定了境外投资企业资金汇出和汇入及结汇的具体管理规定
	《国家外汇管理局关于进一步简化和改进直接投资外汇管理政策的通知》	相对于早先向外汇管理局提交申请材料的操作方式，该通知改革为银行受理申请材料并根据《直接投资外汇业务操作指引》进行审核，外管局对此进行间接监管
国有资产监管部门	《境外国有资产产权登记管理暂行办法实施细则》	该细则主要规定了国有企业和国有参控股企业在获批跨境设立机构或项目投资后、外管部门批准汇出资金前的立案产权登记的条件、手续与流程
	《国有资产评估管理办法》	若跨境并购的过程涉及国有资产评估的，须遵循该办法的规定
证监会	《上市公司重大资产重组管理办法》	这两部办法的规制对象并不区分境内外并购重组，没有关于跨境并购的特别规定
	《上市公司收购管理办法》	
反垄断部门		若跨境并购行为涉及经营者集中，则需要向我国反垄断部门申请反垄断审查。根据最新的国务院机构调整方案，反垄断职能已由工商总局、商务部、发改委三家分治的局面统一为国家市场监督管理总局下辖的反垄断局一家机构履行，但具体实施有待进一步行动。跨境并购的反垄断审查和国内并购的反垄断审查所涉及的流程手续没有实质性区别

在以上的部门中比较关键的是前 3 个部门——发改委、商务部和国家外汇管理局。这些部门主要负责对 ODI 的审批。ODI（overseas direct investment）指对外直接投资，跨境并购是 ODI 的重要形式。通常情况下，ODI 必须获得至少这三个政府部门的登记或核准，发改委主管对外投资项目的立项审批/备案；商务部负责具体境外投资事项审批，并发放我国企业境外投资证书；银行与外管局负责对境外投资的外汇登记与资金汇出。ODI 一般监管具体办理流程如表 8-17～表 8-19 所示①。

表 8-17 发改委立项监管政策

审批权限	审批部门	适用范围	审批时限	变更申请
核准备案	国务院	中方投资额 20 亿美元以上，并涉及敏感国家和地区、敏感行业的境外投资项目，由国家发改委提出审核意见报国务院核准	自受理之日起，符合条件的在 20 个工作日内核准；经国家发改委负责人批准可以延长 10 个工作日	①项目规模和主要内容发生变化；②投资主体或股权结构发生变化；③中方投资额超过原核准或备案的 20% 以上
	国家发改委	①中方投资额 10 亿美元以上的境外投资项目；②涉及敏感国家和地区、敏感行业的境外投资项目		
		①中央管理企业境外投资项目；②地方企业实施的中方投资额 3 亿美元及以上的境外投资项目	自受理之日起，7 个工作日内作出备案与否的决定	
	省级发改委	地方企业实施的中方投资额 3 亿美元及以下的境外投资项目		

---

① 表 8-17～表 8-19 资料来源于跨境并购监管政策全面介绍及深度解读. 天天投行. 转引自慢钱头条. http://toutiao.manqian.cn/wz_8VsnBwgV89.html.

表 8-18 商务部对外投资核准政策

审批权限	审核部门	适用范围	审批时限
核准	商务部	央企对外投资涉及敏感国家和地区、敏感行业	20 个工作日内
		地方企业对外投资涉及敏感国家和地区、敏感行业	省级商务主管部门自受理核准申请后的 15 个工作日内将初步审查意见和全部申请资料报送商务部；商务部自收到省级商务主管部门的初步审查意见后，15 个工作日内作出是否予以核准的决定
备案	商务部	央企其他情形的对外投资	自收到《备案表》之日起 3 个工作日内予以备案并颁发《企业境外投资证书》
	省级商务部	地方企业其他情形对外投资	

表 8-19 外汇监管局对资金汇出的监管

2009—2011 年	2012—2016 年	2016 年 11 月至今
规则框架确立	监管放宽。①银行可直接办理境外直接投资项下外汇登记，无须向外管局申请。②取消境外再投资外汇备案	监管收紧。①付款前需向人民银行或外汇管理局进行监管约谈。②大额报备：单笔 500 万美元以上的项目，各大银行均需事先通过信息交互平台进行大额报告并完成真实合规审查。③资金出境前真实合规审查：5 000 万美元以上的项目进行管控；在有关部门完成真实性、合规性审核之后，再予办理。④本外币一体化：本外币放款余额不超过放款人境内上一年度经审计的所有者权益的 30%

  2016 年中国企业海外并购呈现出"买遍全球"的节奏，以爆发式速度快速增长。2016 年 12 月，国家发改委等多部门连续发布通告，表示已关注到一段时期内在房地产、酒店、影城、娱乐、体育俱乐部等领域出现的一些非理性对外投资倾向。2017 年 1 月，国资委宣布加强央企境外投资的审查，其中

包括中央企业原则上不得在境外从事非主业投资等[①]。

现在监管审批的重点和难点在于资金出境的审批。想要减少跨境并购中直接的 ODI 投资，最主要的方式有两种：一是降低总的交易对价，避免斥巨资收购的情况出现；二是减少支付方式中现金所占的比例。具体来看，第二种方式下，企业目前可以尝试的交易手段包括跨境换股、境外股权质押贷款、直接用海外子公司收购等，这些都不会涉及直接的 ODI。

2018 年，商务部发布了《外国投资者对上市公司战略投资管理办法》的征求意见稿，其中降低了认购 A 股的境外投资者门槛，股份锁定期也相应减短。按照目前的政策趋势看来，跨境换股未来的可操作性较强。这种方式最主要的好处在于：一方面减少了资金方面的压力，也避开了监管红线；另一方面，当前 A 股的高估值是公认的，利用国内高估值的优势便宜购得海外优质资产，是十分划算的买卖。虽然目前没有出现真正意义上的跨境换股案例，但是首旅酒店收购如家酒店、航天科技收购境外资产、延锋汽车收购江森自控这三笔交易都十分具有参考价值，在新规落地后是可以复制的[②]。其中本书将会对首旅收购如家这个案例在最后一章中进行详细介绍。

随着监管政策的引导和规范，以及受到海外审查和全球宏观经济不确定性的影响，中国企业的海外并购步伐已明显放缓。在全球化的大背景下，国家是非常鼓励企业出海去拓展市场，并将国外的资源引流回来的，但是过于宽松的制度会导致跨境并购盲目与非理性的状态，甚至出现"内保外贷"等资金外逃的现象。如何实现对上市公司境外资产和境外业务的高效跨境监管，如何做到"放而不乱""管而不死"，是当前上市公司跨境并购监管中的重要

---

① 跨境并购的中国企业正遭遇史上最严厉的监管. 中国投资咨询网. http://www.ocn.com.cn/hongguan/201801/bghmb02141947.shtml.

② 从"控流出"到"扩流入"：监管新政下如何合理筹划跨境并购资金. 晨哨集团. http://www.sohu.com/a/127197206_618572.

问题。

8.7.2 跨境并购的海外监管

跨境并购的海外监管涉及方方面面，具体来说国际组织、区域组织（多边机构）、双边组织、东道国（目标公司所在国）的相关政策法规都有可能对并购产生影响。其中东道国的监管政策是尤其需要考虑的，比照外资并购中我国的监管政策，可以将其总结归纳为市场准入、市场竞争和国家安全这几方面。

1. 市场准入

市场准入限制是东道国对跨境并购投资的第一道制度性屏障。不同于主要属于事后审查的反垄断审查和国家安全审查，市场准入审查属于事前审查，大体包括两个方面：一是投资主体是否有资格进入东道国市场。例如，境外的某具体银行是否符合条件在东道国国内开办或收购本地银行，东道国金融主管机关需要对该银行进行详细的资格审查。二是东道国具体某一市场是否对外资开放。例如，境外的新闻机构想进入东道国开办或并购广播电视企业，东道国外资监管部门首先需要审查本国的广播电视产业是否对外资开放。

在实务中，跨国公司通常在跨境并购的尽职调查阶段即已完成准入限制的调查，而不会等到东道国的监管机构进行审查，因此跨国公司的市场准入审查更多的是一种自查。因为很多时候，能否进行跨境并购在市场准入的门槛面前是一目了然的。当然，市场准入限制形式多样，有些准入实质是变相的限制，加之政策的变化时有发生，跨国公司靠"自查"是不够的，还需要仔细研究东道国的外资政策和产业政策。表8-20所示的是各国市场准入的不同方式。

表 8-20　各国市场准入的不同方式[①]

鼓励和限制并列的分类方式	各国颁布的《外商投资指导目录》会通过列举的方式将产业分为鼓励类、允许类、限制类和禁止类几大类别
按股权比例限制的方式	德国和韩国都会根据外资的股权变化作出审查决定
明确禁止进入的行业	例如美国在航空、海运、通信、金融等领域都明确规定了准入限制
实行差别化待遇	给予鼓励投资的行业或企业财政补贴、税收减免以及信贷支持，对限制行业采用提高行业税率、加收行政收费的方式来发布政府的产业干预信号
采取行政手段进行干预	在限制外资进入的行业设立许可、审查、审批等行政程序

2. 市场竞争

随着全球各经济体越来越多地接受市场经济体制，制定反垄断法和成立反垄断执法机构的国家也逐渐增多。反垄断法源于美国，美国文化信奉"自由主义"，在经济上也不对市场行为作出过多干涉。但是过度的自由导致竞争秩序的破坏，美国也率先意识到了这一点，所以形成了一套相对规范的反垄断法体系，各国反垄断法都受其影响。可以发现，各国主要立法目的和原则基本都是一致的，但是由于各国国情不同，各国反垄断法的管理重点、标准及程序也不尽相同，这就给海外并购带来了麻烦甚至相互冲突。表 8-21 所示的是美国反垄断审查程序，表 8-22 所示的是欧盟反垄断审查程序。

表 8-21　美国反垄断审查程序[②]

国　　家	美　　国
执法机构	司法部反垄断局 (DOJ) 联邦贸易委员会 (FTC)
相关法律 （反托拉斯法）	1890 年《谢尔曼法》 1914 年《克莱顿法》 1914 年《联邦贸易委员会法》

[①] 中伦文德律师事务所. 公司并购：实务操作与法律风险防控 [M]. 北京：中国法制出版社，2017：438–439.
[②] 驻美国经商参处. 美联邦机构反垄断执法体系. 中华人民共和国商务部. http://www.mofcom.gov.cn/article/i/dxfw/nbgz/201710/20171002662087.shtml.

续表

国　家	美　国
基本内容	①第一阶段审查 　　如合并交易达到法定申报要求，合并当事方应依法向两家执法机构提供拟合并交易的相关信息，在缴纳相关费用后，进入为期30天的初始等待期，即第一阶段审查。在此期间，DOJ与FTC将首先按照各自专业领域及经验协商确定由哪家机构对所申报的合并交易进行审查，这个程序也被称为"认可程序"（clearance process）。待管辖权商定后，负责审查的执法机构可通过多种渠道获取非公开信息，包括从合并当事方或行业其他参与者处获取材料。 　　在结束第一阶段审查工作后，DOJ与FTC根据不同情况采取以下措施： 　　一是如果申报方申请提前结束等待期，执法机构依法予以批准的，须在《联邦纪事》上发布相应公告； 　　二是不采取任何行动，至30天等待期结束，这意味着申报方已自动通过合并审查，执法机构可不再作出正式批准的决定； 　　三是在30天等待期内，根据相关信息无法确定合并交易是否会对竞争产生不利影响的，可在该期限届满之前，向合并当事方提出"进一步信息要求"，从而启动第二阶段进一步审查程序。 ②第二阶段审查 　　执法机构可在30天初始等待期届满前，提出"进一步信息要求"，要求合并各方提交更加详尽的补充材料。"进一步信息要求"将延长等待期，延长到合并各方提交了实质上符合要求的补充材料之日后的第30天，以便执法机构确认拟议中的交易是否会违反联邦反垄断法。该审查期限可以通过合并当事方与执法机构之间达成协议来获得进一步延长，以解决仍然存在的问题，直至进一步审查结束。 　　当第二阶段进一步审查结束时，DOJ和FTC根据不同情况采取以下措施： 　　一是结束调查，且不对合并提出质疑； 　　二是与合并当事方达成和解协议，包括消除反竞争影响的救济措施条款； 　　三是DOJ向法院起诉，要求禁止合并交易，法院根据民事诉讼程序进行再次调查。 　　FTC则可根据行政法规定，自行作出禁止合并交易的决定，并向联邦法院申请禁令，禁止合并交易。决策程序与其在非合并民事案件调查中的程序相同，即由FTC委员会投票决定

表 8-22 欧盟反垄断审查程序[1]

国家/地区	欧洲联盟
执法机构	欧盟委员会、竞争总司、欧盟竞争事务专员
相关法律	《欧共体条约》
基本内容	当接到投诉或者欧盟委员会发现某企业行为有垄断迹象时,欧盟委员会展开反垄断调查; 经调查该企业确有垄断行为的,欧盟委员会向该企业发出异议声明;企业必须在两个月内书面答复欧盟委员会,也可申请举行听证会进行阐述。 书面答复后或者听证后,欧盟委员会仍认为该企业违反反垄断法规定时,则以书面裁决的方式对该企业罚款或者要求该企业停止垄断行为;或者在企业作出承诺后,欧盟委员会停止对该企业的反垄断调查,一旦企业未履行承诺,则重新启动调查予以裁决;企业不服欧盟委员会的裁决时,可向欧洲初审法院提起诉讼;对欧洲初审法院的判决不服的,还可以上诉到欧洲法院

事实上,并不是企业合并中的全部交易内容都会对竞争产生不利影响,为保证交易的进行,只需要消除交易所产生的反竞争影响即可。因此,在美国的反垄断审查中,绝大多数的有反竞争影响合并案件都是以签订和解协议的方式结案。

在跨境并购的交易中,反垄断的审查是十分重要的一个环节。一般来说,涉及的审查机构越多,全部审查所需要的时间越长,这笔并购交易将要面对的反垄断风险就越大。

中国化工收购先正达便是一个十分典型的案例[2],该交易历经一年半,需要通过 20 个机构的反垄断审查,其间被延期了 6 次之多,其中最大的审查风险便来自美国与欧盟。

2016 年 2 月 2 日,中国化工集团与瑞士农业化学巨头先正达达成交易协定,将以每股 465 美元进行公开要约,股权收购总价为 430 亿美元。

---

[1] 侯德红.浅析欧盟反垄断法执行及对中国之借鉴[J].黑龙江省政法管理干部学院学报,2013(3):64-67.
[2] 高梁.中国化工收购先正达案在欧盟与美国的反垄断审查要点分析.LCOUNCL.http://www.sohu.com/a/146490438_825373.

公司并购重组与整合
Company merger & reorganization and integration

问题出在反垄断尚未开始审查之时，中国化工高调收购安道麦（ADAMA）剩余的40%股权。

ADAMA是全球第7大农化产品公司，早在2011年的时候中国化工就已经收购了其60%的股权。2016年7月在反垄断审查尚未开始之时，中国化工又将剩余40%股权收购。这一举动引起了美国与欧盟的关注，这两家企业在农药市场以及一些植物声场调节剂市场占有很高的市场份额，而且在该领域的竞争对手并不多。

美国联邦委员会经过调查后得出，交易完成之后，交易双方在基于活性成分百草枯的配方农作物保护化学品市场的市场份额总和超过60%。ADAMA为基于活性成分阿维菌素的配方农作物保护化学品市场中的仿制品市场的领军者，交易完成后，交易双方在美国市场的市场份额总和超过80%，会严重影响到市场的竞争性。

为了能使交易方案得到批准，中国化工提出救济方案同意剥离ADAMA在美国境内的百草枯、阿维菌素和百菌清的农作物保护业务，并将其出售给加州的AMVAC公司。该方案最终得到美国联邦委员会的通过。

欧洲也是先正达与ADAMA的主要市场，欧盟委员会竞争总司对该笔交易的审查多次延期，认为其可能会造成严重的竞争弱化。中国化工于2016年9月23日提交了申报材料，提出的第一轮救济方案并没有被接受，直至7个半月后才被欧盟附条件的通过，这已经是欧盟委员会最长155个工作日审查时限的上限了。严格说来，这次方案通过实质上是得益于陶氏化学与杜邦的合并以及拜耳收购孟山都这两起案子的存在。这三起收购在同一时间段内发生，而后两起案例的反竞争问题更加严重。如果三起案例一并否决，欧盟可能会遭受到巨大的舆论压力，正因如此才给了中国化工修改救济方案的机会。

从中国化工收购先正达的案例中我们不难看出，在进行跨境并购之前，应该提前准备买家前置救济方案，在与反垄断机构进行博弈之时，才不至于陷入被动的境地。另外，在审查期间，不要同时收购相关产业的其他公司，避免引起市场份额的进一步增加导致反垄断审查失败。

3. 国家安全[①]

如果说，反垄断审查是为了保护本土的产业安全，维护国民经济平稳增长。那么国家安全审查则是主权国家对政治与军事安全的担忧，表 8-23 所示的是主要国家的国家安全审查制度。

表 8-23　主要国家的安全审查制度一览[②]

国家	机构	法规	内容
美国	外国投资委员会	《外国投资和国家安全法》《国家安全指引》	初审期为 45 日，经初审认为需要进行调查，则进入调查程序；调查期为 45 日，调查结果及建议提交总统，总统方有权利发布命令暂停或者禁止兼并、收购或者合并。总统需要在 15 日之内作出最终决定
德国	经济与技术部	《德国外国贸易与支付法》	在收购协议签订日、收购要约公告日或者收购公告之日起 3 个月内，进行初步审查。如果在初审中发现该收购需要进一步审查，应将其进行复审的决定通知收购方，并可以要求收购方提供全部收购文件。复审期为收到全部收购文件之日起 4 个月内，如果该部认为收购危害德国的公共政策与安全，则可以暂停该交易或者对并购附加限制条件。该暂停交易或者对并购附加限制性条件的决定的生效须经联邦政府批准
加拿大	工业部	《投资加拿大法》《加拿大投资条例》《投资国家安全审查条例》	国家安全审查程序适用于非加拿大居民投资人，当工业部部长有合理理由确信由非加拿大居民进行的投资将有害国家安全时，工业部部长可以向该非加拿大居民发出通知，对其进行投资审查，并可以要求其提供材料，被调查的投资人有权进行申辩。如果工业部部长经调查，并征询加拿大公共安全和紧急情况准备部部长后，认为该投资确实有害国家安全或者仍需进一步调查，可将该案件送交总督进行进一步调查

[①] 陈云东，冯纯纯. 美国外国投资国家安全审查制度解析与应对 [J]. 湖南科技大学学报（社会科学版），2018，21（3）：104-112；王宇鹏. 欧美加严外资安全审查的趋势特点和分析建议 [J]. 国际贸易，2018（5）：28，30，36；张伟. 中国企业跨境投资中的国家安全审查制度研究 [J]. 研究生法学，2018，33（2）：104-114；贺丹. 企业海外并购的国家安全审查风险及其法律对策 [J]. 法学论坛，2012，27（2）：48-55.

[②] 贺丹. 企业海外并购的国家安全审查风险及其法律对策 [J]. 法学论坛，2012，27（2）：48-55.

续表

法国	经济、金融与劳动部	《法国货币和金融法》	法国安全审查期是2个月,如果经济、金融与劳动部未能在该期间内完成安全审查,则该交易被自动批准。2个月的计算期从投资人应要求提供了全部的文件之日起计算。在审查期内,法国政府部门会与投资人进行非正式的会谈,投资人也可以提交修改的收购方案以获得批准。在该部门不批准并购交易的情况下,投资人拥有就该决定向法国行政法院提起上诉的权利。此外,如果投资人认为不批准交易的决定违反了欧共体条约,也可以向欧盟法院提起诉讼
英国	公平交易局、竞争委员会	《工业法》《企业法》《公平贸易法》	当并购交易涉及国家安全时,英国国务大臣有权基于公共利益发布干预通知,进行调查。英国国务大臣基于国家安全原因发布过7次干预通知。前6次干预均与军事项目有关,其中有5次除国家安全理由外,都同时涉及反垄断的干预理由。第7次涉及对电视广播公司的收购,该案经根据企业法设立的竞争委员会审查并向国务大臣提交意见,国务大臣最终认定该收购违反公共利益,要求部分转让其股份
日本	金融部、工业部	《外汇与外贸法》	在收到外国公司收购意向通知后30日内审查相关交易。如果投资者在30日内未收到审查结果,则该收购被自动批准。但如果审查部门认为确有必要,可以延长这一期间到4个月。日本法允许就并购项目进行公开听证,对并购审查意见,投资者可以提起行政复议,对复议结果不服的,可以提起诉讼

近年来,中国跨境并购交易快速发展,欧美各国对此引起了高度重视。加之我国在高铁、量子通信、5G等领域上取得技术性突破,使得一些行业与国外企业在全球市场内形成了直接的竞争关系。"中国威胁论"甚嚣尘上,欧美等西方国家认为中国的跨境投资背后有一只"看不见的手"在操控,不遗余力地拓宽了安全审查的范围,降低审查部门介入的门槛,增加需要经过审查的行业名单;同时对关键技术、关键基础设施的相关收购案件,以及中国国有企业、国有资本主导的跨境收购,重点加大了审查的力度。这就给中国企业的跨境并购带来了诸多不确定性的风险。

【蚂蚁金服收购速汇金失败的案例】①

2017年1月，为了继续拓宽在全球移动支付和互联网金融领域的业务，蚂蚁金服提出以13.25美元/股的价格，斥资8.8亿美元并购美国的MoneyGram（速汇金）公司。速汇金是一家位于美国得克萨斯州的国际快速汇款公司，在全球200个国家共计拥有大约24亿个银行账户或者移动账户，对蚂蚁金服来说有着重要的战略意义。

该并购方案提出之后，美国另外一家汇款公司Euronet于2017年3月提出了竞争性要约，以15.2美元/股、总价10亿美元的价格进行收购，比蚂蚁金服最初提出的并购价溢价15%。不仅如此，Euronet在声明中阐述自身优势时给出的理由是，自己无须经过美国外资投资委员会（CFIUS）审核，可以更快速稳定地完成并购交易。

蚂蚁金服为了拿下这笔交易，在一个月后宣布将收购价上调至18美元/股，总价12亿美元，比首次提出的报价增高了36%。速汇金董事会迅速通过了这一方案，价格上的满意是一方面，另一方面，蚂蚁金服还承诺了交易如果没能完成，将会支付3 000万美元的解约费用。

但是蚂蚁金服3次向CFIUS提交申请方案均未能获批，尽管其承诺在收购后速汇金将保持独立运营，但是美国方面仍然担心这笔交易将使蚂蚁金服获得数百万的美国银行账户信息。

最终于2018年1月，蚂蚁金服和速汇金正式放弃此次并购，蚂蚁金服支付了3 000万美元的中止费用，长达一年的收购准备付诸东流。

类似的案例不胜枚举，随着国际竞争的日趋激烈与中美贸易摩擦的不断升级，了解并重视国家安全审查对于当前贸易战局势下的中国企业有着重要

---

① 蚂蚁金服收购失利非首例　中资在美屡遭国家安全审查. 新浪财经. http://finance.sina.com.cn/stock/usstock/c/2018-01-05/doc-ifyqincu2899244.shtml；蚂蚁金服海外并购"遇挫"，无奈放弃并购世界第二大汇款公司速汇金. 亿欧网. https://www.iyiou.com/p/63622.html.

意义。

近年来中国的经济增速放缓，产能过剩的压力逐渐凸显出来，经济结构面临调整转型，并购将会帮助企业在资本市场上更好地完成资源的优化配置。虽然海外的并购市场环境在贸易战下日趋复杂，但是随着"一带一路"倡议的实施，跨境并购及外资并购也是未来会重点增长的领域。在这个大背景下，把握并购经济的脉搏，完善并购的审批程序及监管政策，不仅仅是监管层面需要关心的问题，同时各方市场参与者都值得积极加入其中。

第 9 章

并购典型案例分析

9.1 吉利"蛇吞象"收购沃尔沃,实现向全球化公司转型

9.2 金一文化 1 元卖壳,国资重拳出击抄底

9.3 并购基金助力旋极信息 20 倍杠杆收购

9.4 蓝帆医疗收购柏盛国际,A 股最大医疗器械并购案

9.5 携程收购去哪儿网,重现 OTA 行业大一统

9.6 首旅酒店跨境换股收购如家酒店

学习并购知识最好是在真实的资本市场中。本章选取了近年来中国公司并购的 6 个经典案例，分析其中的经验与教训，希望给大家带来更多的启发与思考。

9.1 吉利"蛇吞象"收购沃尔沃，实现向全球化公司转型

吉利控股集团收购沃尔沃汽车是一起经典的"蛇吞象"收购案例，是中国企业在跨国收购中堪称里程碑式的事件，对中国汽车行业的飞速增长有着很大的促进作用，标志着我国民族汽车工业已经走出国门，迈向世界。

9.1.1 交易背景

1. 买方背景

吉利控股集团（以下简称"吉利"）是一家民营性质的企业，成立于 1986 年，从生产电冰箱零件起步，发展到生产电冰箱、电冰柜、建筑装潢材料和摩托车[①]。1997 年，吉利才正式进入汽车领域，由于当时城市化进程的速度不断加快，人们对经济型轿车的需求旺盛，因此以低价策略为核心的吉利汽车很快获得了消费者的认可。在创始人李书福的带领下，经过二十多年的发展，吉利已成长为以中国为核心，业务覆盖世界大多数国家和地区的全球

---

① 浙江吉利控股集团官网集团简介：http://www.zgh.com/zh-hans/the-group-at-a-glance。

化企业集团①。目前,吉利的总部设在杭州,旗下拥有吉利汽车、沃尔沃汽车、领克汽车、Polestar、宝腾汽车、路特斯汽车、伦敦电动汽车、远程新能源商用车等汽车品牌,涵盖了低端、中端和高端汽车市场。

在2007年之前,吉利的造车理念为"造老百姓买得起的好车"。1997年至2001年期间,吉利主要处于产品模仿阶段。在这个时期,吉利没有专业的技术人员,由于刚进入汽车行业,其采用的研发方式就是对其他品牌汽车进行拆解和模仿,没有属于自己的核心研发,基本上属于山寨的商业模式。

2002年至2007年,吉利才开始进入核心零部件的自主研发阶段。这一阶段吉利的自主研发主要集中在发动机和变速器。即便如此,吉利的品牌核心依然是在低价的基础上保持良好质量,缺乏丰富的产品种类和品牌影响力。

从2007年开始,吉利决定实施战略转型,将造车理念从"造老百姓买得起的好车"变为"造最安全、最环保、最节能的好车,让吉利汽车走遍世界",实施"价格优势"向"技术优势"的转型战略。吉利如果想走遍世界,就必须扩展海外市场,拥有自己的技术创新和良好的知名度。如此一来,并购一家世界知名汽车企业就成为吉利打破进入他国市场和技术壁垒的最好方式。

如图9-1所示,在2010年收购沃尔沃汽车之前,吉利汽车2005—2009年的营业收入②分别为10 620.63万元、12 849.73万元、13 134.04万元、43 6440.00万元和1415 711.10万元,而营业利润分别为-760.88万元、-772.99万元、-2 945.29万元、22 430.50万元和133 992.90万元。2005—2009年,吉利汽车的营业收入呈现飞跃性增长,涨幅分别为25.35%、9.67%、3141.24%和224.38%。吉利汽车的营业利润在这五年同样呈现出增长的态势,虽然在2005年至2007年这3年还出现负增长,但2008年和2009年都

---

① 郭凌晨,丁继华,王志乐.走向全球公司化之路.[M].北京:中国经济出版社,2016:49.
② 本案例所采用的财务数据来源于吉利控股集团的合并报表。

呈现巨幅增长,增长率分别为:-4.38%、-308.81%、842.78%和497.37%。

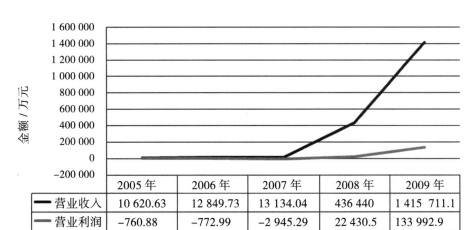

图 9-1　2005—2009 年吉利汽车营业收入与营业利润情况[①]

如图 9-2 所示,在汽车销量方面,吉利 2005—2009 年同样呈现快速增长的趋势,分别为 10 万辆、15 万辆、21.85 万辆、23.34 万辆和 32.74 万辆。

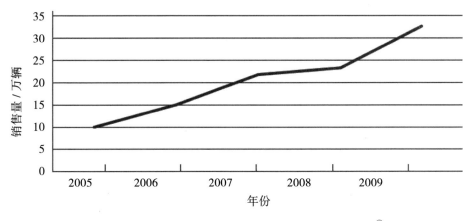

图 9-2　2005—2009 年吉利汽车年销售量情况[②]

[①][②]　吉利汽车 2005—2009 年年报。

2. 卖方背景

沃尔沃汽车是一家历史悠久的国际知名汽车制造企业，是全球三大名车之一。沃尔沃汽车原本是沃尔沃集团下属的一家子公司，主要生产中高端汽车，并以安全性能高为其显著特点受到广大消费者喜爱。1999年，处于鼎盛时期的福特汽车斥资64亿美元收购沃尔沃汽车100%股权，使得沃尔沃汽车成为福特汽车旗下的一个全资子公司[①]。遗憾的是，高价的收购并没有给福特汽车带来同等的利润回报。反之，沃尔沃汽车一直处于下滑状态，连续的亏损拖累了福特汽车的整体效益。

2006年，亏损额高达128亿美元的福特汽车决定对当时拥有的汽车品牌种类和数量进行"减负"，采用"一个福特"的策略，即将重点放在自有品牌身上[②]。对此，福特汽车采取了一系列措施。例如，在2007年和2008年将旗下的阿斯顿马、捷豹和路虎打包出售。然而，一系列的"减负"措施并没能敌得过金融危机的吞噬[③]。在2008年金融危机席卷而来的情况下，福特汽车的亏损额进一步增大，债务额度更是高达258亿元。为了改善财务状况，降低福特汽车的成本和债务，福特汽车在2008年12月4日发布公告，决定以60亿美元出售沃尔沃。福特汽车声称这是为了能更专注于自有品牌的发展，是其经营战略选择的结果。

与吉利汽车相反的是，沃尔沃汽车的营业收入和息税前利润呈现不断下跌的趋势。从2005年至2009年，沃尔沃汽车的营业收入分别为142 312百万瑞典克朗、133 311百万瑞典克朗、121 620百万瑞典克朗、95 120百万瑞典克朗和95 700百万瑞典克朗，而息税前利润则分别为3 586百万瑞典克朗、-717百万瑞典克朗、-1 117百万瑞典克朗、-9 493百万瑞典克朗和-5 185

---

① 周维维. 过度依赖福特 沃尔沃衰败事出有因. 网易汽车. http://auto.163.com/10/0203/23/5UKST8O2000836P0.html.

②③ 美国汽车多品牌战略之殇. 网易汽车. http://auto.163.com/10/0510/12/66AS0TCG000849GJ.html.

百万瑞典克朗。图 9-3 所示的是 2005—2009 年沃尔沃汽车营业收入和息税前利润情况，可以看出沃尔沃汽车不景气的财务数据已经成为福特汽车沉重的包袱。

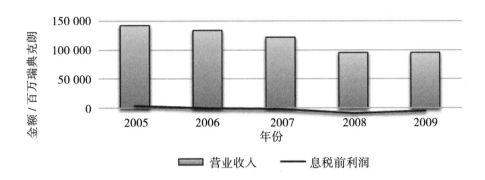

图 9-3　2005—2009 年沃尔沃汽车营业收入和息税前利润情况[①]

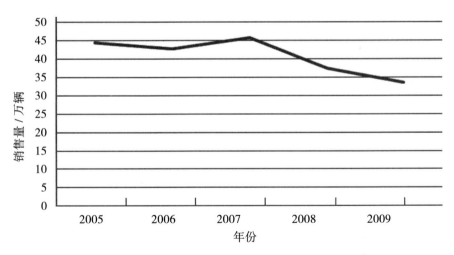

图 9-4　2005—2009 年沃尔沃汽车年销售量[②]

在销售量方面，沃尔沃汽车在 2005 年至 2009 年虽有所下降，但还算比

---

①②　沃尔沃汽车集团官网。

较稳定，分别为44.4万辆、42.7万辆、45.83万辆、37.43万辆和33.48万辆。图9-4为2005—2009年沃尔沃汽车年销售量。

3. 行业背景

2007年8月，美国次贷危机暴发，导致金融危机蔓延至全球各国。长期以来，汽车和金融都是欧美国家的支柱产业。金融危机爆发之后，汽车产业便受到严重的冲击。在这种情况下，全球车市大受打击，2007—2009年，全球汽车销量以4%左右的速度连年下降。其中，北美市场的汽车销量下跌得最多，在2008年9月，北美汽车市场的销量创下了17年来最大跌幅纪录，跌幅高达26.6%。在恶劣的大环境下，许多老牌的车企都受到重创，其中就不乏通用、福特和卡莱斯勒，这三家企业在当时都已经到了面临被迫申请破产保护的窘迫状态。许多车企面对这种情形，只能选择断臂求生，甩卖旗下的资产以求自保。因此，这段时间的汽车并购案例也明显增加。

金融危机同样波及中国的经济，但由于当时汽车产业尚不是中国的依赖性产业，因此这场金融危机对中国的汽车产业并没有造成特别不良的影响，反而给中国带来了机遇。国务院于2009年颁布了《汽车产业调整和振兴计划》，意在振兴中国汽车企业，提升中国汽车在世界的市场份额，这时像吉利和北汽这样的本土车企便开始投身到世界汽车产业的重组浪潮当中。欧美国家的车企由于受到金融危机的冲击，开始减少对研发和设计等方面的支出，这刚好给了中国车企一个收购和兼并的好机会。2007—2009年，中国汽车销售量连年上升，在2009年甚至超过了美国，成为全球第一大汽车市场。

9.1.2　交易方案[①]

2010年3月28日，福特汽车公司发布公告称，与浙江吉利控股集团有限

---

① 福特汽车公告. https://www.sec.gov/Archives/edgar/data/37996/000115752310001754/a6229997ex99.htm.

公司①达成最终协议，出售沃尔沃汽车公司及其相关资产。具体交易方案如下。

交易标的：沃尔沃汽车公司的全部已发行股本

认购方：浙江吉利控股集团有限公司

交易对价：18亿美元

支付方式：①2亿美元的卖方票据；②剩余的16亿美元以现金的形式支付。

交易附属协议：①该项交易完成后，福特汽车公司将继续在不同时期为沃尔沃汽车提供动力系统、冲压件和其他汽车零部件；②福特汽车公司承诺在过渡期为沃尔沃汽车提供工程支持、信息技术、通用部件和其他选定业务，以确保分离过程的顺利进行；③允许沃尔沃汽车将福特汽车使用的部分知识产权转授给包括吉利控股在内的第三方。

9.1.3 融资安排

为了收购沃尔沃汽车，吉利提前做了一些融资安排的准备②。根据吉利汽车在2009年9月23日的公告，吉利与高盛集团的联营公司GS Capial Partners VI Fund, L.P.（以下简称"高盛"）在2009年9月22日签订了认购协议。高盛认购吉利汽车的可转换债券和认股权证，金额合计为3.3亿美元（按照当时的汇率，折合港币约25.86亿元）。当天吉利汽车发布公告称，本次高盛的投资款将用于集团资本开支、潜在收购事项和集团的一般用途。这被看作为收购沃尔沃所做的准备。

高盛所认购的可转换债券换股价为1.9港元，可以转换为9.98亿普通股，占当时吉利汽车已发行股本的13.7%。同时，吉利汽车还发行了2.995亿份认股权证，每股行权价为2.3港元，每份认股权证可以认购1股吉利汽车普通

---

① 浙江吉利控股集团为吉利汽车控股有限公司的母公司，吉利汽车控股有限公司于2005年通过借壳方式在香港上市，代码为00175.HK。
② 以下资料来自吉利2009年9月23日公告．http://www3.hkexnews.hk/listedco/listconews/SEHK/2009/0923/LTN20090923006_C.pdf.

股,占公司当时已发行股本的 4.1%。

截至 2009 年 10 月底,吉利汽车股价暴涨 350%。高盛入股的效果使得吉利汽车的股本大为增加,整体市值高速增长。这使得吉利集团在未来能够有充足的资金储备来收购沃尔沃。在 2010 年 3 月吉利收购沃尔沃之前,吉利汽车的市值已经达到 209 亿港元。

在此次交易中,吉利一共支付了 15 亿美元完成了对沃尔沃汽车公司的全部股权收购[①]。其中 13 亿美元为现金支付,分别来自吉利、大庆国资委和上海国资委共同出资的 11 亿美元,以及中国建设银行伦敦分行提供的低息贷款 2 亿美元;另外 2 亿美元为福特方提供的卖方票据。在吉利支付的这笔资金中,自有资金仅为少部分,大部分资金来自外源融资。如表 9-1 所示,吉利收购沃尔沃的资金既有权益融资,也有债券融资,同时还运用了卖方票据[②]这种特殊的融资方式。

表 9-1　吉利收购沃尔沃的融资方式[③]

融资项目			内　容
并购支付融资	内源融资		吉利自有资金 41 亿元人民币
	外源融资	债权融资	中国建设银行伦敦分行约 14 亿元人民币低息贷款
		股权融资	大庆国资委 30 亿元人民币
			上海国资委 10 亿元人民币
		特殊融资	福特卖方融资约 14 亿元人民币
后续运营融资			中国银行浙江分行与伦敦分行牵头的财团、成都银行、中国国家开发银行(成都)、欧洲投资银行、瑞典银行提供约 105 亿元人民币的贷款

① 在与沃尔沃签订的收购协议中,吉利收购沃尔沃的总金额为 18 亿美元,但由于汇率浮动问题,最终吉利实际只支付了 15 亿美元收购沃尔沃。
② 收购方在实施收购时暂不向目标公司股东支付全部收购价款,而是承诺在未来一定时期内分期分批支付。这种支付方式一般只在目标公司获利不佳、卖方急于脱手时被采用,是有利于收购方的支付方式。
③ 郑霖霖. 吉利并购沃尔沃融资及财务分析 [J]. 理财视点,2013(18).

如表 9-1 所示，吉利除了解决收购资金之外，同时还谋划了约 105 亿元人民币后续的运营融资。其中，由中国银行浙江分行与伦敦分行牵头组成的财团承诺为吉利提供为期 5 年共约 70 亿元人民币的贷款，成都银行与国家开发银行成都支行则为吉利提供为期 5 年共 30 亿元人民币的低息贷款，剩余的部分则由欧洲投资银行与瑞典银行承诺提供部分低息贷款担保。

为了顺利收购沃尔沃，吉利与出资方共同增资设立了收购沃尔沃的 SPV 公司——上海吉利兆圆国际投资有限公司。如图 9-5 所示，该公司的股东由北京吉利万源国际投资有限公司和上海嘉尔沃投资有限公司组成，前者持股比例为 88%，后者则持股 12%。北京吉利万源国际投资有限公司由吉利凯盛与大庆国资委共同出资组成，持股比例分别为 51% 和 37%。上海嘉尔沃投资有限公司则由上海嘉定开发区与上海嘉定国资委共同出资组成，持股比例均为 50%。

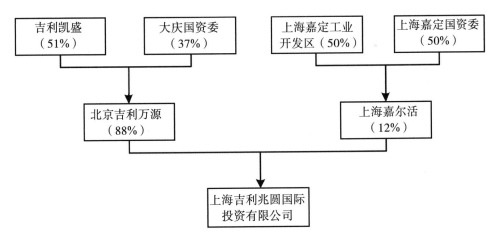

图 9-5　吉利收购沃尔沃的 SPV 公司的股权结构

本次并购融资方案的巧妙之处还在于借助了政府的力量。在并购交易中，大庆国资委与上海国资委共出资 40 亿元人民币；而在并购交易的后续融资中，吉利还分别获得了由成都银行和国开行成都支行 20 亿元人民币和 10 亿元人民币的低息贷款。在贷款的前三年内，吉利仅需承担很少一部分利息，三年后再根据实际情况进行调整①。

9.1.4 有效的整合

在公司并购重组中，并购后的整合工作是并购活动能否取得成功的关键。整合成功了，并购才能最终成功，否则只是在财务上和市值上的暂时操纵，最终将导致业务和财务上的双重失败。只有在后续的整合工作能够顺利进行，才能够真正实现"1+1>2"的并购协同效应。在吉利收购沃尔沃的案例中，吉利的整合尤其是在文化及组织结构整合、品牌整合这两个方面做得颇为出色。

1. 文化及组织结构整合

在跨国并购中，文化和价值观整合是非常困难的。历史上有许多跨国并购都败在了文化冲突的问题上，如 2004 年上汽集团收购韩国双龙汽车就是一个文化整合失败的反面案例。由于当时缺乏经验，上汽集团收购韩国双龙之后，采取了粗暴的整合方式，导致双龙工会的强烈抗议，指责公司的技术遭到上汽集团的偷窃，并因此引发了驱逐管理层的活动，最后上汽不得不撤离双龙，高达 40 亿元人民币的收购款也因此打水漂。

与上汽集团收购韩国双龙相比，吉利收购沃尔沃的文化差异更加巨大。上汽集团与韩国双龙同处于亚洲国家，社会文化一定程度是相似的。而吉利与沃尔沃的社会文化则完全不同，进行文化整合的困难程度必然比前者要更加艰难，但吉利却很好地解决了这个问题。

沃尔沃于 1927 年成立于瑞典哥德堡，地处北欧，高福利和人人平等是其最大的文化特色。处于这样的国家氛围，其企业文化也受到影响。首先，在管理方面，沃尔沃重视员工的个人利益，主张管理层与员工之间平等相待，

---

① 寇建东，党鹏. 意外入川 吉利收购沃尔沃资金链闭合. 转引自搜狐财经. http://business.sohu.com/20100418/n271585875.shtml.

其管理模式是由下至上,管理层会认真听取员工的意见。其次,在薪资方面,按照当地的法律规定,在沃尔沃工作的员工平均月薪必须在 2 万瑞典克朗以上。而吉利于 1986 年成立于中国浙江省,依托于中国文化与市场,吉利在管理上主张由上至下,即以管理层为核心,员工按照管理层的指令执行工作。在薪资方面,由于中国尚处于奔向小康社会的路上,因此平均薪资与发达国家相比还处于较低的水平,吉利的平均月薪与沃尔沃的相差 6~8 倍。除此之外,沃尔沃与吉利还有许多经营管理方面的差异,如表 9-2 所示。

表 9-2 吉利收购沃尔沃之前双方的经营管理差异情况

差异项	吉 利	沃 尔 沃
成立时间	1986 年	1927 年
战略	成本领先战略	品质领先战略
核心价值观	快乐至上,吉利相伴	安全、环保、品质
管理模式	由上至下	由下至上
文化认同度	员工对企业文化认同度低	员工对企业文化认同度高
薪资	低	高

在充分了解彼此的文化差异之后,吉利方面在坚守商业底线的前提下,充分尊重沃尔沃的企业文化。李书福特别重视著名社会学家费孝通先生提出的 16 字箴言:"各美其美、美人之美、美美与共、天下大同"[①],并将这 16 个字充分应用到收购沃尔沃的文化整合当中去。

吉利收购沃尔沃汽车之后,构建了"双塔型"架构:吉利和沃尔沃各自独立运作,由两个不同的团队分开管理(图 9-6)。沃尔沃独立运营,其名下的工厂、研发中心、经销网络和工会协议等保持不变。只调整了沃尔沃全球管理委员会和董事会部分成员,新增了产品战略部门和业务办公室的高管职位,

---

① 李书福:跨国企业文化需要"美美与共 天下大同".人民网. http://finance.people.com.cn/n/2013/0607/c1004-21781130.html

原管理部门及高管职位继续保留[①]。

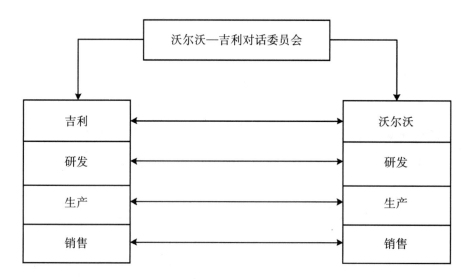

图 9-6　沃尔沃—吉利的双塔型组织结构

如图 9-6 所示，并购后，吉利与沃尔沃各自的研发、生产和销售团队不变，吉利采取"沃人治沃，放虎归山"的治理策略。沃人治沃，以有边界的目标管理为导向，给予沃尔沃管理层充分自由，即通过目标管理调动主观能动性。当年福特兼并沃尔沃，将沃尔沃中高管理层全部换掉，完全按福特的思路来治理，导致沃尔沃产生了水土不服的效应。放虎归山，则是让沃尔沃恢复历史辉煌。在福特旗下那几年，沃尔沃"工人只是上班下班"，缺乏"主人翁精神"，就像一只被关在笼子里的老虎。吉利接手后，决定让其重新回到山中，充分释放其活力和闯劲[②]。

为了保持沃尔沃的独立性，恢复其往日的竞争力，同时保持吉利的控制力。吉利在充分尊重沃尔沃原有的核心价值观和商业理念的基础上，打造了国际化的经营团队和新董事会。新董事会可谓"中西合璧"，既有吉利的代

---

① 祖明．中国自主品牌汽车企业跨国经营战略研究 [M]．安徽：中国科学技术大学出版社，2017：208．
② 郭凌晨，丁继华，王志乐．走向全球公司化之路．[M]．北京：中国经济出版社，2016：49．

表，还有多位原福特的高层管理者，同时也包括沃尔沃工会指定的其他 3 名代表[1]。

"中西合璧"的团队模式是吉利汽车在国际化进程中的一个重要探索。"中西合璧"的管理团队构建，既有助于保持原有公司的生产经营理念，同时也能保持并购公司对标的公司的控制力，在高层之间产生生产经营理念的思想碰撞，更好地促进并购公司和标的公司的发展[1]。构建"中西合璧"管理团队的另一个重要原因是，中国和瑞典的国家政策和法律法规有很大不同，吉利和沃尔沃的企业文化差异较大，在并购整合时，吉利需要大量的国际人才来为品牌整合保驾护航[2]。

2. 品牌整合

在品牌整合方面，吉利收购沃尔沃之后继续沿用多品牌并存的市场策略。始终坚持"吉利是吉利，沃尔沃是沃尔沃"[2]，形成一个良性的互补。

吉利集团的运营架构是：吉利控股集团下设沃尔沃汽车公司、吉利汽车公司与集团非汽车业务三个板块。运营原则是：吉利汽车是吉利汽车，沃尔沃汽车是沃尔沃汽车，双方独立核算和结算。当然，在实施多品牌战略时要对各品牌进行单独宣传，需要巨额的营销成本，对企业的资金要求较高[3]。所以要实行多品牌策略，必须做好市场细分，根据市场差异对各个品牌进行定位、单独管理和维护，保持各品牌的相对独立性。

双方品牌定位也很明确，在各自的市场上占有一席之地。吉利集团对吉利汽车的定位是中国大众汽车品牌，而沃尔沃汽车是全球豪华汽车品牌。沃尔沃汽车中国销售公司 CEO 柯力世表示，沃尔沃的未来不会仿效宝马、奔驰、

---

[1] 徐园. 吉利演绎海外并购经典案例. 浙江日报. http://zjrb.zjol.com.cn/html/2010-08/03/content_478457.htm?div=-1.
[2] 郭凌晨，丁继华，王志乐. 走向全球公司化之路. [M]. 北京：中国经济出版社，2016：222.
[3] 祖明. 中国自主品牌汽车企业跨国经营战略研究 [M]. 安徽：中国科学技术大学出版社，2017：208.

奥迪这些对手,而是会以个性鲜明的北欧风格保持其特色,沃尔沃仍将保持高端豪华的品牌定位[①]。这样一来,便能实行从低端车到高端车的覆盖,提升市场占有率和品牌知名度。

9.1.5 案例评析

吉利对于沃尔沃的收购并不是心血来潮,而是经过精心而严密的一系列准备。早在 2002 年,吉利就已经关注到沃尔沃,此后吉利就沃尔沃收购事宜洽谈了长达三年的时间,可以说,吉利对沃尔沃的收购做足了准备。

1. 成功的并购决策

吉利在 2007 年之前,其造车理念为"造老百姓买得起的好车",这意味着当时吉利的定位是低端市场。2007 年之后,吉利提出战略转型,提出打造"最安全、最环保、最节能"的好车,而安全、环保正好是沃尔沃的核心价值理念。从某种意义上来讲,两者的战略主张不谋而合,存在默契点。如若能够成功收购沃尔沃,将能极大地提高吉利的品牌形象,改变其一直留在消费者心目中"低端车"的印象。同时,吉利也能学习和借鉴沃尔沃的品牌经营理念,加快其由低端车过渡到高端车的转变过程。

2. 精心的尽职调查

在收购沃尔沃之前,吉利组建了专业的团队,对沃尔沃的品牌和资产做了精心的尽职调查,充分发现沃尔沃存在的风险和隐藏的价值。

沃尔沃 2005—2009 年的营业利润连年亏损,销量也呈现下降的趋势,说明收购沃尔沃存在一定的财务风险。尽管如此,吉利仍然认为沃尔沃具有长远的投资价值。根据福特汽车公布的一份由吉利团队评估后出具的《购买资产估值报告》显示,尽管沃尔沃汽车连年亏损,但仍是一家资产超过 15 亿

---

① 晨曦. 两次 PK 成平手 并购后沃尔沃仍走豪华路线. 转引自搜狐汽车. http://auto.sohu.com/20101216/n278329257.shtml.

美元、具备可持续发展空间的优质企业。吉利团队发现沃尔沃汽车拥有以下资产：①超过 4 000 名以上的高素质研发团队；②拥有 3 款发动机和 10 款整车，可以满足欧 VI 汽车废气排放标准；③拥有超过 2 500 家的分布在全球 100 多个国家的经销商；④拥有接近 60 万辆轿车产能的生产线。

通过精心的尽职调查，吉利发现沃尔沃的整体品牌价值接近 100 亿美元。如果能够成功收购沃尔沃，将可以实现"1+1>2"的效果，在拥有沃尔沃全部品牌资产的同时，也有助于提升吉利自主品牌的价值。

3. 合理的估值

此前福特收购沃尔沃时缺乏经验，对其进行估值时存在严重的信息不对称，导致最终严重高估了沃尔沃的实际价值。吸取了福特的经验教训，吉利聘请了洛希尔国际投资银行，综合运用多种方法对沃尔沃进行合理估值。最终，洛希尔国际银行在权衡了各种估值方法的结果之后，对沃尔沃给出了 15 亿~20 亿美元的估值。最终吉利以 18 亿美元[①]与福特达成收购沃尔沃的协议，比当年福特收购沃尔沃时少了 2/3。

4. 整合效果显著

在收购沃尔沃之前，外界都在怀疑吉利是否能整合这块"烫手的山芋"。然而，沃尔沃在被吉利接手之后，便迅速摆脱了亏损的困境，极大地复苏了沃尔沃这个品牌。

吉利在接手沃尔沃之后，采取了"沃人治沃，放虎归山"的策略。并购沃尔沃后，李书福或吉利相关人士并没有出任 CEO，而是由奥尔森继续担任，充分体现了吉利对沃尔沃组织结构的尊重，也是"沃人治沃"的体现[②]。2010

---

① 此处的 18 亿美元是与福特签订的收购协议价格，前文所提及的 15 亿美元收购价格是因为汇率浮动最终吉利的实际支付价格。

② 王寅. 汉肯. 塞缪尔森上任 沃尔沃任命新 CEO. 汽车之家. https://www.autohome.com.cn/news/201210/412632.html.

年，沃尔沃企业内部民意调查显示，员工满意度达到了84%，相比较并购前2009年的82%不降反升[1]，这表明吉利的整合工作稳定了沃尔沃集团内部的工作气氛，留住了沃尔沃重要的人才。

在2010年被吉利接手之后，沃尔沃的销量逐步回升，息税前利润也开始扭亏为盈。进入2014年之后，沃尔沃汽车的营业收入和息税前利润开始呈现爆发式增长。其中2015—2017年的息税前利润分别同比增长193.96%、66.37%、28.02%，2017年的息税前利润更是创下历史新高。图9-7和图9-8所示的分别为沃尔沃2010—2017年的汽车销量以及营业收入与息税前利润。

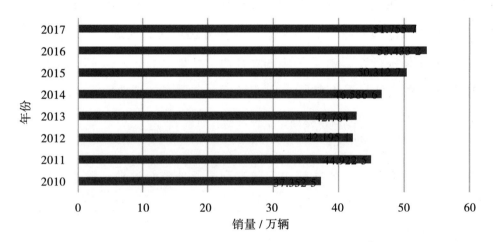

图9-7　2010—2017年沃尔沃汽车销量[2]

---

[1] 罗凤凰. 李书福入主沃尔沃一周年　员工满意度创10年最高. 转引自网易新闻. http://news.163.com/14/0310/15/7GI1AH9U00014AED.html.

[2] 沃尔沃汽车集团官网.

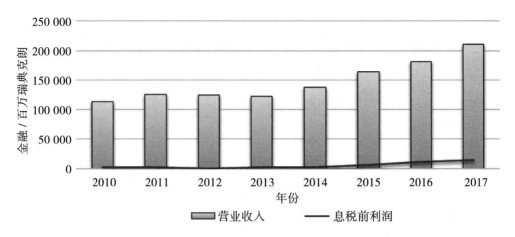

图 9-8　2010—2017 年汽车营业收入与息税前利润 [1]

从吉利的角度分析，自从收购沃尔沃，吉利的品牌形象大大提升，这点充分体现在销量和市值增长上。

如图 9-9 所示，2010 年完成收购后，除了 2014 年销量同比下降以外，其余年份销量均保持增长。并且于 2017 年首次突破百万，年销量达到 124.71 万辆。从销量同比增长率的角度看，并购后除了 2014 年吉利汽车销量同比增长率低于全国销量同比增长率之外[2]，其余年份均不低于全国汽车销量的同比增长率，并且销量增长速度逐年加快。

吉利在完成沃尔沃的收购之后，市值也得到大幅提升，图 9-10 呈现了吉利收购沃尔沃之前的股价和之后的股价走势。该股价走势与吉利汽车的营收情况走势相吻合，2015 年之后呈现爆发之势。

---

[1]　沃尔沃汽车集团官网。
[2]　2014 年吉利销量下跌主要是因为吉利自 2013 年中期至整个 2014 年对营销及市场推广实施了一连串的重大结构改革，使得销量出现暂时下跌。

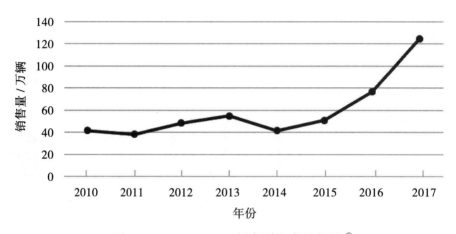

图 9-9　2010—2017 年吉利汽车销售量①

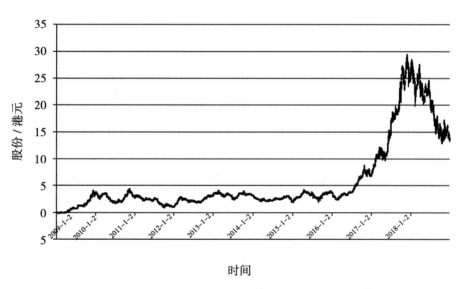

图 9-10　2009—2018 年吉利汽车股价走势②

另外，吉利汽车的营业收入与营业利润变动趋势基本保持一致。如图 9-11 所示，从整体趋势看，吉利汽车 2010 年完成收购后，除了 2014 年由

---

① 吉利汽车 2010—2017 年年报。

② Wind 金融终端。

于吉利营销方面的重大改革导致收入与利润暂时下跌外，其余年度的营业收入与净利润均保持显著的增长，尤其是2015年以后，收入和净利润都出现爆发式的增长。

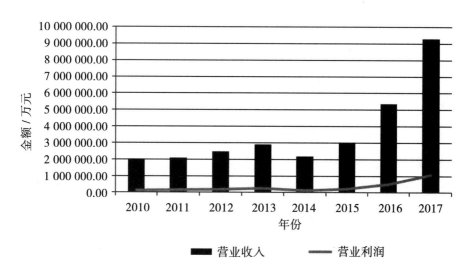

图9-11　2010—2017年吉利汽车营业收入与营业利润情况 ①

5. 巧妙的融资安排

在本次交易中，吉利以小搏大的资金运作能力，帮助吉利成为国内汽车行业首个并购汽车品牌的企业。这种巧妙的融资安排是值得学习的，但更需要注意学习的是，吉利对融资系统性和长远性的考虑安排。首先，在并购前，引入高盛，向其发行可转债和认股权证，做大股本并提振市值，使得吉利的融资成本下降、融资能力增强。其次，在并购交易中，巧妙地引入地方政府融资平台，极大地降低了融资成本和融资风险。最后，在后续的运营融资安排中，吉利借助了国外和国内的低息银行贷款，有效地降低了运营风险和运营成本。吉利对于"并购前+并购+并购后"的融资是经过整体考虑的，这

---

① 吉利汽车2010—2017年年报。

体现了吉利的战略眼光以及对风险控制的重视。

在这场"蛇吞象"的收购案中,我们还需要关注吉利在沃尔沃收购案中开创的"利用政府融资进行海外并购"的模式。汽车工业的长产业链对地方投资和就业的拉动吸引着地方政府,主动向汽车厂商放开条件,提供各种资源便利,如土地、产业园形式、税收优惠等①。吉利将并购融资与国内建厂紧密捆绑,通过沃尔沃中国工厂选址撬动地方政府资本。吉利集团相当于以自有资金41亿元人民币撬动了10亿元的上海政府股权投资和30亿元的大庆政府股权资金,以及30亿元的成都政府借贷资金。而吉利则承诺沃尔沃汽车在大庆、上海嘉定和成都分别建立工厂作为回报②。

通过收购沃尔沃,吉利实现了外延式增长,扩大了公司规模,提高了品牌知名度。吉利在并购前的精心尽职调查、巧妙的融资安排以及并购后的有效整合,使得沃尔沃与吉利无论是在技术、管理还是财务方面都产生了协同效应,实现了"1+1>2"的收购结果。

基于收购沃尔沃的成功经验,吉利逐步加快了全球化的步伐,并购海外的成熟技术、成熟零部件、成熟汽车公司。

(1) 2013年,吉利投资1 104万英镑收购了英国锰铜控股的业务与核心资产,其主要业务是生产伦敦经典黑色出租车。

(2) 2017年5月,吉利收购了DRB旗下宝腾汽车49.9%的股份以及豪华品牌路特斯51%的股份。宝腾汽车是马来西亚的大众品牌,而路特斯是与保时捷、法拉利齐名的世界著名跑车品牌。

(3) 2017年11月,吉利宣布收购美国最大飞行汽车公司太力

---

① 百家号.吉利海外并购狂飙:负债1 600亿 依赖政府补贴.https://baijiahao.baidu.com/s?id=1594800819318479424&wfr=spider&for=pc.
② 曾业辉.解开吉利运作沃尔沃几大谜团.转引自搜狐财经.http://business.sohu.com/20100715/n273515296.shtml.

（Terrafugia）的全部业务和资产。太力是一家专注于飞行汽车设计和制造的美国企业。

（4）2017年12月，吉利宣布收购沃尔沃集团8.2%的股份，成为沃尔沃集团第一大股东。

（5）2018年4月，吉利宣布收购丹麦宝盛银行51.5%的股份。宝盛银行是一家专注于全球资本市场和多资产交易与投资服务的金融机构。该银行受到欧盟全面监管，提供3万余种交易产品。

作为吉利海外并购的另一标志性事件，2018年2月24日，吉利宣布，已经通过旗下海外企业主体收购奔驰母公司戴姆勒9.69%具有表决权的股份。这一持股比例意味着吉利成为戴姆勒集团最大的股东。这是吉利继收购沃尔沃之后，又一个备受瞩目的并购行为。不过这项并购进行得也不是一帆风顺，在吉利公布该消息没多久，德国联邦金融监管局便认为吉利收购戴姆勒股份一事违反了德国《证券交易法》，表示将考虑对其进行罚款。好在吉利有着丰富的海外收购经验，一切收购都遵循合法的原则进行。2018年12月16日，经过德国联邦金融监管局的调查，吉利收购戴姆勒9.69%股份一事属于合法行为，吉利不会受到任何罚款。这意味着，吉利成功成为戴姆勒第一大股东。

吉利在过去10年时间里，至少发生8次海外并购，投资规模超过150亿美元，涉及汽车零部件、成熟技术和成熟汽车公司。而通过并购，吉利集团已经拥有沃尔沃汽车、Polestar、领克汽车、吉利汽车、伦敦电动汽车、远程商用车、莲花豪华跑车、奔驰汽车等多个品牌[①]。

通过发展自主品牌与海外收购相结合，吉利已经成为一家真正意义上的世

---

① 百家号. 吉利海外并购狂飙：负债1600亿 依赖政府补贴. https://baijiahao.baidu.com/s?id=1594800819318479424&wfr=spider&for=pc.

界一线汽车企业,获得了与国内合资汽车厂商竞争甚至反超的能力。目前吉利是一家全球500强企业,李书福也曾提出要将吉利集团打造成全球汽车产业前十强。可以预见的是,吉利的海外收购之路不会停止,吉利的海外版图将继续扩大,后续的整合协同效果也会越来越好。

9.2 金一文化1元卖壳,国资重拳出击抄底

2018年以来,国有资本在A股上买壳的行为屡见不鲜。尤其是进入2018年下半年,上市公司股权质押、债务违约更为频繁,地方国资接盘民营企业股权的步伐不断加快[1]。

在中美贸易战的影响下,2018年下半年沪指跌破3 000点,众多中小市值个股下跌得尤为惨烈,也正因为如此,许多企业大股东股票质押出现爆仓危机。中国证券登记结算有限公司的数据显示,截至2018年8月31日,A股市场共有3 464家公司存在股东质押的情况,其中,整体质押比例超过50%的"红线"的公司有145家,整体质押比例超过70%的公司为15家。

身负股权质押的重压,上市公司大股东无奈之下,主动寻求出让上市公司控制权的机会,而国有资本在此时入场,无疑将获得很好的收购机会。

本案例是关于A股上市公司金一文化以"1元"卖壳给海淀区国资委旗下子公司海科金集团的前后细节,暴露出当下诸多上市公司缺乏对融资风险的控制能力。

---

[1] 祝嫣然,杨佼. 第一财经网. 国企接手民企股权是救市还是抄底 国资委:不存在谁进谁退. 转引自凤凰财经. http://finance.ifeng.com/a/20181016/16529445_0.shtml.

9.2.1 交易背景

1. 买方背景

在本案例中,买壳方为北京海淀科技金融资本控股集团股份有限公司(以下简称"海科金集团")。海科金集团成立于2010年12月8日,是由北京市海淀区国有资本经营管理中心、中关村科技园区海淀园创业服务中心、北京市海淀区玉渊潭农工商总公司等公有制单位发起设立的面向科技型中小微企业的综合性金融服务平台,也是海淀区集债权、股权、资管、辅助四大金融服务平台于一体的国资控股、市场化运作、具有一定品牌影响力的大型国有科技金融服务集团,目前注册资本金额为人民币18.79亿元[①]。

如图9-12所示,海科金集团有7个股东,其中北京市海淀区国有资本经营管理中心(简称"海淀区国有资本")为海科金集团的最大股东,持股比例为24.47%,其母公司为北京市海淀区人民政府国有资产监督管理委员会(简称"海淀区国资委")。海科金集团的第二大股东为北京市海淀区国有资产投资经营有限公司,持股比例为20.67%,其母公司为北京海国鑫泰投资控股中心(简称"海国鑫泰"),海国鑫泰的母公司则为海科金集团的最大股东海淀区国有资本。也就是海科金集团的前两大股东共持有45.14%的集团股权,其母公司均为海淀区人民政府。而海科金集团剩下的5个股东分别为北京市海淀区玉渊潭农工商总公司、中关村科技园区海淀园创业服务中心、北京兴权置业开发建设有限公司、北京中海投资管理有限公司和北京市东升农工商总公司,持股比例分别为20%、19.22%、6.67%、5.64%和3.33%[②]。

---

① 海科金集团官网简介. http://www.haikejin.com/.
② 天眼查。

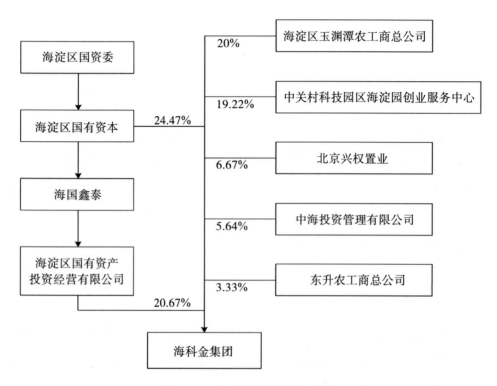

图 9-12　海科金集团股权结构

从金一文化公布的海科金集团 2015—2017 年相关财务数据来看，海科金集团的财务状况良好。2015—2017 年，海科金集团的营业收入分别为 64 775.4 万元、103 070.07 万元和 89 914.14 万元，归属于母公司股东的净利润分别为 10 163.05 万元、11 279.41 万元和 11 891.09 万元。图 9-13 所示的是海科金集团 2015—2017 年营业收入和归属于母公司股东净利润的变化情况。

在 A 股持续下跌的 2018 年，"壳价"持续下跌，也带来了"囤壳"的好时机，这也是具有国资背景的企业在此时大举入场的主要原因之一。国资大举入场，选择壳资源的目光明显放在行业前景好、市值小、盈利能力尚可，但大股东暂时面临股权质押爆仓等流动性风险的上市公司。

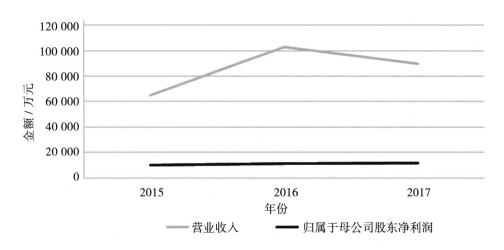

图 9-13　2015—2017 年海科金集团相关财务数据[①]

2. 卖方背景

金一文化是本案例的卖壳方，成立于 2007 年 11 月 26 日，注册资金为 8.35 亿元，于 2014 年 1 月 27 日在深圳证券交易所上市。2017 年，金一文化正式入选 CCTV 国家品牌计划，通过央视广告覆盖 10.77 亿人，总曝光量超过 736 亿人次，人均收看 68.3 次[②]。

根据金一文化官网简介，公司主营业务为黄金珠宝首饰、贵金属工艺品的研发设计、生产和销售。上市后，金一文化不断拓展多元化的经营模式，在中国黄金珠宝首饰行业包括批发、零售、供应链服务等行业上下游进行战略布局，通过"内生生长＋外延并购"，构建一条较为完整的黄金珠宝产业链[③]。其上游为金、银等贵金属供应商，由于 70% 的供货商都是上海黄金交易所，采用现款交易，所以金一在采购时的话语权较弱。其下游，采用经销商和加盟商模式，经销和加盟的比例分别为 44% 和 35%。销售价格采用成本加成，

[①] 金一文化 2015—2017 年年报。
[②] 金一文化 2017 年年报。
[③] 金一文化官网简介. http://www.king1.com.cn/company.html#w_rbox-154337558.

并参考实时金价，及时调整终端销售价格。

金一文化自上市以来，一共发起了8起主要的股权收购[①]。

（1）2014年9月，收购越王珠宝（集钻石翡翠的批发、研产销为一体的珠宝综合服务商），持股比例100%，采用"现金+股权"的支付方式，作价9亿元，形成商誉3.2亿元，并购溢价率为102%。

（2）2015年4月，收购宝庆珠宝（后更名为金一江苏珠宝），持股比例为51%，全部采用现金支付方式，作价4亿元，形成商誉2.2亿元，并购溢价率为243%。

（3）2015年10月，收购卡尼小贷（为黄金珠宝产业链的融资服务提供商），持股比例为60%，全部采用现金支付方式，作价4.8亿元，形成2.9亿元商誉，并购溢价率为364%。

（4）2015年10月，收购广东乐源（主要提供智能可穿戴产品，如智能手环、手表硬件），持股比例为51%，通过向广州乐源增资，以及受让控股股东股权收购，全部采用现金支付方式，作价8.7亿元，形成6.8亿元商誉，并购溢价率为2 509%。该笔属于跨界收购，溢价率极高。

（5）2016年12月，收购金艺珠宝（从事精品黄金制品、珠宝首饰的研发、设计、加工和批发业务），持股比例为100%，采用"现金+股权"的支付方式，作价7亿元，形成3.37亿元商誉，并购溢价率为166%。

（6）2016年12月，收购捷夫珠宝（东北区域优势珠宝品牌），持股比例为100%，采用"现金+股权"的支付方式，作价8.45亿元，形成5.47亿元商誉，并购溢价率为408%。

（7）2016年12月，收购臻宝通（主营黄金珠宝的线上和线下批发业务），持股比例为99.06%，采用"现金+股权"的支付方式，作价6.93亿元，形成3.77亿元商誉，并购溢价率为416%。

---

① 文中提及的数据截至2017年12月31日。

（8）2016年12月，收购贵天钻石（从事裸钻、镶嵌饰品和金条的批发业务），持股比例为49%，采用"现金+股权"的支付方式，作价2.744亿元，并购溢价率为625%[①]。

表9-3总结了上述8起收购，金一文化在进行收购时的主要支付方式为"现金+股权"支付以及"现金"支付，共花费51.624亿元。金一文化的每一次收购都是溢价收购，收购广东乐源的溢价率更是高达2 509%，其他几例收购溢价率也均超过100%。多起溢价并购也给金一文化带来极高的商誉，截至2017年12月31日，金一文化收购的企业一共带给公司超过27亿元商誉。

表9-3 金一文化上市以来收购详情[②]

收购标的	时间	交易对价/亿元	支付方式	收购比例/%	商誉/亿元	备注/%
越王珠宝	2014.9	9	现金+股权	100	3.2	溢价102
宝庆珠宝	2015.4	4	现金	51	2.2	溢价243
卡尼小贷	2015.10	4.8	现金	60	2.9	溢价364
广东乐源	2015.10	8.7	现金	51	6.8	溢价2 509
金艺珠宝	2016.12	7	现金+股权	100	3.37	溢价166
捷夫珠宝	2016.12	8.45	现金+股权	100	5.47	溢价408
臻宝通	2016.12	6.93	现金+股权	99.06	3.77	溢价416
贵天钻石	2016.12	2.744	现金+股权	49	—	溢价625
合计		51.62			27.71	

以上的收购使得金一文化的经营范围涵盖了金银珠宝的生产、销售以及

---

① 相关公告未透露收购贵天钻石给金一文化带来的商誉额度。
② 金一文化2015—2017年年报。

供应链金融和智能可穿戴设备等多个领域，公司的资产规模也不断扩大，图 9-14 所示的是 2015—2017 年金一文化资产规模变化情况。

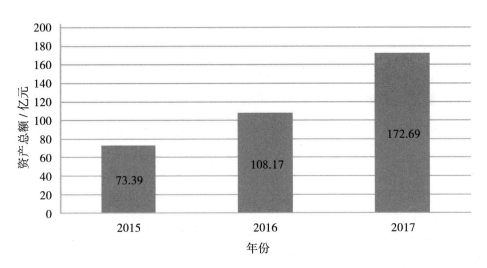

图 9-14 2015—2017 年金一文化资产规模变化情况[①]

从基础财务数据上看，2015—2017 年金一文化的业绩稳定，基本面比较良好。金一文化披露的年报数据显示，2015—2017 年，金一文化的营业收入分别为 76.37 亿元、107.7 亿元、153.2 亿元，归属母公司净利润分别为 1.526 亿元、1.741 亿元、1.824 亿元。不过由于金一文化上市后发起了热火朝天的并购，其现金流出现比较紧张的情况，公司经营活动现金流净额均为负，2015 年至 2017 年金一文化的经营活动现金净流量分别为 –2.7 亿元、–5.2 亿元、–16.7 亿元（图 9-15）。金一文化的经营活动现金持续为负，也为后面"1 元"卖壳事件埋下"地雷"。

---

① 金一文化 2015—2017 年年报。

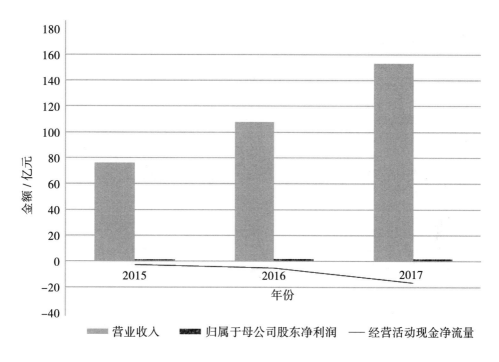

图 9-15　2015—2017 年金一文化相关财务数据[①]

图 9-16 所示的是截至 2017 年 12 月 31 日金一文化前十大股东技股情况，实际控制人为钟葱。公司的第一大股东为上海碧空龙翔投资管理有限公司，钟葱持有该公司 69.12% 的股权，其弟弟钟小冬及其他股东共持有该公司 30.88% 股权，均与钟葱为一致行动人。除了通过上海碧空龙翔间接持有金一文化股权之外，钟葱还直接持有金一文化 12.89% 股权。另外，金一文化的第九大股东"国金证券—平安银行—国金金一增持 1 号集合资产管理计划"持有金一文化 1.73% 股份，钟葱为该资产管理计划的主要份额持有人。

---

① 金一文化 2015—2017 年年报。

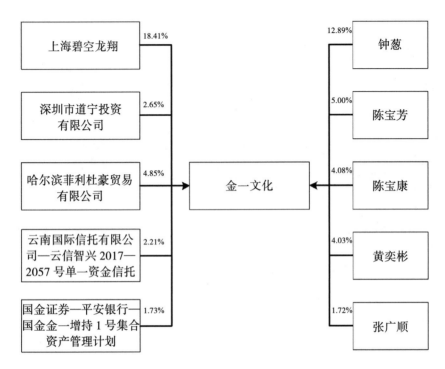

图 9-16 截至 2017 年 12 月 31 日金一文化前十大股东持股情况

3. 行业背景

自 2003 年起，以贵金属制品市场全面开放为标志，黄金珠宝行业进入快速发展的黄金 10 年，10 年间行业复合增速 15%。不过自 2013 年之后，受收入增速下滑、金价暴跌、反腐等因素的影响，黄金珠宝行业开始增速放缓。由于前期门店扩张速度太快，再加上线上对线下商场百货的冲击，不少企业经历了调整，关店数量明显增多，门店业绩下滑严重。但 2016 年下半年，随着收入增速的回升，需求端开始明显回暖。珠宝企业零售额由 2016 年的负增长开始转正。

进入 2000 年以来，珠宝首饰行业的集中度不断提升，行业趋于整合态势。珠宝首饰行业的参与者众多，虽然限额以上[①]零售额占比持续不断提升，

---

① 限额以上企业指的是一定规模以上的商业企业，如规定零售业的年商品销售总额在 500 万元以上，同时年末从业人员在 60 人以上。

但是 2016 年以来这一比例仍小于 50%，意味着仍然有 50% 的市场空间被区域性品牌和市场杂牌所占据。在经历了高速增长的黄金 10 年后，珠宝行业已经较为成熟，市场参与者的数量较多，A 股和港股市占率靠前的 13 家公司的线下与线上终端销售点已经超过 1.6 万个。珠宝首饰行业即将进入新的发展阶段，消费者对品牌和品质的重视程度提升，缺乏品牌影响力和优质产品的小型企业生存压力加大，目前已经出现行业整合的趋势。如六福收购了金至尊；金一文化收购了越王珠宝、宝庆珠宝和捷夫珠宝；刚泰控股收购了珂兰钻石、优娜珠宝；爱迪尔收购了千年珠宝；等等。预计未来行业会迎来集中度提升的过程。

但是就在行业引来一个新的发展契机之际，金一文化的控股股东以 1 元的绝对低价将其对金一文化的控制权卖给了国资背景的海科金集团，引发了市场的极大关注。

9.2.2 交易方案

2018 年 7 月 9 日，金一文化发布公告称，海科金集团拟收购其控股股东碧空龙翔 73.32% 的股权，进而控制金一文化，标的股权的交易价款合计为 1 元。交易方案如下。

买方：北京海淀科技金融资本控股集团股份有限公司

卖方：上海碧空龙翔投资管理有限公司、钟葱及钟小冬

标的股权：上海碧空龙翔投资管理有限公司 22.356 3 万元出资额（73.32% 股权）

交易及作价：交易完成后，海科金集团将持有碧空龙翔 73.32% 的股份，海科金集团将成为碧空龙翔的控股股东。其中，钟葱向海科金集团转让的股份比例为 69.12%；钟小冬向海科金集团转让的股份比例为 4.2%。以上受让的标的股权交易价格合计为 1 元

以上交易完成后，海科金集团将间接持有上市公司金一文化 149 383 805

股股份，占上市公司总股本的17.9%。

交易附属协议内容如下。

（1）海科金集团将为金一文化提供不低于30亿元的资金支持。

（2）钟葱及公司部分核心管理人员需履行增持承诺，承诺在2018年5月17日起36个月内逐步增持公司股票，其中自2018年5月17日起12个月内至少完成2亿元增持，以上承诺增持人员在增持期限内不得减持其所持有的金一文化股份。

（3）海科金集团承诺，交易完成后的12个月内，不会转让本次权益变动中所间接获得的上市公司股份。

（4）海科金集团可向金一文化推荐合格的董事、监事及高级管理人员候选人。

（5）自交易协议生效日起，碧空龙翔在5年内不能撤销对上市公司及其子公司的一切担保。

9.2.3　高比例质押与司法冻结

金一文化1元卖壳事件虽属无奈之举，但也不是空穴来风。公司实际控制人的股票质押率高，资金链一直处于紧张状态。根据公司公告，截至2018年7月10日，大股东上海碧空龙翔投资管理有限公司及实际控制人钟聪累计被质押、冻结情况如下。

（1）碧空龙翔持有公司股份149 383 805股，占公司总股本的17.90%，处于质押状态的股份为140 500 000股，占公司总股本的16.83%，占其持股总数的94.05%；处于冻结状态股份为149 383 805股，占公司总股本的17.90%，占其持股总数的100%。

（2）钟葱持有公司股份107 572 815股，占公司总股本的12.89%，处于质押状态的股份数为100 301 578股，占公司股本总数的12.02%，占其持股总数的93.24%，处于冻结状态的股份为107 572 815股，占公司股本总数的12.89%，占其持股总数的100%。

表 9-4 所示为金一文化实际控制人股权质押信息,自 2016 年以来,大股东及实际控制人连续、大额质押所持股票,导致股票质押率长期处于高位;而且 2018 年以来 A 股市场下行波动明显,大量被质押股票存在被平仓的风险;加之公司经营状况堪忧,经营性现金流长期为负,公司现金滚动持续依赖融资性现金流,存在资金链断裂的风险特征,最终导致公司不堪重负,发生严重的债务危机。

表 9-4 2015—2017 年金一文化实际控制人股权质押信息[①]

股东名称	质押股数/万股	疑似平仓价	参考市值/万元	质押起始日期
上海碧空龙翔投资管理有限公司	480.00	21.91	2 923.20	2015-01-06
上海碧空龙翔投资管理有限公司	1 075.00	14.60	6 546.75	2017-07-04
上海碧空龙翔投资管理有限公司	1 075.00	14.52	6 546.75	2017-07-06
上海碧空龙翔投资管理有限公司	2 000.00	13.57	12 180.00	2017-10-26
上海碧空龙翔投资管理有限公司	2 400.00	12.43	14 616.00	2017-11-16
上海碧空龙翔投资管理有限公司	2 400.00	15.67	14 616.00	2017-12-25
上海碧空龙翔投资管理有限公司	4 000.00	13.68	24 360.00	2018-03-16
钟葱	500.00	22.62	3 045.00	2014-06-26
钟葱	1 600.00	17.79	9 744.00	2016-06-22
钟葱	1 365.16	19.62	8 313.81	2016-06-27
钟葱	1 610.00	18.89	9 804.90	2016-09-21
钟葱	1 265.00	18.07	7 703.85	2016-12-21
钟葱	1 500.00	14.10	9 135.00	2017-09-04
钟葱	1 500.00	13.93	9 135.00	2017-09-11
钟葱	1 400.00	14.95	8 526.00	2018-02-12

除了股权被高比例质押之外,金一文化在被海科金集团收购之前还面临多方债务违约。公司实际控制人及大股东所持上市公司股份遭到司法冻结和轮

① Wind 金融终端。

候冻结，冻结原因如下。

（1）金一文化2017年6月向南京银行北京分行申请6 500万元信用贷款，借款期为2017年6月23日—2018年6月22日，公司未在到期日之前如期还款。

（2）2018年1月8日，金一文化子公司江苏珠宝与民生银行南京分行签署《综合授信合同》，约定民生银行南京分行为江苏珠宝提供3 000万元的最高授信额度，有效期自2018年1月10日至2019年1月10日。结果民生银行南京分行宣布债务提前到期，向法院申请财产保全，并冻结相关执行人钟葱3 100万元的财产。

（3）由于钟葱个人借款纠纷，钟葱持有的上市公司2 244 685股股份被广东省深圳市福田区人民法院冻结。

（4）由于钟葱与丰汇租赁有限公司的合同纠纷，钟葱持有的上市公司5 698 000股股份被北京市第三中级人民法院轮候冻结。

（5）由于上海碧空龙翔与钟葱与吉安县兴农小额贷款有限公司的合同纠纷，上海碧空龙翔与钟葱所持有的上市公司股份等值2 037万元被江西省吉安市中级人民法院冻结。

（6）金一文化2017年向浦发银行南京分行申请2亿元并购贷款，贷款期限为5年，分期归还本金，每年5月24日之前归还本金4 000万元，2018年5月4日金一文化没有如期归还本金，浦发银行南京分行向南京市中级人民法院申请财产保全，并冻结碧空龙翔149 383 805股上市公司股份。

表9-5所示为截至2018年7月9日金一文化实际控制人股份冻结情况，实际控制人所持股份大部分都已被冻结。

表 9-5　截至 2018 年 7 月 9 日金一文化实际控制人股份冻结情况 [1]

股东名称	冻结股数/股	司法冻结执行人	本次冻结占其所持股份比例/%	原因
碧空龙翔	149 383 805	北京市第四中级人民法院	100	司法冻结
碧空龙翔	149 383 805	江西省吉安市中级人民法院	100	轮候冻结
钟葱	7 000 000	江苏省南京市玄武区人民法院	6.50	司法冻结
钟葱	2 244 685	广东省深圳市福田区人民法院	2.09	司法冻结
钟葱	5 698 000	北京市第三中级人民法院	5.30	司法冻结
钟葱	92 630 130	江西省吉安市中级人民法院	86.11	司法冻结
钟葱	14 942 685	江西省吉安市中级人民法院	13.89	轮候冻结
碧空龙翔	149 383 805	江苏省南京市中级人民法院	100	司法冻结（已解除）

综上，金一文化实际控制人所持有的公司股份大部分已经被质押和冻结，资金链断裂可谓一触即发。

9.2.4　"1 元首付 + 提供贷款"式并购

本次的交易结构有较大的创新，海金科集团支付 1 元[2] 买壳，承诺后续将会提供流动性资金作为支持，这对于陷入大股东股权质押危机以及债务缠身等问题的金一文化而言，是别无选择的办法。对于海科金集团来说，以低价获取上市公司的控制权，可以实现从"管资产"到"管资本"的转变，也算是成功抄底。

---

① Wind 金融终端。
② 基本上就是零对价。

实际上，在2018年6月5日，金一文化就曾发布重大事项停牌的公告，称海科金集团将通过协议转让的方式收购碧空龙翔、钟葱及陈宝芳、陈宝详合计持有的公司股票166 943 631股，占公司总股本的20%，且转让价格为金一文化2018年5月28日每股收盘价9折后的价格。按照金一文化2018年5月28日的收盘价8.99元每股的价格计算，海科金集团当时共计需支付金一文化13.5亿元人民币。不过，由于在此之后金一文化的控股股东及实际控制人持有的公司股份遭到司法机构的轮候冻结，该交易事项便持续遭到耽搁。直到2018年7月9日，金一文化才公告了海科金集团1元买下金一文化17.9%控股权的消息。该交易事项的背后，正是上述文中提及的金一文化大股东高比例质押股权，而股价持续下跌导致资金极其紧张。

当然，"天上不会掉馅饼"，海科金集团不可能就真的以1元钱拿下一家上市公司。根据公告，海科金集团虽然仅以1元的价格便获得了金一文化的控制权，但还得向金一文化提供不低于30亿元的流动性支持，以及为上市公司提供增信、引入新的资金方、拓宽新的融资渠道。对金一文化的公告进行梳理可知，截至2019年1月16日，海科金集团共为金一文化提供超过100亿元的资金支持。

（1）2018年8月31日，海科金集团向金一文化提供不超过30亿元的有息借款，年利率为7.16%，借款期限为1年。

（2）2018年8月31日，海科金集团为金一文化及金一文化子公司提供共计3.25亿元的连带责任担保贷款。

（3）2018年9月12日，海科金集团为金一文化及金一文化子公司提供共计8.25亿元的连带责任担保贷款。

（4）2018年9月21日，海科金集团为金一文化及金一文化子公司提供共计2.26亿元的连带责任担保贷款。

（5）2018年9月28日，海科金集团为金一文化及金一文化子公司提供共计 3.4 亿元的连带责任担保贷款。

（6）2018 年 10 月 16 日，海科金集团为金一文化及金一文化子公司提供共计 5.36 亿元的连带责任担保贷款。

（7）2018 年 10 月 16 日，海科金集团为金一文化及金一文化子公司提供共计 40 亿元的连带责任担保贷款。

（8）2018 年 10 月 24 日，海科金集团为金一文化及金一文化子公司提供共计 2.9 亿元的连带责任担保贷款。

（9）2018 年 11 月 9 日，海科金集团为金一文化及金一文化子公司提供共计 0.49 亿元的连带责任担保贷款。

（10）2018 年 11 月 28 日，海科金集团为金一文化及金一文化子公司提供共计 3.85 亿元的连带责任担保贷款。

（11）2018 年 12 月 18 日，海科金集团为金一文化及金一文化子公司提供共计 2.6 亿元的连带责任担保贷款。

（12）2018 年 12 月 18 日，海科金集团为金一文化及金一文化子公司增加 20 亿元的连带责任担保贷款。

9.2.5 案例评析

1. 盲目扩张导致资金链断裂

自 2014 年上市以来，金一文化便开启了"蒙眼狂奔"的并购重组之旅。除此之外，金一文化的商业模式也从"自营模式"转变为"加盟模式"。如此大肆扩张，使得金一文化的资产规模得到迅速增长，但随之而来的也是与日俱增的财务压力。

由前文所述，金一文化的基础财务数据表面上看还颇为亮眼，然而深挖起来却是"不堪一击"。

根据金一文化 2015 年至 2017 年公布的年报可得知，金一文化的主要业绩收入来源于经销与加盟。图 9-17 和图 9-18 分别为 2015—2017 年金一文化的经销与加盟营业收入情况和毛利率变化情况,可以看出金一文化的加盟规模越大,其加盟毛利率却越低。

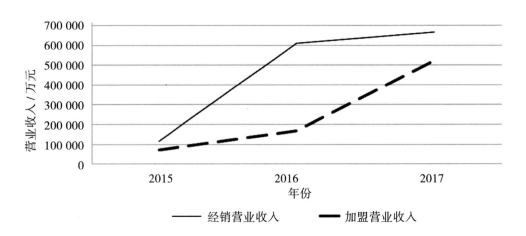

图 9-17　2015—2017 年金一文化经销与加盟营业收入情况 [①]

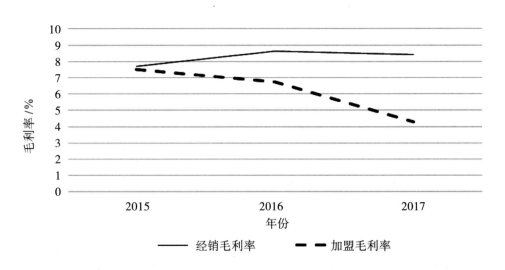

图 9-18　2015—2017 年金一文化经销与加盟毛利率变化情况 [②]

[①][②]　金一文化 2015—2017 年年报。

2015年，金一文化拥有加盟连锁店166家，品牌直营及专柜、专卖店183家，其中经销的营业收入额为115 520万元，加盟的收入额为73 646万元，毛利率分别为7.72%和7.5%。2016年，金一文化拥有加盟店128家，自营连锁店160多家，其中经销的营业收入额为609 692万元，加盟的营业收入额166 931万元，毛利率分别为8.63%和6.75%。2017年，金一文化的加盟店以百倍增长的速度上升至1 158家，而自营连锁店则缩减至60家，其中经销的营业收入额为665 889万元，加盟的收入额为523 063万元，毛利率分别为8.42%和4.3%。

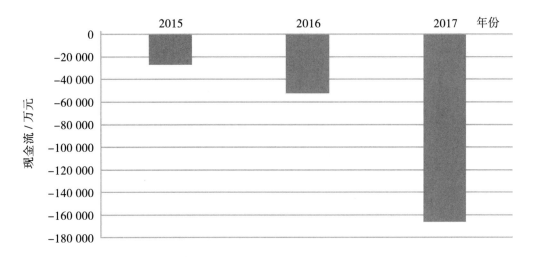

图9-19　2015-2017年金一文化经营性现金流变化情况 ①

随着金一文化加盟模式的猛烈推进，其存货额度也不断上升，公司负担的成本也越来越高。从2015年至2017年，金一文化的存货额度分别为250 136万元、293 410万元和411 997万元。可见由于2017年金一文化加盟店的剧增，存货额也呈倍增式增长。与此同时，金一文化的经营性现金流

---

① 金一文化2015—2017年年报。

长期为负,且幅度越来越大。如图 9-19 所示,2015—2017 年金一文化的经营性现金流分别为 -27 088 万元、-52 399 万元、-166 509 万元。由此可见,大量的存货带来的不仅是仓储成本的上升,更容易导致货物积压,造成经营现金流变差,最终酿造财务风险。

在"自营模式"向"加盟模式"转变的过程中,金一文化进行了一系列并购重组。然而并购重组并没有给金一文化带来明显的利润收入,反而是多起溢价收购给金一文化带来严重的财务压力,如溢价 2 509% 收购广东乐源,溢价 408% 收购捷夫珠宝,溢价 416% 收购臻宝通和溢价 625% 收购贵天钻石。

一边是加盟模式盲目扩张,另外一边是溢价收购没能产生好的利润效应。疯狂扩张的背后,金一文化只能依靠融资进行"续命"。从金一文化公布的财务数据看,公司的资产负债率长期高于 50%,2015—2017 年的资产负债率分别为 67.68%、72.39% 和 67.43%。金一文化的经营性现金流与有息债务比例也均为负,2015—2017 年分别为 -0.06、-0.09 和 -0.21,说明金一文化面对有息债务,是完全没有应付能力的。一旦出现股价闪崩,或债权人抽贷、债权人不予续期等情况,金一文化就会出现资金链断裂情况。

2. 部分上市公司融资风险控制能力差

金融的本质就是在控制风险的前提下利用杠杆,提高信用。

首先,信用是金融的立身之本,信用是杠杆的基础,没有信用就没有金融。无论是个人或是企业,信用都是生命线。信用越高,能使用的杠杆就越高。信用使得企业有扩大再生产的源泉。只有在控制风险的前提下,才能在信用的基础上使用杠杆,从而增加信用,形成一个正向循环。

其次,杠杆是金融的创新运用。企业在控制风险的前提下利用杠杆,把外部融资投入到再生产过程中,扩大生产规模,从而获取更高的净资产收益率。

最后,风险是杠杆累积的结果。一般来讲,杠杆水平越高,风险敞口就越高;反之亦然。

从融资的角度看，企业要对信用、杠杆和风险把握一个适当的"度"。在信用良好的前提下，避免过高使用杠杆，控制好风险，才能让企业健康良好发展。金一文化"1元"卖壳的事件，实质上是上市公司融资风险控制能力太差，透支了信用。

A股市场上，许多上市公司融资能力差，缺乏有效的风险控制，从而出现类似金一文化这种资金链断裂的问题。作为上市公司，有很多的再融资渠道，如定向增发、换股、配股、公司债、可交换债、可转换债或发并购基金等。但许多上市公司采用的融资方法比较简单粗暴，2017年之前大都采用的是定向增发；2017年2月17日证监会发布"再融资新规"，对定增有了诸多限制，上市公司纷纷转而使用股权质押进行再融资；上市公司忘记了其实还有不少其他的再融资渠道，如果综合应用，融资风险会得到有效控制。结果就是2018年许多上市公司"无股不押"。在这种局面下，只要股市出现波动，股价下跌，必然出现"爆仓"的结果。

金一文化之所以陷入"1元"卖壳的局面，就是因为过高比例使用杠杆的同时没有做好风险控制。大股东的高比例股权质押和股价的下跌，使得质押股价触及平仓线，最终面临资金链断裂的困境。

3.国有资本越来越聪明

2018年以来，A股市场频现转让股权的上市公司，接盘方多为具有国资背景的企业或机构。通过梳理可发现，这些进行股权转让的上市公司大多属于小市值企业，且绝大多数处于债务危机中，股价持续下挫，抑或面临股票质押爆仓的风险[1]。

当然，国资抄底并不仅仅是充当"白衣骑士"那么简单。国资抄底主要有

---

[1] 谢泽锋. 英才杂志. 国资买壳汹涌. http://www.talentsmag.com/prodshow_view.aspx?TypeId=66&Id=4040&Fid=t31：66：31.

两个目的：一是实现旗下优质资产的证券化，做大做强优质资产，实现国有资本的保值增值；二是利用上市公司自身融资优势，将买来的"壳公司"打造成产业整合平台[①]。

海科金集团虽然仅以1元便获得上市公司控制权，但同时也要为金一文化提供超过30亿元的资金支持。与此同时，海科金集团也获得金一文化的上市平台，实现了从"管资产"到"管资本"的转变。虽然金一文化的资金链暂时出现问题，但从基础财务数据看，金一文化依然属于业绩较好的"壳股"。只要能进行良好的整合，使金一文化向健康良好的方向运转，未来是能够把金一文化转变成良好的资产从而获益的。而且海科金集团高度警惕上市公司与大股东资金链问题背后的风险，在交易协议中提出了诸多严苛的条件。

（1）5年内上市公司高管不得离职或调换岗位，离职1人钟葱需赔偿100万元。

（2）关联方需承诺60个月内不要求金一文化偿还债务。金一文化与关联方（大股东及前次交易对手）之间存在较复杂的资金关系。

（3）碧空龙翔的债务需由钟葱（丙方一）承接[②]。

（4）碧空龙翔及金一文化不得存在未披露的隐性债务，否则钟葱将承担责任。

（5）除尽调已披露的债务及担保外，碧空龙翔及钟葱不得存在其他对上市公司的担保。

（6）金一文化及碧空龙翔新增债务超过5 000万元，买壳方可解除协议。

随着去杠杆逐渐深化，国资买壳的现象也将持续升温。那些市值小、资质优良，却面临资金压力的上市公司或将成为国资眼中的"香饽饽"。但是，不

---

① 小鲨鱼财经. 国资并购开启扫货模式, 这4类成关注焦点！. http://dy.163.com/v2/article/detail/DSBJBRK00519X20K.html.

② 本次交易并非"承债式收购"。

要把国有资本看成"接盘侠",现在的国有资本越来越聪明,在抄底的同时非常看重并购交易的风险控制。

9.3　并购基金助力旋极信息 20 倍杠杆收购

2016 年 7 月 14 日,证监会发布《证券期货经营机构私募资产管理业务运作管理暂行规定》("新八条底线"),要求"股票类、混合类结构化资产管理计划的杠杆倍数不超过 1 倍,固定收益类结构化资产管理计划的杠杆倍数不超过 3 倍,其他类结构化资产管理计划的杠杆倍数不超过 2 倍"[1]。但对于并购交易中的结构化安排的拆除问题,并没有作出明确的规定和要求。

此新规发布两周后,A 股上市公司旋极信息（300324.SZ）以 18 亿元人民币成功收购国内高新技术企业泰豪智能便成为新规之后首个公开披露并购基金结构化安排并顺利过会的案例。该案例的成功过会意味着结构化基金参与上市公司并购重组的审核破冰,对于并购实务来讲意义重大。同时,该案例中并购基金的退出安排也颇具特点,是并购实务中如何搭建并购基金的理想对标案例。

9.3.1　交易背景

1. 买方背景

北京旋极信息技术股份有限公司（以下简称"旋极信息"）成立于 1997 年 11 月,是我国测试/保障、税务信息化、智慧城市、时空大数据应用等领域的国家级高新技术民营上市企业[2],公司于 2012 年 6 月在 A 股创业板上市。

---

[1] 百度百科. https://baike.baidu.com/item/证券期货经营机构私募资产管理业务运作管理暂行规定/19835168?fr=aladdin.

[2] 旋极信息官网简介. http://www.watertek.com/GroupIntroduction.aspx.

经过二十余年的发展，旋极信息的产品和服务横跨国防、航空航天、信息安全、智慧城市等领域。凭借着领先的技术优势、独具特色的解决方案和对用户需求的深刻理解能力，旋极信息在国防信息化和行业信息化领域具有较强的竞争优势。表 9-6 为旋极信息的行业优势具体内容。

表 9-6　旋极信息的行业优势及具体内容 [①]

具有优势的领域	具体内容
嵌入式系统测试及装备信息化	①是少数几个具有全系列嵌入式开发、测试、仿真、验证、以及工程能力的公司； ②是国内少数能够提供系列化测试性软件和相应系统的企业之一
无线通信	①研制出适用于高机动平台的支持宽带多媒体业务（图像、数据、音视频等）的无线自组网系统，可实现现场态势感知，该系统还具备根据应用场合需求对自组网频段进行定制的能力； ②能够提供专业的通信系统整体解决方案，具备较强的竞争优势
行业信息安全产品及服务	①积极参与推动国家"营改增"政策落地，是国内主流税务信息化产品和服务提供商之一； ②依托于在税务信息化服务器等硬件产品上的优势，公司的电子发票平台为集团企业、中小微及个体企业提供全方位的业务咨询、解决方案、系统建设及运维服务； ③紧密结合"互联网+"模式，是国内领先的"互联网+税务"服务商
大数据	①已经形成了一套独有的以时空信息网格编码为核心的大数据技术和产品体系，具有低成本、高效率的特点； ②同时正在参与行政区划编码、北斗网格编码、物联网地址标识编码等标准的制定工作，有望在军队、公安部、国家测绘总局、环保等部门得到推广，成为全国性的统一标准
智慧城市	①以数据驱动的智慧城市建设为路径，从产业、社区的智能化和安全为切入点，服务城市的"最后一公里"，形成有特色的、以解决大（城市）病为重点的智慧城市解决方案； ②在智慧能源、智慧建筑、智慧交通、智慧机场、智慧园区、城市安全等领域提供智能、互联、可视、可控、高效、安全的智慧城市整体解决方案

如图 9-20 所示，旋极信息业务稳健发展，2014—2016 年，旋极信息的营

---

① 旋极信息 2016 年年报．http://www.watertek.com/img/fj/fj2017328101031.pdf．

业收入分别为 36 243.21 万元、98 031.92 万元、218 877.59 万元；归属上市公司普通股股东的净利润分别为 6 937.35 万元、10 318.1 万元、377 299.9 万元。

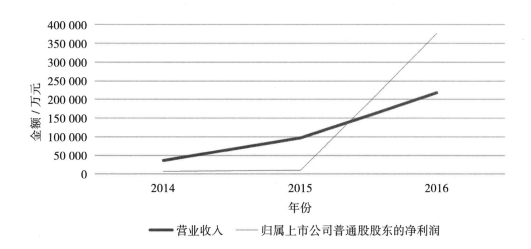

图 9-20　旋极信息 2014—2016 年业绩变化情况[①]

在本次交易完成之前，旋极信息的大股东和实际控制人为陈江涛，其直接持有上市公司 39.03% 的股权，同时通过中天涌慧间接持有 3.13% 的股权，通过南华期货股份有限公司华富 15 号资产管理计划间接持有 0.19% 的股权，合计持有上市公司 42.35% 的股份。

2. 卖方背景

北京泰豪智能工程有限公司（以下简称"泰豪智能"）成立于 1997 年 9 月，是清华大学、中国科学院在智能节能领域"产学研"孵化的重要成果，是最早从事智能建筑和建筑节能工程设计、工程承包、系统集成、技术顾问、咨询等服务的高新技术企业之一[②]。

泰豪智能在本次交易事项完成前，曾经历过多次增资及股权转让。在 2015

---

① 旋极信息 2014—2016 年年报。
② 百度百科．https://baike.baidu.com/item/ 北京泰豪智能工程有限公司 /1886422?fr=aladdin.

年10月之前，泰豪智能的股东仅有西藏泰豪和恒通达泰两方[1]。西藏泰豪为泰豪智能的大股东，自入资以来，一直负责泰豪智能的实际运营和经营管理，而恒通达泰则是泰豪智能的管理层持股平台。此后，为了顺利达成本次交易事项，旋极信息提前安排私募股权基金汇达基金和新余京达入股泰豪智能[2]。

2015年10月，汇达基金以总价90 000万元取得泰豪智能50%的股权（包括对泰豪智能增资8 000万元取得了泰豪智能5.56%的股权，以及以82 000万元购买了西藏泰豪和恒通达泰所持有的泰豪智能共计44.44%的股权）[2]。

2016年1月，汇达基金以4.2亿元的价格将其持有的泰豪智能22.76%的股权转让给新余京达。至此，西藏泰豪、恒通达泰、汇达基金和新余京达持股比例分别为32.5%、17.5%、27.24%和22.76%。2016年5月，汇达基金将其持有的泰豪智能3.61%的股权以6 500万元的价格转让给西藏泰豪，将其持有的泰豪智能1.95%的股权以3 500万元的价格转让给恒通达泰。最终，西藏泰豪、恒通达泰、汇达基金和新余京达四方共计持有泰豪智能100%的股权，以上4方的持股比例分别为36.11%、19.45%、21.68%和27.26%[2]。表9-7为本次交易完成前泰豪智能股权结构详情。

表9-7 本次交易完成前泰豪智能股权结构详情

股东	出资额/万元	持股比例/%
西藏泰豪	3 824.01	36.11
恒通达泰	2 059.08	19.45
汇达基金	2 295.64	21.68
新余京达	2 410.00	22.76

泰豪智能作为智慧城市规划设计、建设实施、运营服务整体解决方案提供

---

[1] 由于泰豪智能为非上市公司，故此前的股权无法查到详细比例。
[2] 旋极信息上市公告. http://www.watertek.com/img/fj/fj2016716164042.pdf.

商，围绕智慧城市的建设需求，依托于多年系统建设方面的丰富经验，通过与科研院所开展深入合作，从智慧城市顶层设计、智慧园区/建筑、智慧能源、智慧交通及智慧水务等多领域，为中国智慧城市的建设服务。泰豪智能的收入主要来源于智慧园区/建筑、智慧能源及智慧交通三个板块，同时开展智慧城市顶层设计、智慧水务及相关产品销售业务[①]。表9-8为泰豪智能主营业务及介绍。

表 9-8 泰豪智能主营业务及介绍[①]

业务板块	业务介绍
智慧城市顶层设计	①针对安全威胁、资源矛盾、交通拥挤、环境恶化等城市发展问题，形成安全、清洁、便捷的城市民生服务系统； ②与国家信息中心建立战略合作伙伴关系，参与近20个城市的顶层设计； ③从城市发展的战略全局出发，研究制订智慧城市建设方案； ④制定信息资源共享、保障信息准确可靠、强化信息安全、完善法规标准等具体措施
智慧园区/建筑业务	①提供建筑智能化工程的前期咨询、方案设计、软件开发、工程施工、集成调试及一站式维护管理的建筑智能化综合解决方案； ②在智慧能源和建筑智能化的基础上，采用信息化手段，以云计算为核心，通过系统平台协同运作，实现园区内系统间的互联互动，从而降低建筑运行过程中的能量消耗及运营成本
智慧能源	①主要分为能源管理体系、光伏一体化解决方案、城市供热节能系统和光伏电站业务四个板块； ②研发出城市级能源管理系统、建筑能源管理系统、古建筑电力安全管理系统，并在节能减排示范城市、大型商超及故宫等项目进行实地应用
智慧交通	①为国内外民用枢纽机场、支线机场、通航机场、军用机场提供智慧机场规划、设计、咨询、系统集成、机电安装服务、专业产品提供等一系列具有针对性、专业性的设计、实施、解决方案； ②由集成管理平台、民航专业智能化系统、航站楼建筑智能系统、民航机电设备等组成的智慧机场业务，可以同时为航站楼、飞行区、以及飞行器管理提供解决方案和服务

凭借上述综合优势业务，泰豪智能业绩稳定快速增长，总工程量在业内

---

① 旋极信息上市公告. http://www.watertek.com/img/fj/fj2016716164042.pdf.

位居前列,实现了营收和净利润的高速增长。如图 9-21 所示,2014 年泰豪智能的营业收入为 85 752.3 万元,2015 年则实现营业收入 131 066.7 万元,同比增长约 53%;与此同时,泰豪智能 2014 年的归母净利润为 3 808.6 万元,2015 年则呈倍增式增长,达到 11 212.2 万元,同比增长约 194.39%。

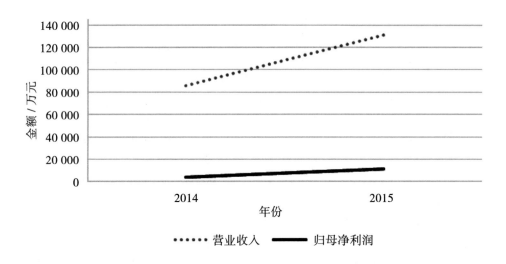

图 9-21 2014—2015 年泰豪智能业绩情况 [①]

3. 行业背景

移动互联网的兴起逐步改变了人们的生活习惯,随着智能化的逐步深入,数据的价值显得愈发重要。大数据、云平台的出现,让数据拥有了独特的商业价值,大量智能化分析和高精准解决方案的出现让人们的生活越发简单方便,这也是"智慧城市"会成为我国城市建设中重要的一部分的原因。随着《国务院办公厅关于运用大数据加强对市场主体服务和监管的若干意见》和《关于促进大数据发展的行动纲要》等顶层设计文件相继出台,国家大数据产业规划基本清晰,大数据行业应用陆续展开,大数据消费将得到更多的鼓励和推动,全

---

① 旋极信息 2016 年年报。

面信息化将会得到进一步提升。表 9-9 所示的是大数据和信息产业的发展趋势。

表 9-9 大数据和信息产业的发展趋势[①]

发展趋势	具 体 表 现
国防信息化发展趋势	①加快信息化建设已经成为世界各国军事发展的重要步伐，加速发展信息化武器装备将成为主要的竞争形态； ②我国于 2015 年明确提出将军民融合发展上升为国家战略
嵌入式技术智能化发展趋势	①嵌入式技术具有体积小、可靠性高、功能强、灵活方便等优点，对各行业的技术改造、产品更新换代、自动化加速、生产率提高等方面起到了极其重要的推动作用； ②德国工业 4.0、美国工业互联网、"中国制造 2025"均以嵌入式技术作为核心技术
"互联网+税务"的发展趋势	①自 2016 年 5 月 1 日起，"营改增"的试点范围扩大到建筑业、房地产业、金融业和生活服务业，实现货物和服务业全面覆盖，打通税收抵扣链条，支持现代服务业和制造业升级； ②国家税务总局 2015 年印发了《"互联网+税务"行动计划》，指出要建设电子税务新生态，更高层次地依托"互联网+"的力量，为税收改革发展奠定稳固坚实的基础
大数据逐渐成为重要生产力的发展趋势	①大数据被应用于消费、制造、交通、医疗、金融以及军事等各大领域； ②"十三五"规划纲要中提出要实施国家大数据战略，把大数据作为基础性战略资源，加快推动数据资源共享开放和开发应用，助力产业转型升级和社会治理创新
核心信息产品自主可控的趋势	①"棱镜门"事件爆发后，人们发现软硬件产品一旦存在后门或漏洞，将对国防、工业系统的信息安全存在威胁，信息安全引发了全社会关注； ②"十三五"规划纲要中提出要"强化信息安全保障"，凸显我国政府对信息安全的重视
智慧城市成为国家推行城镇化建设的趋势	①城镇化已经成为中国现代化建设的历史任务和扩大内需的最大潜力所在； ②城市人口的迅速增加带来了交通拥堵、环境污染、资源短缺、安全隐患等问题； ③我国政府先后颁布了《国家新型城镇化规划（2014—2020 年）》《关于促进智慧城市健康发展的指导意见》等政策来推进智慧城市具体应用
我国从制造大国向制造强国发展的趋势	①我国制造业在自主创新、资源利用、产业结构、信息化水平、质量效益方面与美国等西方发达国家相比还有明显的差距，制造业转型和跨越发展的任务紧迫而艰巨； ②2015 年，国务院印发《中国制造 2025》，意在力争到 2025 年在战略产业上能达到国际领先地位和国际先进水平

在大数据、物联网、云计算等新一代信息技术的支撑下，安全防务、金融

---

① 旋极信息 2016 年年报。

税务、智慧城市、智能制造等行业将存在巨大的智能化需求。

智慧城市是旋极信息智慧产业战略中非常重要的发展方向；泰豪智能是国内智慧城市设计、实施和运营的领先企业，在数字城市和物联网领域有丰富的技术、产品和工程实施经验积累。而旋极信息的时空网格剖分和编码技术，能通过信息网格技术将城市管理中产生并存储的各种类型的大数据通过时空特征协同起来，融合城市运营数据，实现精细化和高效管理。双方以"物联网、大数据、云计算＋系统集成"的方式加大在智慧城市业务的市场拓展力度，为客户提供全系列的智慧城市一体化解决方案，通过双方技术和产品优势的结合，能够实现在智慧城市领域的业务互补性，从而组成强大的智慧城市整体解决方案。

9.3.2 交易方案[①]

2016年2月25日，旋极信息发布公告，拟向西藏泰豪、恒通达泰、汇达基金和新余京达发行股份购买其持有的北京泰豪智能工程有限公司100%的股权。交易前上市公司未持有泰豪智能的股份，交易完成后，泰豪智能成为旋极信息全资子公司。

买方：旋极信息

卖方（标的资产）：泰豪智能100%股权

交易对方：泰豪智能全体股东，分别为西藏泰豪、恒通达泰、汇达基金和新余京达

交易对价：18亿元，全部用股份支付对价

发行价格：19.63元/股（除权除息后）

发行股份数量：91 696 380 股

业绩承诺：2015年和2016年合计实现27 600万元净利润，2017年和

---

① 旋极信息上市公告．http://www.watertek.com/img/fj/fj201610191482.pdf.

2018 年将分别实现 20 280 万元和 24 336 万元的税后利润。

支付方式：上市公司向西藏泰豪、恒通达泰、汇达基金和新余京达发行股份购买其持有的泰豪智能 100% 股权。价格确定为公司第三届董事会第十八次会议决议公告日前 20 个交易日股票交易均价的 90%，即 39.30 元/股，具体情况如表 9-10 所示。

表 9-10　支付方式详情

交易对方	持有泰豪智能股权比例/%	交易对价/万元	作为对价的股份数/股
西藏泰豪	32.50	58 500	14 885 496
恒通达泰	17.50	31 500	8 015 267
汇达基金	27.24	49 032	12 456 385
新余京达	22.76	40 968	10 424 427

锁定期：本次重组向交易对方西藏泰豪、恒通达泰、汇达基金和新余京达发行的股份，自本次发行结束之日起 36 个月内不得转让。

交易结果：本次交易前，旋极信息的实际控制人为陈江涛，其直接和间接共持有公司 42.35% 的股份。交易完成后，陈江涛共持有旋极信息 38.80% 的股份，仍为公司控股股东和实际控制人。

9.3.3　并购基金的搭建[①]

本次并购交易中泰豪智能提出以"股份+现金"作为交易的支付方式，主要基于以下两点进行考虑：第一，上市公司重大资产重组变现时间较长；第二，泰豪智能拟奖励对公司长期以来作出贡献的公司管理层。根据泰豪智能的盈利预测并参考行业平均市盈率，最终双方约定交易对价为 180 000 万元。

为了取得并购资金的支持，顺利促成上述并购交易安排，旋极信息控股股东及实际控制人陈江涛出资 2 000 万元，持有汇达基金 LP 之一的汇达资本

---

① 旋极信息上市公告. http://www.watertek.com/img/fj/fj201610191482.pdf.

20.41%份额（折算后持有汇达基金2.86%的份额）；出资4 300万元，持有新余京达LP之一的汇达私募68.25%的份额（折算后持有新余京达8.5%的份额），并且为汇达基金的LP安信计划、金色壹号、新余京达的LP银河计划、京达贰号提供担保。由此，陈江涛以6 300万元自有资金为本次并购交易成功撬动了12.06亿元资金。

如前文所述，并购标的泰豪智能2015年的营业收入为131 066.7万元，扣非后归母净利润为11 212.2万元。而收购方旋极信息2015年的营业收入为98 031.92万元，扣非后归属母公司净利润为10 318.1万元。总体上看，泰豪智能无论是营业收入还是利润方面，总体体量都大于旋极信息。因此，旋极信息完全利用自有资金去收购泰豪智能，面临较大资金压力。同时，由于价款支付时间较为紧迫，旋极信息也无法通过上市公司定增等途径及时募集现金用于支付股权对价。

为了顺利完成收购，并且让泰豪智能原股东实现获取现金的利益诉求，旋极信息实际控制人陈江涛开始寻求并购基金的方式参与本次交易，以缓解其支付现金的压力。

陈江涛找来的并购基金分别是汇达基金和新余京达，基金管理人均为北京达麟投资管理有限公司。汇达基金和新余京达对旋极信息和泰豪智能本身及所属行业均较为看好，愿意协助各方最终完成旋极信息对泰豪智能的收购，并希望通过本次交易长期持有旋极信息的股权。

如前文所述，泰豪智能在本次交易活动之前经过多次股权转让。2016年5月，汇达基金将其持有的泰豪智能3.61%的股权以6 500万元的价格转让给西藏泰豪，将其持有的泰豪智能1.95%的股权以3 500万元的价格转让给恒通达泰。最终，西藏泰豪、恒通达泰、汇达基金和新余京达四方合计持有泰豪智能100%的股权，持股比例分别为36.11%、19.45%、21.68%和22.76%。

本次交易旋极信息将向泰豪智能四名股东共计发行 9 169.64 万股,购买其持有的泰豪智能 100% 的股权。本次交易完成后,泰豪智能将成为旋极信息的全资子公司。西藏泰豪、恒通达泰、汇达基金、新余京达合计持有旋极信息 8.4% 的股权。

1. 汇达基金

汇达基金由达麟投资、安信计划、金色壹号、汇达资本四方共同出资,安信计划出资 5 亿元作为优先级 LP,金色壹号出资 1 亿元作为劣后级 LP(夹层)①,汇达资本出资 0.98 亿元作为劣后级 LP,达麟投资出资 0.02 亿元作为 GP。其中陈江涛作为劣后级 LP 汇达资本的投资人之一,出资 2 000 万元,并为优先级 LP 安信计划、劣后级 LP(夹层)金色壹号提供担保。由此可看出,汇达基金的 LP 结构包括优先级、劣后级(夹层)和劣后级,出资比例分别为 5∶1∶1。

在投资决策委员会构成方面,GP 达麟投资、优先级 LP 安信计划、劣后级 LP 汇达资本均可委派一名委员,劣后级 LP(夹层)金色壹号可以委派两名委员。其中,优先级 LP 安信计划委派委员具有一票否决权,而旋极信息实际控制人陈江涛是劣后级 LP 汇达资本的委派委员,虽然不能实际控制汇达基金,但能够对汇达基金的日常经营产生重大影响。

从各类份额的收益分配比例来看,达麟投资和汇达资本可享受较高的超额分成,分成比例分别为 20% 和 55%。安信计划和金色壹号既能获得较高固定收益回报,还可享受超额分成,分成比例为 10% 和 15%,具体情况如表 9-11 所示。

---

① 即劣后级中间层。

表 9-11 汇达基金的结构详情

基金结构	出资人	出资额/万元	权利义务
GP	达麟投资	200	①作为汇达基金的执行事务合伙人，对外代表汇达基金；②按照合伙协议的约定收取管理费用；③享受最后可分配收入的20%；④委派1名委员参加投资决策委员会
优先级LP	安信计划	50 000	收益回报：享受最后剩余可分配收入的10%；②委派1名委员参加投资决策委员会（该委员具备一票否决权）
劣后级LP（夹层）	金色壹号	10 000	①按照合伙协议约定履行其缴纳出资的义务；②优先级LP足额获得投资本金及投资收益后，金色壹号有权以其合伙权益为基数按12%/年的预期收益回报率享受预期收益；③享受最后剩余可分配收入的15%；④委派2名委员参加投资决策委员会
劣后级LP	汇达资本	9 800	①按照合伙协议约定履行其缴纳出资的义务；②享受最后剩余可分配收入的55%；③委派1名投资决策委员会
合计		000	

2. 新余京达

与汇达基金相似，新余京达由达麟投资、浙银汇智、银河计划、京达贰号和汇达私募共同出资，银河计划出资3.78亿元作为优先级LP，京达贰号出资0.63亿元作为劣后级LP（夹层），汇达私募出资0.63亿元作为劣后级LP，达麟投资出资0.02亿元作为GP，浙银汇智出资100元作为GP。其中陈江涛作为劣后级LP汇达私募的投资人之一，出资4 300万元，并为优先级LP银河计划和劣后级LP（夹层）京达贰号提供担保。由此可看出，新余京达的LP结构包括优先级、劣后级（夹层）和劣后级，出资比例约为4∶1∶1。

在投资决策委员构成方面，除了作为新余京达执行事务合伙人的GP浙银汇智之外，余下四方均可委派委员参加投资决策委员会。其中GP达麟投资、优先级LP银河计划和劣后级LP汇达私募均可委派1名委员参加投资决策委员会，劣后级LP（夹层）京达贰号则可委派2名委员参加投资决策委员会。

从各类份额的收益分配比例来看，达麟投资和汇达私募可享受较高的超额分成，分成比例分别为 20% 和 65%。银河计划和京达贰号可获得稳定的固定收益回报，回报率为每年 7.5% 和 12%，具体情况如表 9-12 所示。

表 9-12　新余京达基金的结构详情

基金结构	出资人	出资额/万元	权利义务
GP	达麟投资	200	①作为新余京达的执行事务合伙人，对外代表新京余达；②按照合伙协议的约定收取管理费用；③享受最后可分配收入的 20%；④委派 1 名委员参加投资决策委员会
GP	浙银汇智	0.01	为新余京达的执行事务合伙人，对外代表新余京达
优先级 LP	银河计划	37 800	①按照合伙协议约定缴纳出资；②按 7.57%/年取得预期收益回报；③委派 1 名委员参加投资决策委员会（该委员享有一票否决权）
劣后级 LP（夹层）	京达贰号	6 300	①按照合伙协议约定履行其缴纳出资的义务；②优先级 LP 足额获得投资本金及投资收益后，京达贰号有权以其合伙权益为基数按 12%/年的预期收益回报率享受预期收益；③享受最后剩余可分配收入的 15%；④委派 2 名委员参加投资决策委员会
劣后级 LP	汇达私募	6 300	①按照合伙协议约定履行其缴纳出资的义务；②享受最后剩余可分配收入的 65%；③委派 1 名委员参加投资决策委员会
合计		50 600.01	

9.3.4　并购基金的退出 [①]

旋极信息 2016 年 9 月发布的《发行股份购买资产并募集配套资金暨关联交易报告书（修订稿）摘要》显示，汇达基金和新余京达的退出方式分为正常退出和提前回购两种。但无论是哪一种退出方式，旋极信息实际控制人陈江涛均对优先级 LP 和劣后级（夹层）LP 进行"兜底"，保障其能顺利退出。

---

① 旋极信息上市公告．http://www.watertek.com/img/fj/fj201610191482.pdf．

由于汇达基金和新余京达的退出方式相似，因此本文仅以汇达基金的退出作为代表进行分析。

1 汇达基金的正常退出

汇达基金正常退出流程如图 9-22 所示。

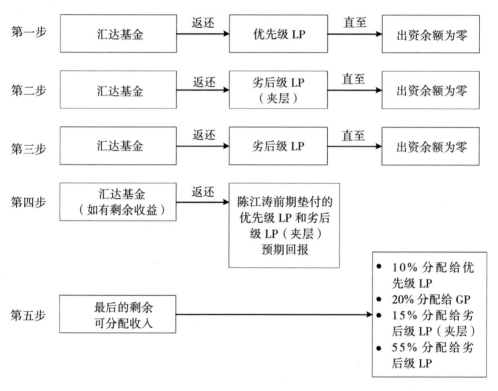

图 9-22　汇达基金正常退出流程

如图 9-22 所示，第一步，由汇达基金对优先级 LP 安信计划足额返还投资本金及投资收益直至其出资余额为零；第二步，对劣后级 LP（夹层）金色壹号返还其资本金及投资收益直至其出资余额为零（陈江涛应就不足部分进行出资额弥补）；第三步，将剩余收益返还劣后级 LP 汇达资本和普通合伙人，直至其实际出资余额为零；第四步，如果仍有剩余收益，则对于陈江涛前期代汇达基金垫付的优先级 LP 和劣后级 LP（夹层）的预期回报由汇达基金返还给陈江涛；第五步，如果还有剩余收益，10%分配给优先级LP安信计划，20%分配给GP达麟投资，15%分配给劣后级LP金色壹号，55%分配给劣后级LP汇达资本。

汇达基金成立于2015年，有效期为4年，如果汇达基金存续期内，出现非陈江涛指定的第三方有意受让优先级LP或劣后级LP（夹层）所持有的汇达基金财产份额，在相关方面协商一致并确保该受让方无条件接受汇达基金合伙协议及有关补充协议等相关法律文件的各种约定的前提下，优先级LP或劣后级LP（夹层）可向该第三方转让其持有的汇达基金财产份额，从而实现投资退出。

2. 汇达基金的提前回购

优先级LP与劣后级LP（夹层）均与陈江涛约定了提前回购的触发条款。优先级LP与陈江涛约定了陈江涛应提前溢价购买优先级LP所持汇达基金财产份额并支付转让价款的触发条件，详情如表9-13所示。

表9-13 优先级LP与陈江涛约定的提前回购触发条件

序号	具体内容
①	陈江涛发生任一违反合伙协议及有关补充协议约定的行为，包括但不限于：未能按合伙协议及有关补充协议约定的时间和金额向优先级LP支付收益差额补足金额，或陈江涛因转让股权等原因丧失对旋极信息的控股权或实际控制人地位
②	汇达基金本身出现任何违反其投资决策委员会决定或违反合伙协议及有关补充协议的行为，包括但不限于违反汇达基金的经营范围和投资范围、违反经投资决策委员会批准的基金经营计划或预决算方案、以汇达基金财产对外提供担保、对外借款或负债等
③	陈江涛因被起诉或被申请仲裁从而对汇达基金或安信计划的收益或投资退出产生重大影响
④	汇达基金因任何原因决定清算时间
⑤	陈江涛财务状况或其他方面发生重大变化，可能对其履行合伙协议及有关补充协议的义务造成重大不利影响
⑥	陈江涛、旋极信息财务状况、经营业绩或其他方面发生重大变化，或遭受监管处罚，对其经营管理能力或声誉造成重大不利影响
⑦	汇达基金聘请的具有证券期货相关业务资格会计师事务所对汇达基金进行审计后，未出具标准无保留意见的审计报告

劣后级LP（夹层）与陈江涛约定了陈江涛应提前溢价购买劣后级LP（夹层）所持汇达基金财产份额并支付转让价款的触发条件，详情如表9-14所示。

表9-14 劣后级LP（夹层）与陈江涛约定提前回购的触发条件

序号	具体内容
①	汇达基金本身出现任何违反其投资决策委员会决定或违反基金合伙协议及有关补充协议的行为，包括但不限于违反汇达基金的经营范围和投资范围、违反经投资决策委员会批准的基金经营计划或预决算方案、以汇达基金财产对外提供担保、对外借款或负债等
②	陈江涛、达麟投资因被起诉或被申请仲裁从而对汇达基金的收益或投资退出产生重大影响
③	陈江涛财务状况或其他方面发生重大变化，可能对其履行合伙协议的义务造成重大不利影响
④	陈江涛、达麟投资、旋极信息财务状况、经营业绩或其他方面发生重大变化，或遭受监管处罚，对其在军工行业的经营管理能力或声誉造成重大不利影响
⑤	汇达基金聘请的具有证券期货相关业务资格会计师事务所对基金进行审计后，未出具标准无保留意见的审计报告
⑥	汇达基金投资的北京泰豪智能工程有限公司在金色木棉投入合伙企业后两年内未能完成注入上市公司
⑦	汇达基金投资的北京泰豪智能工程有限公司注入上市公司后，汇达基金持有的股票锁定期超出合伙企业剩余期限，对投资退出或合伙企业收益产生重大影响

此外，劣后级LP（夹层）金色壹号与陈江涛还约定，自合伙企业成立满3年且距劣后级LP（夹层）最后一笔认购汇达基金财产份额出资到位满2年后，经提前30个工作日书面通知劣后级LP（夹层）和达麟投资，陈江涛或其指定第三方亦可提前受让劣后级LP金色壹号所持有的汇达基金全部财产份额。

9.3.5 案例评析

本案例最精彩的就是上市公司大股东利用并购基金实现了以小搏大的杠杆收购，而且控制权非但没有被稀释，反而得到加强。

1. 实现以小搏大的杠杆收购

并购基金汇达基金和新京余达不仅是上市公司旋极信息为了完成本次并购交易而采取的融资方式，也是旋极信息大股东陈江涛为上市公司发展而引进的战略合伙人。汇达基金和新京余达在参与本次交易时，是在对标的公司主营业务十分看好的前提下进行的，而并购基金的结构化设计和劣后级合伙人提供的补偿协议也是吸引其参与本次并购交易的重要条件。

陈江涛在汇达基金和新京余达这两个并购基金中一共出资6 300万元，而汇达基金和新京余达的出资总额却高达120 600万元。正是通过这种有限合伙并购基金结构化的设计，陈江涛才得以用区区6 300万元的资金撬动120 600万元。并购基金助力上市公司大股东采用"以小搏大"的方式实现杠杆收购。

2.陈江涛借助并购基金加强上市公司的控制权

如表9-15所示，在本次并购交易完成之前，陈江涛通过直接和间接持有（通过中天涌慧和南华期货）的方式，共计持有旋极信息42.35%的股权。交易完成后，陈江涛共计持有旋极信息38.8%的股份（其中陈江涛35.76%、中天涌慧2.87%、南华期货0.17%），但由于陈江涛与并购基金汇达基金和新余京达成为一致行动人，共计持有股份为43%。陈江涛的控制权并没有下降，反而得到提升。

表9-15 旋极信息并购交易完成前后的股权结构变化

旋极信息主要股东	交易完成前		交易完成后	
	持股数/万股	持股比例/%	持股数/万股	持股比例/%
陈江涛	19 515.99	39.03	19 515.99	35.76
中天涌慧	1 567.14	3.13	1 567.14	2.87
南华期货	93.41	0.19	93.41	0.17
西藏泰豪	—	—	1 488.55	2.73
恒通达泰	—	—	801.53	1.47
汇达基金	—	—	1 247.63	2.29
新余京达	—	—	1 042.44	1.91
其他	28 821.77	57.65	28 821.77	52.80
合计	49 998.31	100	54 578.46	100

能够达到这样的效果，主要得益于两只基金结构的巧妙设计。旋极信息实际控制人陈江涛作为劣后级LP成为并购基金的投资人之一，这与上市公司直接作为LP投资于并购基金的结果存在差异。如果采取上市公司作为LP投资于并购基金的方式，上市公司与并购基金容易形成关联交易。在并购交易完成前上市公司就需要先退伙，陈江涛就无法认定与并购基金为一致行动人，控制权就必然被稀释。并购完成后对上市公司的股权结构和控制权都容易造成较大的影响。对于实际控制人陈江涛来讲，很可能最终失去公司控制权。

引入结构化基金的方式有助于保障公司实际控制人在公司的控制权地位。根据旋极信息的信息披露，两只并购基金设立投资决策委员会进行决策，但各合伙人相互独立，任何一方均不能对其他方形成控制；各合伙人均不能单独或与其他合伙人共同对基金形成控制。因此，两只并购基金均无实际控制人。但是却与陈江涛形成一致行动人，理由如下。

（1）汇达基金和新余京达的重大经营决策由各自的投资委员会一致同意作出。陈江涛参股两家基金的劣后级LP，并且作为该两家劣后级LP委派的投资委员会成员参与汇达基金和新余京达的重大决策。

（2）由于陈江涛为汇达基金优先级LP安信计划、劣后级LP（夹层）金色壹号以及新余京达优先级LP银河计划、劣后级LP（夹层）京达贰号的回购及差额补偿责任人，因此陈江涛与汇达基金以及新余京达基于协议形成关联关系。

3. 通过并购基金实现三方共赢

通过对并购基金的结构化设计，交易完成后，旋极信息、泰豪智能与以上两个并购基金实现了三方共赢局面，如图9-23所示。

第9章 并购典型案例分析

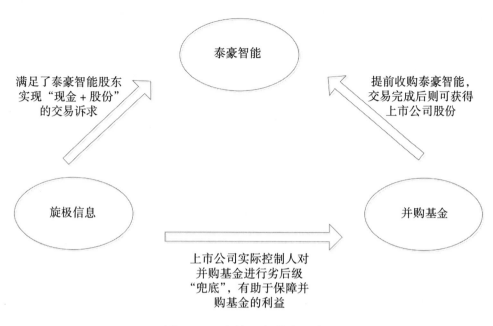

图 9-23 交易三方共赢示意图

对于上市公司来讲，泰豪智能由于缺乏现金，希望支付方式为"现金+股份"，因此引入并购基金解决了融资问题，得以提前锁定标的公司。

对于泰豪智能来说，并购基金汇达基金与新余京达在并购前购买了泰豪智能的部分股权，泰豪智能的部分股东选择以取得现金的方式退出泰豪智能，剩余股东与并购基金则选择获得上市公司股份的方式退出泰豪智能，满足了泰豪智能所有股东获取"现金对价+股份对价"的要求。

对于并购基金而言，通过提前购买泰豪智能股权，再通过重大资产重组获得旋极信息发行的股份，将泰豪智能股权转换为旋极信息股权，最终实现对旋极信息的持股。

4. 大股东"兜底"行为存在风险

在本案例中，上市公司大股东陈江涛作为劣后级 LP 对并购基金的优先级和中间级收益进行了"兜底"是结构化安排，实现高杠杆收购的关键所在，但这也

公司并购重组与整合
Company merger & reorganization and integration

潜藏着较大的风险，容易出现"黑天鹅"事件和"伪市值管理"的行为等。

当并购基金未能按照相应的协议约定支付收益、分配利润或支付收益、分配利润未达到约定金额，上市公司大股东陈江涛就要对收益支付及利润不足部分向优先级和中间级进行补偿。如果劣后级陈江涛及上市公司现金流不充足，导致自身偿债能力不足，最后有可能会导致劣后级破产，进而清算劣后级所有资产，最终导致发生类似光大证券兜底并购的"黑天鹅"事件。

2019年3月19日，光大证券一则2018年大幅下修业绩预告的公告让市场一片哗然。故事的缘由始于2016年3月光大资本与暴风投资通过设立产业并购基金（浸鑫基金）收购全球体育版权公司MPS股东持有的65%股权。浸鑫基金是一个典型的结构化基金，包含优先级、中间级和劣后级。在此次并购交易中，光大资本直接和间接对浸鑫资本投资合计7 175万元，同时光大资本作为劣后级对优先级出资人和中间级出资人承担"兜底"义务。正因如此，随着2018年10月MPS的破产，浸鑫基金优先级出资人和中间级出资人要求劣后级光大资本进行"兜底"赔偿。不到8 000万元的投资，却捅出了十几亿的窟窿[①]！

另外，结构化的并购基金设计还容易出现"伪市值管理"等行为。在本次交易完成后，并购基金将持有上市公司股份，且自股票发行日36个月内不得转让，但在股票锁定期后，并购基金获得的收益取决于上市公司的股价，同时，优先级LP的投资本金与固定收益也将取决于上市公司的股价。从汇达基金和新京余达的退出安排看，若上市公司的股价不能达到预期，上市公司的实际控制人陈江涛要对优先级和中间级作出"兜底"补偿。上市公司实际控制人为了维护自身利益，就有可能出现各种各样的"伪市值管理"行为，操纵股价。

---

① 江芬芬. 受累"兜底并购"，光大证券深陷潜亏泥潭. 金证券. http://www.jinzq.net/html/jintoutiao/2019/0320/15118.html.

综上，在并购交易结构设计中引入结构化并购基金是可以尝试的，可以在实现多方共赢的局面下进行高杠杆收购，但是也需要对大股东在并购基金中作为劣后级 LP 进行"兜底"而带来的潜在风险进行管理。

9.4 蓝帆医疗收购柏盛国际，A 股最大医疗器械并购案

2018 年 3 月 28 日，蓝帆医疗以 58.95 亿元间接收购心脏支架制造商柏盛国际 93.37% 股份的交易获得证监会重组委无条件通过。该案例被称为"A 股史上最大医疗器械并购案"，其精彩之处不仅体现在跨国"蛇吞象"并购上，而且在交易前后，北京中信对柏盛国际的私有化以及此后实现资本的退出、巧妙采取 LBO 把债务转让给标的公司等操作都堪称并购交易的学习典范。

9.4.1 交易背景

1. 买方背景

蓝帆医疗股份有限公司简称"蓝帆医疗"，成立于 2002 年 12 月 2 日，并于 2010 年 4 月 2 日在深圳证券交易所成功 IPO 上市。目前，蓝帆医疗是国内中低值耗材和高值耗材完整布局的医疗器械龙头企业，也是全球规模最大的一次性 PVC 手套生产企业[①]。

蓝帆医疗的主营业务为医疗手套和健康防护手套的研发、生产和销售。医疗手套属于低值医疗耗材，是国家食品药品监管管理总局（CFDA）医疗器械分类中的第一、第二类医疗器械。蓝帆医疗已获得美国 FDA 认证、美国 NSF 食品体系认证、加拿大 CMDCAS 认证、欧盟 CE 认证等多国准入资质认证，产品质量达到甚至超过 FDA 及 ASTM 标准，是中国《一次性使用

---

① 蓝帆医疗官网. http://www.bluesail.cn/.

聚氯乙烯医用检查手套标准》起草单位之一。公司所生产的手套类型主要为 PVC 手套，年产量约为 150 亿只，产能和市场占有率均全球领先①。

自 2013 年起，蓝帆医疗在不断夯实主营业务的基础上，积极向以医疗器械高值耗材为重点的医疗健康领域进行延伸和布局。蓝帆医疗于 2016 年参与发起设立并购基金，重点关注医疗健康行业内技术领先、具有协同效应或在细分领域具有领先地位的标的公司，通过兼并收购开启产业升级和外延式扩张之旅。

在本次并购交易完成之前，蓝帆医疗的实际控制人为李振平。上市公司与控股股东、实际控制人之间的股权结构关系如图 9-24 所示。

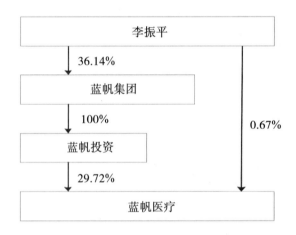

图 9-24　蓝帆医疗与控股股东、实际控制人之间的股权结构关系②

如图 9-23 所示，在本次并购交易完成之前，蓝帆医疗最大的股东为蓝帆投资，持股比例为 29.72%，公司实际控制人为李振平，持股比例为 0.67%，李振平与蓝帆集团、蓝帆投资为一致行动人（蓝帆集团是蓝帆医疗的控股股东，蓝帆投资为蓝帆集团的全资子公司），共计持有蓝帆医疗 44.57% 股份。表 9-16 为本次并购交易完成之前蓝帆医疗前十大股东及其持股情况。

---

① 蓝帆医疗官网．http://www.bluesail.cn/.
② 蓝帆医疗 2016 年年报。

表 9-16　蓝帆医疗前十大股东及其持股情况 ①

股东名称	持股数量 / 股	持股比例 /%
蓝帆投资	146 900 000	29.72
蓝帆集团	70 100 000	14.18
中轩投资有限公司	60 188 000	12.18
珠海巨擎秦风鲁颂股权投资中心（有限合伙）	35 000 000	7.08
上海康橙投资中心（有限合伙）	19 334 127	3.91
全国社保基金六零四组合	10 243 136	2.07
中国工商银行股份有限公司企业年金计划—中国建设银行股份有限公司	5 131 279	1.04
陈小龙	4 859 256	0.98
李振平	3 334 048	0.67
全国社保基金四零八组合	3 152 075	0.64

作为全球医疗手套龙头企业，蓝帆医疗在 2015 年、2016 年和 2017 年分别实现营业收入 15.09 亿元、12.89 亿元和 15.76 亿元；归属母公司净利润分别为 1.70 亿元、1.81 亿元和 2.01 亿元（图 9-25）。

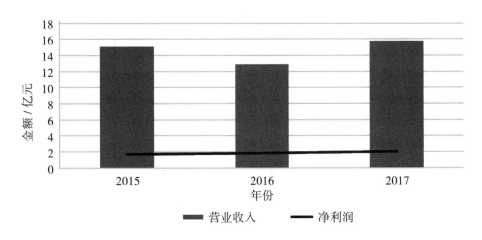

图 9-25　蓝帆医疗 2015—2017 年业绩情况 ②

---

① 蓝帆医疗 2016 年年报。
② 蓝帆医疗 2015—2017 年年报。

虽然蓝帆医疗的业绩一直保持得不错,但其主营业务增速却有所放缓。医疗手套产品附加值不高,毛利率较低。蓝帆医疗的毛利率在2015年、2016年和2017年分别为25.94%、27.16%和31.4%。因此,蓝帆医疗一直寻求并购一家公司,可以助其提升产品附加值和产品毛利率,从而实现产业升级。

2. 卖方背景[①]

柏盛国际成立于1998年5月,其前身为Sun Biomedical Ltd.,注册地为百慕大群岛。公司于2005年5月20日于新加坡证券交易所上市,上市前公司改名为Biosensors International Group,即柏盛国际。2012年开始,受运营费用增加、授权使用收入与产品价格下降、新产品推出步伐较慢及一次性资产减值等因素影响,柏盛国际的业绩股价持续低迷,最终在北京中信的操刀之下于2015年10月进行私有化退市。

柏盛国际主要从事心脏支架及介入性心脏手术相关器械产品的研发、生产和销售,在新加坡、瑞士、中国内地及中国香港地区、法国、德国、西班牙、日本、美国、荷兰等国家和地区均设有运营主体,共销往全球90多个国家和地区。2016年,柏盛国际生产和销售的心脏支架及球囊导管等相关产品超过85万支/条,其中心脏支架产品近60万支,是全球知名的心脏支架研发、制造及销售商。

在本次并购交易完成之前,柏盛国际的产品以心脏支架为主,主要有四类,分别为BioFreedom产品系列、BioMatrix产品系列、爱克塞尔(Exccel)支架系列和心跃(EXCROSSAL)支架产品系列,表9-17为柏盛国际的核心产品名称和产品特点。

[①] 蓝帆医疗公告. http://www.cninfo.com.cn/new/disclosure/detail?plate=szse&stockCode=002382&announcementId=1204470804&announcementTime=2018-03-13.

表 9-17 柏盛国际的核心产品名称和产品特点 [①]

核心产品名称	产品特点
BioFreedom 产品系列	① 2013 年上市，是全球最早的无聚合物载体的药物涂层支架之一。 ② 不使用聚合物，采用管腔单面涂层技术，有效减少由聚合物造成的晚期血栓等病症的发病率。 ③ 使用柏盛国际专利药物 BA9，亲脂性达到普通药物的 10 倍以上，显著抑制血管平滑肌细胞增生，有效降低 PCI 术后的再狭窄率。 ④ 双重抗血小板治疗（DAPT）时间降至一个月。 ⑤ 拥有长度 8~36mm、直径 2.25~4.00mm 的共计 44 种规格的产品
BioMatrix 产品系列	① 2008 年上市，是全球最早的聚合物可降解的药物洗脱支架之一。 ② 使用柏盛国际专利药物 BA9，亲脂性高。 ③ 使用生物可降解的聚乳酸 PLA 聚合物作为药物载体，有效减轻潜在炎症反应。 ④ 分别采用不锈钢和新一代钴铬合金的支架平台。 ⑤ 采用输送性高的支架输送系统。 ⑥ 拥有长度 8~36mm、直径 2.25~4.00mm 的共计 44 种规格的产品
爱克塞尔（Exccel）支架	① 2005 年上市，是世界上第一个采用可降解聚合物的雷帕霉素（西罗莫司）药物洗脱支架。 ② 截至 2017 年 11 月，累计植入超过 165 万条，是中国患者置入最多的冠脉支架品牌。 ③ 采用 316LVM 不锈钢支架平台。 ④ 拥有长度 14~36mm、直径 2.5~4.00mm 的共计 30 种规格的产品
心跃（EXCROSSAL）支架	① 2017 年已通过中国药监局的审批，即将在中国上市；采用新一代的钴铬合金支架平台。 ② 使用生物可降解的聚乳酸 PLA 聚合物作为药物载体，有效减轻潜在炎症反应。 ③ 雷帕霉素（西罗莫司）药量为爱克塞尔支架的 1/3；采用新一代支架输送系统。 ④ 拥有长度 9~36mm、直径 2.25~4mm 的共计 38 种规格的产品

根据 GlobalData、Eucomed 及 2017 年欧洲心脏病学年会发布的数据，柏盛国际在药物洗脱支架的全球市场竞争中 2013 年排名第四，2016 年占欧洲、亚太（除日本、中国外）及非洲主要国家和地区市场总份额的 11% 左右。

本次交易的标的公司包括 CBCH Ⅱ 和 CBCH Ⅴ，由于截至 2017 年 10 月 31 日，CBCH Ⅴ 及其下属 CBCH Ⅳ、CBCH Ⅲ 除直接或间接持有 CBCH Ⅱ

---

① 蓝帆医疗公告. http://www.cninfo.com.cn/new/disclosure/detail?plate=szse&stockCode=002382&announcementId=1204470804&announcementTime=2018-03-13.

的股份之外，无其他资产、负债或经营活动，本次交易标的资产实质是 CBCH Ⅱ 93.37% 股份。因此，关于标的公司的财务状况及盈利能力分析围绕 CBCH Ⅱ 展开。根据德勤出具的相关审计报告，CBCH Ⅱ 在 2015 年、2016 年 2017 年 1—10 月的营业收入分别为 14.66 亿元、16.31 亿元和 12.81 亿元，净利润分别为 1.86 亿元、0.76 亿元和 2.67 亿元（图 9-26）。

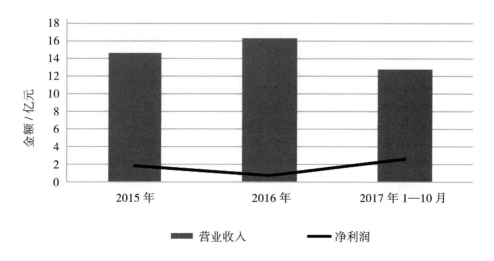

图 9-26　CBCH Ⅱ 2015—2017 年业绩情况[①]

3. 行业背景[①]

随着全球范围内世界人口老龄化的加剧及新兴市场经济的增长，全球医疗器械行业持续稳定增长。欧盟医疗器械委员会的统计显示，2004—2014 年全球医疗器械市场销售额从 2 468 亿美元上升至 5 018 亿美元，年复合增长率达 7.35%，约为同期 GDP（国内生产总值）增速的 2 倍。而随着我国经济水平的不断提高，居民收入的不断增加，老龄化加剧和国家政策的积极引导，我国医疗器械行业的巨大潜力也正逐渐显现。中国药物资协会发布的《2016

---

① 蓝帆医疗公告. http://www.cninfo.com.cn/new/disclosure/detail?plate=szse&stockCode=002382&announcementId=1204470804&announcementTime=2018-03-13.

年中国医疗器械行业发展蓝皮书》统计,2016年中国医疗器械市场总规模约为3 700亿元,相较2015年增幅约为20.1%。此外,相较于发达国家医疗器械与医疗产品1∶1的消费比例,我国医疗器械消费与药品消费比例约为0.2∶1,医疗器械市场规模仍较小,未来提升空间巨大。

从国际市场看,随着世界人口老龄化问题的加深和新兴市场国家经济的高速发展,以冠脉支架为代表的医疗器械将得到更多地运用。表9-18所示为以冠脉支架为代表的医疗器械国际市场背景。

表9-18 以冠脉支架为代表的医疗器械国际市场背景[①]

国际市场影响因素	背景	预期
世界人口老龄化	据联合国统计,到2050年,60岁以上人口占总人口的比例将达到21%,世界上老龄人口数量将在历史上首次超过年轻人口(15岁以下)。	伴随着老龄化问题的加深,心血管等慢性疾病的治疗将受到越来越多的关注,进而驱动以冠脉支架为代表的医疗器械的需求,市场潜力正在持续释放
新兴市场崛起	(1)发达国家医疗器械产业发展较早,已经比较成熟。 (2)新兴市场国家医疗器械行业虽然起步晚,但近年来经济保持了较高增速。 (3)中产阶层不断扩大,生活水平日益提高,对医疗器械产品的普及需求和升级换代需求并存	新兴市场成为全球最具有潜力的市场,也成为以冠脉支架产品为代表的众多医疗器械制造商未来的战略重点区域

从国内市场看,人口老龄化也同样推动医疗器械的发展,另外,心血管疾病发病率提高、PCI渗透率提升和国家政策的扶持也将促进以冠脉支架产品为主的医疗器械的质量提升和保障,表9-19为我国医疗器械行业背景分析。

---

① 蓝帆医疗公告. http://www.cninfo.com.cn/new/disclosure/detail?plate=szse&stockCode=002382&announcementId=1204470804&announcementTime=2018-03-13.

表 9-19 国内医疗器械行业背景分析[①]

国内市场影响因素	背　　景	预　　期
人口老龄化趋势日益明显	①目前，中国是世界上唯一老年人口过亿的国家，且人口老龄化现象将在未来一段时间内进一步加剧。 ②根据《2016年社会服务发展统计公报》，截至2016年底，全国60岁及以上老龄人口已达2.31亿，占全国人口总数的16.7%，比2015年增加886万人。其中，65岁及以上人口达1.5亿，占全国人口总数的10.8%，比2015年增加617万人。根据全国老龄办公布的数字，到2020年我国老年人口将达到2.48亿，老龄化水平将达到17%	国内不断加剧的人口老龄化现象将推动医疗器械行业需求的不断增长
心血管疾病发病率提高	①中国第五次卫生服务调查数据显示，2013年全国冠心病患病率为1.02%。与2003年、2008年相关调查统计的0.46%、0.77%的患病率相比，冠心病患病率呈现快速上升趋势。 ②根据《中国心血管病报告2016》统计，中国冠心病患病人数达1 100万左右，并且还在不断增长	国内心血管疾病尤其是冠心病的高发，将是推动PCI手术和冠脉支架需求不断增长的重要因素之一
PCI渗透率提升	①根据相关研究报告显示，目前我国急性心肌梗死患者直接PCI的比例仅为36.3%，与欧美国家90%以上的比例相差甚远。目前我国PCI手术量增长主要受限于患者的支付能力和不平衡的医疗资源。 ②从需求端角度，近年来中国医疗体制改革不断深化，医保体系的覆盖范围和覆盖深度不断增加、体系不断丰富，为中国冠状动脉介入治疗的开展提供了有力的物质支撑。 ③从供给端角度，基层医院医疗技术水平的提升将进一步保障PCI手术的供给	随着我国新农合医保、大病医保等政策的推进，基层心血管疾病患者对支架的需求将会得到释放。PCI手术的需求和供给将持续释放，共同提升心血管高值耗材类医疗器械的市场渗透率，推动行业的整体发展
国家政策扶持	①近年来我国出台多项政策，鼓励创新、提速审核、支持国产设备采购，国产设备与进口设备的差距在不断缩小甚至有所超越，国产品牌也逐渐被市场认可。 ②"十二五"期间，国家制定的《"十二五"国家战略性新兴产业发展规划》《工业转型升级规划（2011—2015年）》等产业政策均将医疗器械行业作为重点发展的行业之一，并出台了《医疗器械科技产业"十二五"专项规划》等一系列专项政策，支持包括心血管领域医疗器械在内的医疗器械产业发展	国内持续、稳定的鼓励类政策将在未来一段时间继续推动国内医疗器械行业的快速发展，激励国产医疗器械的研究和开发，促进产品质量的持续提升

---

① 蓝帆医疗公告．http://www.cninfo.com.cn/new/disclosure/detail?plate=szse&stockCode=002382&announcementId=1204470804&announcementTime=2018-03-13.

本次并购交易如果能顺利完成，蓝帆医疗将以柏盛国际作为心血管业务的平台和支点，在继续丰富心血管科室医疗器械产品线的基础上，逐步实现成长为中国领先的大型综合医疗器械巨头的战略目标。柏盛国际所在的心脏支架行业在国内医疗器械具有较大的发展潜力，将能较大地提升其在中国的市场份额。

9.4.2 交易方案 ①

2017年12月23日，蓝帆医疗发布了关于《发行股份及支付现金购买资产并募集配套资金暨关联交易报告书摘要》的公告，其具体交易方案如下。

交易对手：蓝帆投资等17名交易对方和北京中信

收购标的：CBCH Ⅱ 62.61%股份和CBCH Ⅴ 100%股份（相当于柏盛国际93.37%的股份）

交易作价：合计58.95亿元人民币

交易方式：蓝帆医疗与北京中信均获得股份支付，其余交易对手均获得现金支付。其中，股份支付比例为68%

发行价格：10.95元/股

发行数量：3 640 470 116股

业绩承诺、补偿及奖励：2018—2020年CBCH Ⅱ承诺实现3.8亿元、4.5亿元、5.4亿元净利润。

业绩补偿安排：业绩补偿方为蓝帆投资、Li Bing Yung、Thomas Kenneth Graham、Wang Dan、北京中信，业绩补偿方式为股份或股份与现金相结合，其中蓝帆投资、Li Bing Yung、Thomas Kenneth Graham、Wang Dan的当期应补偿金额=（截至当期期末累积的承诺净利润数－截至当期期末累积的实现净利润数）÷业绩承诺期内各年的承诺净利润数总和 × 通过本次交易

---

① 蓝帆医疗公告. http://www.cninfo.com.cn/new/disclosure/detail?plate=szse&stockCode=002382&announcementId=1204470804&announcementTime=2018-03-13.

取得的交易对价 – 累计已补偿金额，当期应补偿股份数量 = 当期应补偿金额 ÷ 本次发行价格；北京中信应补偿金额 =（业绩承诺期的承诺净利润数总和 – 业绩承诺期的实现净利润数总和）÷ 业绩承诺期间管理层股东内的承诺净利润数总和 × 北京中信通过本次交易取得的交易对价，应补偿股份数量 = 应补偿金额 ÷ 发行价格。补偿覆盖率为 69.21%。

交易结果：本次交易中，蓝帆医疗将直接持有 CBCH Ⅱ 合计 62.61% 股份，并将通过发行股份的方式向北京中信购买其所持有的 CBCH V 100% 股份。交易完成后，柏盛国际将直接持有 CBCH Ⅱ 合计 62.61% 股份并将通过 CBCH V 间接持有 CBCH Ⅱ 合计 30.76% 股份，直接和间接合计持有 CBCH Ⅱ 93.37% 股份。

9.4.3 柏盛国际私有化过程

如前文所述，柏盛国际于 2005 年在新加坡交易所上市，主营业务为心脏支架及介入性心脏手术相关器械产品的研发、生产和销售，是世界心脏支架市场第四大厂商。柏盛国际的研发中心主要在新加坡和美国等发达国家，生产中心则主要在中国和新加坡，柏盛国际同时具备研发优势和生产成本优势。

2012 年，柏盛国际市值达到巅峰，约为 23 亿美元，按目前汇率计算约合人民币 145 亿元。然而，好景不长，受运营费用增加、授权使用收入与产品价格下降、新产品推出步伐较慢及一次性资产减值等因素影响，柏盛国际的心脏支架业务和其他医疗器械业务在国际会计准则下出现了合并净利润下滑，并且直接导致公司股价一路下跌[①]。

从 2013 年起，北京中信开始在二级市场买入柏盛国际的股票，成为柏盛国际的主要大股东。截至 2015 年底，北京中信旗下的 CB Medical Holdings

---

① 蓝帆医疗公告。http://www.cninfo.com.cn/new/disclosure/detail?plate=szse&stockCode=002382&announcementId=1204470804&announcementTime=2018-03-13。

Limited 合计持有柏盛国际 19.63% 股份，为公司第二大股东。

北京中信为有限合伙式的基金，成立于 2011 年，是中信产业基金旗下的并购基金，规模约为 119 亿元，合计有 42 位合伙人，LP 包括中国人寿、社保基金理事会、日照钢铁、国华人寿、联想控股等知名机构，自设立以来已先后投资于 60 多个行业领域。北京中信的 GP 北京宥德的最终出资人为中信产业投资基金管理有限公司。

北京中信最初大举入股柏盛国际的愿景是看好公司业务发展能力，期待能作为财务投资者等待时机从中获利，但事与愿违，柏盛国际（上市公司，不是 CBCH Ⅱ）的业绩不升反降。柏盛国际 2015 年年报披露数据显示，柏盛国际 2014 年、2015 年的净利润分别为 0.41 亿美元、–2.25 亿美元，下滑幅度高达 653.92%。公司市值也在 2014 年底跌到了最低点，约为 6.32 亿美元，较最高峰 23 亿美元蒸发了 72.52%。此后，柏盛国际的市值一直处于低迷状态，这也是北京中信最终将其私有化的原因之一。2015 年，北京中信作为柏盛国际的主要股东之一，考虑到柏盛国际在全球冠脉支架领域既有的独特竞争优势、稳健的业务表现和历史市场表现，认为二级市场的股价在一定程度上低估了柏盛国际的内在价值，故计划联合其他投资人对柏盛国际发出私有化要约[①]。

2015 年 10 月 28 日，柏盛国际宣布收到了以北京中信及其他联合投资人组成的财团发出的拟向柏盛国际和同为百慕大注册成立的 Bidco 进行合并的要约，也即私有化要约。此次私有化要约价格为 0.84 新加坡元/股（约 0.62 美元/股），对应摊薄总股本约 17.00 亿股，因此私有化时柏盛国际的全部股权价值约为 10.50 亿美元。柏盛国际私有化过程共分为以下 3 个步骤。

第一步，北京中信调整了 CB Medical Holdings Limited 的股东结构。

---

① 蓝帆医疗公告. http://www.cninfo.com.cn/new/disclosure/detail?plate=szse&stockCode=002382&announcementId=1204470804&announcementTime=2018-03-13.

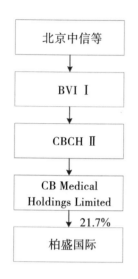

图 9-27　柏盛国际私有化第一步示意[①]

2015 年 6 月 19 日,海外并购基金 CBCH Ⅱ 在开曼群岛成立。该并购基金设立时,其唯一股东为 Mapcal Limited,持股数量为 1 股。同日,Mapcal Limited 将其持有的 1 股 CBCH Ⅱ 股份全部转让给 BVI I。2015 年 6 月 24 日,CBCH Ⅱ 向 BVI I 发行了 330 456 083 股股份,图 9-27 所示为调整后柏盛国际的股东结构图,也即柏盛国际私有化第一步。

第二步,为了筹措合并资金,CBCH Ⅱ 在股东层面引入多位投资者,包括股权投资者和柏盛国际管理层。CBCH Ⅱ 通过其子公司 CBCH I 在百慕大群岛的全资子公司 Bidco 与柏盛国际进行合并,并将柏盛国际私有化退市。

2015 年 10 月 8 日,CBCH Ⅱ 分别与 Marine Trade、Wealth Summit、Fu Mao、CBCH Ⅲ 签订了《股份认购协议》,并于 2016 年 4 月 5 日根据上述《股份认购协议》的约定向 Marine Trade、Wealth Summit 和 Fu Mao 分别发行了 24 132 143 股、87 184 847 股和 8 044 048 股股份,于 2016 年 4 月 15 日向 CBCH Ⅲ 发行了 137 604 915 股股份。

同时,CBCH Ⅱ 也引入了部分柏盛国际当时的管理成员参与投资 Bidco 和柏盛国际的合并交易。Jose Calle Gordo 等 13 位柏盛国际管理成员于 2015 年 11 月 2 日与 CBCH Ⅱ、CBCH Ⅲ 签订了《股份认购协议》,与 CBCH Ⅱ 签署了《限制性股份认购协议》和《股份限制协议》。CBCH Ⅱ 于 2016 年 4 月 5 日向上述 13 位柏

[①] 蓝帆医疗公告. http://www.cninfo.com.cn/new/disclosure/detail?plate=szse&stockCode=002382&announcementId=1204470804&announcementTime=2018-03-13.

盛国际管理成员合计发行了 16 088 097 股普通股，并同时发行了共 24 132 142 股限制性股份。表 9-20 为截至 2016 年 4 月 15 日 CBCH Ⅱ 股东持股情况。

表 9-20 截至 2016 年 4 月 15 日 CBCH Ⅱ 股东持股情况 ①

序列	股东名称	持股数量/股	持股比例/%
1	BVI I	330 456 084	39.32
2	CBCH Ⅲ	137 604 915	16.37
3	Wealth Summit	87 184 847	10.37
4	Marine Trade	24 132 143	2.87
5	Jose Calle Gordo	15 066 071	1.79
6	Li Bing Yung	9 544 048	1.14
7	Fu Mao	8 044 048	0.96
8	Frederick D Hrkac	6 636 339	0.79
9	Yang Fan	6 033 036	0.72
10	Qian Keqiang	2 011 012	0.24
11	Alexander Andre Budiman	1 609 810	0.19
12	David Chin	1 608 810	0.19
13	Thomas Kenneth Graham	804 405	0.10
14	Wang Dan	603 304	0.07
15	Seow Hock Siew	402 202	0.05
16	Pascal Vincent Cabanel	402 202	0.05
17	207 名原柏盛国际股东	208 304 785	24.78
合计	—	840 448 061	100

图 9-28 所示的是 CBCH Ⅱ 进行第二次调整后的柏盛国际股东结构，即柏盛国际私有化第二步。

---

① 蓝帆医疗公告. http://www.cninfo.com.cn/new/disclosure/detail?plate=szse&stockCode=002382&announcementId=1204470804&announcementTime=2018-03-13.

图 9-28 柏盛国际私有化第二步示意[1]

第三步，私有化交易完成后，柏盛国际反向吸收合并收购主体 CB Medical Holdings Limited，成为 CBCH Ⅱ 的全资孙公司，并承接了用于私有化的债务。私有化交易的资金需求量约为 7.44 亿美元。北京中信等并购基金的投资者合计出资 1.75 亿美元，剩余资金全部来自商业银行并购贷款。

CBCH Ⅱ 的间接子公司 Bidco 为直接收购柏盛国际的主体。2016 年 4 月，CB Medical Holdings Limited 成功地以 0.84 新加坡元/股的价格私有化柏盛国际，CBCH Ⅱ、CBCH Ⅰ 和 Bidco 与柏盛国际签署了《合并协议与计划》并进行了合并。合并过程中，大部分柏盛国际原股东均选择接受现金对价，也有 207 名柏盛国际原股东未选择接受现金对价，而是选择将其持有的柏盛国际股份转化为 CBCH Ⅱ 股份，由 CBCH Ⅱ 向其发行新股。因此，柏盛国际与 Bidco 合并后，上述 207 名柏盛国际原股东便持有 CBCH Ⅱ 股份。

---

[1] 蓝帆医疗公告. http://www.cninfo.com.cn/new/disclosure/detail?plate=szse&stockCode=002382&announcementId=1204470804&announcementTime=2018-03-13.

为筹措柏盛国际私有化过程中需支付的现金对价，并保证私有化完成后的生产经营活动资金需求，CB Medical Holdings Limited 向中国银行申请总额 5.8 亿美元的并购贷款，本次贷款由并购基金所持有的柏盛国际 100% 股份在内的一系列经营性资产提供质押或抵押担保。这说明此次私有化是典型的 LBO 交易。

私有化交易完成后，柏盛国际反向吸收合并 CB Medical Holdings Limited，作为存续主体承担了 5.8 亿美元贷款。收购方的债务还款义务已被转移给标的。图 9-29 所示的是本次交易前后的股权结构和债务变化；图 9-30 所示的是柏盛国际反向吸收合并收购主体后的股权结构，也即柏盛国际最终完成私有化的股权结构。

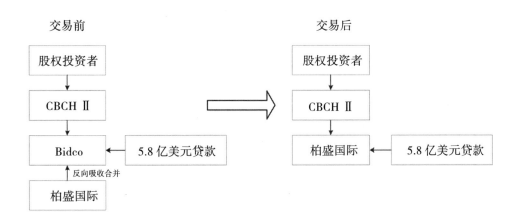

图 9-29　交易前后的股权结构和债务变化①

---

① 蓝帆医疗公告. http://www.cninfo.com.cn/new/disclosure/detail?plate=szse&stockCode=002382&announcementId=1204470804&announcementTime=2018-03-13.

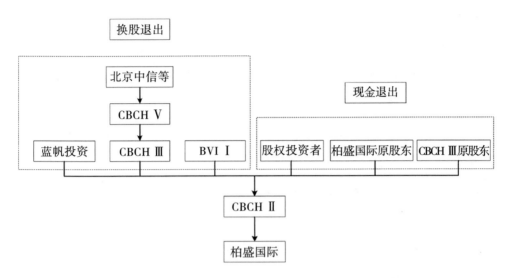

图 9-30 柏盛国际最终完成私有化的股权结构①

9.4.4 案例评析

本次蓝帆医疗收购柏盛国际，是典型的一起"蛇吞象"并购案例。第一个亮点就是蓝帆医疗对柏盛国际实现蛇吞象的同时还不构成借壳，这也是最大的亮点；第二个亮点是北京中信越来越像一个成熟的产业投资人；第三个亮点是蓝帆医疗经过本次并购，成功从一个做手套的低端公司跨越式发展成为心脏手术器械产品生产商。

1. CBCH Ⅱ为何多次更换股权

CBCH系列公司注册于开曼群岛及英属维尔京群岛，该系列公司均为海外并购的SPV通道公司，成立的目的是柏盛国际私有化退市。本次交易的名义资产为CBCH Ⅱ，其核心资产为境外子公司柏盛国际和境内子公司山东吉威医疗，从事用于介入性心脏手术相关的心脏支架的研发、生产及销售业务。

此次收购之前，CBCH Ⅱ的股权多次变更。2017年7月，北京中信通过

---

① 并购汪．唯一LBO！ 60亿跨境并购：蓝帆医疗收购柏盛国际．转引自金氪 https://51jinke.com/news/5c185c5ed42cbc2610350c25．

控制的境外BVI公司受让CBCH Ⅱ 23.8%股权，2017年10月，上市公司大股东蓝帆投资受让上述BVI公司持有的CBCH Ⅱ 30.12%股权。证监会也对这两次股权收购提出了质疑，并要求明确大股东蓝帆投资受让股权时的资金来源。

不难发现，交易对手中的蓝帆投资既是蓝帆医疗的第一大股东，也是柏盛国际的第一大股东。而CBCH Ⅱ多次的股权变动，均是为本次交易进行的铺垫。

本案例最大的亮点是蓝帆医疗对柏盛国际实现蛇吞象杠杆收购的同时还不构成借壳。其奥妙就在于若干次CBCH Ⅱ的股权变更。在本次交易前，上市公司的实际控制的蓝帆投资已成为柏盛国际的第一大股东；而且本次以增发新股的形式与剩余的大部分海外股东进行换股交易，将标的资产置入上市公司主体，以获得绝对的控股权。本次重组完成后，实际控制人李振平通过蓝帆投资对上市公司仍维持实际控制权，股权比例高达41.47%，因此不触发借壳上市。

2. 本次交易稳定了蓝帆医疗控制权

在本次交易完成前，蓝帆医疗控股股东蓝帆集团、实际控制人李振平及其一致行动人蓝帆投资合计持有蓝帆医疗44.57%的股份，本次交易完成后，蓝帆集团、蓝帆投资和李振平合计持有蓝帆医疗46.26%股权，比交易完成前还增加1.69%，实则稳定了蓝帆医疗的控制权。而北京中信在此次交易后成为蓝帆医疗的第二大股东，持股比例为22.06%，与蓝帆集团、蓝帆投资和李振平持股数量相差24.2%，将不会对蓝帆医疗的控制权造成重大影响。表9-21为本次交易完成前后蓝帆医疗主要股东持股变化情况。

表 9-21　本次交易完成前后蓝帆医疗主要股东持股变化情况[①]

股东	本次交易前		本次交易后	
	持股数量/万股	持股比例/%	持股数量/万股	持股比例/%
蓝帆投资	14 690.00	29.72	32 681.92	37.77
蓝帆集团	7 010.00	14.18	7 010.00	8.10
李振平	333.40	0.67	333.40	0.39
中轩投资	6 018.80	12.18	6 018.80	6.96
北京中信	—	—	19 090.08	22.06

3. 北京中信的产业投资人角色

国内的并购基金大部分都是财务投资人，往往采用"明股实债"的做法保障收益。而北京中信表现得更像国外成熟的并购基金，如黑石和 KKR 等，以产业投资人的视角寻找良好的标的企业，先获得标的公司的控制权，然后再将标的公司以产业整合的思路再次交易。

北京中信为有限合伙企业，成立于 2011 年 10 月。该基金的存续期为首次交割日（2011 年 11 月 15 日）起 10 年，前 4 年为投资期，后 6 年为退出期。2015 年 11 月 10 日，经普通合伙人提议并经北京中信第五次咨询委员会会议决议通过，北京中信的投资期延长一年至 2016 年 11 月 15 日，后续未再延长，因此，截至 2018 年 3 月，北京中信的投资期已届满，北京中信已经进入退出期。

2013 年 12 月，北京中信首次对柏盛国际进行了股权投资；2016 年 4 月，北京中信通过私有化交易对柏盛国际进行了追加投资，取得了控股股东的地位。自此之后，北京中信专注于柏盛国际业务运营方面的优化调整，主要包括：调整公司治理结构和管理架构、加快推进产品取证和研发进度、拓展全球销售网络、系列措施多管齐下提高生产效率等。柏盛国际在新管理团队的

[①] 蓝帆医疗公告. http://www.cninfo.com.cn/new/disclosure/detail?plate=szse&stockCode=002382&announcementId=1204470804&announcementTime=2018-03-13.

带领下，经营效率显著提升，业绩稳步增长。

鉴于投资柏盛国际的累计时间已经较长，自2017年初开始，北京中信开始筹划柏盛国际的资本运作事宜，并于2月最终确定出售于A股上市公司的操作路径，以实现对柏盛国际投资项目的退出。2017年4月，在经过与数十家A股上市公司的初步接触后，北京中信启动出售竞标流程，开始向多家上市公司发出关于标的公司的竞标邀请函。在随后出售流程的接触、沟通和谈判过程中，北京中信向潜在交易对手明确其交易意图为出售柏盛国际股权、实现投资退出，并不谋求交易对手A股上市公司的控制权。就本次交易而言，北京中信出具确认函，明确其参与本次交易的意图是处置其持有的CBCH V的股份，而非谋求上市公司控制权。

北京中信作为一只规模较大、有明确存续期的人民币股权投资基金，其推动实施本次交易的意图为实现所投资柏盛国际项目的退出、兑现投资收益，并无谋求A股上市公司控制权、将柏盛国际变相进行重组上市的意图。事实上，除了柏盛国际，北京中信的母公司中信产业投资基金此前还成功运作了三生制药和绿叶制药的海外私有化与重新上市，这种以产业投资者的身份参与并购的方式，意味着国内产业并购基金与国外老牌基金的日趋相似，相信我国并购基金也将能逐步参与到国际并购的舞台当中去。

4. 为何对柏盛国际采取LBO

柏盛国际的净利润已呈下降趋势，为何依然采用LBO的并购方式呢？与一般交易不同的是，LBO交易的杠杆资金还款压力是由标的公司承担的。之所以采取LBO的方式收购柏盛国际，主要原因有两点：一是柏盛国际拥有充沛的自由现金流，二是柏盛国际高额的账面资金和低负债率。

首先，从柏盛国际的自由现金流进行分析。虽然在私有化之前，柏盛国际的业绩呈下降趋势，但柏盛国际的营业收入一直处于稳定的状态，根据蓝帆医疗披露的公告，柏盛国际在私有化之前营业收入基本保持在3亿美元左右。

心脏支架是柏盛国际的主要产品。一方面，心脏疾病患者比例变化不会很大，需求不会有很大波动，也就是说其所处的行业是比较稳定的、周期性不强。另一方面，心脏支架为科技含量高、附加值较高的医疗器械产品。

行业竞争格局也是比较稳定的。根据研究机构的统计，柏盛国际的市场排名是第四，排在柏盛国际前面的是雅培、波士顿科学和美敦力等世界级综合医疗器械巨头。

综上，柏盛国际经营稳定、毛利率较高、具有领先的市场地位和应对未来竞争对手的能力、所处行业市场空间又比较客观不会产生巨大波动，这些都是其具备产生稳定自由现金流的基础。表 9-22 所示的是柏盛国际 2013—2015 年产生的自由现金流详情。

表 9-22　柏盛国际 2013—2015 年产生的自由现金流详情① 千美元

年份 会计科目	2013	2014	2015
税前利润	109 184	45 098	-227 120
减：所得税	-6 358	4 512	-2 307
加：利息费用	2 096	6 621	5 866
加：非现金支出	26 190	29 927	288 964
减：资本性支出	8 307	29 610	41 956
加：运营资本减少额（增加额）	-21 818	-25 758	22 591
公司自由现金流	113 703	21 766	50 052

如表 9-22 所示，柏盛国际在 2013—2015 财年的 FCFF（自由现金流）分别约为 1.14 亿美元、0.22 亿美元、0.51 亿美元。虽然业绩有所下降，但由于

---

① 蓝帆医疗公告. http://www.cninfo.com.cn/new/disclosure/detail?plate=szse&stockCode=002382&announcementId=1204470804&announcementTime=2018-03-13.

大量非现金支出的存在，使得柏盛国际仍有正的自由现金流。

其次，从账面资金和负债率进行分析。柏盛国际另外一个适合LBO的原因在于其企业账面资金充足且负债率低。根据蓝帆医疗发布的相关公告，2013—2015年，柏盛国际的现金及现金等价物分别为6.14亿美元、5.12亿美元和5.18亿美元，占总资产的比重分别为38.24%、31.13%和37.13%。表9-23为柏盛国际2013—2015年资产及负债率详情。

表9-23　柏盛国际2013—2015年资产及负债率详情[①]　　　　　　千美元

会计科目＼年份	2013	2014	2015
总资产	1 606 370	1 644 195	1 395 684
其中：现金及现金等价物	614 305	511 788	518 253
总负债	358 411	391 150	381 258
所有者权益	1 247 959	1 253 045	1 014 426

由于柏盛国际历史企业自由现金流状况较好，账面现金是富余的。在私有化交易完成后，并购基金的股权投资者完全可以利用这笔资金偿还债务。而且，柏盛国际的负债率很低，大约为25%。较低的负债率意味着加杠杆空间大，LBO的投资者可将负债转移给标的公司。

事实上，柏盛国际的确在收购后依然保持着现金流充沛的状态。在私有化交易当年，柏盛国际已偿还8 000万美元的并购贷款。为偿还贷款，柏盛国际境内子公司吉威医疗在2016年向境外母公司进行了高额分红。

---

① 蓝帆医疗公告. http://www.cninfo.com.cn/new/disclosure/detail?plate=szse&stockCode=002382&announcementId=1204470804&announcementTime=2018-03-13.

9.5 携程收购去哪儿网，重现OTA行业大一统 [1]

OTA[2]是互联网行业的一个细分领域，携程收购去哪儿代表着中国互联网行业发展的一个缩影。互联网行业的发展往往意味着烧钱和高额补贴，当补贴跟不上发展的速度时，"大鱼吃小鱼""老大并老二"便成了行业的常态。在高速发展的互联网时代，如何精准抓住每一个发展机遇尤为关键。资本寒冬之下，互联网黄金时期结束，抱团取暖尤为关键，即使被收购方独立发展的意愿强烈，但在残酷的资本面前却显得无奈，未来每一个互联网细分行业老大进行产业整合必成为并购主流。

9.5.1 交易背景

1. 买方背景

1995—2001年，在欧美及亚洲多个国家的股票市场中，与科技及新兴的互联网企业相关的股价高速上升导致形成互联网泡沫。在泡沫破灭期，多家上市公司市值一路狂跌，非上市公司则遭遇大量裁员或倒闭潮。1999年，携程旅行网（以下简称"携程"）在这种大背景之下诞生了。

携程的业务包括酒店预订、票务服务、打包游、商务旅行和其他五部分，其中"其他"包括物业管理系统销售和广告收入。虽然是一家传统的"鼠标加键盘"[3]公司，携程却不仅仅专注于点击率，而是执着于盈利的创造。携程网着力于自助游产品，主要依靠酒店和机票的佣金来获得利润。

整个互联网行业都处于泡沫状态时，携程却发展得如沐春风。携程依靠其

---

[1] 简志鑫，彭宇熙，黎荣舜，等. 2019年清华大学经管学院金融硕士（深圳班）第6组期末案例总结.
[2] 在线旅游行业。
[3] "鼠标加键盘"指的是指传统商业模式（主要运用直接的面对面的方式与顾客发生联系）与互联网商业模式（主要通过网站、电子邮件、FTP以及其他互联网技术手段与顾客发生联系）的联姻。

特有的商业模式和明星创业团队①的价值使其拥有超强的融资能力,获得较高的估值。

(1) 1999年10月,美国国际数据集团(IDG)仅凭携程一份10页的商业计划书便向其抛出了橄榄枝,向携程注入50万美元作为种子基金。作为对价,IDG获得了携程超过20%的股份,而携程则获得初期启动资金。

(2) 2000年3月,由软银牵头,IDG、兰馨亚洲、Ecity、上海实业五家投资机构与携程签署股份认购协议,携程以每股1.041 7美元的价格,发售432万股"A类可转可赎回优先股"。此次融资共募集资金450万美元,携程利用这笔资金收购了北京现代运通,切入宾馆预订业务,成为其第一个利润中心。

(3) 2000年11月,凯雷等风险投资机构与携程签署了股份认购协议,以每股1.566 7美元的价格,认购了携程约719万股"B类可转可赎回优先股"。此次融资共募集资金超过1 000万美元,随后携程并购北京海岸航空服务公司,切入机票预订业务。

(4) 2003年9月,携程获得了老虎基金1 000万美元的投资,这也是携程上市前的最后一轮融资,用于原有股东的套现退出。对于准备上市的携程来讲,能获得如此重量级的风险投资,很大程度上提升了公司在国际市场上的认可度和知名度。

经过四轮融资,携程一共获得超过2 500万美元的融资金额,为其实现跨越式增长提供了有力的资金保障。以下几组数据可以证明携程的蓬勃发展②。

---

① 董事长兼CFO沈南鹏,毕业于上海交大和哥伦比亚大学,曾就职于花旗银行、雷曼兄弟和德意志银行;CEO梁建章,毕业于复旦大学和乔治理工学院,曾任甲骨文中国总监;总裁季琦,毕业于上海交大,多次创业科技公司;执行副总裁范敏,毕业于上海交大,曾任锦江集团副总经理。
② 携程发展大事记(官网). http://pages.ctrip.com/public/aboutctrip/ac2_devProc1.html.

（1）30 个月内实现盈利。

（2）2002 年 10 月的交易额突破 1 亿元人民币。

（3）2002 年全年交易额超过 10 亿元人民币。

（4）2003 年 10 月底，携程拥有注册会员超过 700 万人。

在各项数据都远超同行的情况下，携程于 2003 年 12 月 9 日在美国纳斯达克正式挂牌交易。在上市当天，携程以 24.01 美元/股开盘，最高股价达 37.35 美元/股，最终以 33.94 美元/股收盘，相比较发行价上涨 88.56%，成为美国资本市场 2000 年 10 月以来首日表现最好的 IPO。值得注意的是，携程在 1999 年创立之初，注册资金仅为 200 万元人民币，而上市当天的最高市值却达到 5.5 亿美元！

截至 2015 年携程收购去哪儿，携程已经发展成为中国领先的综合性旅行服务公司，成功整合了高科技产业和传统旅行业，向超过 2.5 亿会员提供集无线应用、酒店预订、机票预订、旅游度假、商旅管理及旅游资讯在内的全方位旅行服务，被誉为互联网和传统旅游无缝结合的典范。

2. 卖方背景

在携程已做到大而全貌似不可撼动的局面之下，后起之秀去哪儿网（以下简称"去哪儿"）横空出世，于 2005 年诞生了。

依托于自身首创的搜索引擎技术，去哪儿可以为客户提供更方便、更优惠的票务和住宿等服务。通过搜索，客户可以找到全国乃至全世界的超低价机票和超优惠特价酒店。自去哪儿成立以来，其用户数量呈火山式爆发增长。从 2005 年 6 月起，上线的前 3 个月内每两周的增长都超过 50%，两年后的 2007 年 5 月，去哪儿的独立用户访问量突破 500 万，10 月突破 1 200 万，2008 年 8 月突破 2 400 万，成为最热门的旅游新媒体之一[①]。

---

① 去哪儿官网. https://www.qunar.com/site/zh/zhMilestones.shtml.

为了让去哪儿得到快速发展，创始人庄超辰也积极寻找风险投资①。

（1）2006年7月，去哪儿获得美国硅谷著名风险投资商Mayfield和GSR Ventures共计200万美元的投资。

（2）2007年9月，去哪儿获得Mayfield、GSR Ventures和Tenaya Capital共计1 000万美元的投资。

（3）2009年11月，由GGV Capital领投，Mayfield、GSR Ventures和Tenaya Capital跟投，共完成对去哪儿1 500万美元的第三轮融资。

（4）2011年6月，去哪儿获得百度战略投资3.06亿美元，百度也成为去哪儿的大股东。

经过四轮融资后，去哪儿的业务得以快速发展。在搜索特价机票和特价酒店的基础上，去哪儿又直接引入了航空公司和酒店官方网站直接面向客户进行销售，为客户提供更好的服务。随着去哪儿产品数量的增加，其用户数量也不断增长，根据其招股说明书显示，用户数量从2010年的7 170万增长到2012年的1.873亿，仅2013年上半年，去哪儿的用户数量就达到2.032亿，几乎是呈倍式增长。财务数据方面，去哪儿的营业收入也实现大幅增长，2010年为1.23亿元人民币，2011年为2.62亿元人民币，而仅2013年上半年就已经达到3.59亿元人民币。在业绩和用户都高速增长的背景下，去哪儿于2013年10月31日在美国纳斯达克挂牌交易，挂牌当天，去哪儿网以28.35美元/股开盘，最高达34.99美元/股，最终以28.4美元/股收盘，市值高达32.09亿美元。

截至2015年携程收购去哪儿，去哪儿已经成功打造了全球领先的中文酒店点评系统，并相继成立了目的地事业部、度假事业部、门票事业部和智能住宿事业部，在消费者营销力、营收规模和市场份额等维度均有赶超携程的

---

① 去哪儿官网. https://www.qunar.com/site/zh/zhMilestones.shtml.

势头。

3. 行业背景[①]

1990—2002年是我国在线旅游业的培育期。这段时间，欧美国家及亚洲多个国家已经出现互联网泡沫，而我国互联网行业才刚刚进入萌芽期。1997年华夏旅游网的成立开启了中国旅游业的新纪元，此后中青旅、携程网和艺龙旅游网相继成立，迈出了我国在线旅游业的第一步。不过受到欧美互联网泡沫和2003年"非典"的影响，当时我国在线旅游业面临着巨大的危机。

2003—2010年是我国在线旅游业的成长变革期。随着国民经济水平的提高，在线旅游成为人人觊觎的一块肥肉。2003年，携程登陆纳斯达克，成为我国在线旅游业第一股；与此同时，携程的竞争对手艺龙网也于2004年在纳斯达克挂牌。这段时间供应商和在线旅游产品增多，各种垂直媒介纷纷出现。

2005年或许是中国互联网的分水岭。因为这一年中国互联网发生了翻天覆地的变化：本案例的故事主角之一去哪儿网诞生了，与此同时，赶集网、58同城、奇虎360、校内网和土豆网等多家知名互联网企业都在这一年相继诞生了；还是在这一年，盛大偷袭新浪[②]；全民博客成为第一网络现象；阿里巴巴收购雅虎中国，淘宝和eBay正式开战。

此后，中国在线旅游业如雨后春笋般发展起来，如2006年成立的马蜂窝和途牛，2008年成立的驴妈妈。与此同时还出现了以传统电商和在线旅游相结合的"传统电商+在线旅游"新模式。

从2011年至2014年期间，市场进入混战期。和大多数中国产业的发展模式类似，中国在线旅游行业也陷入价格战的泥潭。该阶段以2012年携程的主要对手艺龙和去哪儿等发起价格战为代表，在线旅游市场出现非理性竞争

---

① 王栋. 中国在线旅游业现状及其发展趋势. [J]. 现代经济信息，2017（1）：457.
② 盛大对新浪进行恶意并购。

现象。2014年，在线旅游企业的竞争日益加剧，基本上到了赤身肉搏阶段，如同程未来对抗途牛优势业务，不断加码出境业务；途牛也以"封杀"同程供应商的方式进行反击。

与此同时，BAT（百度、阿里巴巴、腾讯）和京东等知名电商也纷纷涉足在线旅游行业，京东入股途牛，百度入股去哪儿，腾讯投资艺龙，阿里巴巴投资穷游网，都希望能从在线旅游业务中分得一杯羹。

2011年6月，百度宣布入股去哪儿，以3.06亿美元获得去哪儿61%的股权，但承诺不干涉去哪儿的独立发展。获得百度巨额投资的去哪儿，则有更大的空间对业务进行扩展，这对此前一路顺风顺水携程造成了很大的挑战。首先，去哪儿从2012年开始提供预付费预订服务，使得入住酒店的价格大幅下降，携程被迫无奈与去哪儿打起价格战；其次，由于携程原有的呼叫中心在互联网时代已经过时，成本逐步攀升，用户黏性也逐步下降。内外部原因迫使携程必须突破重围，进行产业整合，最有效的办法当然是直接收购去哪儿，把两家公司重组在一起，强化OTA行业龙头老大的地位。

9.5.2 交易方案

2015年10月26日，携程网公布了与去哪儿合并的公告，公告中说明了此次合并的支付方式是携程网与去哪儿的大股东百度互相置换股权。携程网将新发行11 488 381股普通股，与百度所拥有的去哪儿的普通股进行交换，其中包含178 702 519股A类普通股和11 450 000股B类普通股。

在交易前，百度共计持有去哪儿总股本的51.4%股权（包含A类股票和B类股票），拥有68.7%投票权。交易完成后，百度持有携程25%股权，并拥有25%投票权。携程共计持有去哪儿总股本的51.9%股权（包含A类股票和B类股票），投票权为45%。百度在交易完成后则剩下7.7%去哪儿的股权，投票权为6.7%。如图9-31所示，百度、携程和去哪儿在股权结构上已形成利益共同体。

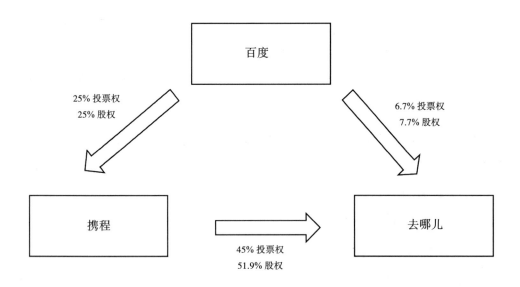

图 9-31 换股并购后百度、携程和去哪儿的股权关系

9.5.3 并购过程

首先是"绯闻传出"。携程和去哪儿于 2014 年 4 月被网上传出牵手达成协议的消息，并通过 100% 换股的方式进行整合，换股比例为 1∶2。不过该消息很快就被这两家企业否认，双方均表示仍将独立运行。

紧接着是"婚事谈崩"。2015 年 5 月 8 日，携程网公布了向去哪儿发出收购全部流通股的邀约，同年 6 月 1 日，去哪儿通过书面形式拒绝了本次邀约，但同时也表示对于未来有利于企业及股东利益的发展机遇持欢迎态度，对与行业内的企业形成战略合作持开放态度，宣布获得银湖领投的 5 亿美元。

再而传闻"红娘牵线"。2015 年 5 月下旬，便有消息传出百度将作为"红娘"撮合携程与去哪儿"联姻"，以此来打造国内规模最大的在线旅游平台。但这一传言最后并没有真正实现。尽管两家企业已经进行过几轮接触，但复杂的利益关系使得合作交易极难达成，其中一个关键原因在于两家企业管理层都不希望成为被整合的一方。

不甘被拒，携程出大招。由于收购去哪儿无果，携程转而把目标转移到专注于酒店业务的艺龙网。2015年5月22日，携程出资4亿美元完成对艺龙公司37.6%股份的收购，一跃成为后者的最大股东，并购完成后携程酒店服务能力有明显改善。这是携程在被去哪儿拒绝之后而采取的措施，希望通过本次合作对去哪儿公司的酒店业务形成一定压力，进而迫使去哪儿在谈判条件上有所让步。

相爱相杀，去哪儿打响"举报战"反击。2015年8月7日，去哪儿正式向商务部有关部门提交文件，认为携程对艺龙公司的收购过程存在违法行为，指出该交易行为违反了《中华人民共和国反垄断法》有关规定，去哪儿网认为携程网在对艺龙公司收购时触及国家有关规定的申报门槛，但并没有根据有关要求及时向商务部进行申报。针对该事件，携程网进行了回应，同时表示其目前已经向相关部门提交了去哪儿网在此前并购行为中存在诸多涉嫌未申报的证据。

2015年10月26日，携程绕道百度收购去哪儿，最终完成"联姻"。

2016年10月19日，去哪儿网与远洋管理有限公司签订私有化协议，通过对去哪儿公司价值估值后确定约为44.4亿美元。2017年3月1日，去哪儿正式从纳斯达克退市。在经历合并与退市运作后，携程网最终将去哪儿网彻底收入囊中。

9.5.4 案例评析

这是一起行业老大并购行业老二的经典案例，携程在去哪儿随时可能赶超自己的情况下，创造并抓住机会收购了竞争对手，成功地进行了产业整合，巩固了OTA市场老大的位置。在此次交易中，支付方式的选择、并购后的整合都比较有效，但也存在一些不足。

1. 携程通过收购巩固OTA市场老大的位置

2011年，去哪儿发展迅猛，大有超越艺龙追赶携程之势，危机四伏之下，携程不得不请退居幕后的创始人梁建章重新出山。梁建山回归携程之后，采取了迂回的战术,首先把除去哪儿之外的对手几乎全部投资或者收购,不断扩大自己的领地,布局整个 OTA 产业链,如表 9-24 所示。

表 9-24 携程收购去哪儿之前进行的主要投资和并购事项[①]

时间	公司	投资收购金额或比例
2013 年 8 月	大都市旅社	800 万美元
2013 年 12 月	如家	投资 15.4% 股权
2013 年 12 月	汉庭	收购 9% 股权
2014 年 4 月	同程网	2.2 亿美元
2014 年 5 月	途牛网	3 000 万美元
2014 年 5 月	艺龙	4 亿美元

除了在同业间进行收购,携程还大手笔收购租车公司,意图让用户服务的链条更加完整。如 2013 年花费 9 405 万美元收购嗨租车 19.6% 的可转换优先股,同时耗费 2 300 万美元投资易到用车 20% 的可转换优先股。

收编艺龙被市场解读为最终目的是未来打压去哪儿。易观智库数据显示,2014 年中国在线住宿预订市场中,携程市场份额占比 46.2%,去哪儿占比 16.6%,艺龙占比 13.5%。可以看出,去哪儿已超越艺龙坐上了行业老二的交椅,如果携程收购了行业老三,将更进一步提升市占率,逼迫去哪儿主动"缴械投降"。事实也是如此,携程在实施一系列收购战略之后,去哪儿明显处于劣势地位。2015 年 10 月 26 日,"去携"两方终于宣布联姻,交易完成后,携程将拥有去哪儿约 45% 的投票权,成为去哪儿的最大机构股东。

在激烈的市场竞争中,携程通过投资收购实现了合纵连横,布局整个 OTA 产业链,巩固了 OTA 行业的龙头地位。

---

① 根据国泰君安、艾瑞咨询以及其他公开信息整理。

2. 交易三方达成共赢

并购重组是互联网行业的常态，因为这可以消除恶性竞争，增强市场定价能力。但是谁都想成为最后的赢家，达成共识的好办法就是确保交易各方实现共赢。本次交易采用百度和携程换股的支付方式，巧妙地将百度、携程和去哪儿打造成"利益共同体"，实现了三方共赢的局面。

百度在 OTA 市场中分得一杯羹。百度在此次交易中将自己手中 49% 的去哪儿股份换成了携程约 25% 的股份，成为携程最大的股东，从而在 OTA 市场占据了核心地位。近几年阿里、腾讯等都纷纷涉足在线旅游行业，百度自然也有发展在线旅游的愿景。但百度唯一的大举动是投资去哪儿，由于去哪儿的日渐亏损，拉低了百度报表上的利润额，使得百度失去了信心。而携程是在线旅游市场唯一盈利的企业，也在市场中拥有核心地位，自然是比去哪儿更好的选择，有助于百度快人一步立足在线旅游市场，所以百度以去哪儿股份换携程的股份，是一次有价值的资本运作。

携程巩固了 OTA 市场"老大"的地位。由于在线旅游市场的价格战日益激烈，恶性竞争长期存在，因此对盈利造成了不小的压力。若是不实施大规模的并购，结束乱象，引导市场走向规范化，则最终只会伤人伤己。而携程之前的数次并购都属于小范围的战略布局，即使之前以 4 亿美元收购艺龙也无法改变现状，因为艺龙已经处于严重亏损的地步，对携程而言并没有多大的直接利益，而与去哪儿之间的并购则会影响到市场格局。此次交易结束后，携程几乎在机票和酒店市场形成了相对的垄断地位，对上下游渠道有了更高的议价能力，可以更好地面对日后的市场威胁。

去哪儿有可能扭转亏损局面。2014 年去哪儿全年亏损 18.448 亿元，激增 12 倍，营收增长的速度远远跟不上烧钱的速度，说明以低价换取市场的策略已然行不通。去哪儿想要获得资金支持，度过资本寒冬，只能依靠原大股东百度，或是引入新的投资者。但是在去哪儿日益亏损的局面下，这两种方式百度都不会同意。另外，携程大肆投资收购同行业企业，对去哪儿的业务进行多方面的施压和敲打,导致去哪儿进退维谷,不得不接受合并。合并后去哪儿与携程不仅可以获得业务上的互补,更可以获得资金上的支持,停止非理性竞争的局面,降低自身成本,从而扭转亏损局面,实现盈利目标。

3. 比较有效的业务整合

携程掌门人梁建章公开表示,未来去哪儿网仍将保持独立发展,两家公司将通过制定科学合理的协作机制,明确未来业务发展主要方向及市场对象[①]。从后来的整合发现,两家企业在目标市场选择及竞争对手上形成了差异化战略。携程网以一线城市作为发展重点,中高端场是其发力重点;二、三线城市是去哪儿网发展的重点,性价比是其关注重点。

从酒店业务来看,携程收购去哪儿之初就开始对后者高度重合的标准化产品业务进行整合。2016年初,去哪儿对其原来的无线事业群酒店业务线、目的地事业群、酒店及海外事业群进行整合并形成新的大住宿事业部,而此前存在的酒店事业部(重点负责原去哪儿网的高星级酒店业务)被正式撤销。该酒店事业部的业务被并入"大住宿事业部",采购权移交到了携程网,自此去哪儿将中低星酒店业务作为自身酒店重点。2016年依托自有大数据,在移动端重点发力新业务线。在酒店频道上线"会场"板块,为会议行业的发展提供更多的创新产品与优质服务。酒店方面的调整使得两家企业形成良性互补,并对美团网的中低星酒店业务形成压制[②]。

从度假业务来看,携程推动携程旅游与去哪儿度假进行合并,双方通过战略合作形成合力积极推动在线旅游市场。去哪儿度假在经营方式仍将保持高度独立,但采购、技术研发及服务等方面需与公司总部及其他子公司形成协同。度假领域的合作,有助于进一步发挥去哪儿的引流作用,特别是对途牛网将形成一种有力的牵制。

---

① 徐鹏. 梁建章:去哪儿继续作为独立公司运营. 中关村在线. http://news.zol.com.cn/548/5480149.html.
② 余一. 去哪儿私有化的背后:增速腰斩 成本收窄. 新浪科技. 转引自 TechWeb. http://www.techweb.com.cn/column/2016-10-20/2416779.shtml.

从机票业务来看,去哪儿此前提供的机票业务与"淘宝"上的搜索比价服务原理相同,但随着航空公司打压的加剧,其业务开始向传统 OTA 进行转型,与携程机票业务同质化现象明显。2017 年 3 月 7 日,去哪儿正式向社会宣布,比价平台将重新上线,努力为客户提供更全面、更精准的比价信息,以此来提升消费者选择携程及去哪儿平台进行比价的意愿。通过本次合并,去哪儿机票业务发展方向得到调整,有助于其更好发挥自身在垂直搜索方面的技术优势,同时减少与携程机票业务同质化的可能性。

4. 财务协同效应明显

根据携程的 2014 年第四季度财务报表、2015 年第三季度财务报表以及 2015 年第四季度财务报表的财务数据,分别从并购前后的偿债能力、负债能力和发展能力这三项财务指标进行分析对比,发现携程并购去哪儿具有一定的财务协同效应,如表 9-25 所示。

表 9-25 并购前后财务数据对比[①] %

指标分类	指标名称	并购前 2014年第四季度(A)	并购前 2015年第三季度(B)	并购后 2015年第四季度(C)	差额 C-A	差额 C-B
偿债能力	流动比率	1.343 1	1.364 4	1.206	-0.14	-0.158 4
	资产负债率	66.84	73.84	46.41	-20.43	-27.43
	长期负债率	26.86	36.36	19.95	-6.92	-16.41
盈利能力	净资产收益率	0.88	18.24	3.77	2.88	-14.47
	营业利润率	-2.05	3.56	3.50	5.55	-0.07
发展能力	销售增长率	36.39	47.66	48.33	11.94	0.66
	净利润增长率	-89.89	504.42	2518.79	2608.68	2014.37

---

① 根据携程 2014 年第四季度财报、2015 年第三和第四季度财报整理而得。

首先，从偿债能力进行分析。一般而言，企业的流动比率维持在1的水平说明公司的财务情况较好。携程在2014年第四季度的流动比率为1.343 1，2015年第三季度为1.364 4，而并购后的2015年第四季度流动比率则微幅下跌至1.206，并购后的流动比率虽有微幅下跌，但仍然超过1，说明并购后携程的偿债能力并未严重削弱。资产负债率反映企业的举债能力，一般认为一家公司的资产负债率低于0.5具有良好的长期负债实力。携程在并购去哪儿之前的2014年第四季度和2015年第三季度的资产负债率分别为0.67和0.74，并购后的资产负债率反而下降至0.46，说明携程并购去哪儿之后并没给其带来特别大的债务能力，反而增强了其长期负债的实力。

其次，从盈利能力进行分析。携程并购后的净资产收益率较并购前下降明显，从18.24%下降至3.77%，主要原因是并购使得净资产大幅增加；但其营业利润率却基本保持不变，并购前的2014年第四季度为−2.05%，2015年第三季度为3.56%，并购后2015年第四季度则为3.5%，2015年同比增长了5.55%。并购增加了股东权益，对公司盈利能力提出了更高要求。

最后，从发展能力进行分析。从公司的净利润增长率看，并购的效果是非常显著的。从2015年第三季度的504.42%，到2015年第四季度的2 518.79%，携程的发展能力得到显著提升。

5. 不太成功的人员整合

携程在人员整合方面做得不好，导致去哪儿出现离职潮。在股票置换协议签订后的3个月内，CEO庄辰超离职，CFO、COO及CTO也均正式离职。

除了高管离职之外，一般员工的认知比较混乱，离职也很严重。机票业务受航空公司围剿，高星酒店业务被迫交给携程，这两个去哪儿原本的核心板块人才流失严重。携程原本可以借此机会将去哪儿的优秀人才纳为己用，却并没实现，十分可惜。

作为交易的一部分，携程付出了价值不菲的"金色降落伞"。

（1）去哪儿在职员工持有股份及未来期权以1∶0.725转换携程股份。

（2）去哪儿一次性发放一笔员工激励计划：原则上绝大多数员工目前持有的去哪儿股份和还未授予的期权按照一个统一比例增发一笔期权。

（3）庄辰超共持有1 956.57万A类股票及610.4万B类股票。其中A类股与去哪儿员工激励股按相同比例转换为携程股票，B类股是高投票权的"金股"，转股比例更高，如果按照1∶1计算，庄辰超可获得大约2 030万携程股票，市值约10亿美元。

如果携程在"金色降落伞计划"中加上延期置换和延期支付，就可以有效避免离职潮。例如，延迟置换携程股票的时间，1年之后分批次逐渐提升可置换比例，进而加强人员磨合。由于收购的溢价较高，还可以采用延期支付溢价，不至于使得去哪儿的老员工立马套现走人。

瑕不掩瑜，虽然在人员整合不力，但总体来看，携程收购去哪儿是一次成功的收购，可以作为互联网企业对标学习的案例。

9.6 首旅酒店跨境换股收购如家酒店 [①]

近些年，国内酒店业格局动荡，形成一股并购热潮。如锦江收购维也纳、海航收购卡尔森、万豪收购喜达屋等。2016年9月30日，首旅酒店公告收购如家酒店获得商务部批复，成为酒店行业最为经典的并购案例之一。

首旅酒店并购如家酒店是出于自身战略需求，为了完善自身的旅游产业链、扩大市场占有率而作出的选择；而如家酒店也恰巧身处业绩与行业的低迷期。两者都是酒店行业拥有一定地位的企业，强强联合，将有助于提升自

---

① 石蕊，支音，郭星汝，等.2019年清华大学经管学院金融硕士（深圳班）第1组期末案例总结.

身的市场竞争力和盈利能力，从而达到 1+1>2 的效果。在本次交易中，通过综合运用多种支付方式，如现金支付、发行股份和 EB，首旅酒店实现了对如家的私有化和跨境换股并购。

本次交易最大的看点是成功实施跨境换股收购，这在中国并购史上有着重大意义：境外投资者以境外公司股权和 A 股上市公司换股的案例能通过监管部门的审批实属少见！这预示着跨境并购将会越来越多地被运用到我国企业的并购交易中。

9.6.1 交易背景

1. 买方背景[①]

北京首旅酒店（集团）股份有限公司（以下简称"首旅酒店"）成立于 1998 年，是以投资和经营管理旅游业及现代服务业为主业，涵盖酒店服务业、旅游商业、旅游旅行服务业、汽车服务业、景区服务业等业态的全国性、战略型控股投资企业集团。2000 年，首旅酒店在上交所上市。

首旅酒店已具有突出的品牌特色和先进的品牌文化，形成了较为完善的酒店多品牌体系，具备了较强的酒店品牌核心竞争力。截至 2015 年 12 月 31 日，首旅酒店品牌包括"首旅建国""首旅南苑""首旅京伦""欣燕都""雅客怡家"，其酒店体系涵盖了经济型酒店、中档酒店到五星级大酒店等共 156 家。除此之外，海南的南山文化旅游区等相关企业也属于首旅酒店集团所有。在完成对如家集团并购之前，首旅酒店已成了对宁波南苑、雅客 e 家等酒店的并购活动。并购如家酒店之前，首旅酒店的公司主营业务包括酒店管理、酒店运营以及景区运营三大板块。

首旅酒店 2015 年公布的年报显示，公司在经营中的优势包括了品牌优势、用户优势、平台优势、人力资源优势和创新优势，然而公司也存在以下

---

① 首旅酒店 . 2015 年年报 . http://static.cninfo.com.cn/finalpage/2016-03-31/1202115554.pdf.

经营劣势：第一是市场占有率尚未处在绝对优势地位；第二是公司经营的酒店业务覆盖面局限；第三是公司经营业绩与宏观经济景气程度相关性过大；第四是公司的"互联网+"能力尚待提高。

截至 2015 年 12 月 31 日，首旅酒店前五大股东分别为北京首都旅游集团有限公司、华夏银行股份有限公司、云南国际信托有限公司、香港中央结算有限公司（沪股通）、刘志刚，持股比例分别为 60.12%、1.86%、0.56%、0.4% 和 0.36%。表 9-26 为截至 2015 年 12 月 31 日首旅酒店前五大股东的持股情况。公司的第一大股东北京首都旅游集团有限公司为北京市人民政府国有资产监督管理委员会的全资子公司。

表 9-26　截至 2015 年 12 月 31 日首旅酒店前五大股东持股情况[①]

股东名称	持股数量/万股	占总股本比例/%
北京首都旅游集团有限公司	13 910.81	60.12
华夏银行股份有限公司	431.25	1.86
云南国际信托有限公司	130	0.56
香港中央结算有限公司（沪股通）	93.41	0.4
刘志刚	83.91	0.36
合计	14649.38	63

从财务数据的角度看，首旅酒店在 2015 年实现营业收入额约为 13.33 亿元，比 2014 年总体减少了 52.24%。2015 年首旅酒店实现的净利润约为 1 亿元，比 2014 年总体减少了 10.97%。企业的主营业务酒店以及景区收入都较为稳定，但是其经营业绩和 2014 年相比却有所下降。其主要原因是公司在 2015 年的时候卖掉了神舟国旅，并且和南苑股份公司合并了财务报表。图 9-32 所示的是 2011—2015 年首旅酒店主要财务数据。

---

① 首旅酒店 2015 年年报. http://static.cninfo.com.cn/finalpage/2016-03-31/1202115554.pdf.

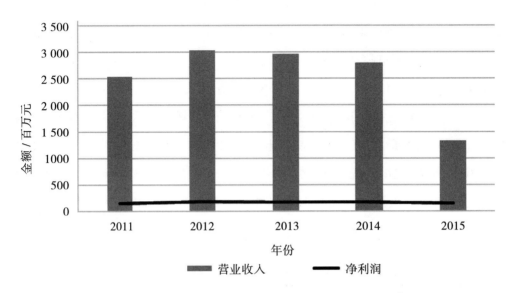

图 9-32 2011—2015 年首旅酒店主要财务数据[1]

2014 年，首旅酒店出售神舟国旅 51% 的股权，退出旅行社业务；收购了石家庄雅客怡家快捷酒店管理有限公司 65% 股份，以及高星级酒店经营公司南苑集团 70% 股份，业务重心进一步集中。不过，剥离旅行社业务之后，首旅酒店的整体收入增速下滑，市场占有率不足，需寻求更多新的收入增长点。

2. 卖方背景[2]

如家酒店集团成立于 2002 年，2006 年 10 月在纳斯达克上市，是中国酒店业当中第一个在国外上市的企业。

如家酒店是一家领先的经济型连锁型及中档型酒店管理公司，以成为全球酒店行业前三甲的酒店管理企业为愿景，致力于为中国快速增长的人口提供标准化的产品和高质量的服务，以及为价格敏感的差旅人士和游客提供卫生、

---

[1] 首旅酒店. 2015 年年报. http://static.cninfo.com.cn/finalpage/2016-03-31/1202115554.pdf.
[2] 首旅酒店公告. http://static.cninfo.com.cn/finalpage/2016-07-30/1202517856.pdf.

舒适、便捷的住宿服务，以满足消费者在个人商务和旅游休闲中对良好住宿环境的需求，并积极利用互联网工具开拓新型业务和商业模式，实施O2O创新营销战略，不断整合住宿相关产品和服务，通过平台化运营打造围绕酒店住宿和旅行的生态圈。

如家酒店集团不仅是经济型酒店龙头，也是国内酒店行业霸主。被首旅酒店收购之前旗下主要拥有五大品牌，分别为如家酒店、莫泰酒店、云上四季、和颐酒店和如家精选酒店，涵盖经济型及中高档酒店。在上述五大品牌的基础上，如家酒店集团于2015年新推出了逗号公寓及云系列酒店，以进入长租公寓市场及进一步丰富商旅连锁酒店的创新元素。

如家酒店集团各品牌定位清晰，可满足不同层次客户的需求。其中，经济型酒店系列主要以如家酒店、莫泰酒店和云上四季酒店三个品牌为主，中高档酒店系列以和颐酒店和如家精选两大品牌为主。同时，如家酒店集团主要实行直营与特许加盟并行发展的经营模式。在保持直营酒店稳步发展的同时，也持续增加特许加盟酒店的开发力度。截至2015年12月31日，如家酒店集团旗下共拥有2 922家已开业酒店，其中如家酒店2 341家，莫泰酒店422家，云上四季29家，和颐酒店68家，如家精选53家，逗号公寓2家，云系列酒店7家；租赁经营酒店929家，特许加盟酒店1 987家，特许非经营酒店6家。如家成立至今，以完备的人力资源体系、敏锐的市场洞察能力、强有力的执行力在品牌、系统等多个核心竞争力迅速建立起自身优势。表9-27为截至2015年12月31日如家旗下五个酒店品牌详细数据。

公司并购重组与整合

表 9-27　截至 2015 年 12 月 31 日如家旗下 5 大酒店品牌详细数据①

项目	如家酒店	莫泰酒店	云上四季	和颐酒店	如家精选
品牌定位	温馨舒适的商旅型经济连锁酒店品牌	时尚简约的商旅型经济连锁酒店品牌	地域风情的商旅型连锁酒店品牌	中高端全感官人文商旅连锁酒店品牌	中端全感官创意商旅连锁酒店品牌
酒店数量/个	2 341	422	29	68	53
客房数量/个	250 523	52 886	2 864	9 785	5 049
区域分布	30 个省 349 个城市	27 个省 110 个城市	2 个省 11 个城市	18 个省 27 个城市	10 个省 20 个城市

截至 2015 年 12 月 31 日，如家酒店的股东持股比例情况如下：Poly Victory 占股 15.27%，携程上海占股 14.94%，Smart Master 占股 3.59%，孙坚直接与间接持有 0.31% 股份，Wise Kingdom 持有 0.33% 股份，宗翔新持有 0.09% 的股份，沈南鹏持有 0.38% 的股份，其他股东合计持有如家酒店 65.09% 的股份。图 9-33 所示的是截至 2015 年 12 月 31 日如家酒店股权结构。

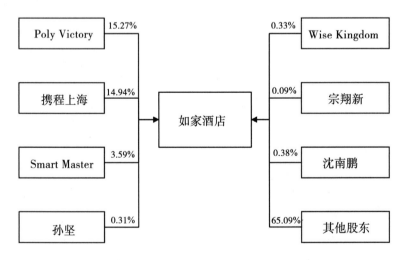

图 9-33　截至 2015 年 12 月 31 日如家酒店股权结构①

---

① 首旅酒店公告. http://static.cninfo.com.cn/finalpage/2016-07-30/1202517856.pdf.

财务数据方面,如家的直营酒店在2013—2015年的营业收入分别为558 748万元、574 180万元和563 124万元,分别占总收入的87.95%、85.92%和84.41%;特许加盟酒店在2013—2015年的收入则分别为76 549万元、94 094万元和103 987万元,分别占总收入的12.05%、14.08%和15.59%。(表9-28)

表9-28 2013—2015年如家酒店两种经营模式下的酒店数量和收入情况[①]

项目	时间	酒店家数/个	收入金额/万元	占总收入比例/%
直营	2015年12月31日	929	558 748	87.95
	2014年12月31日	914	574 180	85.92
	2013年12月31日	872	563 124	84.41
特许加盟	2015年12月31日	1 993	76 549	12.05
	2014年12月31日	1 695	94 094	14.08
	2013年12月31日	1 308	103 987	15.59

虽然如家酒店在市场占有率和酒店规模上都属于国内经济型连锁酒店的领先企业,但在经营业绩上却出现了一定的波动。如图9-34所示,如家酒店2013年至2015年的营业收入分别为633 186.21万元、668 011.24万元和661 438.18万元,扣除非经常损益后的归属母公司股东的净利润分别为29 184.53万元、35 621.52万元和22 007.85万元,由此可以看出如家酒店在被首旅酒店收购前的营业收入规模处于停滞不前的状态,净利润经历了较大的波动。2014年如家酒店归属母公司的净利润比2013年同比增长22.06%,到了2015年却同比2014年下降了38.22%。

---

① 首旅酒店公告. http://static.cninfo.com.cn/finalpage/2016-07-30/1202517856.pdf.

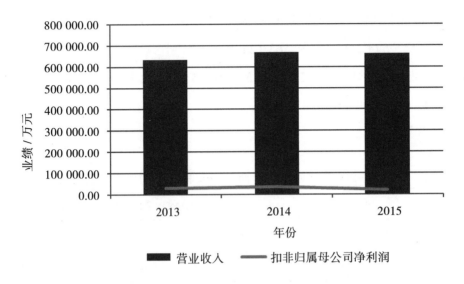

图 9-34　2013—2015 年如家酒店业绩情况[1]

如家酒店之所以在 2015 年利润急剧下降，主要是因为 2015 年国内宏观经济疲软，酒店行业市场面临严峻的挑战，导致每间可售客房收入下滑从而造成利润减少。与此同时，由于如家酒店 2015 年新增了许多直营店，其在建费用一定程度上影响了当期利润。

在激烈的竞争中，如家面临以下的发展瓶颈[2]。

（1）领先优势缩小。2015 年锦江与铂涛合作后，锦江 +7 天的市场份额超过如家 + 莫泰成为国内经济型酒店行业的第一大集团，如家在经济型酒店行业中的市场份额从 2010 年的 23.12% 下降至 2014 年底的 20.66%。

（2）平均增速相对较低。铂涛、华住近年来的客房扩张速度显著高于如家，2014 年如家酒店客房数的平均增速为 18%，而铂涛和华住则分别达到 21% 和 36%。连锁酒店抱团合作，提高竞争将成为行业发展趋势之一。

---

[1] 首旅酒店公告．http://static.cninfo.com.cn/finalpage/2016-07-30/1202517856.pdf．

[2] 盈蝶咨询。

（3）经济型酒店行业增速放缓，业务向中高端拓展。经济型酒店利润率持续下降，向中端酒店升级成为主要趋势，目前国内经济型酒店正在积极转型至中端品牌。如家酒店集团同样推出了中高端品牌和颐酒店和如家精选，但在中端市场地位仍然处于弱势，和颐酒店市占率仅为4.46%，中端酒店市场整体集中率较低。

3. 行业背景①

随着中国居民收入增长、生活水平的不断提高，旅游成为一种越来越受到大众欢迎的消费休闲方式。受到旅游业的带动，酒店行业也得到了进一步的发展。

酒店行业存在多种分类标准和体系，如果按照酒店的定位和服务标准划分，酒店可分为经济型酒店、中端酒店和高端酒店，如果按照酒店规模划分，酒店可分为单体酒店和连锁酒店。表9-29为国内主要知名酒店管理集团。

表 9-29　国内主要知名酒店管理集团

企业名称	成立时间	旗下品牌
华天酒店集团	1985 年	华天大酒店、华天精选
开元酒店集团	1988 年	开元名都大酒店、开元大酒店、开元曼居酒店、开元文化主题酒店
锦江国际酒店集团	1997 年	锦江之星、百时快捷、金广快捷、锦江都城
首旅酒店集团	1998 年	首旅建国、首旅南苑、首旅京伦、欣燕都、雅客怡居
如家酒店集团	2002 年	如家酒店、和颐酒店、莫泰酒店、如家精选酒店、云上四季酒店
金陵饭店股份有限公司	2002 年	金陵饭店、金一村
华住酒店集团	2005 年	汉庭快捷酒店、海友酒店、全季酒店、星程酒店、怡莱酒店、禧玥酒店、漫心度假酒店
铂涛酒店	2005 年	7天酒店、铂涛菲诺酒店
桔子酒店集团	2006 年	桔子酒店、桔子水晶酒店、桔子酒店精选
尚客优选连锁酒店集团	2009 年	尚客优快捷酒店、骏怡酒店、尚客优精选酒店、假日美地

---

① 首旅酒店公告. http://static.cninfo.com.cn/finalpage/2016-07-30/1202517856.PDF；盈蝶咨询，广发证券研究所. 转引自石蕊，支音，郭星汝，等. 2019年清华大学经管学院金融硕士（深圳班）第1组期末案例总结；易观智库. 2015年中国"互联网+酒店"专题研究报告. http://www.199it.com/archives/360579.html；

公司并购重组与整合
Company merger & reorganization and integration

国内经济型酒店起源于1996年，距今已有20余年发展历史。1996—2005年是经济型酒店的发展起步期，锦江之星、如家、7天、汉庭等品牌纷纷建立；2006—2010年是经济型酒店资本化的阶段，各大酒店集团纷纷在美股上市；2011年至今经济型酒店进入转型期，酒店集团并购的步伐加速，同时对经济型酒店品质的升级也在逐步进行。数据显示，截至2016年底，全国共有2.2万家连锁经济型酒店，房间数量超过211万间，客房数量最近10年复合增速达43.5%。

经济型连锁酒店采取"成本战术"，以统一化的管理和薄利多销实现收入与利润，因此与中端和高端酒店相比利润率较低。随着人工成本逐渐上升、租金提高，行业整体盈利能力就会下降。如家酒店集团和华住酒店集团2012—2014年营业利润率都没有超过10%，净利率在7.5%以下。各大品牌布局成熟，逐渐形成了寡头竞争的格局，开始谋求转型，向中端酒店扩张。

同时，随着国内"互联网+"的发展，国内酒店业也受其影响。在线旅游市场的迅速兴起，促使各大OTA巨头凭借流量优势地位不断压缩酒店的盈利空间。酒店业属于旅游产业的上游，部分受制于携程等强大的整合分销平台（OTA）。2015年，携程、去哪儿、艺龙三家公司占OTA行业超70%的市场份额。

由于流量几乎都掌握在渠道方（OTA）手中，三大渠道巨头给各家酒店巨头带来向上游拓展的压力。例如，携程联合荟域资产、新加坡风和投资搭建并购基金，主打海外酒店并购。

在这种情形下，为提高议价能力，酒店行业巨头唯有通过整合才能形成合力，因此，"酒店联盟"成为必然趋势。城市名人、华天酒店、开元、纽宾凯、曙光、粤海六大酒店集团签署战略合作协议，六方成立酒店联盟体，绿地、海航、亚朵和中兴泰和则成立"中国未来酒店联盟"。

酒店行业格局呈现由低端向中端扩张的现象，寡头竞争、渠道为王、行业联盟将成为酒店业的主流。在这种行业背景下，首旅酒店收购如家酒店有利于增强市场竞争力，具体如下。

（1）首旅集团将成为第二大酒店集团，形成中高端、经济型、民宿全品牌布局。

（2）如家自带5 000万会员流量，可依托首旅强大的背景和资金，进一步整合线上线下资源。

（3）利用首旅集团丰富的产业链布局，让多元化发展成为核心竞争力。

（4）携程入股成为第二大股东，推进O2O建设，进一步打造"智慧酒店"。

9.6.2 交易方案及并购过程

2015年12月6日，北京首旅酒店（集团）股份有限公司、首旅酒店集团（香港）控股有限公司、首旅酒店集团（开曼）控股有限公司以及如家酒店集团在北京共同签署了《合并协议》。根据协议内容，首旅酒店将对如家酒店进行私有化退市。2016年4月1日，首旅酒店完成对如家酒店的收购，同时如家酒店从美国纳斯达克成功退市并回归中国A股市场。

此次如家私有化与以往其他中概股回归A股的传统方式[①]不同之处在于：如家酒店私有化的同时，直接合并进入A股上市公司首旅酒店，并且创新性地保留了如家酒店的境外红筹架构。

根据首旅酒店的相关公告，此次首旅酒店收购如家酒店的过程分为三个步骤，分别是：①使用现金对价收购如家酒店非主要股东股权；②发行股份收购主要股东股权；③配套再融资。

第一步是使用现金对价的方式，收购如家酒店集团非主要股东65.13%的股权，如图9-35所示。为了成功完成对如家酒店的收购，首旅集团设置了两

---

① 传统的中概股回归A股的主要方式为：私有化＋拆除VIE＋IPO/借壳上市。

层特殊目的公司（SPV）作为收购主体，分别为：首旅酒店（香港）以及首旅酒店（开曼），其中首旅酒店（开曼）为首旅酒店（香港）的全资子公司。通过吸收合并的方式，如家酒店将首旅酒店（开曼）吸纳为自己的全资子公司，首旅酒店（香港）持有的原首旅酒店（开曼）股份转为如家酒店集团股份；首旅酒店（香港）支付现金收购如家酒店非主要股东65.13%的股权①，在现金购买交割完成之后，如家酒店的股东变成了首旅酒店（香港）的主要股东，如图9-36所示。

根据首旅酒店财务顾问出具的估值报告，此次私有化的价格为17.90美元/股或35.8美元/ADS，交易总对价为11.24亿美元，折合人民币约71.78亿元，较2015年12月4日如家酒店收盘价32.14美元/ADS，溢价率为11.39%。

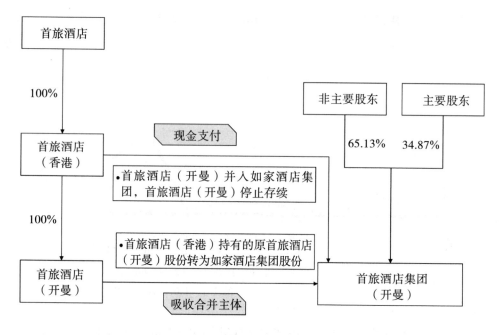

图9-35　如家酒店集团私有化方案②

---

① 这样做是为了提前锁定股份，避免出现股权争夺的情况。
② 首旅酒店公告．http://static.cninfo.com.cn/finalpage/2016-07-30/1202517856.pdf．

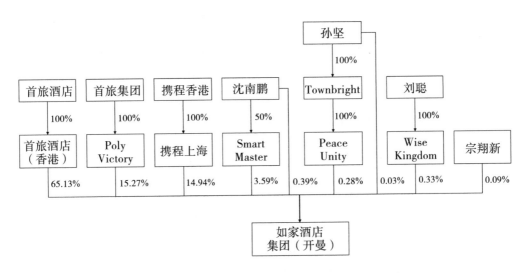

图 9-36　如家酒店集团私有化后的股权结构①

第二步是通过发行股份的方式，收购如家酒店主要股东所持有的 34.87% 的股权。如表 9-30 所示，首旅酒店向首旅集团、携程上海、Wise Kingdom、沈南鹏、Smart Master、孙坚、Peace Unity、宗翔新等购买如家酒店集团 34.87% 的股份，总对价为 38.73 亿元人民币，股票的发行价格为 15.69 元/股，定价标准为定价基准日前 20 个交易日平均股票价格的 90%，发行数量约为 2.468 655 2 亿股。图 9-37 所示的是跨境换股后首旅酒店的股权结构。

表 9-30　首旅酒店股份支付情况①

发行股份购买资产的交易对方	持有如家酒店股份数量	首旅酒店支付股份对价/股
北京首都旅游集团有限责任公司	14 726 165	109 218 761
携程上海	14 400 765	104 901 899
Wise Kingdom	317 294	2 311 317
沈南鹏	375 500	2 735 317
Smart Master	3 458 745	25 195 114

---

① 首旅酒店公告. http://static.cninfo.com.cn/finalpage/2016-07-30/1202517856.pdf.

续表

发行股份购买资产的交易对方	持有如家酒店股份数量	首旅酒店支付股份对价 / 股
孙坚	30 138	219 539
Peace Unity	228 806	1 666 729
宗翔新	84 272	613 876
合计	33 621 685	246 862 552

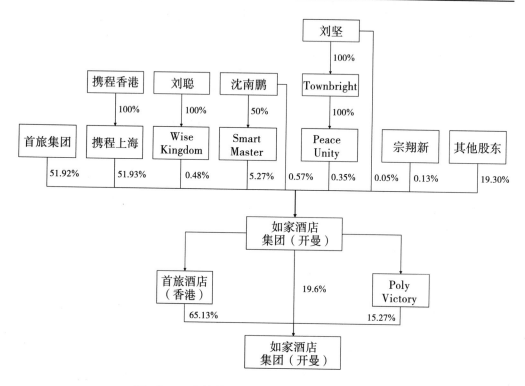

图 9-37　跨境换股后首旅酒店的股权结构 ①

第三步是配套融资。为了使重组效率得到提高，减少并购后首旅酒店的偿债压力，首旅酒店以询价发行的方式向不超过 10 名符合条件的特定对象非公开发行股份募集配套资金，总金额不超过 38.74 亿元，发行价格不低于 15.69

---

① 首旅酒店公告．http://static.cninfo.com.cn/finalpage/2016-07-30/1202517856.pdf.

元/股，发行数量不超过 2.47 亿股。这部分再融资用于偿还支付给非主要股东的美元贷款。

此次配套再融资完成后，上市公司的总股本将扩大到 7.25 亿股，首旅集团持有上市公司首旅酒店股份数量为 2.483 3 亿股，较收购之前的 60.12% 下降为 34.25%，但仍为上市公司的实际控制人和第一大股东；而携程上海则成为首旅酒店的第二大股东，持股比例约为 14.47%。图 9-38 所示的是并购交易完成后首旅酒店的股权结构。

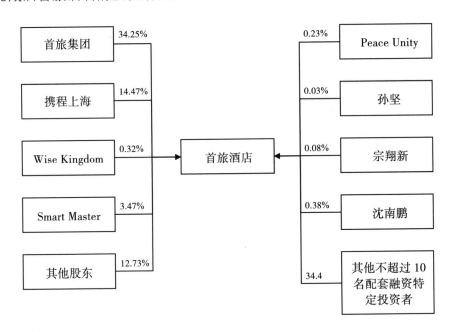

图 9-38　并购完成后首旅酒店的股权结构 ①

9.6.3　风险控制及部分并购条款分析

从整体上看，此次并购交易给双方都带来了正面效应，但依然存在着一定的风险。根据首旅酒店针对本次并购交易发布的《重大现金购买及发行股份

---

① 首旅酒店公告. http://static.cninfo.com.cn/finalpage/2016-07-30/1202517856.pdf.

购买资产并募集配套资金暨关联交易报告书》，并购双方在并购条款中做了相应的安排，以规避风险。

1. 竞争性交易及更优提议[①]

由于此次并购交易中，如家酒店私有化的估值溢价率仅为 11.39%，属于偏低的水平，因此需预防竞争对手的报价高于首旅酒店的报价而导致交易流产。针对该类风险，首旅酒店和如家酒店在《合并协议》第五条中约定了竞争性交易及更优提议条款以增加交易的确定性。竞争性交易及更优提议要求如家酒店应及时（48 小时内）向首旅酒店（香港）口头或书面通知任何竞争性交易建议或要约，其中竞争性交易指如下任何交易：

（1）任何涉及公司或涉及单独或整体资产占公司资产 20% 或以上的子公司、或涉及公司净利润或净收入 20% 或以上来源的子公司的任何合并、整合、股权置换、业务合并、安排计划、合并、资本调整、清算、解散或其他类似交易。

（2）销售、租赁、置换、转让或其他方式处置资产或业务，且该等处置构成公司和其子公司整体净收入或净利润 20% 或以上。

（3）销售、置换、转让或以其他方式处置公司任何类别的股权权益的 20% 或以上。

（4）任何收购要约或置换要约，如完成将导致任何主体收益拥有公司任何类别的股权收益的 20% 以上。

竞争性交易及更优提议中还提及，如果在如家酒店集团股东大会通过本次并购交易前，收到与竞争性交易相关的书面善意提议或要约，且在征询公司的外部财务和法律顾问的意见后，公司董事会经特别委员会建议并根据诚信原则决定，该提议或要约构成更优提议且未能作出与之相关的公司建议变

[①] 首旅酒店公告．http://static.cninfo.com.cn/finalpage/2016-07-30/1202517856.pdf．

更将违反其根据相关法律对公司及股东的诚信义务，公司董事会可以经过特别委员会全体建议，生效一项与该更优提议相关的公司建议变更和/或授权公司终止本协议并同时授权公司就该更优提议签署替代性收购协议。更优提议是指一项关于竞争性交易的书面善意要约或建议，但将竞争性交易定义中的20%改为50%，该要约或建议不得以完成尽调或获得融资为前提，从财务角度看对如家酒店集团的股东有利，应具备合理可能性。

2. 终止费

为了保护买卖双方在交易当中的利益，保证双方交易的公平性，首旅酒店和如家酒店约定了终止费条款。

如果本次并购交易在如下情况下终止，则如家酒店集团应支付约4 444万美元等值人民币的终止费。

（1）由于如家酒店集团在任何重大方面违反或未能履行其在本协议中的任何陈述、保证、约定或承诺，且对陈述或保证的违反造成重大公司不利影响。

（2）由于发生公司触发事件。

（3）如家酒店集团董事会经特别委员会建议后已授权就更优提议订立替代收购协议。

（4）在有效召开的如家酒店集团股东大会或其休会或延期期间未能取得股东表决，且发生下述情况：①在本协议日后但在如家酒店集团股东大会前，善意提出的竞争性交易已向公司告知、被公开宣布或告知，且未被撤回；②在上述终止后9个月内，公司就竞争性交易订立了最终协议。

（5）签约后9个月交易未能交割，且发生下述情况：①在本协议日后但在如家酒店集团股东大会前，善意提出的竞争性交易已向公司告知、被公开宣布或告知，且未被撤回；②在上述终止后9个月内，公司就竞争性交易订立了最终协议且其他条件满足。

如果非因如家酒店的原因，在双方约定协议日后的9个月内未能完成合并

（例如：首旅酒店股东大会、休会、延期）未能取得股东批准或者未能取得监管机构批准，则首旅酒店应支付 1 778 万美元等值人民币的终止费；如果在下述情况下终止，则首旅酒店应支付 8 887 万美元等值人民币的终止费。

（1）由于首旅酒店（香港）、首旅酒店（开曼）在任何重大方面违反或未能履行其在本协议中的任何陈述、保证、约定或承诺，且该等对陈述或保证的违反会阻止、重大延迟或重大妨碍或损害首旅酒店（香港）、首旅酒店（开曼）完成本交易的能力。

（2）由于首旅酒店（香港）、首旅酒店（开曼）未能在如家酒店集团确认全部交割条件已经满足或被豁免后的 10 个营业日内完成交割。

由于本次交易活动存在复杂的履行程序，包括国资委的审批、国家发改委的备案、国家商务部的审查以及证监会对此次交易活动的确认等程序均获得批准需要较长的时间，存在审批失败的风险以及较长的时间成本。如果由于审批问题使得本次交易无法顺利进行，首旅酒店可能需要支付较高昂的终止费。

3. 交易过渡期的损益安排

在并购重组中，一般都存在一个过渡期间，即自评估基准日至资产交割日的期间。2015 年 9 月，我国证监会出台了《上市公司监管法律法规常见问题与解答修订汇编》，指出如以收益现值法、假设开发法等基于未来收益预期的估值方法对标的公司进行评估的，其在购买资产的过渡期间收益应当归上市公司所有，亏损应当由交易对方补足。

根据境外上市公司兼并收购交易惯例，如久邦数码、完美时空、盛大游戏等案例，过渡期损益一般归买方所有，即由买方承担过渡期的风险和收益，后续不对收购价格进行调整。本次交易价格不根据基准日至交割日期间交易标的盈亏情况进行调整，即过渡期的交易标的净资产的变化全部由买方承担。

本次首旅酒店收购完如家酒店之后，整个并购的风险将转嫁至首旅酒店身上，如家酒店原有股东成为首旅酒店股东，将构成利益共同体。为了保证双方交易的公平性，双方约定了过渡期损益安排条款：在协议签署日至交割日（或协议终止日），除非获得首旅酒店（香港）事先书面许可，交易标的不得进行利润分配；合并协议日后及生效时间当时或之前发生的股息分配事项，需对每股普通合并对价和每股 ADS 合并对价进行调整。

4. 首旅集团出具《关于减值补偿的承诺函》

根据《上市公司重大资产重组管理办法》及中国证监会相关问答的规定，上市公司重大资产重组交易对方为上市公司控股股东、实际控制人或者其控制的关联人，应当以其获得的股份和现金进行业绩补偿。为了充分保护本次交易完成后首旅酒店及其中小股东的利益，作为首旅酒店的控股股东，首旅集团出具了《关于减值补偿的承诺函》，具体内容如下。

（1）在本次发行股份购买资产交易实施完毕后的 3 年内，首旅酒店将在每年结束后对 Poly Victory 100% 股权进行减值测试，若 Poly Victory 100% 股权价格较交易价格出现减值，首旅集团向首旅酒店就减值部分进行股份补偿（每年补偿的股份数量 = 标的资产的期末减值 / 每股发行价格 – 已补偿股份数量），若首旅集团所持股份不足以补偿，首旅集团将通过二级市场购买首旅酒店股份予以补偿。

（2）前述减值额为拟购买资产交易作价减去期末拟购买资产的评估值并扣除补偿期限内拟购买资产股东增资、减资、接受赠予以及利润分配的影响。

（3）承诺期内，在每年计算的补偿股份小于零时，按零取值，即已经补偿的股份不冲回。

除了以上 3 项风险管控措施以外，此次并购交易还约定了许多条款以控制如股价波动、利率变化等引起的风险。此次并购中涉及的风险控制条款在国内已发生的并购案中显得更为全面，更加接近于国外的并购交易结构设计，表明中国企业越来越能熟练应用国际通用的并购交易工具。

9.6.4 案例评析

首旅酒店对如家酒店的成功收购，获得了行业内许多赞誉，交易方案有不少亮点。首先，在这个案例中，如家酒店愿意被私有化是该收购案能成功的根本；其次，在这起复杂的跨境并购案中，首旅酒店运用了多样化的支付方式，如跨境换股和发行 EB；最后更为巧妙的是，首旅酒店采用境外投资者以境外公司股权跟 A 股上市公司进行换股的收购方式获得了国家相关部门的审批通过。完成收购后，买卖双方通过有效整合，体现了较好的协同效应。

1. 如家酒店为何愿意被私有化

首先是因为市值被低估。如家酒店在美国上市后的市盈率（PE）和市净率（PB）一直较低。2008 年，在全球金融危机的背景下，如家酒店的 PE 和 PB 跌至 10 年最低值，图 9-39 为 2006—2015 年如家酒店 PE 和 PB 的变化情况。

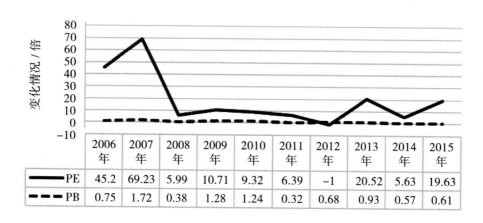

图 9-39　2006—2015 年如家酒店 PE 和 PB 变化情况①

2011—2013 年，美国资本市场掀起一股做空中概股的风潮，更让如家酒

---

① Wind 数据库。

店的 PE 和 PB 一路狂跌，相比较于国内沪深股票同行业和美国纳斯达克同行业股票的 PE 和 PB，可以发现如家酒店的市值被低估了。表 9-31 为 2013 年至 2015 年国内沪深两市和美国纳斯达克酒店业 PE 和 PB 的平均值对比。

表 9-31　2013—2015 年沪深两市和纳斯达克酒店行业 PE 和 PB 平均值对比 [①]

倍

资本市场	PE 平均值			PB 平均值		
	2013 年	2014 年	2015 年	2013 年	2014 年	2015 年
沪深两市	66.32	124.03	36.91	3.97	4.86	3.18
纳斯达克	11.26	51.45	14.57	−17.37	−7.16	3.38

从图 9-39 和表 9-31 可以看出，如家酒店自 2006 年上市以来，除了 2007 年的 PE 较之前有大幅上升之外，从 2008 年开始整体呈下降趋势，甚至在 2012 年一度出现负数的局面。2013 年至 2015 年，沪深两市的酒店 PE 平均值是纳斯达克的数倍之多。从 PB 平均值来看，2013 年和 2014 年纳斯达克甚至出现负数。虽然仅从 PE 和 PB 的平均值不能综合反映具体情况，但可以推断，如果如家酒店回归 A 股，有可能让其股价回归公允。

其次是低迷的业绩表现。如家酒店公布的历年年报显示，2011—2015 年，如家酒店的营业收入呈现持续增长趋势，然而其净利润的增长率却远远跟不上营业收入的步伐，处于增收不增利的低迷局面（图 9-40）。2011 年，如家酒店的净利润达到 3.515 亿元人民币，然而到了 2012 年，其净利润却转为亏损 2 678 万元。此后，通过控制成本、让部分亏损酒店停业等方式，如家酒店最终在 2013 年和 2014 年扭亏为盈，净利润分别为 1.962 亿元和 5.13 亿元。不过，好景不长，2015 年如家酒店的净利润又跌回 1.67 亿元，可见如家酒店的发展前景并不稳定和明朗，低迷的业绩表现使其继续寻找机会，突破重围。

---

① Wind 数据库。

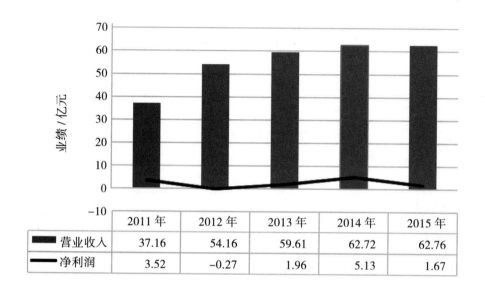

图 9-40 2011—2015 年如家酒店业绩 [1]

最后是大股东助推。从本次并购活动前如家酒店的股权结构看，不难发现本次交易的并购方正是如家酒店的初始创立股东，可以说大股东对于此次如家酒店私有化和回归 A 股起到了推波助澜的作用。

携程和首旅酒店于 2002 年共同出资创立了如家酒店，受到前两者的扶持，如家酒店得以在创立后 3 年内实现登陆美国纳斯达克。而此次如家酒店私有化和回归 A 股，同样也是携程和首旅的意愿使然。此次如家酒店私有化和回归 A 股，对于如家酒店、首旅酒店和携程来说实现了三方共赢。对于携程而言，此次并购交易的时间正好是携程刚完成收购艺龙和去哪儿的节点，短期内携程的竞争压力较小，因此正好借此机会发展其下游势力，而酒店业务刚好属于 OTA 行业的下游，如果如家能成功私有化并回归 A 股，将有助

---

[1] 如家酒店 2011—2015 年年报。

于携程强化企业自身下游势力，稳固其市场老大的地位。对于如家酒店而言，交易完成后，依托首旅集团的央企背景，以及优良的地理位置、巨大的市场潜力和消费群体，将能使其整个市场规模和实力都得到有效提升。对于首旅酒店而言，并购如家酒店之后，可以借助如家酒店巨大的酒店版图，提升其在国际市场的份额，并提高中高端酒店的行业知名度，两者结合，有助于最大限度发挥协同效应，实现 1+1>2 的规模效益。

综上，如家酒店在纳斯达克上市以来市值长期被低估，加之业绩低迷，公司大股东回归 A 股意图迫切，因此被私有化回归 A 股市场是如家酒店在当时最好的选择。

2. EB 的作用分析

在本次交易中，首旅集团以 15.69 元 / 股的价格向携程、沈南鹏等 8 名交易对象发行私募可交换公司债券（EB）。通过换股，携程、沈南鹏等人获得首旅酒店 8% 股份。2015 年 12 月 25 日，首旅集团完成非公开发行可转债"15 首旅 EB"。在后续的公告中，首旅酒店并没有就私募 EB 发布更详细的解释，但通过其披露的"15 首旅 EB"公告，可以推测出一些玄机。

首旅集团发行的"15 首旅 EB"总规模为 3.43 亿元，期限为 3 年，票面利率为 0.095%，换股日期为自 EB 发行结束之日满 6 个月后的第 1 交易日至 EB 到期日止，初始换股价格为 18.55 元 / 股，后经过分红除息调整为 18.4 元 / 股，此后不设任何特殊条款。

首旅酒店上市公告披露，此次发行的"15 首旅 EB"的发行对象都是本次并购案的关联方：其中沈南鹏通过其控制的 BVI 公司 Supreme Choice Holdings Limited 认购中信证券国际投资管理（香港）有限公司管理的 QFII 专户账户债券 8 499 万元（可换为 458 万股）；携程香港通过南方东英资产管理有限公司管理的 RQFII 基金认购债券 16 397 万元（可换为 884 万股）；王碧君（携程网创始人梁建章的母亲）、孙坚、金蕊文（如家酒店集团首席战略官吴亦泓的母亲)、李向荣(如家酒店集团首席财务官)、宗翔新通过华泰证券的5个定向资产管理计划分别认购债券472万元、2 790万元、3 091万元、1 846万元、1 202万元(分别可换为25万股、150万股、167万股、100万股、65万股)。以上认购的EB如果转股后分别占首旅酒店现有股权的1.98%、3.82%、0.11%、0.65%、0.72%、0.43%、0.28%，合计约占首旅酒店现有股权的8%。表9-32所示的是"15首旅EB"的认购情况。

表9-32　15首旅EB的认购情况[①]

认购方	合计认购规模/万元	认购方式
沈南鹏	8 499	中信证券QFII
携程	16 397	南方东英RQFII基金
王碧君、孙坚、金蕊文、李向荣、宗翔新	9 401	华泰证券5个定向资产管理计划
合计	34 297	

"15首旅EB"的条款设置对于发行方首旅集团而言相当优厚，票面利率仅为0.095%，负债压力极小，发行成本非常低。对于债券持有人而言，没有设置任何特殊条款(包括赎回条款、回售条款、特别修正条款)，说明它是一个相对简单的对赌工具。

如果在2016年6月23日至2018年12月23日之间，首旅酒店的股价能突破换股价格，则债券持有人可以以低于市场价的价格将债券全部换股，获得换股收益；如果首旅酒店股价一直低于换股价格，则债券持有人选择持有债券，仅为0.095%的利息将使其付出一定的利息成本。

"15首旅EB"可以被看作一个低价的股票期权。假如在市场上投资无风险产品(国债)3年到期收益率为5%，则债券持有人购买这个期权的成本为5%的无风险回报率减去持有债券3年获得的回报率(按年利率0.095%计

[①] 首旅酒店公告. http://static.cninfo.com.cn/finalpage/2016-07-30/1202517856.pdf.

算)。"15首旅EB"的初始换股价格和发行当日首旅酒店的最新收盘价是一样的，属于平价发行。而在2015年12月25日首旅酒店复牌之后，首旅酒店股价连续几天涨停，涨势强劲，一直高于"15首旅EB"的换股价格。按2015年12月5日之后首旅酒店的股价走势来看，债券持有人能够获得相当不错的换股回报。

在这个案例中，EB作为支付工具起到了多种作用，也展示了其在并购交易中应用的多样性。对于并购方而言，EB具有以下作用。

（1）提高交易对手的股份支付意愿。本次交易中首旅酒店发行股份向如家酒店主要股东购买如家酒店34.87%股权，其中携程上海、Wise Kingdom、沈南鹏、Smart Master、Peace Unity的股份锁定期为36个月，孙坚、宗翔新的股份锁定期为12个月，而"15首旅EB"在2015年12月就已经发行，转股期为6个月之后。在时间进度上，并购交易一完成，交易对手就可以取得上市公司的流通股，享受非限售流通股的换股收益。因此，相比股份发行获取非限售流通股，漫长的锁定期后再进行减持，EB可以在并购完成前发行，提高了交易对手接受股份支付的意愿。

（2）保底收益提高了并购整合效率。"15首旅EB"发行对象均为如家酒店的创始人及高管或其关联方，给债券持有人提供了一个保底的股票期权，对如家集团管理层提前进行激励，相当于员工持股计划，但比员工持股计划更为优厚：员工持股计划需要承担股价下跌风险，而EB即使股价下行，仍能获取保底收益；EB设定的转股期是6个月后，员工持股计划锁定期为36个月。"15首旅EB"或许是首旅酒店为了推进并购方案的顺利实施以及并购后提高并购整合效率而对如家管理层的激励措施。因此，通过发行EB给交易对手，是将关联方利益与首旅酒店捆绑起来的更佳方式，而且能够以保底收益的方式保护关联方利益。

（3）EB可以缓解大股东的现金压力。为了帮助首旅酒店收购如家，首旅集团于 2015 年 11 月以 15 亿元收购 Poly Victory100% 股权，间接取得 Poly Victory 持有的如家 15.27% 股权；然后首旅酒店通过发行股份方式收购 Poly Victory。虽然这样的安排的确减轻了首旅酒店的资金压力，但却给首旅集团增加了资金负担。通过发行债券融资，可以替换之前收购 Poly Victory 的资金。

从此次首旅并购如家的交易方案中可以发现，上市公司控股股东通过向交易对手方发行 EB 的方式不但可以提高并购效率、缓解上市公司并购的资金压力，同时又能够很好地将对手与上市公司利益捆绑促使对方努力提高经营水平。

3. 跨境换股并购的过程和审批

本次并购交易对于 A 股上市公司的重要意义在于实现跨境换股的实践性突破，创新性地使用了"一头在内一头在外"（境外投资人以境外公司股份与 A 股上市公司境内股份换股得到相关部审批通过）的跨境换股方式且获得了审批。本次重大资产重组的实质是把大股东在美国上市的资产装入 A 股上市平台，实现估值的提升。

首旅集团以国内上市公司首旅酒店向境外股东发行股份的方式购买如家酒店的股份，属于跨境换股并购，被 10 号文覆盖。2016 年 9 月 28 日，首旅酒店收到《商务部关于原则同意 Smart Master International Limited 等战略投资北京首旅酒店（集团）股份有限公司的批复》，预示着这次交易的关键审批程序已完成，这种跨境换股并购的方式受到了国家相关监管和审批机构的许可。

此次跨境换股收购能在短时间内获得国家相关部门成功审批的主要有以下原因。

（1）首旅酒店本身为国资控股，在本次交易前，控股股东首旅集团已先行参股如家，为本次并购交易铺路。

（2）如家私有化前为纳斯达克上市公司，公允价值较为明晰，符合10号文相关要求。

（3）如家酒店在被收购过程中，非主要股东的65.13%股份是用现金直接收购的，而换股部分的29%左右的交易对手是2名境内股东携程和首旅集团（Poly Victory）。而被10号文覆盖的跨境换股，即向4名主要境外股东的换股，仅合计持有如家4.5%股份比例；为了降低这一比例，如家私有化后，如家主要股东携程上海与携程香港先进行了跨境换股，携程香港将直接持有的如家（开曼）约15%的股权，换由携程上海直接持有，换股过程在上海自贸区完成，不属于商务部审批范围。

（4）由于本次并购将发行股份与现金购买分别放在了协议收购和私有化交易两个独立的交易中，根据新出台的《上市公司重大资产重组管理办法》中的相关规定，以现金作为对价的重大资产重组，在不构成借壳的前提下，不需要证监会的核准，因此本交易中仅涉及发行股份的协议收购需要证监会核准。

在本次并购发生之前，相关的跨境并购换股案例还没获得证监会和商务部审批通过的先例，而首旅酒店并购如家酒店仅用了一年的时间便审批通过，因此本案例是行业内罕见的跨境换股并购案例，值得学习与研究。

4. 有效的整合与协同效应

完成对标的企业的收购，只是取得了并购的阶段性成功。后续的整合是否顺利，以及买卖双方是否能够产生协同效应，才是并购能否最终取得成功的关键所在。在公司治理整合中，首旅酒店保留了如家酒店的核心人员，并使用股权激励等方式防止人才流失；在业务整合方面，新的首旅如家酒店打造了新的会员系统，保留和提升了会员规模；在业务协同方面，借助如家酒店在中低端酒店的市场份额，首旅酒店一举成为我国第二大连锁酒店集团；在线上线下协同方面，通过引入如家酒店原股东携程上海，帮助首旅酒店践行

"互联网+"策略,提升酒店的市场竞争力。

(1)公司治理整合

在并购交易完成后,首旅酒店保留了大部分如家酒店原管理人员,如表 9-33 所示。

表 9-33 首旅如家酒店主要管理人员[①]

姓 名	职 务	介 绍
周 红	董事长	此前为刘毅,2019 年 1 月突发心梗去世
孙 坚	总经理	原如家酒店董事长兼 CEO,现任公司总经理兼如家酒店董事长、CEO
段中鹏	董秘、副总	
李向荣	副总、CFO	原如家酒店 CFO,现任公司副总兼 CFO、兼如家酒店 CFO
宗翔新	副总	原如家酒店 COO,现任公司副总兼如家酒店总裁、COO
袁首原	常务副总	
解学军	党委副书记	

原如家酒店董事长兼 CEO 孙坚、原如家创始人沈南鹏、原如家高管李向荣和宗翔新进入董事会。这充分说明首旅酒店在人员整合中对如家酒店管理团队的重视。

此后,首旅酒店还对如家酒店进行企业名称变更。2017 年 2 月 28 日,经首旅酒店股东大会审议通过,如家酒店改名为"北京首旅如家酒店(集团)有限公司"。

除此之外,首旅酒店还更换了自身的财务审计机构。收购如家酒店之后,如家酒店成为首旅酒店的全资子公司,其各项财务指标(包括资产及负债规模、经营成果和现金流等)占首旅集团合并报表相关数据的比重较大。为了提高整体的审计效率,首旅酒店将原来与之合作的致同会计师事务所更改为

[①] 首旅酒店 2017 年年报。http://www.cninfo.com.cn/new/disclosure/detail?plate=sse&stockCode=600258&announcementId=1204543532&announcementTime=2018-03-30.

普华永道中天会计师事务所。在被首旅酒店收购之前，如家酒店历年来的财务审计均由普华永道中天会计师事务所担任。

2018年11月27日，首旅酒店发布2018年限制性股票激励计划，此次授予激励的对象不超过286人，包括公司董事、高级管理人员及公司董事会认为应当激励的中层管理人员、核心骨干。此次授出限制性的股票数量不超过9 711 092股，约占发布公告时公司总股本的0.99%。在激励对象授予名单中，来自原如家酒店的孙坚、李向荣和宗翔新的被授予限制性股票位列总分配人员的前5名，分别占此次限制性股票授予总数量的3.84%、2.89%和2.89%，占总股本的0.04%、0.03%和0.03%（表9-34）。

表9-34 2018年首旅酒店授予限制性股票分配详情[①]

姓名	职务	获授股/股	占授予总量的比例/%	占股本总额的比例/%
孙坚	董事、总经理	372 400	3.84	0.04
袁首原	常务副总经理	100 860	1.04	0.01
李向荣	副总经理、财务总监	280 000	2.89	0.03
段中鹏	副总经理、董事会秘书	77 400	0.80	0.01
宗翔新	副总经理	280 000	2.89	0.03
合计		1 110 660	11.44	0.11
其他核心人员（261人）		8 100 435	83.41	0.83
预留部分（20人）		500 000	5.15	0.05
合计（不超过286人）		9 711 095	100	0.99

（2）业务整合

合并之后，首旅酒店和如家酒店对各自原有的发展方向进行整合，分别在

[①] 首旅酒店公告. http://www.cninfo.com.cn/new/disclosure/detail?plate=sse&stockCode=600258&announcementId=1205632199&announcementTime=2018-11-27.

战略整合、品牌整合、系统整合、业务整合和文化整合进行糅合,从"摸着石头过河"到"借力腾飞",最终形成由个生到互生、由互生到共生、由共生到众生的融合效果。双方的合并,使之形成一致的发展战略,进而逐步实现协同效应,图 9-41 所示的是首旅如家酒店的战略整合效果。

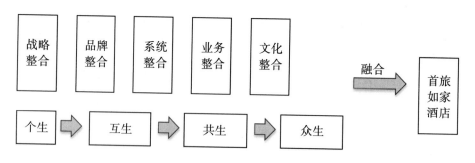

图 9-41 首旅如家酒店的战略整合效果 ①

在会员系统上,原首旅酒店和如家酒店的会员系统实现全流通。凡是持有如家酒店和首旅酒店会员卡的消费者,将可享有首旅如家酒店所有酒店通住、积分通积通兑的红利。此外,会员等级也得到了提升,在基础会员的基础上衍生出钻石会员级别,可享受额外 8 折的入住优惠。全新的会员体系,打造了首旅酒店和如家酒店双方顾客的价值共同性,也提升了双方消费者的体验感。在保留原有会员的同时,可吸引更多的潜在会员,从而给首旅如家酒店带来更大的规模化发展。

首旅如家酒店借用首旅酒店在旅游、旅行社、商业、景区、交通、餐饮等传统优势业务,发展酒店上下游的相关完整产业链,把以往分散的点整合成一张庞大的网络,最终以商流、人流、物流、信息流和资金流这"五流",交织成首旅如家酒店独特的生态圈。

经过 9 个月的深度融合,全新的首旅如家酒店于 2017 年 3 月 28 日亮相,

---

① 首旅如家酒店官网. https://www.bthhotels.com/About.

首旅如家酒店集团在北京发布全新企业形象、全新会员体系和全新吉祥物。与此同时，首旅如家酒店高层集团亮相，并对外正式揭晓新成立的高端酒店事业部、中端酒店事业部、经济型酒店事业部及最新产品，这意味着首旅酒店和如家酒店的阶段性整合正式宣告完成[①]。

（3）规模协同效应

首旅酒店并购如家酒店之后，积极整合资源，使首旅酒店的酒店数量以及客房数量得到了显著提高。首旅酒店的业务范围迅速扩大，一跃成为我国第二大连锁酒店集团，酒店业务规模及行业影响力显著提升。

由于如家酒店集团的业务范围涵盖了国内的一线城市到四线城市，首旅酒店的业务范围也得以扩充。根据首旅酒店2017年年报显示，截至2017年底，首旅酒店共有客房384 743间，仅次于行业龙头锦江股份；首旅酒店共有酒店3 712家（含境外1家），比2016年末增加310家，增长率为9%，同样为行业第二的水平。进行并购重组后，本身深耕高端酒店的首旅酒店得以快速进入经济型连锁酒店行业，迅速抢占市场，首旅酒店的经营实力得到了显著增强。

如图9-42所示，首旅如家酒店在并购交易之后的酒店数量一直处于攀升的状态。公司近年来加大了在中端酒店行业的投资占比。我国的酒店行业正处于消费升级阶段，且中央严格限制"三公"消费，导致了部分原来属于高端酒店的客户和经济型酒店的客户均将自己的消费对象转向了中端酒店，这也就意味着首旅如家酒店在可预见的未来会有更加广阔的利润空间。

[①] 首旅如家阶段性整合完成　三大事业部架构浮出水面．搜狐网．http://www.sohu.com/a/130933666_677526．

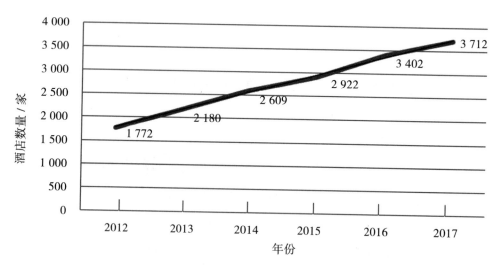

图 9-42　2012—2017 年首旅酒店的数量变化情况[①]

（4）线上线下协同

在此次首旅酒店收购如家酒店中还有一条不可忽略的重要信息，就是携程上海入股首旅酒店 14.47% 股份，成为首旅酒店第二大股东。这是首旅酒店为了夯实"互联网+"战略而引入的战略投资伙伴，也是本次并购交易的动机之一。

为了拓展线上系统和网络渠道，首旅酒店于 2015 年 5 月与阿里旅游和石基信息合作打造"互联网酒店"新型线上酒店运营模式。此次合作后首旅酒店将成为阿里旅游和石基信息"互联网+"战略的落脚地。三方在管理系统进行互联互通的同时，还在大数据、云计算、智慧酒店和电子商务等方面进行深度合作。

随着"信息化、数据化、流量化"时代的来临，酒店用户群体的预订习惯也发生了重大的改变，OTA 在酒店行业的经营业绩中起到越来越重要的作用。携程是国内 OTA 行业的龙头企业，此次首旅酒店通过收购如家而引入携程持有其 14.47% 股份，将有望借助携程在国内最大的在线旅游入口端，为首旅酒店充分引流。同时，借力于携程打造的 O2O 平台，首旅酒店可获得其旅客住

---

① 首旅酒店 2012—2017 年年报。

前、住中和住后的数据,分析顾客的偏好,有助于提高潜在会员和现有会员的入住率。

借助携程在 OTA 行业的绝对优势地位,首旅如家酒店可实践"互联网+"的战略方针,依托互联网技术进行线上线下业务的融合提升从而提高市场竞争力。

(5)市场和投资者认同

并购完成后,首旅酒店的股价和市值一路攀升,体现出投资者对该交易活动的认同。2015 年 3 月 17 日,首旅酒店针对收购如家酒店一案发布了停牌公告。在此之前的一个交易日,即 2015 年 3 月 16 日,首旅酒店的收盘价为 12.59 元/股。此后,首旅酒店经历了长达 9 个月的停牌期。2015 年 12 月 25 日,首旅酒店发布了复牌公告,复牌当天,首旅酒店便以涨停开盘,收盘价为 13.89 元/股。在此后的连续 5 个交易日里,首旅酒店均以涨停收盘。2016 年 1 月 5 日,首旅酒店股价达到 9 年内最高点,为 22.73 元/股,较发布收购停牌公告前的股价涨幅高达 80.54%。

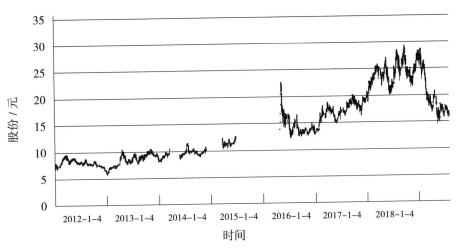

图 9-43 2012—2018 年首旅酒店股价走势[①]

---

① Wind 金融终端。

图 9-43 为首旅酒店 2012 年至 2018 年的股价走势，可以清晰地看到，除了停牌和 2018 年市场下跌因素之外，首旅酒店的股价总体呈上升趋势，特别是 2015 年 12 月 25 日之后，首旅酒店股价又经历了一轮上涨。由此可见，市场对首旅酒店收购如家酒店的认可程度颇高，认为通过收购如家酒店这一优质企业可为首旅酒店带来更好的发展。

除了短期的股价上涨之外，从长远看，首旅酒店完成对如家酒店的收购后，其市值也得到倍增式的增长（除了 2018 年 A 股持续下跌，首旅酒店市值微幅下跌）。2015 年首旅酒店发布收购如家酒店公告当年，市值为 47.37 亿元，较 2014 年的 25.52 亿元上涨了 85.62%。2016 年，首旅酒店完成对如家酒店的收购，其市值为 75.04 亿元，同比增长 58.41%。2017 年，首旅酒店和如家酒店进入各方面协同效应阶段，当年市值达到顶峰，为 182.07 亿元，较 2016 年上涨了 142.63%。2018 年，由于 A 股大环境处于整体下跌趋势，首旅酒店的市值较 2017 年微幅下跌 14.79%，市值为 155.15 亿元。

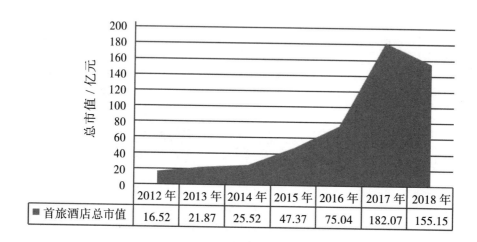

图 9-44　2012—2018 年首旅酒店总市值走势 ①

---

① Wind 金融终端。

为了更清晰地进行对比，我们选取2012—2018年首旅酒店的总市值进行对比，如图9-44所示，可以看出自首旅酒店公布收购如家酒店的年份开始，首旅酒店的总体市值相比较于2012—2014年大幅上升。由此可见，首旅酒店并购如家酒店得到了市场和投资者的高度认可。

参 考 文 献

[1] 马永斌. 公司治理之道：控制权争夺与股权激励 [M]. 北京：清华大学出版社，2013.

[2] 马永斌. 市值管理与资本实践 [M]. 北京：清华大学出版社，2018.

[3] 马永斌. 公司控制权安排与争夺 [M]. 北京：清华大学出版社，2019.

[4] 罗伯特·F. 布鲁纳. 应用兼并与收购 [M]. 北京：中国人民大学出版社，2011.

[5] 帕特里克·A. 高根. 兼并、收购和公司重组 [M]. 北京：中国人民大学出版社，2013.

[6] 朱宝宪. 公司并购与重组 [M]. 北京：清华大学出版社，2006.

[7] 克里斯·M. 梅林，弗兰克·C. 埃文斯. 并购估值 [M]. 北京：机械工业出版社，2014.

[8] 斯密德林. 估值的艺术 [M]. 北京：机械工业出版社，2015.

[9] 丹尼斯·J. 罗伯茨. 并购之王 [M]. 北京：机械工业出版社，2014.

[10] 陈宝胜，毛世辉，周欣. 并购重组精要与案例 [M]. 北京：中国法制出版社，2017.

[11] Dr.2. 估值就是讲故事 [M]. 北京：机械工业出版社，2015.

[12] 普赖斯·普里切特. 并购之后：成功整合的权威指南 [M]. 杭州：浙江大学出版社，2017.

[13] 唐纳德·德帕姆菲利斯. 收购、兼并和重组：过程、工具、案例及解决方案 [M]. 北京：机械工业出版社，2018.

[14] J. 弗雷德·威斯通，马克·L. 米切尔，J. 哈罗德. 接管、重组与公司治理 [M]. 4 版. 北京：北京大学出版社，2006.

[15] 罗伯特·F. 布鲁纳，布鲁纳，沈嘉. 铁血并购：从失败中总结出来的教训 [M]. 上海：上海财经大学出版社，2008.

[16] 周春生. 融资、并购与公司控制 [M]. 北京：北京大学出版社，2007.

后　记

本书是"资本之道系列丛书"的第四本。在 2013 年写作《公司治理之道：控制权争夺与股权激励》时，我就意识到，公司治理不可能单独促进企业成长，只是企业走向资本之道的重要制度保障。因此决定将商业模式、投融资、并购重组、公司治理和股权激励整合起来研究，从企业创始人的视角寻找一条健康的资本之道。

"资本之道系列丛书"原计划写 5 本，但随着研究和实践的深入，我发觉有些内容是重复的，因此调整为 4 本，分别是《公司治理之道：控制权争夺与股权激励》《市值管理与资本实践》《公司控制权安排与争夺》和《公司并购重组与整合》。原计划写作的《估值与商业模式》的内容已经拆分到了《市值管理与资本实践》和《公司并购重组与整合》中。

随着本书的完稿，我在公司金融领域的研究和实践做到了闭环：从上市前的产融结合第一阶段的商业模式创新、融资、股改（股权结构与股权激励），到上市后产融结合第二阶段的市值管理、并购重组、公司治理。

我给金融学硕士、EMBA 和 EDP 学生开设的课程也从"公司治理"拓展到"股权激励与股改设计""公司金融与商业模式创新""公司并购重组""产融结合与市值管理"。但是在一个项目上一般只讲一门课，很多学生听完其中一门课后都纷纷问我可以通过什么渠道听到其他课程。老师只是教学内容的提供者，平台掌握在各个大学和培训机构手里，按常规做法我难以满足众多学生的愿望。

通过近3年的调研和谋划,我决定借助互联网的力量进行破局,在2019年和2020年推出线上和线下相结合的资本类课程。2019年通过微信公众号"马永斌资本频道"和我的微信朋友圈针对企业家和金融从业人士推出线下深度学习课程"马永斌资本私塾课程",为期10天,课程内容涵盖产融结合第一和第二阶段的所有关键点,将"培训+顾问+咨询"融为一体;2020年借助微信公众号"马永斌资本频道"和喜马拉雅等平台面向对资本和金融感兴趣的大众推出线上音频课程"马永斌资本课程"。这个计划对我和我的团队是一个挑战,但是非常有意思,我们将全力以赴!

本书从2017年初开始酝酿,2018年初开始正式写作,进展还算顺利。这主要得益于大家的帮助、激励、关爱和支持,对此我一直心存感激,并在此表达我真心的谢意。

首先要感谢我的妻子丁惠玲女士。多年来一直默默在身后支持着我,为了让我有更多的时间和精力投入教学研究,她承担了家中的大小事务,让我没有后顾之忧。而且在我面临各种压力和挫折的时候,正是妻子的鼓励与支持,我才能一路坚持下来。

其次要感谢已是翩翩少年的儿子马博韬,他的那些不受传统束缚的、脑洞大开的新奇想法,经常给我带来写作的灵感。

感谢康飞宇教授、严继昌教授、王孙禺教授、王晓浩教授多年来的关爱和提携。

感谢我所任教的各个大学的EMBA项目和金融投资EDP项目的领导和教师。正是你们提供的平台使得我有机会将产融结合、市值管理、公司治理、公司并购和公司金融的研究成果与企业家分享,帮助企业家寻找适合自己企业的资本之道。本书在即将出版之际,已被清华大学经管学院金融学硕士项目和复旦大学管理学院"资本与并购课程"预约为指定教材。

后　记

　　感谢我的团队，正是大家的共同努力使得本书可以高效面世。研究助理徐稼宇、刘昱珩和陈佳妮收集了大量的资料并完成初步分析工作，极大地提高了研究和写作效率。其中，徐稼宇完成了第1章部分内容以及第2、4、5章的资料收集分析，并进行了初步的写作；刘昱珩完成了第1章部分内容以及第3、6、7、8章的资料收集分析，并进行了初步的写作；陈佳妮完成了第9章的资料收集分析并进行了初步的写作。

　　自2017年始，我承担了清华大学金融学硕士课程"公司并购重组"的教学工作，3年来的教学相长使得我对并购重组整合的整个框架和流程更加熟悉，也促进了本书的顺利完稿。其中，第9章的携程并购去哪儿网、首旅并购如家的案例来自2019年金融学硕士的期末案例总结。

　　本书是深圳市人文社会科学重点研究基地成果。

　　读者对本书如有任何疑问或想对公司金融相关问题进行探讨，请搜索微信公众号"马永斌资本频道"联系我们！

马永斌

2019年7月22日于深圳西丽大学城